青年時期的林徽因

歲時的林徽因

林徽因1916年於北京

「門開了，……父親看到的是一個亭亭玉立卻仍帶著稚氣的小姑娘。梳兩條小辮，雙眼清亮有神采，五官精緻有雕琢之美。左頰有笑窩，淺色半袖短衫罩在長及於膝的黑色綢裙上；她翩然轉身告辭時，飄逸如一個小仙子……」

——梁再冰《回憶我的父親》

1920年，林徽因與父親林長民。

從什麼時候起，女兒越來越像父親？

1920年於倫敦

1920年林徽因去歐洲途中與同船旅客合影。

1920年於倫敦。

1922年於北京雪池林寓。

1922年前後，林徽因與梁啓超和梁

1922年與梁思成於雪池家中。

1924年印度詩人泰戈爾訪問北京，梁思成和林徽因陪同。

林徽因、徐志摩陪同泰戈爾。

1924年林徽因與泰戈爾。

1928年與梁思成在歐洲度蜜月。

1927年在賓夕法尼亞大學讀書
時代的林徽因與梁思成。

1928年3月，梁思成與林徽因在加拿大結婚照。

穿著自己設計的嫁衣，新娘踏上了紅地毯。這也許是她一生所追求的「民族形式」的第一次嘗試。

1928年在歐洲度蜜月。

1928年新婚。

1930年在國內補照的結婚照。

1929年，林徽因在瀋陽東北大學時。

1929年初爲人母。
當女人成了母親，花便成了樹。

年，林徽因與母親、丈夫和女兒。
在這樣的日子裡，一個女人還需
要呢？

1931年林徽因和女兒。

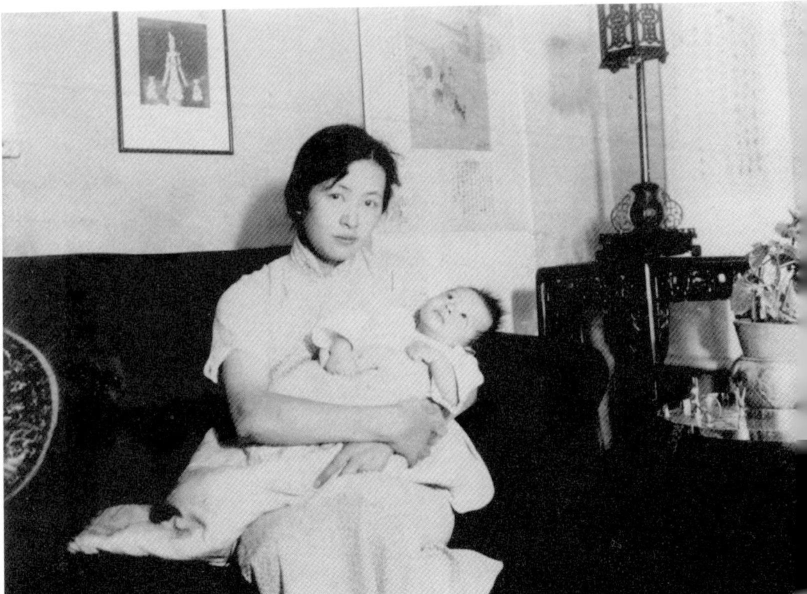

1932年兒子梁從誡剛出生。

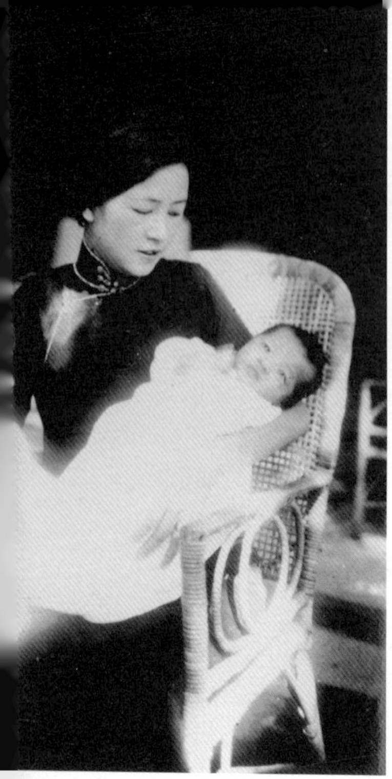

1932年和女兒及剛出生的兒子。

林徽因和兩個孩子。

1934年夏，林徽因考察山西汾陽縣小相村靈岩寺。

寺院殘破，瓦礫土丘中，僅餘幾尊鐵佛。沒有鍾磬香火，數百年在廢墟中趺坐。千萬里尋覓中的相遇是緣。更是境界。

1935年於北京。

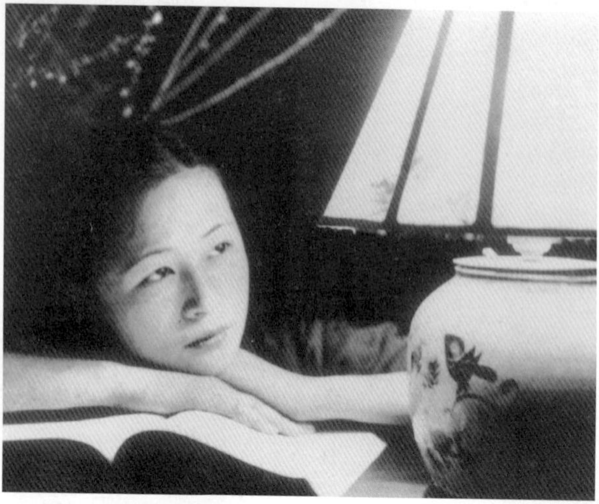

1936年，林徽因於北京家中。

林徽因此時已是兩個孩子的母親，以多病之身操持著一個大家庭的事務。時局動盪，物價漲跌……滿室的書香與墨香抵擋了生活的單調與平庸。

35年於北京天壇。林徽因（左三）與梁再冰（左二）、金岳霖（左一）、
慰梅（右二）、費正清（右一）等在一起。

林徽因熱愛朋友，離不開朋友。與朋友們在一起，她思路洞開，妙語如
，藝術和思想的靈感如電光石火般熠熠閃亮，耀人眼目。

1935年秋冬，與費氏夫婦到朝陽門外騎馬歸來。

1935年於北總布胡同3號。

1937年林徽因在山西考察古建築途中。

938年初到昆明住在巡津街9號時。

1938年，林徽因（中），左起周培源
思成、陳岱孫、梁再冰、金岳霖、
訓、梁從誠在昆明西山華亭寺。

「獨酒一杯家萬里，燕然未勒
計。」遍地烽煙中，中國最優秀的知
子群體流亡在大西南。

1937年，林徽因在山西五臺豆村佛光
行測繪工作。

林徽因長年和丈夫奔走在窮鄉僻
她踩泥濘，坐驢車，住骯髒的小店，
上滿是跳蚤，卻為每一次古建築的發
如獲至寶，喜悅歡欣。

1939年於昆明西山楊家村，依次爲林徽因、陳意、王蒂澂（周培源夫人）。

38年昆明巡津街9號，左起：金岳霖、汪一彪夫人、空軍軍官黃標叔、林徽（跪姿）、聯大學生何梅生及同學，前俯地男孩爲汪同、梁從誠。

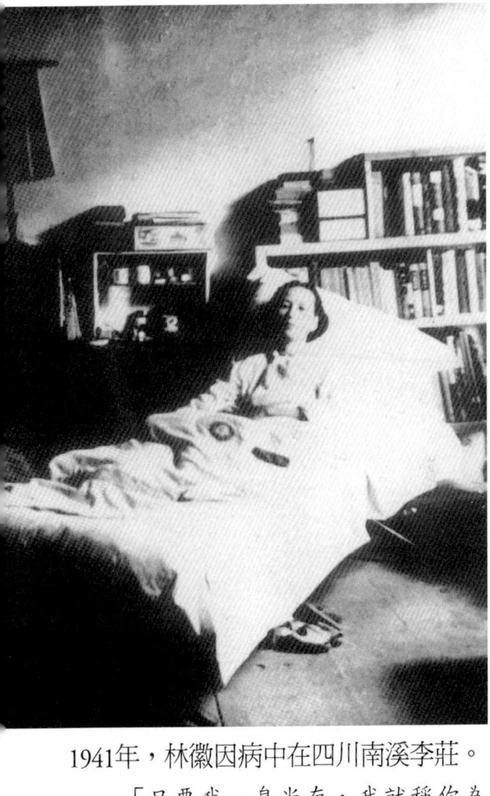

1941年，林徽因病中在四川南溪李莊。

「只要我一息尚存，我就稱你為我的一切。只要我一誠不滅，我就感覺到你在我的周圍。」……

——泰戈爾《吉檀迦利》

1946年於昆明。

1947年10月林徽因在梁再冰陪伴下遊頤和園。

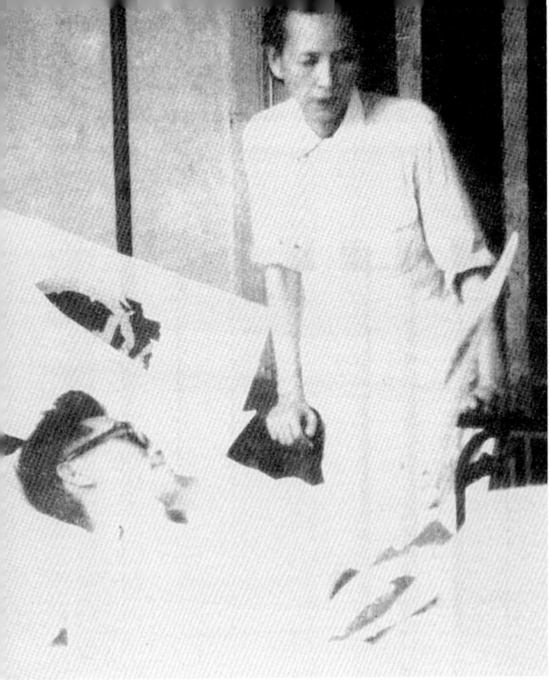

1950年，林徽因與病中的梁思成商討國徽圖案。

如果用梁思成和林徽因終生癡迷的古建築來比喻他倆的組合，那麼，梁思成是堅實的基礎與樑柱，是宏大的結構和支撐；而林徽因則是那靈動的飛簷，精緻的雕刻，鏤空的門窗和美麗的闌額。他們一個厚重堅實，一個輕盈靈動……他們的組合無可替代。

1948年於北京梁再冰參軍前。
前排左起：梁再冰、林徽因、張文朴（張奚若子）。
後排左起：外婆、梁思成、張文英（張奚若女）、沈銘謙、金岳霖。

林徽因墓。墓體由梁思成設計。墓碑是林徽因本人爲人民英雄紀念碑設計的花園刻樣。

這裡長眠著林徽因。

他是建築師、詩人和母親。

遇見林徽因

愛・建築・文學的一生

張清平 著

大家受啓發的

大家身影系列 004

大家受啓發的 大家身影

走過，必留下足跡；畢生行旅，彩繪了閱歷，也孕育了思想！人類文明因之受到滋潤，甚至改變，永遠持續！

將其形諸圖文，不只啓人尋思，也便尋根與探究。

昨日的行誼，即是今日的史料；不只是傳記，更多的是思想的顯影。一生浮萍，終將漂逝，讓他走向永恆的時間和無限的空間：**超越古今，跨躍國度，「五南」願意！**

思想家、哲學家、藝文家、科學家，只要是能啓發大家的「**大家**」，都不會缺席。至於以「武」、以「謀」、以「體」，叱吒寰宇、攪動世界的風雲人物，則不在此系列出現。

序

張潔

初聞作者寫了這樣一本書，驚喜之餘首先想到的是，張清平筆下的林徽因將為華人女性提供怎樣一種全新的人生範例？這疑問不免赫然著功利，可確實就是我的第一反應。

「在沒有英雄的年代裡，我只想做一個人。」然而做人、做一個大器的女人又談何容易！一轉眼明星滿視野，在熱鬧的商業操持下，現今社會層面彰顯出的女性依然脫不掉一如既往的容顏，要說有什麼不同，只是徒添了精神的蒼白。

所以，就總會有一些人，特別是一些女人，懷著一絲不滿的渴望，把目光投向二十世紀的上半頁，想找尋一種、兩種或更多的有別於上述的生命感動。此書該是張清平在如此找尋中寫下的心靈記錄，於是，我得以在她的記錄旁書寫自己的感動，自己的思考。所以，首先得感謝作者提供給我們這樣一個文本，一方思考的平臺。

毫無疑問，林徽因的精神氣質隸屬於「五四」後生長起來的那一代中國自由主義知識分子群體。近年來，關於這一群體的歷史評價、學術論辯頗為熱鬧，已經多元了的中國思想學術界提供給人們多個切入這一群體的視角。然而，無論你從哪一視點鎖定自己的站位，似乎都繞不開審視這一群體成員的精神氣質、文化素養與寬容襟懷。立足於此，我同意這樣的說法，「自由主義其實就是一種生活方式」，還能有比「生活方式」的選擇更能昭示出人們眞實的精神追求的嗎？

這些自由主義知識分子中，規避戰亂，以其扎扎實實的生活踐履，豐豐富富的健全人格，爲催生現代中國而自覺努力者不乏其人。在面臨命運的抉擇時，他們之中大部分人拒絕赴台，亦不屑作白華，其對舊中國的決絕之態，否定性地彰顯著其歷史性的價値理想。儘管他們從此踏上了二十世紀中國自由主義知識分子的不歸之途。

建國後，中國的知識分子經歷了一場又一場蕩滌魂靈的風風雨雨，林徽因於其中可謂幸運者。她辭世於一九五五年的春天，誠如作者所言，這「是命運女神對她的眷顧和厚愛」，「以她細膩敏感的心靈，怎樣承受一九五七年的狂暴風雨？以她高傲純正的天性，怎能面對一九六六年的濁浪排空？」然而，我們也不能爲林徽因奢求更好的命運，等待她的不過是雙重誤讀的悲劇。其一，是湮沒——準確地說，這非「誤」讀，而是「不」讀——遁入歷史無人識。（其實林徽因在建國初年，拖著空洞的肺葉，曾煥發出怎樣令人瞠目的生命熱情呀！）即使筆者這樣以講授現代文學爲職業的人，初讀林徽因竟來自醉心新月派詩歌的外國友人之觸動！其二，是扭曲。張清平絕非近年來首先關注林徽因的人，在她書寫之前，林徽因已經浮出歷史地表。可歎的是商品經濟的鐵鍬助其出土，注定了林徽因不能清清爽爽地以一個大器的人從歷史的深處走來。她總是被與別人捆綁在一起，作爲徐志摩的熱戀閃閃爍爍地讓今人猜測無限。於是，什麼傑出的女建築家，獨特的女詩人都無關緊要，重要的是詩人徐志摩曾因癡情於她而親手搗毀了自己的家庭，可琢磨不定的林徽因卻嫁給了梁啓超的兒子梁思成——我這樣說是有著一絲惡意在其中的：敢愛、能愛、特別是可愛的梁思成以其無與倫比的堅實基礎與宏大結構（建築術語）支撐關愛了林徽因的一生，卻難得應有的立足之地！彷彿任公的兒子，徽因的丈夫才是其符號（當然建築學界業內人士自當別論）；這其中又因爲徐志摩浪漫詩人的巨大陰影，梁思成免不了成了他人生生死熱戀中的一個陪襯！這就是最通俗、最流行的林徽因「讀本」。因此，我們有理由特別關注張清平的林徽因傳記，冀望她的筆還一方歷史的眞實，讓讀者在林徽因們的精神風采裡了悟今人的蒼白。

陳思和先生曾就作者與傳主的關係有過如下見解：「一部優秀的傳記著作裏，不但要復活傳主本來的精神面貌，還應該起『借屍還魂』的功能，將傳主的生氣也煥發出來。所以傳記不是純客觀的材料展覽，它需要「對話」，作者與傳主間的一種高層次的精神對話。」閱讀此書使我們看到，作者在長期知識與學養儲備的基礎上，有了走進林徽因的可能，有了切近傳主精神的對話。

在這一「對話」中，傳主的心靈路程較之生活閱歷似乎更能觸發作者的激情，於是她不自覺間總是把叩問的筆觸探向林徽因和她身邊一群人的精神層面。她訝異於這一群人的精神何以如此健全？她於心嚮往之中竭力再現著他們的獨特群體氣候，一刀一筆地鐫鏤著林徽因的精神素質，兼以工筆描繪出林徽因以影響和潤澤的個人風采。林徽因之所以能成爲林徽因，離不開梁思成，缺不了金岳霖，也少不得徐志摩。於是，北總布胡同的客廳，西南聯大梁思成夫婦脫坯和泥造起的住宅，李莊五年病魔煎熬中困苦封閉的研究生活——林徽因就於這當中和著一群人的步履以獨特的自我向讀者走來，每一步都是豐盈的、尊嚴的。這一群人用生命書寫履歷的時候最爲惹眼的是心靈的自由，他們之間即使窮困得典當衣物，最富有的依然是眞誠，而又因了站在同一地平線上，他們彼此間深爲敬重！於是其肝膽相照的罕見美好遂成了二十世紀中國知識分子間的絕唱。

如果說以前讀到有關中國自由主義知識分子的文章，讓人從學理上瞭解了這一群體的歷史風貌，那麼此書則是用文學的傳記手法生動繪出了自由主義知識分子的精神和生活姿態。一支深情而負責任的筆引著讀者回歸往昔，沉浸於林徽因的世界，這是一個異常美好的世界，這是一個令人神往的世界，儘管它已凝然定格於歷史。

於長春

目次

林家有女

我說你是人間的四月天；
笑響點亮了四面風；輕靈
在春的光豔中交舞著變。

你是四月早天裡的雲煙，
黃昏吹著風的軟，星子在
無意中閃，細雨點灑在花前。

那輕，那娉婷，你是，鮮妍
百花的冠冕你戴著，你是
天真，莊嚴，你是夜夜的月圓。

雪化後那片鵝黃，你像；新鮮
初放芽的綠，你是；柔嫩喜悅
水光浮動著你夢期待中白蓮。

你是一樹一樹的花開，是燕
在樑間呢喃，——你是愛，是暖，
是希望，你是人間的四月天！

一　初春的陽光

這是杭州蔡官巷林家宅院的最後一進院子，白粉的牆，黛色的瓦圍著這個院落，院子裡栽有枇杷、海棠。北面三間房子一溜兒排開，寬敞的廳堂兩廂，東邊是徽因母親的臥室，西邊是徽因嬸嬸的住房。母親和嬸嬸這會兒都到徽因祖母居住的前院盡媳婦的本分去了，靜靜的後院裡只有徽因。徽因躺在母親的臥室裡養病，六歲的她出水痘了，按老家福建的說法，叫做出「水珠」。

往常這個時候，徽因正和表姊們一道，在前院的花廳跟著大姑母念書呢。「水珠」會傳染，所以大姑母嚴禁表姊們到後院來看徽因。

徽因盼望有人來後院，不僅是因為病中孤獨、像被囚禁似的，還因為她希望有更多的人知道自己出「水珠」。徽因喜歡「水珠」這個美麗的名稱，她不覺得這是病，她因自己出「水珠」而有了幾分驕傲和幾分神秘的喜悅，也期盼有人和她分享這份喜悅。

她集中注意力聽著各種細碎的聲音。那些聲音從外院傳來，似有似無，顯得不十分眞切，更讓她有一種夢境般的感覺。她覺得過了好長時間，可到底沒有等來一個人。

她終於不耐煩了，慢慢地下了床，趿著鞋，走到了房門口。菱形鏤花的木門斜斜地向著廳堂開著一扇，徽因扶著門框向外張望。

正當下午時分，廳堂當中的一張八仙桌異常寂寞地立在那裡。桌上沒有紙筆墨硯，也沒有花瓶和插花，倒是每天吃飯時，那上面總是會有鹹魚、醬菜一類極尋常的小菜。可徽因卻看呆了。

她看到，廳堂的桌子上下映著一片金色的陽光，那陽光暖暖地鋪開，桌、椅、窗櫺，浴在澄明的光靄中，看上去像是靜物圖案。徽因不明白，尋常的廳堂，在春天陽光的映襯下，怎麼會帶上這樣一種動人的氣息。

徽因順著窗前的椅子爬上了桌子。她望望窗外，院子裡粉牆疏影，暗香浮動。她看看身邊，桌上有母親梳妝用的鏡箱。她拉開鏡箱上的一個個小抽屜，一邊玩著那抽屜拉手上花籃形狀的小銅墜兒，一邊聽外面清脆的鳥語。小小六歲女孩的心中，便永遠留下了初春那一汪生動恬靜的陽光。

在這陽光的映襯下，一張孤獨的桌子，一角寂寞的廳堂，一隻精巧的鏡箱，一聲清脆的鳥語，還有「水珠」——那小孩子疾病的美麗名字，一起流動成了一種無可名狀的情緒，久久彌漫在她的心中。

多年以後徽因才明白，這無可名狀的情緒就是詩意。這詩意的陽光伴隨著她，映照了她的一生。

林徽因是父親林長民和母親何雪媛結婚八年後的第一個孩子。

一九〇四年六月十日，徽因出生於杭州。祖父林孝恂得知孫女出生的消息，喜悅地吟哦著《詩經・大雅》中的詩句：「思齊大任，文王之母。思媚周薑，京室之婦。大姒嗣徽音，則百斯男。」他爲孫女起名爲徽音。

徽音改名爲徽因是一九三〇年代初的事情。當時她經常有作品見諸報刊，而另一位經常寫詩的男作者名叫林微音，報紙雜誌在刊發他們的作品時，常把倆人的名字搞混。《詩刊》爲此還專門發過更正聲明。

徽因說：我倒不怕別人把我的作品當成了他的作品，我只怕別人把他的作品當成了我的。從那以後，林徽音遂改名爲林徽因。

林徽因原籍福建閩侯。祖父林孝恂字伯穎，爲光緒十五年（西元一八八九年）進士，授翰林院編修，一直在浙江做官。歷任金華、石門、仁和、孝豐知縣和海寧知州。在任期間，他創辦了養正書塾、蠶桑職業學堂，是清朝末年創辦新學的先驅之一。

林孝恂有五女二男七個孩子，徽因的父親林長民是長男。爲了林家子侄輩的教育，林孝恂在杭州家中設立了家塾。家塾分國學與新學兩齋，國學延請林紓爲主講，新學延請林白水爲主講。徽因的父親、叔叔和姑姑們，從小打下了深厚的國學根基，又受到新學的啓蒙。

徽因兩歲那年，父親赴日本留學，在早稻田大學學習政治法律。徽因與母親跟著祖父母生活。

在徽因幼年的記憶裡，父親就是那個長年不在家的人，父親就是一封封從日本寄回來的信。那些信都是寫給祖父母的，信中抨擊時弊，談論政治，抒發抱負；徽因和母親是父親在信的末尾一筆帶過的一句問候。

徽因四歲了。祖父讓她跟著表姊，由大姑母啓蒙讀書。

徽因喜歡和表姊們在一起讀書玩耍。大表姊孟瑜、二表姊孟亮是大姑母的女兒，三表姊語兒是三姑母的女兒。孟瑜比徽因大五歲，孟亮比徽因大三歲，語兒比徽因大兩歲。四個女孩在一起，一時好得像一個人，一時又會爲一點小事爭執不休。大姑母總是由著她們鬧，不到不可開交之時，她是不會輕易出面調停的。

大姑母常對家人讚歎徽因聰穎靈秀。一起讀書的幾個姐妹中，數徽因年齡最小、也最貪玩，聽講時看似漫不經心，可每叫她背書時，她總是滔滔成誦，口齒伶俐清晰。

一九一〇年，林長民從早稻田大學畢業。回國後，與同學劉崇佑在家鄉福建創辦了福州私立法政學堂，他擔任校長。

一九一一年，武昌起義爆發。林長民把法政學堂交給別人管理，他奔走於上海、南京、北京等地，到處宣傳革命。南京臨時政府成立後，他就任臨時政府參議院秘書長。他發起組織了「共和建設討論會」，擁戴流亡日本的梁啓超爲領袖，並促其回國。

民國初年，風雲際會，各種政治力量「亂紛紛你方唱罷我登場」。林長民作爲民初立憲派的名人，始終旗幟鮮明地擁護共和，反對復辟。張勳復辟期間，時任國務院參事的林長民支持段祺瑞討伐張勳復辟，後被段祺瑞政府任命爲司法總長。

隨著林長民升遷的腳步，徽因一家由杭州搬到上海，而後遷居北京。

徽因十二歲了。這兩年她個子長得特別快，和小表姊語兒一般高了。家裡把她和表姊們一起送進英國教會辦的培華女子中學讀書。這裡的教師都是外籍的，授課全用英語，學校有嚴格的校規，學生平時住校，星期天才可以回家。

十二歲的徽因姿容秀麗，梳兩條細細長長的辮子，笑起來頰上有兩個深深的酒窩。她從小多病，看上去有些纖弱，似一株婷婷的嫩柳，纖細柔美，又帶有幾分青澀。

新學期一開學，學校發下了新校服。培華女中的新校服是量著每個女孩的身材做的，十分合身。星期天，徽因和表姊們相約穿著新校服去照相，那是北京最好的一家照相館，她們各自照了單人像後，又在一起照了合影。優裕的生活和良好的教養使林家的女孩子個個美麗大方、文雅出眾。她們的校服是五四時代女學生裝的改良：中式的偏襟立領琵琶扣圓擺上衣，西式的及膝百褶裙，深色絲襪，黑色帶扣皮鞋，典雅秀麗中又有種洋派。走在大街上，引得行人紛紛駐足。

幾個女孩平日在學校並不同班，星期天湊在一起，唧唧喳喳有說不完的話，她們爭先恐後地講述著學校的趣事，抱怨著學校繁瑣的規矩。徽因和表姊們在一起時，是活潑的小妹，從小就具表演才能的她模仿著英文習作課上老師的語調，還惟妙惟肖地配合著動作：「姑娘們，讀書吧，多讀書不僅能教會你們寫作，還能教會你們熱愛這個世界，親愛的。」姐妹們笑成一團。

可是，只有小表姊語兒知道，徽因其實並不快樂。徽因心裡有一個結，那是一個解不開的結。在學校時，徽因盼著回家，可每次回家，她又有說不出的沮喪和壓抑。

徽因很小就知道，父親不喜歡母親。母親的心很苦，常常背著人哭。

徽因的母親出身於浙江嘉興一個商人家庭，十四歲嫁給林長民做了二夫人。林長民善詩文，工書法，儒雅風流，才華超群；而她卻是個沒有受過教育的舊式婦女。從小生長在商人家庭的她既不懂琴棋書畫，又不善操持家務，所以，她既得不到丈夫的疼愛，也得不到婆婆的歡心。

她爲林長民生了兩個女兒，大女兒徽因和小女兒麟趾。林長民對兩個女兒疼愛有加，對她卻始終十分冷淡。小女兒麟趾因病夭折後，林長民又在上海迎娶了年輕美貌的三夫人程桂林。從此，徽因的母親就過著被丈夫冷落遺忘的生活。當時徽因母親才三十一歲。

徽因喚程桂林爲「二娘」，二娘爲父親接連生下了幾個弟妹，住在前面的大院，徽因和母親住後面的小院。父親回家後，總是待在前院。前院有弟妹們的歡笑吵鬧聲，還有父親買給二娘的各式新奇物件。徽因喜歡前院堂屋裡的那架自鳴鐘。鐘上有個小門，到了鐘點，小門就會自動打開，從裡面跳出一隻小鳥，翠綠的羽毛，嫩黃的嘴，小鳥好笑地點著頭，幾點鐘就叫幾聲。

徽因只要一去前院，回來就會聽到母親的數落。她數落前院，抱怨父親。她邊數落邊哭，哭自己命苦，哭死去的溫順的小女兒。每當這時，徽因心裡就交織著對父母又愛又怨的複雜感情。她愛父親，卻怨他對母親冷漠無情；她愛母親，卻恨她在抱怨和嗟歎中使父親離得越來越遠；她愛那些同父異母的弟妹，卻又小心翼翼地怕傷了母親的心。

這一切在徽因的心靈裡，留下了痛苦的記憶，對她的性格形成有久遠的影響。也直接影響著她以後的人生選擇。

多年以後，林徽因已成爲一位頗有名氣和影響的女詩人。一九三七年四月十八日，她在《大公報》文藝副刊上發表了一篇小說，題目是〈繡繡〉《模影零篇四》。小說寫了一個淒慘哀婉的故事：乖巧俊秀的女孩兒繡繡生活在一個不幸的家庭，母親懦弱無能、狹隘多病，父親娶了新姨娘又生了孩子；繡繡整日掙扎在父母親無窮無盡的爭執吵鬧之中，掙扎在沒有溫情、沒有愛憐、只有矛盾和仇恨的親人之間，漸漸因病而死去。

小說最後以繡繡的朋友「我」的口吻寫道：「……那時我對繡繡的父母倆人都恨透了，恨不得要和他們說理，把我所看到各種的情形全部傾吐出來，叫他們醒悟，乃至於使他們悔過。卻始終因自己年紀太小，他們的情形太嚴重，拿不起力量，懦弱地抑制下來。但是當我咬著牙痛恨他們時，領悟到此刻在我看去十分可憎可恨的人，卻是那溫柔和平的繡繡的父母。我很明白即使繡繡此刻有點恨著他們，但是締結在繡繡溫婉心底的，對這倆人到底仍是那不可思議的深愛！」

雖說這只是一篇虛構的小說，可也從某個角度反映了少女林徽因的心緒。

一九二〇年，林徽因十六歲了。培華女子中學英國貴族式的教育，培養了學生良好的舉止和談吐。徽因美麗聰慧又熱情，無論是在同學中還是在家裡衆多的姊妹中，她都是最被喜愛的女孩。

而這幾年，徽因父親的仕途和抱負卻屢屢受挫。

一九一七年十一月，林長民因北洋政府的官場鬥爭，被迫辭去司法總長一職。這之後，他曾與同道好友湯化龍、藍公武赴日遊歷，曾擔任巴黎和會觀察員，還曾著述撰文，宣傳自己的政治主張。

一九二〇年，林長民以「國際聯盟中國協會」成員的身份被政府派赴歐洲訪問考察。這是一次爲時一年半的長旅，林長民決定攜女同行。

正是北京的早春時節，雖然陽光明亮，卻仍是春寒料峭。這一天，徽因收到了父親的信，父親在信中告訴徽因：「……我此次遠遊攜汝同行，第一要汝多觀覽諸國事物增長見識；第二要汝近在我身邊能領悟我的胸次懷抱；第三要汝暫時離去家庭煩瑣生活，俾得擴大眼光養成將來改良社會的見解與能力。……」

徽因捧著父親的信讀了又讀。春風刮得正緊，她生怕突然一陣大風會把信刮走，會把這夢一般的激動和喜悅刮走。她把信緊緊地貼在胸前——到歐洲去、和父親一起到歐洲去，這是多麼讓人神往的事啊！她感到眼前那一片初春的陽光明亮得炫目，心中彷彿有鮮花在盛開。

二 雨霧英倫

一九二〇年初夏，林徽因伴隨父親來到了歐洲。

兩個多月的海上行程，萬噸客輪如一葉扁舟，行駛在浩瀚的印度洋上，好似永遠也到不了岸。浪濤日夜不息地拍打著船舷，徽因一直有一種眩暈的在夢中的感覺。眩暈中，看天空由紫轉藍，由藍轉灰，看一輪巨大的紅日從海水中湧出又落下，看光與影在波濤中追逐嬉戲。起風時，狂暴的大海彷彿要把孤單無助的客輪掀翻、撕裂，人便如羽毛般在船艙裡載沉載浮。

上岸後很長一段時間，徽因仍然如同行走在船上，看什麼都有些飄忽、恍惚。

按照出訪計畫，林長民帶著徽因遊歷了法國、義大利、瑞士、德國、比利時的一些城市。一處處文化名勝，一個個博物館，還有工業革命後迅速發展起來的一家家工廠、報館，林長民都帶著女兒一一走過。十六歲的徽因原本對工廠報館這些地方沒有太大興趣，但林長民卻認爲，恰恰是這些地方體現了現代資本主義的生產方式和經營方式，可以給中國社會今後的改良作參考，故「不可不觀」。

各處景物走馬燈似的從眼前流過，各種印象疊加在了一起：巴黎街頭自由的人們和自由的空氣，羅馬遊覽勝地綠色松林如波濤般望不到盡頭，阿爾卑斯山上終年不化的皚皚白雪，法蘭克福一碧如洗的藍天上盤旋的鴿群——鐘聲、鳥鳴、樹林、草地組成了和諧的交響，風情萬種；遺址、遺跡如珍奇寶石穿成的項鏈，浪漫多姿；古老而迷人的歐洲像是一幅色澤古黯的織錦，散發著久遠的高貴的氣息。

遊覽之外，林長民更多的時間要用於各種應酬。他要出席「國際聯盟協會」的會議，要與各國各地的有關人士會面，他應邀去一些地方做演講，還要接待許多慕名前來拜望他的當地留學生和華人社團的成員。當他忙於這些事情的時候，常常顧不上徽因。徽因有許多時間一個人待在倫敦的寓所裡。

徽因的感受是複雜的。她敞開心靈攝取吸收來自這個新世界的印象和知識，紛至遝來的雜駁資訊常常使她感到既新奇又疲倦。同時，遠離故國，遠離同齡夥伴的她又時常感到深深的孤獨和無所適從。在父親頻繁外出的時間裡，孤零零的她時常想，父親出去給別人演講些什麼呢？他講的那些問題有那麼重要嗎？他怎麼根本就不在意近在身旁的女兒呢？

一個人的時候，她更多的是偎在壁爐旁，一本接一本地閱讀英文版的書刊。此時，她才對北京培華女子中學嚴謹的學風心懷感激。來到英國後，她不怎麼費力就能夠自如地與人交流和用英語閱讀。

她讀維多利亞時代的小說，讀丁尼生、霍普金斯、勃郎寧的詩，讀蕭伯納的劇本。剛開始，她的閱讀還帶有學習英語的目的，可讀著讀著，這些書引領她進入了一個令她心醉神迷的世界。儘管其中的一些作品她早在國內就看過林琴南的中譯本，可如今讀過原著，她才知道那些文言的譯本是多麼蹩腳，簡直不能傳達原文的情致於萬一。徽因天性敏感細膩，文學喚醒了她對生活的種種體驗，激起她強烈的共鳴。

倫敦的天氣彷彿永遠只有好壞兩極。

春夏之際，太陽明媚而豔麗。垂柳柔柔的枝條在風中軟軟地飄蕩，星星點點的野花點綴著青蔥綿密的草坪，一切都有著鮮明的色彩，一切都充滿了勃勃的生機。這時節，徽因總愛跟著女房東一同外出。

女房東是一位建築師，徽因常和她一道出去寫生、作畫。她最愛去的地方是劍橋一帶，那裡有畫不完的各種建築和景致。徽因拿著一本書，隨她坐在草坪上，四下望去，皇家教堂富麗莊嚴，皇家學院散發著寧靜、幽雅的氣息，「三一學院」圖書樓上，拜倫雕像瀟灑地凝視著遙遠的天際。

在國內，徽因隨著家庭的搬遷，南來北往走過許多地方，出國後跟著父親也到過一些城市。可只有在這裡，在盡情領略了英國劍橋脫盡塵埃的景色後，她才恍然覺察，那無邊青青的碧草，潺潺奔湧的流水，窈窕玲瓏的睡蓮，明豔燦爛的朝暉晚霞，好像可以隨著空氣、星光一起滲透進人的靈魂。

她想起小時候住在祖父家，看過好多宋元名家的山水畫。那時她不明白，爲什麼那些畫卷上，總是畫著那麼雄奇的山川，那豆大的房舍和米粒大小的人物。如今她懂了，人在大自然的懷抱裡眞是很小，小到只想變成一株草，一朵花，一滴露珠。

在與女房東的交談中，徽因知道了建築師與蓋房子的人的區別，懂得了建築與藝術密不可分。以這樣的眼光再去回想她在國內國外看過的廟宇和殿堂，果然就對這些建築有了不同的理解和感受。

從這時起，徽因萌生出了對未來事業的朦朧願望。

一九二〇年九月，徽因以優異的成績考入了倫敦 St.Mary's College（聖瑪利學院）學習。

入秋後，倫敦就進入了濕漉漉的雨季。

這是一個陰鬱的星期天，連著下了幾天的雨一點兒也沒有要停下來的跡象。

父親去瑞士參加「國聯」的會議，已經走了幾天了。徽因一整天都是一個人待在書房裡。她一邊看書，一邊心神不寧地聽著外面的雨聲。天漸漸地暗了下來，不知從哪裡飄來了煎牛排和鹹肉的味道。她感到餓了，來到飯廳，給自己煮了杯牛奶，在麵包上薄薄地塗了層黃油，一邊吃一邊忍不住流淚。飯廳的天花板很高，燈很暗，長方形的大餐桌前只坐著她一個人。硬木的餐椅也很高，她坐在那裡兩條腿挨不著地，梳著兩條細細辮子的身影映在飯廳的牆上，像是阿拉伯神話中的魔鬼巨人。牛奶喝完了，麵包卻無論如何都咽不下去。她抽噎得喘不過氣來，她實在太悶了，悶到不能不哭。讀了那麼多小說的她，充滿了各種各樣的幻想。她盼望在這煩悶的、下雨的日子能有點浪漫的事情發生——突然有人叩門，進來一位聰明有趣的年輕人，坐在她的面前聽她講述自己的心事——或者是他們一齊坐在樓上書房的壁爐旁，他給她講故事——她做著所有這個年齡女孩子的夢，渴望著有一個理想中的人物來愛她。而生活中的她卻從來沒有一個男朋友，從來沒有見過一個如同她想像中那樣浪漫而又聰明的人。

父親總在外面忙著，她的生活中除了下雨還是下雨……

一九二〇年的十一月十六日，從早上到下午一直是霧濛濛的天氣，一個叫徐志摩的年輕人來拜訪林長民。

徐志摩最近才從美國哥倫比亞大學轉學到倫敦。和他一塊兒來的張奚若是倫敦大學政治經濟學院的留學生。

人生有許多事情讓人不可思議。每個人的生命中都會遭遇許多人，有的人幾十年朝夕相對，卻形同陌路、相知甚少；有的人不經意間相識相遇，卻猶如前世今生，萌生出終生不渝的情誼。

當父親和這兩個年輕人親熱地寒暄、交談時，徽因照例端上茶點，在一旁聽他們說話。她沒有想到，這個膚色白皙、戴一副圓眼鏡的青年男子，從此會闖入自己的生活。

徐志摩一八九七年出生於浙江海寧硤石鎮，他的父親徐申如在滬杭金融界有著相當的實力和地位。徐志摩出國前在北京大學攻讀法政專業時，其大舅子張君勱介紹他拜梁啓超爲師。一九一八年，徐志摩赴美留學。他遵從父命，在哥倫比亞大學攻讀經濟學博士。可他後來發現，他對經濟學、金融債券學等沒有絲毫興趣，卻喜歡研讀西方文學、哲學、社會學、政治學方面的著作。他尤其崇拜英國哲學家、劍橋大學的教授羅素（一八七二—一九七〇年）。他悉心研讀了羅素的《社會的改革原則》、《政治理想》、《往自由之路》等著作，下決心從美國轉學到英國來，「從羅素」，求新知。就這樣，他從美洲大陸來到了歐洲大陸。可他到了英國才知道，羅素已離開劍橋，到中國講學去了。於是，他只得就讀於倫敦大學政治經濟學院，重新攻讀經濟學博士。

此間，他結識了一批英國作家。在著名作家狄更斯的幫助下，徐志摩獲得了劍橋大學特別生的資格，可以隨意在劍橋大學的各個學院選課聽講。後來，他由劍橋大學的特別生轉爲正式研究生。劍橋民主開放的學術空氣、自由寬鬆的學習生活，讓徐志摩有了如魚得水的感覺。

徐志摩見到林長民，很快就成了相見恨晚、無話不談的朋友。他驚訝林長民「清奇的相貌，清奇的談吐」。他在後來的回憶文章中寫道，林長民的談吐「滿綴警句與諧趣」，對人生有著「銳利的理智的解剖與抉剔」，他「豪爽、倜儻又幽默」，平生最「厭惡的是虛僞、矯情和頑老」，是一個自負於自己的稟賦，進而思政事有成，退而求文章千古的「書生逸士」。

徐志摩和林長民在一起，不僅談社會，談政治，也談文藝，談人生。徐志摩勸歷經宦海沉浮的林長民「趁早回航，領導這新時期的精神，共同發現文藝的新土。」

在他們互相引爲知己後，倆人還玩過一場互通「情書」的遊戲。當時徐志摩在劍橋讀書，林長民經常外出，他們商量著互相通信。在通信中，徐志摩扮一個有夫之婦，林長民扮一個有婦之夫，雙方假設在這樣不自由的境況中互相愛戀，在書信中互訴衷腸。

徐志摩最喜歡林長民的一句詩：「萬種風情無地著」。詩句風流蘊藉，抒發了一個接受了現代文明的傳統知識分子的欲求和無奈。他渴求情愛，而纏綿悱惻的情感卻無處著落，渴求施展抱負，而滿腔報國情懷也無處著落。他們用互通「情書」這種匪夷所思的方式來感受、玩味「萬種風情無地著」的萬般無奈。

當林長民離開人世後，徐志摩發表了他們這批通信中的一封，他在前面加上了說明，題目是：《一封情書》。

一九二〇年代末，徐志摩還寫過一篇辭藻華麗、感情濃豔的短篇小說——《春痕》。小說中的主人公叫「逸」，「逸」爲人風流倜儻，對他所愛的女子僅止於在心中生發出無限的愛戀。這情感似「遠山的輕靄薄霧」般使他憂傷，也使他惆悵。

徐志摩說，「逸」這個人物是以林長民爲模特兒的。

隨著與林長民交往的深入，徐志摩和徽因也熟了起來。他發現，這個梳著兩條垂到肩膀的細辮子、像個不諳世事的中學生模樣的小姑娘，不僅長得俊秀可愛，而且是個可以對話的朋友。他把自己的發現告訴了林長民，林長民不無驕傲地說：「做一個有天才的女兒的父親，不是容易享的福，你得放低你天倫的輩分，先求做到友誼的瞭解。」

徐志摩發現徽因讀書很多，他們常常談及一些作家作品。這些談話讓他興奮。他感到，徽因的可愛不僅在她的外貌，更在她活潑跳躍的思維，明澈清新的識見。她對文藝作品的理解和悟性超出了她的年齡。

徽因的表達能力極強，她的北京話略帶一點兒福建口音，而她的英語則是道地的牛津音，發音吐字有音樂感，聽上去舒服極了。

不知從什麼時候起，徐志摩發現自己來林寓不僅僅是爲了找林長民，而是想見到徽因，想和她說話。

冬天的倫敦雨霧連綿，陰霾潮濕，林長民又外出了。耶誕節、新年緊挨著，徽因有一個長長的假期。徐志摩撐著一把濕漉漉的雨傘來到林宅，帶著他一貫溫雅眞誠的笑容，還帶來了無窮盡的有趣話題。

起居室裡，壁爐的火明亮地跳躍著，這是房間裡最暖和的地方。壁爐兩側一邊一把舒服的搖椅，椅子上搭著蘇格蘭方格圖案的毯子。平時，林長民總是在這裡看書看報，與來訪的客人聊天。

徐志摩和徽因坐在壁爐前，從倫敦冬季討厭的雨霧談起，談到英國詩歌中對英國景物的描寫。徐志摩告訴徽因，他最喜歡的詩人是拜倫、雪萊、華茲華斯和濟慈。他問徽因讀沒讀過濟慈的《夜鶯頌》，徽因立即用英語背誦了起來：「……這神妙的歌者，絕不是一隻平凡的鳥；他一定是樹林裡美麗的女神……」正背著，徽因停了下來。問徐志摩：「你聽過夜鶯的叫聲嗎？」

徐志摩笑了：「濟慈寫的是一百多年以前的事情，一百年前的倫敦和現在大概有很大的不同。詩人們站在威士明治德橋上，可以在無煙塵的空氣裡深呼吸，可以望見田野、小山一直鋪到天邊。那時候的人更可能親近自然，所以白天聽得見滿天雲雀的歌唱，夜裡聽得見夜鶯的啼鳴。我哪裡會有這樣的福氣。」

停了停，徐志摩又說：「據寫《濟慈傳》的雷頓爵士說，有一年濟慈家鄰居的樹林裡，飛來了一隻夜鶯，每晚不倦地叫。濟慈快活極了，在半睡半醒中整夜地傾聽，一直聽得心痛神醉，寫下了這首《夜鶯頌》。」

徐志摩接著用英語背誦道：「……你還是不倦地唱著，在你的歌聲裡我聽出了最香冽的美酒的味兒，還有那遍野的香草與各種樹馨。……我的靈魂脫離了軀殼，跟著你清唱的音響，像一個影兒似的淡淡地掩入了你那暗沉沉的林中。」

當徐志摩停下來時，徽因說：「忘了曾在哪本書裡讀到過，濟慈有一次在寫詩時低低地自言自語：『I feel the flowers growing on me.』（我覺得鮮花一朵朵的開在我的身上）這是多麼奇妙的感覺和想像！」

徐志摩點頭稱是：「這的確是想像力最純粹的境界，孫猴子能七十二般變化，詩的變化更是不可限量。莎士比亞戲劇裡至少有一百多個永遠有生命的人物，男的女的、貴的賤的、偉大的、卑瑣的、嚴肅的、滑稽的，其實都是他自己搖身一變變出來的。濟慈、雪萊最通曉與自然和諧的變術。雪萊寫《西風頌》時，不曉得歌者是西風還是西風是歌者；寫《致雲雀》時，不曉得詩人在雲端裡唱還是雲雀在字句裡唱。同樣的，濟慈詠《憂鬱頌》時，他自己就變成了憂鬱的化身：『忽然從天上掉下來，像一朵哭泣的雲』。他寫《秋頌》時，他自己就成了那樹上漸漸成熟的果子，或是稻田上靜臥著的玫瑰色秋陽。」

說到這裡，徐志摩話鋒一轉，談起了中國一些藝術家想像力的貧乏：「咱們元代的書畫家趙孟頫，世人公認其善畫馬。據說他爲了畫馬，自己在家裡關緊房門伏在地上學馬的各種樣子。如其這個故事可信，那我們的藝術家的想像就帶出了粗蠢不堪的鄉下人模樣。」①

徽因輕輕地笑出了聲。

他們的談話從一個話題跳到另一個話題，忘記了窗外綿綿的陰雨，忘記了壁爐的火苗漸漸地弱下去。

---

① 徐志摩《濟慈的夜鶯歌》。

徐志摩告訴徽因，自己出國的初衷是爲了學習外國的先進技術，走實業救國的路子。原以爲振興實業就是多開工廠，可出國以後，他已經改變了看法。他現在看見煙囪就感到厭惡，他同情那些在工業機器轟鳴聲中輾轉掙扎著求生活的勞工。因此，他如今信奉新文藝，對政治有興趣。

林徽因不懂政治。她的心靈世界裡，更多的是文學和藝術，是書中所描寫的生活。她弄不清楚英國的工黨和保守黨有什麼區別；她更是不明白，父親和徐志摩所關心的政治究竟能在多大程度上改變現實生活。

徽因越是不明白，徐志摩越想對她講清楚自己的政治見解。他認爲從東方到西方，英國的現代民主政治是最好的政治制度。

他說，德國人太機械，法國人太任性，美國人太淺陋，只有英國人堪稱是現代的政治民族。

他認爲，英國人是自由的，但不是激烈的；是保守的，但不是頑固的。

他告訴徽因，星期天到倫敦的公共場所去轉轉，就可以看到英國政治生活的一角。廣場上東一堆西一堆的人群，有勞工黨人，有保守黨人，有自由黨人，他們各自在宣傳演說自己的政治主張。有的支持政府的某項政策，有的反對政府的某個決定；有的贊成天主教，有的贊成清教；有的在演講自由戀愛的好處與弊端，有的在宣傳布爾什維克主義……總之，各種各樣的主張和見解可以在同一場地對同一群聽眾發佈。無論演講者的態度多麼極端，言論多麼過激，廣場上的員警只是對他的生命安全和言論自由負責，而絕不會進行干涉。聽說有一次著名作家蕭伯納站在一只包裝肥皂的木箱上冒著傾盆大雨演說社會主義，最後他的聽眾只剩下三四個穿著雨衣的巡警。

徽因又笑了起來。

徐志摩這時結論道：「正因爲英國自由而不激烈，所以他們雖有革命的實績卻無大流血的歷史記錄；同樣，因爲英國保守而不頑固，所以他們雖然『不爲天下先』，卻也並不僵化落後。」

儘管徽因對不同政黨及其政治主張沒有太大興趣，但她仍然被徐志摩的講述所打動。

打動林徽因的不僅僅是他奔放熱情、洋洋灑灑的語言，而且還有從他的話語中流露出來的近乎於癡的執著態度，那是一種「孩子似的天真」。

胡適曾這樣評析徐志摩：「他的人生觀真是一種『單純信仰』，這裡面只有三個大字，一個是愛，一個是自由，一個是美。他夢想這三個理想的條件能夠會合在一個人生裡，這就是他的『單純信仰』。他一生的歷史，只是他追求這個單純信仰實現的歷史。」

一九二一年的冬天，倫敦多雨霧而陰冷，徐志摩在林家溫暖的壁爐前，度過了一個又一個寒冷而漫長的冬日。

春天來臨了，倫敦的春天美好得令人陶醉。

十九世紀的英國作家拉斯金在他的《英國山楂花》中歌頌春天：

瞧啊，冬天已經過去，
雨也隨著它走了
大地到處呈現著鮮花，

鳥兒歌唱的季節來到了。

啊，飛起來吧，我可愛的小鴿子，

飛吧。

春深了，徐志摩已深深地被林徽因所吸引。他自己也說不清楚，怎麼會在感情上如此迷戀這個姑娘。

他喜歡徽因淡淡春山般的雙眉，他喜歡徽因盈盈秋水般的眼睛，他喜歡徽因臉頰上那一對時隱時現的笑渦，他更喜歡和徽因無拘無束地談心。徽因空靈的藝術感覺和她的見解談吐，常常激發出他思維的靈感和火花。

最讓他心旌搖曳的是暮春時節和徽因結伴在劍橋漫步。

他們順著蜿蜒的小河向前走，小河的上游是拜倫潭——當年拜倫常在這裡遊玩。小河上下游的分界處有一座小水壩，湍急的水流在陽光下閃著碎銀的光亮，柔軟的水草慵懶地輕拂著水面，叢密的灌木根鬚在河畔的水流裡伸展。靜謐的小徑上，濃蔭密佈碧草如茵，一輛牛奶車響著清脆的鈴聲消失在小路的盡頭。綠蔭裡，古老的石壁長滿青苔，嬌豔的薔薇靜靜地開放；厚厚的落葉堆積在樹林中，縷縷光線像簇簇金箭般斜射進去。黃昏時分，夕陽的光輝籠罩四野，遠處教堂的鐘聲一聲聲撞入人的心裡……

五年後，徐志摩在《我所知道的康橋》中寫道：「我這一輩子就只那一春，說也可憐，算是不曾虛度。就只那一春，我的生活是自然的，是眞愉快的！（雖則碰巧也是我最感受人生痛苦的時期）……說也奇怪，竟像是第一次，我辨認了星月的光明，草的青，花的香，流水的殷勤。……」

徐志摩在這裡抒發了他對劍橋的感情，也抒發了他愛戀中難忘的感情。他生平第一次，深深地體會到了愛戀一個人的痛苦和甜蜜，儘管他與妻子張幼儀已經結婚六年。

六年前，徐志摩還在杭州一中讀高中。當時的政界、金融界名流張嘉璈到這所浙江省的名校視察。他在視察中看到了徐志摩的國文考卷，嘉許讚賞之餘，回去即托人向徐志摩的父親徐申如求親，以其小妹張幼儀相許配。張幼儀乃大家閨秀，其兩位兄長張嘉璈、張君勱均爲政界要人，徐申如欣然允諾了這門親事。

兩人結婚時徐志摩十八歲，張幼儀十六歲。

徐志摩來英國後，張幼儀帶著他們的兒子阿歡也來到英國伴讀。就在這時期，徐志摩愛上了林徽因。

徐志摩的感情來得迅疾而強烈。他認爲，他對林徽因的愛是他性靈覺醒的結果，他對林徽因的追求是對愛與美及自由追求的最高體現；他大膽地表達這種情感是出於道德的勇敢，合乎人道的精神、新時代的精神。所以，他要結束與張幼儀無愛的婚姻，以獲得自己的眞愛。

他在寫給張幼儀要求離婚的信中說：「……眞生命必自奮鬥自求得來！……彼此有改良社會之心，彼此有造福人類之心，其先自作榜樣，勇決智斷，彼此尊重人格，自由離婚，止絕苦痛，始兆幸福，皆在此矣。」

在徐志摩看來，解除了這種沒有愛情的婚姻關係，就解除了痛苦。假如沒有這種勇氣，怎麼能談得上改良社會，造福人類。他決心「勇決智斷」，去爭取自己眞正的戀愛，眞正的幸福，眞正的生命。

面對徐志摩熱烈而率眞的感情追求，林徽因不知所措了。

剛和徐志摩認識時，林徽因只是把他當作父親的朋友。張奚若當初是和徐志摩一同到林寓拜訪林長民的，他後來回憶說，林徽因當時梳著兩條小辮子，差一點兒把他和徐志摩叫做叔叔。後來隨著交往的深入，林徽因對徐志摩也產生了感情，儘管這種感情與徐志摩對她的感情並不完全相同。她愛徐志摩廣博的見識，獨立的見解，奔放的性情，坦蕩率眞的爲人。儘管徐志摩長她八歲，在年齡上是她的兄長，可在內心裡她又視他爲一個具有赤子之心的、孩子般的「眞人」。她感激徐志摩爲她打開了心靈的空間、生活的空間，她的精神在這種交流中得到了舒展和昇華。她承認，她喜歡和徐志摩在一起，除了父親之外，她從來沒有和任何異性說過這麼多話。

畢竟林徽因只有十六歲，所有的感情體驗，包括慌亂的眩暈、喜悅、害怕、羞澀、疑慮、擔憂，對她來說都是第一次。她還不太區分得清，在她對徐志摩的感情裡，有多少是友情，多少是異性間的傾慕。也許，本來這種種情感都是互相糾纏在一起的。用林徽因的終生好友費慰梅的話來說：「她是被徐志摩的性格、他的追求和他對她的熱烈感情所迷住了……對他打開她的眼界和喚起她新的嚮往充滿感激。」「在多年以後聽她談到徐志摩，我注意到她的記憶總是和文學大師們聯繫在一起——雪萊、濟慈、拜倫、曼斯費爾德、佛吉尼亞．沃爾夫以及其他人。在我看來，在他的摯愛中他可能承擔了教師和指導者的角色，把她導入英國詩歌和戲劇的世界，以及那些把他自己也同時迷住的新的美、新的理想、新的感受。」②

最初的慌亂過去後，林徽因沉靜了下來。面對自己的心靈，面對自己眞實的嚮往，幻象消退了，願望清晰了，她沮喪地對自己說：這怎麼可能呢？

她難過地反省著自己：當初，正是清楚地知道徐志摩是有家室的人，才可能跟他無顧忌地交往，自己怎麼可能去做破壞別人家庭的事情？

童年往事歷歷在目，不完善的家庭生活給母親造成的傷害、給她自己造成的傷害已成爲一種感受事物的方式，沉澱在她憂鬱的氣質中。在以後的歲月裡，她曾不止一次地談及早年殘缺的家庭生活給她帶來的痛苦：「……我知道自己其實是個幸福而幸運的人，但是早年的家庭戰爭已使我受到了永久的創傷，以致如果其中任何一點殘痕重現，就會讓我陷入過去的厄運之中。」③

更何況，出身名門、從小跟著祖父母生活的徽因，是在傳統的倫理教育中長大的。儘管讀了許多西方文學作品，但她單純的生活閱歷、她高傲的性情以及她的理性都使她不會去做任何與傳統、與家庭的名望相悖的事情。後來，她曾冷靜地說：「徐志摩當時愛的並不是眞正的我，而是他用詩人的浪漫情緒想像出來的林徽因，可我其實並不是他心目中所想的那樣一個人。」

---

② 費慰梅《梁思成與林徽因——一對探索中國建築史的伴侶》十五頁。

③ 《林徽因致費正清、費慰梅》（一九三五年），《林徽因文集・文學卷》。（林徽因致費正清、費慰梅的信全為英文，由梁從誡整理翻譯。下同）

這樁事情傳到了國內，徽因的幾個姑姑在這樁事關徽因的終身大事上空前地一致。她們無論如何也不能想像，林家的大小姐會嫁給一個有婦之夫。她們寫給林長民的信措辭激烈，傳達出了家族的意志和聲音。

多年以後，費慰梅在談到這樁往事時說：「徐志摩對她的熱情並沒有引起同等的反應。他闖進她的生活是一項重大的冒險，但這並沒有使她脫離她家裡爲她選擇的未來的道路。」

一九二一年秋，林長民出國考察的時間到期。林徽因隨父親乘海輪歸國。

徐志摩的追求雖然沒有得到林徽因的允諾，他卻仍然不顧家人和親友的一致反對，堅決要求與張幼儀離婚。徐志摩認爲，自己的所作所爲不僅是爲了追求林徽因，而且是爲了追求理想的生活境界。

他最敬重的老師梁啓超先生得知這一消息，專門給他寫信，勸他打消離婚的念頭：

「……其一，萬不容以他人之苦痛，易自己之快樂。弟之此舉，其與弟將來之快樂能得與否，殆蕩如捕風，然先已予多數人以無量之苦痛。其二，戀愛神聖為今之少年所樂道，茲事亦可遇而不可求。況多情多感之人，其幻想起落鶻突，而得滿足得寧帖也極難，所想之神聖境界恐終不可得，徒以煩惱終生而已耳。

嗚呼志摩！天下豈有圓滿之宇宙！……吾儕當以不求圓滿為生活態度，斯可以領略生活之妙味矣。……若沉迷於不可得之夢境，挫折數次，生意盡矣，憂悒侘傺以死，死為無名。死猶可矣，最可畏者，不死不生而墮落至不能自拔，嗚呼志摩，無可懼耶！無可懼耶！」

梁任公的信可謂字字發自肺腑，是一位師長對後學直抒胸臆的談心，也是一位過來人對晚輩的規勸。但這時的徐志摩主意已定，他在給任公的回信中坦陳自己就是要不畏「庸俗之嫉之」，反其道而行之：

「我之甘冒世之不韙，竭全力以鬥者，非特求免凶慘之苦痛，實求良心之安頓，求人格之確立，求靈魂之救度耳。

人誰不求庸德？人誰不安現成？人誰不畏艱險？然且有突圍而出此，夫豈得至而然哉？

我將於茫茫人海中訪我惟一靈魂之伴侶，得之，我幸；不得，我命，如此而已。」

一九二二年二月張幼儀在柏林生下了次子德生（又名彼得）。三月，徐志摩和張幼儀在柏林由吳經熊、金岳霖作證，正式離婚。

一九二二年八月，徐志摩回國。

有的文章在涉及這樁往事時，談到徐志摩決定離婚之前，曾接到過林徽因的一封信，林徽因在信中要求徐志摩在她和張幼儀之間做出選擇，由此促使徐志摩下了離婚的決心。

這種說法只是一種臆測和想像。徐志摩在生活中習慣於保存所有的通信及親人朋友之間的文字，如果有這樣一封信，徐志摩不會不留下來。現存有關徐志摩的資料中，找不到與這種說法有關的任何依據。

林徽因跟隨父親回國後，又繼續進培華女子學校學習。

許多年過去了，徽因在徐志摩乘飛機遇難的悲痛中給胡適寫了一封信，信裡談到自己對徐志摩的感情。從中，我們可以看到林徽因眞實的心跡：

「我的教育是舊的，我變不出什麼新的人來，我只要『對得起』人——爹娘、丈夫（一個愛我的人，待我極好的人）、兒子、家族等等，後來更要對得起另一個愛我的人，我自己有時的心，我的性情便弄得十分為難……這幾天思念他得很，但是他如果活著，恐怕我待他仍不能改的。事實上太不可能。也許那就是我不夠愛他的緣故，也就是我愛我現在的家在一切之上的確證。志摩也承認過這話。」

十六七歲的林徽因在面臨人生的重大抉擇時，聽從了理性的召喚，她理性的選擇使自己的人生沉靜而完滿。她鄭重地珍藏起了徐志摩的情感，對這份美好的情感她永遠報以深情的凝視。

在以後的歲月裡，林徽因始終與徐志摩保持著朋友間真誠而純潔的情誼，她對徐志摩感情的理解和尊重，使她永遠擁有徐志摩的敬重和摯愛。

林徽因回國了，徐志摩在思念、愛戀、失望和希望中輾轉。他開始寫詩了。星月的光輝讓他感動得落淚，泠泠的溪水讓他體會到寂寞，薄霜滿地的樹林讓他倍覺傷感，強烈的無處可宣洩的各種意念燃燒著他，詩行鋪滿了一頁頁稿紙。

人們都說，徐志摩的《偶然》，是寫給林徽因的一首詩。

我是天空裡的一片雲，
偶爾投影在你的波心，
你不必訝異，
更無須歡喜，
在轉瞬間消滅了蹤影。

你我相逢在黑夜的海上，
你有你的，我有我的，方向；

你記得也好，
最好是忘掉，
在這交會時互放的光亮！

林徽因從一九三〇年代初開始寫作新詩，在很大程度上是受了徐志摩的影響。她寫於一九三一年的《仍然》，可以看做是對徐志摩《偶然》的應答之作，也是她自己心跡的坦陳：

你舒伸得像一湖水向著晴空裡，
白雲，又像是一流冷澗，澄清，
許我循著林岸窮究你的泉源：
我卻仍然抱著百般的疑心，對你的每一個映影！

你展開像個千瓣的花朵！
鮮妍是你的每一瓣，更有芳沁，
那溫存襲人的花氣，伴著晚涼：
我說花兒，這正是春的捉弄人，

來偷取人們的癡情！

你又學葉葉的書篇隨風吹展，
揭示你的每一個深思；每一角心境，
你的眼睛望著，我不斷的在說話：
我卻仍然沒有回答，一片的沉靜
永遠守住我的魂靈。

林徽因和徐志摩，就像天空中運行的兩顆行星，各自有各自的運行方向和軌跡，當他們在浩渺的星空中相遇時，深邃無垠的天際閃耀著美麗、璀璨的光亮。

三　紫藤花開

培華女中的下課鈴聲響了，這是週末，一群群白衫黑裙的姑娘翩翩地飛出了校園。她們嘰嘰呱呱的英語中夾雜著好聽的北京話。校門口，排著一長溜來接她們回家的小汽車和黃包車。

終於到週末了！天氣多麼好！晚霞多麼美！徽因盼著週末回家，從週一回到學校就開始盼。在盼望中，徽因覺得時間過得又快又慢，在盼望中，心被希望和幸福漲得有些輕微的疼痛。

徽因盼著週末回家，是盼著和梁思成相見。

梁思成是梁啓超的長公子，徽因隨父親去英國之前，在兩個家庭的往來中，他們就互相認識了。那時，思成已經考入清華學堂留美預科班。清華學堂留美預科班學制八年，一九二三年，梁思成畢業在即，這一年，他二十一歲，比林徽因長三歲。在父輩的安排之下，他們由相識而相愛了。

以倡揚變法維新聞名於世的梁啓超和立憲派著名人物林長民都曾是聲名赫赫的政界名流，又都是儒雅曠達的文人名士、不堪忍受官場污濁而急流勇退的社會賢達。他們之間以才識超群、情趣雋逸而結爲摯友。在這兩位摯友看來，這門兒女親事是十分相當的。

北京景山後街雪池林寓，是一座典雅的院落。當初林長民決定買下這個院子，除了這裡地處北京的中心、環境安謐外，他還看中了後院那兩棵高大挺拔的栝樹。搬到這裡後，他寫詩題字都自稱「雙栝老人」。正值春天，栝樹鱗狀的葉片青蔥碧綠，鮮黃色的花朵亮得逼人眼目。從院子裡望出去，北海公園的白塔玉雕般素雅玲瓏地聳立在晴空下。

徽因和母親居住的小院有一架紫藤，紫藤小小的葉片呈長橢圓形，羽毛般密密匝匝地纏藤繞莖，陽光穿過藤蘿架，篩下一地斑斑點點的陽光。

思成常來這裡看望徽因。

母親很中意這個祖籍廣東的小夥子。他待人謙和、斯文有禮，靦腆裡透著忠厚。個子雖說不高，看上去卻十分精神。更重要的是，母親看得出來，徽因喜歡他。母親歡喜地看著兩個沉浸在快樂中的年輕人，他們像一對小鴿子，只要到了一處，就咕咕噥噥有說不完的話。

每當思成來看徽因，母親總是吩咐廚師另外精心準備幾個菜點。廚師是林長民早年從福州帶出來的，做一手好潮州菜，林長民的許多朋友都十分羨慕。

徽因喜歡和思成在一起，他們無論是出身教養還是文化構成都有太多的相似，性情、趣味的相投使他們的交流十分默契。常常是徽因笑談之中看到思成眼裡閃爍著調皮的火花，就知道思成已完全理解了自己的所思所想。還有許多時候，思成對徽因講述著什麼，徽因會感到驚異，這正是自己想說的話，怎麼就讓他說出來了呢。這種精神的交融和互相砥礪使他們覺得彼此的心貼得很近。思成並不十分長於言辭，但他卻具幽默感。他不動聲色的諧謔，常常讓徽因忍俊不禁。思成也並不高大，但他的篤誠寬厚卻讓徽因感到踏實而心安。

思成除了學業十分優異外，還有著廣泛的興趣愛好。他學過小提琴、鋼琴，是校歌詠隊隊員、管樂隊隊長。他是校美術社的骨幹，擔任校刊的美術編輯。他的鋼筆畫用筆瀟灑，簡潔清新。他還是清華學堂有名的足球健將，在全校運動會上得過跳高第一名。他的體操也十分出色，單、雙杠技巧在同學中出類拔萃。

作爲長子，梁啓超對他寄予了厚愛和厚望。在父親的支持幫助下，他在清華學堂讀書時期，就與同班同學吳文藻、徐宗漱一起翻譯了威爾斯的《世界史大綱》，商務印書館出版了這部譯著。

從一九一四年開始，梁啓超應聘到清華講學。梁啓超擔心自己的孩子在清華接受了西方教育，會丟掉中國的傳統文化，每個假期專門爲子女授課。他講「國學源流」，講「前清一代學術」，講《孟子》、《墨子》等。父親對思成最大的影響是樂觀開朗、不斷進取的性格和學術上嚴謹扎實的作風。而清華學堂則培養了思成廣泛的興趣愛好和民主、科學的精神。

清華學堂八年的學習生活，使小小少年郎成長爲青年才俊，和徽因相愛更讓他覺得自己是世界上最幸福的人。在思成的眼裡，徽因簡直是完美的化身。徽因的秀美、靈動，徽因的氣質、見識，無一不讓思成傾心。他對徽因不僅是情愛，而且是欣賞、是珍愛。紫藤架下，他望著徽因，滿懷著深深的喜悅之情。他們傾心地交談，思成覺得是幸福的分享，他們靜靜地相守，思成感到了內心的滿足。

徽因沉浸在愛的幸福中。她第一次知道，眞正的愛可以讓心變得像白雲一樣輕柔。溫情彷彿從沉睡中甦醒，她想訴說、想歡笑、想歌唱，想把這歡樂帶給每一個人。這不是一般意義的歡樂，這歡樂來自靈魂。由於從小生活在不幸福的母親身邊，徽因的內心積澱著憂鬱和悲哀。兩心相許、眞摯深情地去愛一個人和被人所愛，是她從少女時代就有的夢想和渴望，而思成讓她的夢幻成眞。愛使尋常的事情有了靈性，愛使普通的日子詩意蔥蘢。發自內心的喜悅沖洗了歲月深處積澱的憂鬱，生命煥發出了奪目的光彩。

對於兩個相愛的年輕人的未來，家裡早有安排。一待思成從清華學堂畢業，就送他們去美國留學深造。

思成和徽因憧憬著未來，談起了今後的專業選擇。

徽因告訴思成，她以後準備學習建築。思成感到很意外，他一時無法把眼前清秀、文弱的徽因和「建築」聯繫起來。

「建築？」思成反問道，「你是說 house（房子），還是 building（建築物）？」

徽因笑了，「更準確地說，應該是 architecture（建築學）吧！」

徽因給思成談起了她所知道的建築，談起了歐洲大陸那些「凝固的音樂」、「石頭的史詩」。

望著自己深愛的姑娘神采飛揚的神情，思成就在這一刻，決定了自己的專業選擇。

許多年過去後，梁思成以其開拓性的成就被公認爲中國建築學界的權威專家，可他常常向朋友談起，他最初的選擇是因爲林徽因。他說，那時徽因剛從英國回來，「在交談中，她談到以後要學建築。我當時連建築是什麼都還不知道。徽因告訴我，那是包括藝術和工程技術爲一體的一門學科。因爲我喜愛繪畫，所以我也選擇了建築這個專業。」④

也許，他們最初的選擇還帶有一些年輕人特有的盲目，但他們事業的選擇和愛情的選擇由此結合在了一起。於是，最初的選擇也就是他們一生的選擇，他們從未後悔過。

冬去春來，紫藤發出了新芽，紫色的小花點綴在毛茸茸的綠葉中。徽因和思成愛得熱烈而真摯，親人們私下裡商量著該給他們籌辦訂婚儀式了。

梁任公欣慰地看著這一樁他親自促成的親事，心裡有說不出的滿意。但他還是主張他們應該先赴美讀書、完成學業，然後再訂婚、結婚。他認爲訂了婚就要儘快結婚，而過早結婚勢必影響

---

④ 林洙《困惑的大匠—梁思成》二十二頁。

倆人的學業。

最後，父親的意見得到了遵從，梁思成和林徽因直到一九二七年在美國大學畢業後才訂婚、結婚。

誰也不知道，災禍會在什麼時候降臨。

一九二三年五月七日，思成、思永兄弟從學校回到家中。他們要去長安街與同學們會合，參加北京學生的遊行示威。這一天是袁世凱政府簽訂喪權辱國的「二十一條」的國恥紀念日。

梁家的宅院位於南長街，思成推出了大姐思順送他的摩托車。他騎了上去，思永坐在後座，他們向長安街駛去。

剛騎到南長街口，一輛小汽車急駛而來，從側面撞上了梁家兄弟。摩托車被撞翻了，嗚嗚地吼叫著，輪子在空中轉動。思成被壓在摩托車下面，昏了過去，思永被摔出去老遠。

這是北洋軍閥金永炎的汽車，他是大總統黎元洪的親信、陸軍部次長。金永炎坐在汽車裡，目睹了自己司機肇事的全過程。他皺著眉頭，命令司機開車離開這裡。

汽車開走了，思永流著血站了起來，當他發現思成已不省人事時，頓時忘了自己的傷痛。他飛快地跑回家去求救，家裡人被他滿身是血的樣子嚇壞了，只聽他連聲叫道：「快！快去救二哥吧，二哥撞壞了！」門房老王奔向出事地點，把思成背回家中。

梁啓超守在思成身旁，呼喚著：「思成，你醒醒，大夫一會兒就到，你不會有事的。」

思成臉色蒼白，好大一陣子才有了知覺。他感到身體好像不是自己的，一動也不能動。父親焦急的模樣讓他不安，他輕聲說：「爸爸，我是你不孝的兒子……不要管我，特別是不要告訴媽媽。」

梁啓超努力鎮定著自己，他緊緊地握著兒子的手說：「不要緊，別害怕。」可他心裡卻念叨著：醫生怎麼還不來？醫生快來吧！只要讓我的孩子活下來，哪怕落下殘疾我也認了。

醫生來了，做了初步的檢查和診斷。他告訴梁啓超，思成腰部以上沒有任何問題，可能是左腿骨折。救護車把思成送進了醫院。

思永是思成同父異母的弟弟，他們從小就十分要好。他恐懼地看著思成一動不能動的樣子，和全家人一起跑前跑後地忙著。聽到醫生說思成生命無恙，看著思成被救護車送走，他鬆了一口氣，歪在一張椅子上就睡了過去。家裡人又緊張起來，擔心他有什麼內傷，把他也送進了醫院，兄弟倆住進了同一間病房。醫院的檢查顯示，他只是摔破了嘴唇，腿上有些輕微的擦傷。思永一個星期就出了院，而思成卻在醫院住了三個多月。

民初時期，中國的西醫還十分落後。思成做了全面檢查後，醫生告訴梁家，思成的腿傷不需要動手術，養一段時間就會好的。可是，這個診斷是錯誤的，耽誤了及時的治療。

思成傷得很重，他左腿股骨頭複合性骨折，脊椎挫傷。確診後，他一個月內就動了三次手術。最後一次手術結束，梁啓超給遠在菲律賓的大女兒寫信，他以一貫的樂觀自信寫道：思成的腿已經完全接合成功，不久就將和正常人一樣走路。可事實上從那以後，思成的左腿就比右腿短了一公分，跛足和由於脊椎病弱而裝設背部支架的痛苦從此伴隨了他的一生。

徽因很快知道了消息，她趕到醫院，眼淚止不住地流著。思成忍著痛對徽因笑道：「差一點就見不著你了。」

從這天起，徽因一有空就來醫院陪伴思成。

這樁車禍被北京的報紙報導了出去，北京《晨報》直斥金永炎的惡行。金永炎知道被撞者是梁任公的兒子後，親往醫院探望，表示道歉並承擔了醫藥費。

天熱起來了，病房裡的空氣黏滯而鬱悶。

思成的腿上打著石膏，腰背上纏著繃帶，躺在床上不能翻身、更不能下地，像陷在沙灘上的魚，艱難地挨著病房裡漫長的時日。

徽因放暑假了，這一年的暑假，她是在思成的病房裡度過的。

每天早晨，待醫生查了房，思成就朝著病房門口期盼地張望。

思成能分辨出徽因的腳步聲，那聲音很輕盈，好像風。當感覺到風的時候，風已經到了身邊。

徽因來了，帶來了當天的報紙，帶來了思成喜愛的畫冊，還帶來了思成愛吃的冰鎮杏仁酪。

思成受傷的腿和背疼得厲害。爲了轉移思成的注意力，她給思成讀小說，背新詩，講同學和弟妹間有趣的事。思成行動不便，她給思成擦汗，搖扇。

思成感到難熬的臥床的日子不再漫長。

徽因喜歡英國作家奧斯卡・王爾德的童話作品《夜鶯與玫瑰》，打算把它譯成中文。病房裡，她和思成一句句討論著，挑選最貼切的漢語詞句。

王爾德的童話故事是一首關於愛情的讚美詩：一個青年愛上了一個姑娘，那姑娘說，如果青年能爲她採得一朵紅玫瑰，她就答應在王子舉辦的舞會上與他通宵跳舞。可是青年走遍了花園的所有角落，卻找不到紅顏色的玫瑰花。青年失望極了，在草地上掩面哭泣。

夜鶯在橡樹上目睹了這一切，爲青年的愛情所深深打動：

「『愛』果然是件非常的東西。比翡翠還珍重，比瑪瑙更寶貴。珍珠、榴石買不到它，黃金亦不能作它的代價，因為它不是在市上出賣，也不是商人販賣的東西。」

夜鶯在橡樹上幻想著「愛」的玄妙，決意幫助這癡情的青年。

「她張起棕色的雙翼，沖天的飛去。她穿過那樹林如同影子一般，如同影子一般的，她飛出了花園。」

夜鶯去找玫瑰花。她找到了「白如海濤的泡沫，白過山巓上的積雪」的白玫瑰；她找到了「黃如琥珀座上人魚神的頭髮，黃過割草人未割以前金水仙」的黃玫瑰。可是，這都不是她要找的「紅如白鴿的腳趾，紅過海底岩下扇動的珊瑚」的紅玫瑰。因爲寒霜已齧傷了紅玫瑰的萌芽，暴風已打斷了紅玫瑰的枝幹，紅玫瑰已不可能開花了。

在夜鶯的苦苦哀告下，凋零的紅玫瑰枝葉告訴了夜鶯一個辦法：「你若要一朵紅玫瑰……你須將胸口頂著一根尖刺爲我歌唱。你需整夜的爲我歌唱，那刺需刺入你的心頭，你生命的血液將流到我的心房裡變成我的。」

夜鶯決定用自己的生命換得這枝象徵著愛情的紅玫瑰，她的前胸紮在了玫瑰的尖刺上，用歌聲喚醒了花叢，用心血染紅了花蕾。她全部的願望，就是要那青年做一個眞摯的情人。「因為哲理雖智，愛比她更慧；權力雖雄，愛比她更偉。焰光的色彩是愛的雙翅，烈火的顏色是愛的軀幹。她有如蜜的口唇，若蘭的吐氣……」

林徽因用詩一般的語言，譯出了這部禮贊「比生命更可貴的愛情」的童話，譯文刊載於一九二三年《晨報五周年紀念增刊》上。這是十九歲的林徽因發表的第一部作品。

徽因的愛伴隨著思成，她毫不以思成可能終生致殘為意，而是暗自慶幸：思成與死神擦肩而過，他們能夠朝夕相伴，相親相愛，這多麼好啊！

當思成可以拄著雙拐下地行走時，友人給他拍了一張照片以作紀念。他手拄雙拐、腿上打著石膏坐在椅子上，臉上卻洋溢著寧靜而滿足的微笑。

面對兩個年輕人親親熱熱的情景，思成的母親、梁啓超夫人李蕙仙卻緊緊地皺起了眉頭。她出身於官宦之家，兄長李瑞棻曾任光緒年間的禮部尚書。深諳「婦德」的她看不慣林徽因「洋派」的言談舉止。她認為思成傷臥在床，衣冠不整，大家閨秀應該低眉斂目、小心迴避才是。一個尚未下聘禮的女子怎能如此不顧體統？

夫人的不滿，梁啓超不以為然。思成和徽因感情甚篤，他看在眼裡，喜在心頭。在給大女兒思順寫信時，他的得意之情溢於言表：「老夫眼力不錯吧，徽因又是我第二回的成功。」那第一回的成功，是指思順的婚事。梁啓超為思順選擇了周希哲。周希哲時任中國駐菲律賓大使館總領事，後來任駐加拿大大使館總領事。

梁啓超認爲，由他留心觀察、看好一個人，然後介紹給孩子，最後由孩子自己決定，「這眞是理想的婚姻制度」。

梁啓超擔心思成荒疏了學業，爲思成安排了住院療傷期間的學習計畫。「父示思成：吾欲汝在院兩月中取《論語》、《孟子》溫習暗誦，務能略舉其辭，尤於其中有益修身之文句……可益神志，且助文采也。更有餘日讀《荀子》則益善。《荀子》頗有訓詁難通者，宜讀王先謙《荀子集解》。」

車禍延遲了思成赴美學習的時間，弟弟思永以及與他同屆的梁實秋、吳文藻等人已啓程赴美。在這一年裡，思成在父親的指導督促下，較系統地悉心研讀了一批國學典籍。他後來回憶道：「我非常感謝父親對我在國學演習方面的督促和培養，這對我後來研究建築史打下了基礎。」⑤

這一年，徽因從培華女校畢業，考取了赴美半官費留學的資格。她剪去了辮子，留著當時女大學生流行的髮式：齊耳的短髮輕微地燙過，瀏海和髮際蓬鬆地覆著前額和後頸。看上去，文雅秀麗中增添了幾分成熟。

一九二○年代初，中國的社會生活發生了很大變化。西方的各種思潮和主義潮水般地湧入中國，思想文化領域各種旗幟高張，各地軍閥爲爭奪勢力範圍連年混戰不止，國民政府走馬燈似的

⑤ 林洙《困惑的大匠—梁思成》十九頁。

「亂紛紛你方唱罷我登場」。

每個時代都有屬於這個時代的風尚。這時期，北京上層社會盛行各種聚會聯誼活動。他們夏天辦消暑會，冬天辦消寒會，春秋之季辦迎春會、菊花會，平日裡還有同事朋友中的生日會。剛開始，這些活動只是在金融界、實業界盛行，後來便影響到了知識界。這是動盪不安的時代裡，人們爲了聯絡感情、溝通資訊、尋求支援、擴大影響而形成的社會風尚。

一九二三年，北京一些上層知識分子爲了聚會的方便，由徐志摩、胡適發起，徐申如、黃子美出錢，在北京西單石虎胡同七號租了一個院子，成立了「新月社」，並創辦了《新月》雜誌。

有人說，「新月社」是受印度詩人泰戈爾的詩集《新月集》的啓發而得名。徐志摩說：「『新月』雖則不是一個強有力的象徵，但它那纖弱的一彎分明暗示著、懷抱著未來的圓滿。」[6]他十分喜愛「新月」這個名稱。一九二〇年代中後期，他和胡適、梁實秋等人在上海開書店，辦刊物，店名爲「新月書店」，刊物名稱仍爲《新月》。

儘管林徽因從不認爲自己是「新月派」的成員，但她確實是從「新月」時期開始，進入了北京知識界的社交圈並從事文化活動。

在石虎胡同七號，「新年有年會，元宵有燈會，還有古琴會、書畫會、讀書會……有舒服的沙發躺，有可口的飯菜吃，有相當的書報看」。[7]在這種怡情自娛的氛圍裡，新月社的成員

---

⑥ 徐志摩《〈新月〉的態度》。

⑦ 徐志摩《歐遊漫錄‧給新月》。

們品茶、喝酒，談政治，談文藝，一時間名流雲集。梁啓超、丁文江、林長民、張君勱、陳源、林語堂、徐申如徐志摩父子、王賡陸小曼夫婦、余上沅、丁西林、凌叔華等在這裡常來常往，林徽因和表姊王孟瑜、曾語兒也常來參加各種文藝、遊藝活動。徐志摩有一首詩記詠這時期的「新月」生活——《石虎胡同七號》：

我們的小園庭，有時蕩漾著無限溫柔，
我們的小園庭，有時淡描著依稀的夢境；
雨過的蒼茫與滿庭陰綠，織成無聲幽瞑，
小蛙獨坐在殘蘭的胸前，聽隔院蚓嗚，
…………
我們的小園庭，有時沉浸在快樂之中；

一九二〇年代中期，徐志摩接辦《晨報副刊》。他在副刊開闢了《詩鐫》欄目，集合了以聞一多、朱湘爲代表的一批志趣相投的詩人，宣導和創作格律新詩。他們的創作提高了白話新詩的藝術品質。

新月派詩人陳夢家選編的《新月詩選》，是對新月社詩人和創作實績的總檢閱。其中，林徽因的《笑》、《深夜裡聽樂聲》、《情》、《仍》四首詩入選《新月詩選》。

一九二四年四月，北京迎來了印度詩哲泰戈爾。泰戈爾是梁啓超、蔡元培以北京講學社的名義邀請來華訪問的。就像一幕大戲，尚未開場，鑼鼓點兒已敲得震天價響；又像一部交響樂，序曲奏響就令人精神爲之一振。

爲了迎接泰戈爾，北京的文化人做了多方面的準備。

北京各家報紙紛紛報導了這一消息，連篇累牘地向讀者介紹泰戈爾其人其事。泰戈爾是印度百科全書式的哲人，他一生寫作了五十多部詩集，十二部中、長篇小說，一百多篇短篇小說，二十多部劇作，還畫了一千五百多幅畫，作了幾百首歌曲，撰寫了大量的論文。他的抒情長詩《吉檀迦利》獲得一九一三年諾貝爾文學獎。加爾各答大學授予他博士學位，英國政府封他爲爵士，但他拒絕了這一封號，以示對英國殖民主義的抗議。

爲迎接泰戈爾來訪，當時頗有影響的《小說月報》出了《泰戈爾號》專刊，專刊分上下兩卷。文學研究會出版了泰戈爾的多種詩集。

講學社委託徐志摩負責泰戈爾訪華期間的接待和陪同，並擔任翻譯；王統照負責泰戈爾在各地演講的記錄和編輯。

新月社成員用英語趕排了泰戈爾的詩劇《齊德拉》。

四月二十三日，泰戈爾乘坐的火車在震耳欲聾的爆竹聲中抵達北京前門車站。梁啓超、蔡元培、胡適、梁漱溟、辜鴻銘、熊希齡、蔣夢麟等前往車站迎接。

泰戈爾在北京的時間裡，日程安排得很滿。他出席了社會各界的歡迎會和座談會，到北大、清華、燕京等幾所大學作了演講，拜會了末代皇帝溥儀。林徽因始終伴隨在泰戈爾身邊，參加了所有這些活動。

當時的報刊上，有這樣的記載：「林小姐人豔如花，和老詩人挾臂而行；加上長袍白面、郊寒島瘦的徐志摩，有如蒼松竹梅一幅三友圖。徐氏翻譯泰戈爾的演說，用了中國語彙中最美的修辭，以硤石官話出之，便是一首首小詩，飛瀑流泉，琮琮可聽。」

徐志摩說，如果一時期的問題，可以綜合成一個，現代的問題就是「怎樣做一個人」。泰戈爾在與中國人所處相仿的境地中，已經很高尚地解決了這個問題，所以他是我們的導師、榜樣。

當時的中國，並不是所有人都同樣歡迎泰戈爾。

泰戈爾在各處的演講中多次強調提出，希望中國人不要捨棄了自己寶貴的文化傳統，去接受和傳播那些無價值的、醜惡的西方文化，不要盲目地追求工業主義、物質主義。可是，剛剛經歷了新文化運動的青年學生，正是高舉著「民主」、「科學」的旗幟，以提倡西方文明來反對傳統文化、傳統道德的一代人。面對中國的內憂外患，他們認爲，在這個強權等於公理的世界，一味宣揚超卓的精神和高尚的人格，只會把中國推向滅亡。他們散發傳單，組織遊行，批評泰戈爾到處宣揚中國悠久的文明傳統，宣揚封建文化，宣揚精神至上，而對中國的貧窮落後無動於衷。

在抗議聲中，泰戈爾以身體不適爲由，取消了原計劃的另幾場演講。

魯迅先生在他的雜文《罵殺與捧殺》中以他犀利的譏誚語言談到了當年泰戈爾訪華的情形：

「……他到中國來了，開壇講演，人們給他擺出一張琴，燒上一爐香，左有林長民，右有徐志摩……說得他好像活神仙一樣，於是我們地上的青年們失望了，離開了。神仙和凡人，怎能不離開呢？……」

五月八日是泰戈爾的六十四歲壽辰，北京的一些文化人爲他舉辦了祝壽會。祝壽會由胡適操辦，梁啓超主持並爲泰戈爾贈名。梁啓超說，泰戈爾的印度名字爲拉賓德拉，意思是「太陽」與「雷」，如日之升，如雷之震，譯成中文應是「震旦」，而「震旦」恰巧是古代印度對中國的稱呼。泰戈爾中文名字曰「震旦」，象徵著中印文化的悠久結合。梁啓超又說：按照中國的習慣，名字前應當有姓，中國稱印度國名爲「天竺」，泰戈爾當以國爲姓，所以泰戈爾的中國名字爲「竺震旦」。

掌聲四起，泰戈爾接過了刻有他中國名字「竺震旦」的印章。

祝壽會的壓軸戲，是觀看新月社同仁用英語演出泰戈爾的劇作《齊德拉》。

《齊德拉》取材於印度史詩《摩訶婆羅多》中的故事。

齊德拉是馬尼浦國王和王后的女兒，也是他們唯一的孩子。她生得不漂亮，國王想立她爲儲君，從小讓她像男孩子一樣學習武藝，接受訓練。一天，齊德拉在山中行獵，碰到了鄰國王子阿順那。她對阿順那王子一見傾心，生平第一次爲自己的相貌不美而感到痛苦。她向愛神祈禱，求愛神賜她以美貌，哪怕一天也好。愛神被她的虔誠所打動，答應賜給她一年時間的美貌。齊德拉變成了美女，贏得了阿順那王子的愛情，與王子如願以償結了婚。婚後不久，王子吐露心聲，說自己一直在心裡愛慕著鄰國英武的公主齊德拉。而這時的齊德拉也早已不耐煩冒充美女。於是，她又向愛神祈禱，請求收回賜予她的美貌。她在丈夫面前顯露了真實的形象。

劇中，林徽因飾公主齊德拉，張歆海飾王子阿順那，徐志摩飾愛神瑪達那，林長民飾春神伐森塔，梁思成擔任舞臺佈景設計。

演出開始前，林徽因在幕布前扮一古裝少女戀望新月的造型，雕塑般地呈示出演出團體——新月社。

演出結束後，泰戈爾走上舞臺。他身穿樸素的灰色印度布袍，雪白的頭髮，雪白的鬍鬚，深深的眼睛一掃連日的倦意。他慈愛地擁著林徽因的肩膀讚美道：「馬尼浦王的女兒，你的美麗和智慧不是借來的。是愛神早已給你的饋贈。不只是讓你擁有一天、一年，而是伴隨你終生，你因此而放射出光輝。」

五月二十日夜，泰戈爾離開北京前往太原，然後赴香港經日本回國。徐志摩一路隨行陪同。林徽因、梁思成和許多人一起到車站送行。

徽因和思成赴美留學的一切手續都已辦好，不日即將起程。望著車窗外婷婷的徽因，徐志摩百感交集。這一次的離別將是真正的離別。在接待泰戈爾的這些天裡，他有許多機會和徽因在一起。他們籌辦各種活動，出席各種集會，一同排練，一同演出。在一起時，志摩只覺得忙碌而愉悅，分別在即，他才強烈的意識到，自己仍深愛著徽因。從英國回到北京後，得知徽因和思成相愛的消息，他曾感到深深的痛苦和失落。也曾想繼續追求下去，但徽因的態度阻止了他。事已如此，他只能以英國式的紳士風度接受現實。但這些日子的朝夕相處，使他壓抑在心底的感情又熾烈地燃燒起來。他向窗外望去，窗外送行的人們在一聲聲道著珍重，徽因近在咫尺，又遠在天涯，他只覺得五內俱焚，直到胡適一聲低低的呼喚：「志摩，你怎麼哭了？」他才意識到自己早已淚流滿面。

車開了。從車窗望出去，是無邊無際的華北平原，一團昏黃的月亮若即若離地掛在車窗外，就像他剪不斷、理還亂的思緒。徐志摩伏在茶几上，把滿懷愁緒揮灑在面前的稿紙上：

「我真不知道我要說的是什麼話。我已經幾次提起筆來想寫，但是每次總是寫不成篇。這兩日我的頭腦總是昏沉沉的，開著眼閉著眼卻只見大前晚模糊的淒清的月色，照著我們不願意的車輛，遲遲地向荒野裡退縮。離別！怎麼能叫人相信？我想著了就要發瘋。這麼多的絲，誰能割得斷？我的眼前又黑了！……」

徐志摩寫不下去了。他知道，這是一封寄不出去的信。心情黯然的他把沒有寫完的信隨手扔在一邊。泰戈爾的秘書恩厚之滿懷同情地注視著徐志摩，他把這封信收拾起來，裝進了手提箱。

以林徽因的聰穎靈秀，不可能不覺察徐志摩的心緒，不安有時會像一片雲翳，投影在她的心間。但是，她的心中已是一片波瀾不驚的平靜。她告訴自己，生命中的這一章已經翻過去了，她不想把一頁書翻來翻去的讀。儘管這書中又苦澀又甘甜的滋味讓她難以忘懷。她很想和志摩說些什麼，但許多時候，語言顯得多餘而沒有力量，她希望時間能彌合一切。去美國的船票已定好，即將奔赴新大陸的留學生活使她充滿了期待和嚮往，裡裡外外有太多的事情需要一一去做。

一九二四年六月初，林徽因和梁思成前往美國。這一年，徽因二十歲，思成二十三歲。

四　賓大的鐘聲

七月的美國，陽光明麗，空氣清爽。徽因和思成到了伊薩卡的康乃爾大學，利用暑假的時間補習功課，調整身心，適應新的環境。他們準備九月份再到賓夕法尼亞大學建築系註冊。與徽因、思成一同到美國的還有思成的清華同窗好友陳植，他也準備學習建築。

七月七日，思成給北京的親人寫信。他告訴父親自己和徽因已經按預定計劃在康乃爾大學安頓下來，開始了功課補習；徽因選了戶外寫生和高等代數兩門課程，自己選了三角、水彩靜物和戶外寫生三門課程。他告訴父親：「這裡山明水秀，風景美極了！」

他們租住的公寓有個小小的陽臺，黑色的雕花鐵欄呈半圓形。站在那個小陽臺上，可以眺望綠色的山谷和明亮的河水。白天，他們背著畫板出去寫生，盛夏的太陽和新鮮的空氣沐浴著他們。傍晚回到宿舍，他們喜歡舒展四肢倚在陽臺上聊天、看書，一直到絢麗的夕陽被暗下來的山谷漸漸呑沒。

一個多月的補習時間很快就過去了，當徽因、思成和陳植三人來到位於費城的賓夕法尼亞大學建築系報到時，校方告知他們：爲了便於學校的管理，建築系只收男生，不收女生。學校的管理者認爲，建築系的學生經常需在夜裡作圖畫畫，而一個女生深夜待在畫室是很不適當的。

徽因和思成商量後，改報了賓大美術系，同時選修了建築系的主要課程。

賓夕法尼亞大學是美國的著名學府，山青水碧，環境一流。校園臨著卡猶嘎湖，到處是綠地和樹林。建築系在一幢三層樓房裡，樓前有大片的草坪，草坪的盡頭是淺灰色的白樺林。

建築系每天的課程大部分安排在上午。下午的時間，學生要麼在教室做繪圖作業，要麼上圖書館學習。教建築設計的是兩位著名教授，斯敦凡爾特和保爾·克雷。他們都畢業於巴黎美術學院，是當時歐美學院派最有影響力的代表人物，學生十分崇拜他們。

思成、徽因在賓大留學期間，正是「包浩斯」建築學思潮在國際建築學界流行的年代。

「包浩斯」是德文 Bauhaus 的譯音，它是一九一九到一九三三年興起於德國、傳播到全世界的一個建築學派。其代表人物是德國建築師葛羅皮爾斯，西方建築學界稱他是「現代最偉大的建築師之一」，還有密斯·凡德羅和柯布西埃，他們被並稱爲西方現代建築史上的三大星座。在「包浩斯」建築學院授課的還有音樂教師、著名畫家、攝影家、雕塑家、城市規劃專家。希特勒上臺後，「包浩斯」大批成員流亡美國，其思潮通過美國走向世界。

「包浩斯」建築學思潮強調科學和藝術的結合，提倡建築學要綜合各門藝術，成爲一種綜合藝術。

「包浩斯」的建築教育，主張理論指導與全面的車間操作、實際訓練相結合。大綱規定，課程中理論學習和實際操作各占一半，在實際操作課上，學生要學會使用各種建築材料和工具，還要學習工程估價和擬定投標估價單。

在教學中，要求學生觀察自然事物和各種材料特性，研究內部空間、色彩和形體的最佳組合。

同時，教學中還經常輔之以各種學術報告和客串講座。

賓大建築系主要以巴黎美術學院的教學思想爲主，但也受到了「包浩斯」思潮的影響，這一切在梁思成和林徽因的學習中留下了深刻的印象。

最初的新鮮和激動過去之後，每天的學習生活就成了日復一日單調的重複和迴圈。

思成迅速地適應了這種刻板的學習生活。他在這方面十分像他的父親，一旦投身到學問中，就會忘記周圍的一切，專注而認眞。

一天，他興奮地告訴徽因，他選修了高年級的西方建築史課程——講授這門課的是阿爾弗雷德．古米爾教授。他從不知道世界上有這樣有意思的學問。

從此，思成在完成了各科的學習和作業後，就一頭栽進了圖書館。他的面前是英文活頁筆記本和各種圖書資料。他根據教授的講授，一一分析和研究了西方建築史所記載的重要建築，從各種書籍文獻中，他摘錄下有關這些建築的重要資料和評論，並根據這些建築的照片在筆記本上繪製成一幅幅鋼筆畫。這些鋼筆畫線條活潑，精美而嚴謹，所有的筆記全用英文記錄。思成笑稱這是「笨人下的笨功夫」。這種費時費力的「笨功夫」耗去思成許多心血和時間，也奠定了他後來成爲中國一代建築大師的扎實基礎。⑧

在思成找到了自己的專業方向忘我地投入時，徽因的成績也同樣不俗。徽因雖說早就立志學習建築，但她在繪畫、製圖方面並沒有什麼基礎，不像思成，畢竟還有清華美術社的底子，徽因幾乎是從頭學起。但徽因悟性極強，與生俱來的藝術氣質使她對線與形的把握帶有鮮明的個性特徵，教繪畫的老師對她的這種能力十分讚賞。

徽因在美國的穿著還和在國內一樣，淺色的中式上衣，深色的裙子，她美麗輕盈的身影吸引了校園裡的許多目光。

她的一位美國女同學在爲家鄉報紙撰寫的文章中，記述了對這個東方姑娘的觀察與採訪：

「她坐在靠近窗戶能夠俯視校園小徑的椅子上，俯身向一張繪畫桌，她那削瘦的身影匍匐在那巨大的建築習題上，當它與其他三十到四十張習題一起掛在巨大的判分室的牆上時，將會獲得很高的獎賞。這樣說並非捕風捉影，因為她的作業總是得到最高的分數或是偶爾得第二，她不苟言笑，幽默而謙遜，從不把自己的成就掛在嘴邊。」

「我曾跟著父親走遍了歐洲。在旅途中我第一次產生了學習建築的夢想。現代

⑧ 林洙《困惑的大匠—梁思成》一七六頁。

西方的古典建築啟發了我，使我充滿了要帶一些回國的欲望。我們需要一種能使建築物數百年不朽的建築理論。」

「然後我在英國上了中學。英國女孩子並不像美國女孩子那樣一上來就這麼友好，她們的傳統似乎使得她們變得那麼不自然地矜持。」

「對於美國女孩子——那些小野鴨子們你怎麼看？」

回答是輕輕一笑。她的面頰上顯現出一對美妙的、淺淺的酒窩。細細的眉毛指向她那嚴格按照女學生式樣梳成的雲鬢。

「開始我的姑姑阿姨們不肯讓我到美國來。她們怕那些小野鴨子，怕我受她們的影響，也變成像她們一樣。我得承認剛開始的時候我認為她們很傻，但是後來當你已看透了表面的時候，你就會發現她們是世界上最好的伴侶。在中國，一個女孩子的價值完全取決於她的家庭。而在這裡，有一種我所喜歡的民主精神。」

徽因學習是努力的，思成無言而無處不在的關心也時刻溫暖著她。但這種學習生活並不能使她感到滿足。畢竟美國文化和中國文化有著巨大的差異；畢竟基礎學科的訓練是刻板而近乎枯燥的。她懷念自幼浸濡其中、充滿藝術氛圍的生活，每當奔走在美術教室和建築教室之間時，每當節假日美國的同學都外出度假或回家時，她就會抑制不住地想家，想北京，想父親和母親，想互相有說不完的私房話的表姊妹們，還想新月社的友人。她寫給國內親友的信，流露了這種感情。

在給胡適的信中，她用「精神充軍」來形容在美國的生活；提起北京，她用了「渴想」、「狂念」這樣的字眼；她說：「我願意聽到我所狂念的北京的聲音和消息。」

在給徐志摩的信中，徽因寫道：「……我的朋友，我不要求你做別的什麼，只求你給我個快信，單說你一切平安，多少也叫我心安……」

徐志摩接到這封信，產生了許多聯想和想像。他飛快地趕到郵電局，給徽因發了一封電報。出了郵電局，他恍恍惚惚走在大街上，許多往事湧上心頭，街上的一切他視而不見，只有徽因的模樣在眼前晃動。不知不覺中，他又回到了郵電局，要求發一封電報。郵局的職員疑疑惑惑地看著電文，小心地問道：「先生，您半個小時前剛發過一封和這一樣的電報，該不會是搞錯了吧？」徐志摩這才清醒了過來。

星期天，徽因在宿舍裡給父親寫信。房東太太去教堂了，小樓裡特別安靜。幾個同學來邀徽因外出野餐，徽因一口答應，但要去叫上思成。同學們笑道：「我們誰也請不動他，就看你的了。不如我們打個賭，如果你把他請來，今天外出就什麼事都不要你做。」

徽因從圖書館找到繪圖室，終於找到了思成。思成正在繪圖板上專心致志地繪製著古希臘神廟的局部。徽因一眼就看出，那是雅典帕德嫩神廟的圓柱和衛城的愛奧尼亞圓柱。

思成一抬頭看到了徽因，高興地指著圖紙說：「徽因，你來看，這柱子已經在很大程度上克服了希臘早期建築那種大方塊式的呆板。柱基和柱頂過梁的一點點改變，就使十分穩定的建築獲得了極優美的仿生物體的動態。你再看這愛奧尼亞柱，柱式多麼雅致，線條多麼流暢，柱體凹槽的生硬被柱頂的渦卷形裝飾大大抵消……」

徽因贊同地看著，點著頭，待思成說完，她講起了今天的野餐計畫，講起了和同學打的賭，她強調：「你不能讓我輸給他們！」

思成這才注意到，徽因穿了一雙外出旅遊的短皮靴，一頂遮陽帽斜斜地戴在頭上，顯得十分俏皮。他遲疑了片刻，帶著歉疚對徽因說：「今天我還計畫有好些事要做，你還是自己去玩兒吧！下次咱們找個好地方一起出去。」

思成的語氣很輕柔，但徽因知道今天已經沒有可能把思成從繪圖板前拉開了。也許眞正溫和的人都有著堅強的意志，因爲這樣的事情已經不是第一次發生了。

徽因失望地走了。

天空藍得像大海，鴿灰色的雲柔軟地鋪在天邊。野外的陽光溫暖地灑在年輕人的身上，無邊無際的綠色把徽因的眼睛映襯得明亮動人。陳植最會說笑話，徽因的笑聲具有極強的感染力，他們的快樂是從心底溢出的，就像遍地的野花在春日裡自由自在地開放。

當他們圍坐在一起野餐時，一位美國同學說：「當初剛和你們認識時，眞有些擔心，生怕一不小心觸犯了你們謹嚴的規矩和宗教，想像著以後不知道要聽多少孔夫子的道德經，想不到和你們在一起是這樣輕鬆。」

徽因笑道：「其實，從孔夫子廟到自由女神像之間並沒有太大距離，我的房東太太就是極好的證明。她是位虔誠的教徒，我畫的極尋常的人體素描曾經讓她受了驚嚇。我的男朋友來找我，從來只能在樓外站著。如果我們坐在樓梯邊上說話，到了十點半，她是一定會咳嗽的。」

笑聲四起。

笑聲中，徽因禁不住地牽掛俯身向案的思成，隱隱地，還有一縷失落在心底升起，隱隱約約又揮之不去，像湖面上淡淡的晨霧。

接二連三，國內傳來了令人不安和痛苦的消息。

徽因和思成來到賓夕法尼亞大學不久，思成母親查出患有乳腺癌且已到了晚期。梁啓超原打算讓思成回國「盡他應盡的孝道」，沒想到夫人李蕙仙很快病逝，思成即使立即往回趕，也需要一個多月的時間。梁啓超又給思成拍來電報，讓他安心在美國學習，不必趕回，一切後事由國內的親人料理。

每個家庭都有不足爲外人道的家務事，梁家這個人口眾多的大家庭也不例外。在李夫人逝世的悲痛裡，梁家上下無可回避的是：思成的母親生前一直對徽因這個「現代女性」心存芥蒂，直到生命的最後時刻仍對思成和徽因的婚事耿耿於懷。

思成的大姐思順，在母親病逝前的半年裡，從菲律賓回到國內，衣不解帶地侍奉母親，對母親病逝前的所有痛苦感同身受。

思順在梁家的地位十分特殊。她比思成年長八歲，作爲長女，她格外得到父母的信任，也格外受到弟妹的尊重。由於李夫人身體不好，長時間以來，家中的大小事宜，梁啓超都習慣於徵求思順的意見。在失去母親的悲慟中，思順不能忘記母親對思成的放心不下和對徽因的不滿。

種種消息和傳言通過各種管道傳到了美國。

徽因感到彆扭甚至難堪。她不能接受自己將要進入的家庭對自己的指責，即使對自己所愛的人也不願意妥協。

徽因從來就不是壓抑自己、委曲求全的人，她所有的委屈只能向著思成宣洩。她賭氣地疏遠思成，和同學外出去聽音樂，看歌劇。平時小小的事情被放大了，被強調了。一點點矛盾就可以引起一場激烈的爭執。

他們爭執、嘔氣，說對方最不願意聽的話，然後和好如初，然後又是新的爭執。他們消瘦、蒼白，寢食難安，其實彼此心裡都清楚，他們都深愛著對方。因爲唯有愛，才會讓人這樣痛苦和無奈。

飽受感情折磨的思成在給親人的信中傾吐了自己的痛苦，他給大姐思順寫道：「……感覺做錯多少事，便受多少懲罰，非受完了不會轉過來。」他希望得到親人的理解和幫助。

思成的大姐思順這時已經回到了加拿大自己的家中，在正常的家庭生活中，她痛苦的心情得到修復，逐漸恢復了平靜。她愛自己的弟弟，她對弟弟的愛有種近似母愛的感情，無論如何，她也不忍心看著弟弟受苦。

愛其實更多的意味著包容和接受，包容和接受自己所愛的人的一切。

梁啓超視孩子爲生命，他得知孩子們感情修復後，欣慰極了。在給女兒的信中，他寫道：

「……思順對於徽因感情完全恢復，我聽見真高興極了。這是思成一生幸福關鍵之所在。我在幾個月前很怕思成生出精神異動，毀掉了這孩子，現在我完全放心了。……

我們一生不知要經歷多少天堂地獄，即如思成和徽因，便有幾個月在刀山劍樹上過活！這種地獄比城隍廟十王殿裡畫出來的還可怕。……」⑨

痛苦和不幸常常是接踵而至。

一九二五年十二月，徽因的父親林長民猝然遇難，巨大的災難劈頭蓋臉地挾裹了徽因。

當時，林長民任東北軍第三軍團副軍團長郭松齡的幕僚長。

郭松齡是東北軍中舉足輕重的人物，他參加過同盟會，投身過辛亥革命。他在東北軍鼎新革故，倡辦講武堂、提高東北軍的素質，重振了東北軍的軍威。

一九二五年，郭松齡集合東北軍十萬精銳，倒戈反奉。他通電全國，反對張作霖軍閥專權，要求張作霖下野，力主消除軍閥混戰，實現民主政治。林長民投身其中，爲其出謀劃策，奔走呼號。

郭松齡的隊伍在巨流河一帶遭到了張學良率領的奉軍伏擊，林長民中流彈身亡，時年五十歲。

當事情見報時，人們還企盼著林長民的死只是誤傳，可噩耗從各個管道傳來，梁啓超不得不趕緊給思成寫信，讓孩子們對此有心理準備：

---

⑨《梁任公年譜長編》（丁文江、趙豐田編）一〇四六頁《與梁思順書》。

「我現在總還存萬一的希冀，他能從亂軍中逃出來。萬一這種希望落空，我有些話切實囑咐你：第一，你要自己十分鎮靜，不可因刺激太劇，致傷自己的身體。因為一年以來，我對於你的身體，始終沒有放心……你不要令萬里之外的老父為著你寢食不安，這是第一層。徽因遭此慘痛，唯一的伴侶，唯一的安慰，就只靠你。你要自己鎮靜，才能安慰她，這是第二層。

第二，這種消息，諒來瞞不過徽因。萬一不幸，消息若確，我也無法用別的話勸解她，但你可以將我的話告訴她：我和林叔叔的關係，她是知道的，林叔叔的女兒，就是我的女兒，何況更加以你們兩個的關係。我從今以後，把她和思莊⑩一樣看待。在無可慰藉之中，我希望她領受我這十二分的同情，度過她目前的苦境。她要鼓起勇氣，發揮她的天才，完成她的學問，將來和你共同努力，替中國藝術界作點貢獻，才不愧為林叔叔的孩子。這些話你要用盡你的力量來開解她。

……徽因留學總要以和你同時歸國為度。學費不成問題，總算我多一個女兒在外留學便是了，你們更不必因此著急。」⑪

⑩ 思莊：梁啟超的二女兒，梁思成的妹妹。

⑪ 《梁任公年譜長編》一〇六八頁，《與梁思成書》。

接信後，徽因在痛苦焦急中仍心存僥倖，她給梁伯伯發回急電，想知道父親究竟身在何處？是否有新的消息？

確實的消息傳來了，梁啓超沉重地在信中說：

「初二晨，得續電複絕望。昨晚彼中脫難之人，到京面述情形，希望全絕。遭難情形，我也不必詳報，只報告兩句話：（一）係中流彈而死，死時當無大痛苦。（二）遺骸已被焚燒，無以運回了。……徽因的母親，除自己悲痛外，最掛念的是徽因要急煞。……我問她有什麼話要我轉告徽因沒有？她說：『沒有，只有盼望徽因安命，自己保養身體，此時不必回國。』」[12]

還有許多事，梁啓超在信中不便對孩子們說。他已經好幾天沒有回清華了，一直在北京城裡爲林長民的後事奔走。林長民身後的慘狀令人堪憂。滿門孀稚，滿眼凄涼，兩房太太均無養家的能力，最小的孩子年齡尚幼，披麻戴孝在靈幃前嬉鬧著翻跟斗。全家眼下只有現金三百餘元，立即就將難以爲繼。梁啓超已經上書政府有關部門，請求爲林長民募集賑款：「非借賑金稍爲接

⑫《梁任公年譜長編》一〇六九—一〇七〇頁，《與梁思成書》。

濟，勢且立瀕凍餒……」⑬

徽因這些日子不知是怎樣挨過來的。本來她執意要立即回國，被梁啓超一封封電函阻止。她吃不下飯，睡不著覺，眼睜眼閉，全是父親的音容笑貌。一想到父親居然就這樣離開了這個世界，她覺得原本堅實的一切都在搖動。死亡的降臨是如此地簡單、突兀，再沒有任何東西讓你相信可以永遠擁有。命運不由分說地打擊人，人卻無處可逃。徽因想起父親不久前還在來信中說：這些年來政治風雲詭譎多端，已使他徹底厭煩了從政，打算從明年起謝絕俗緣，親自課教膝前的小兒，同時再好好琢磨自己的書法藝術……可是，命運沒有給他時間。她不能想像一生儒雅倜儻的父親橫死荒野的情景，想起來一顆心就疼痛得裂成了碎片。……從今往後，可憐的母親將何以安身立命？年幼的弟妹又將依靠誰？還有自己，漂泊海外，學無所成……

二十多年來，徽因第一次眞實地認清了自己的處境，認清了生活的嚴酷。父親，閑雲野鶴般的父親，才情四溢的父親，他的率性使他付出了生命的代價，也把無盡的痛苦和憂思留給了他的親人……

面對命運，人要麼被打垮，要麼挺身承受。氣若遊絲的徽因站立了起來，她告訴自己：父親沒了，自己從此再也不是林家的大小姐，而是要對弟弟妹妹援之以手的大姐，是需要對母親盡責的長女。

思成放下一切守護在徽因身邊，他願意做一切事情，只要能減輕徽因的痛苦。儘管他清楚地

---

⑬《梁任公年譜長編》一〇七一頁，《致張國淦書》。

知道，這巨大的創痛鮮血淋漓難以癒合。

生命的脆弱和莫測使徽因和思成對人生、對愛有了新的認識。

愛，不僅僅是花前月下，兒女情長；愛更是患難與共、是彼此的扶助和共同的承擔。人的一生不可能無牽無掛無負載地來往於世，承擔使生命有了沉甸甸的分量，承擔阻止了人在痛苦的深淵中下墜。

一段時間裡，活潑好動的徽因變得沉默了。沉默的徽因依然靈秀清麗，只是她的眼眸裡多了幾分憂鬱，幾分深沉。

徽因全身心地投入到了學習中，其忘我的程度不讓思成。

即使如此，在學習和生活中，他們鮮明的性格差異仍然隨時有所表現。

賓大建築系老師佈置的作業別出心裁，他們有時讓學生爲毀損的建築物做修復設計，有時讓學生重新設計一座凱旋門、紀念柱而又不能背離當時當地的環境。

每當這時，長於想像，富於創意的徽因會很快地畫出草圖。然後，她就會因爲採納各種不同的修改建議而丟棄這張草圖。新的草圖又畫了出來，她仍舊感到不滿意。直到交作業的期限到了，她還在畫圖板前加班加點。

就在她認爲自己不可能完成這個設計時，思成來到她的身邊，他以令人驚歎的繪圖功夫，迅速、清晰而準確地把徽因富於創造性的草圖變成了精彩的設計作品。

徽因自己也承認：「我是個興奮型的人。」⑭而思成則以自己的沉穩和徽因形成了最好的互補。他們之間這種默契與合作，在以後共同從事的事業中，一直保持了一生。

一九二七年三月，當復活節鐘聲敲響的時候，春天來到了賓大校園，這是思成和徽因在賓大學習的最後一個學年。

三月的一個週末，在紐約訪問的胡適應林徽因的邀請來到賓大作演講。

三年不見，胡適覺得徽因有了不小的變化，個子長高了點，好像「老成了好些」。

徽因告訴胡適，三年的美國生活，自己經受了苦痛的折磨，增加了閱歷，一點一點地改掉了在北京被慣壞了的毛病，從 idealist phase（理想主義階段）走向了 realistic phase（現實主義階段）。⑮

談到徽因父親的死，胡適唏噓不已。他對徽因說：最初聽到消息，只覺得太奇特，太荒唐，太不近情理，怎麼也不願意相信。最可歎息的是，這些年在研究歷史的過程中，深深感到中國最缺乏紀實的、具有史料價值的文學作品，所以到處勸老輩朋友們寫自傳，可他們雖然答應了，卻遲遲沒有動筆。林長民先生曾答允要以「五十自述」做自己的五十歲生日紀念，可到了五十，他卻說：「適之，今年實在太忙了，自述寫不成了；明年生日我一定補寫出來。」誰知他說走就走了，胡適歎道：「他那富於浪漫意味的一生就成了一部人間永不能讀到的遺書了！」

---

⑭《林徽因致胡適》（一九三一年），《林徽因文集・文學卷》三二二頁。

⑮《林徽因致胡適》（一九三一年），《林徽因文集・文學卷》三二二頁。

看徽因眼裡閃著盈盈淚光，胡適忙調轉了話頭。他對思成說：「任公也有同樣的應允，但至今仍未動筆，因為他自信體力精力都很強。看來的確如此，你們在這裡也盡可放心。」

胡適給徽因和思成講了國內的局勢，講了國內文壇和親友們的情形。談得最多的，是他們的朋友徐志摩的驚世駭俗的婚戀。

一九二四年，徐志摩愛上了有夫之婦陸小曼。經過兩年多的苦戀，他們於一九二六年十月結了婚。小曼的前夫王賡畢業於清華，曾留學美國西點軍校。徐志摩和王賡原是好友，他和陸小曼的戀情承受著來自社會和家庭的巨大壓力。用郁達夫的話來說：忠厚柔情如小曼，熱烈誠摯若志摩，他們遇合在一道，自然要發放火花，燒成一片了。哪裡還顧得到綱常倫理？更哪裡還顧得到宗法家風？

胡適還告訴徽因和思成，志摩的前妻張幼儀至今仍帶著孩子和志摩的父母生活在一起。志摩父母對志摩提出：如果要和陸小曼結婚，一是必須按老規矩辦，必須請梁啓超證婚，請胡適做介紹人才行；二是他們結婚和婚後的一切費用自理。

其他要求還好說，可梁任公根本就不贊成徐志摩的行為，怎麼肯為他證婚？最後，還是胡適和張彭春的再三勸說，梁任公才板著面孔出席了婚禮。

說到這裡，徽因和思成告訴胡適，去年曾收到任公談及此事的一封信。他們至今還記得，那封信帶著明顯的火氣：

「我昨天做了一件極不願意做的事，去替徐志摩證婚。……我在禮堂演說一篇訓詞，大大教訓一番，新人及滿堂賓客無一不失色，此恐是中外古今所未聞之婚禮矣。……」

胡適接著說，那天的婚禮在北海快雪堂舉行，席間的親友共有一百多人。梁啓超手拄拐杖，直叱新人：「徐志摩，你這個人性情浮躁，所以在學問方面沒有成就；你這個人用情不專，以致離婚再娶。……以後務要痛改前非，重新做人！」梁啓超的訓詞，令滿座親朋面面相覷。

胡適的講述讓徽因和思成彷彿身臨其境。他們深知，這確實是老爺子為人行事的一貫風格。只是想到徐志摩、陸小曼當時的尷尬，又不禁心生幾分同情。

天氣漸漸熱了，徽因晚上在房間讀書總喜歡開著窗戶，夜風裡有濕潤的花香，隔著紗窗可以看到路燈在草地上鋪了一層柔和的暈輝。

那天夜裡，徽因剛剛躺下。她怕風涼，又起來關上了窗戶。不一會兒，聽到有沙子拋在玻璃上的聲音，原來是思成站在草地旁向她招手。她趕緊跑下樓去，思成在她耳邊輕聲說道：「生日快樂！」接著把一個圓圓的沉甸甸的東西遞到了她的手中。徽因這才想起，明天六月十日，是自己的生日。

思成挽著徽因的手，慢慢地走在小路上。徽因在路燈下摩挲著手中的禮物，看出這是一面仿古銅鏡。

銅鏡的一面鑲嵌著圓圓的玻璃鏡面，另一面的中心是對稱的兩個衣袂飄飄的飛天浮雕圖案，飛天外圈環繞著卷草花紋雕飾，花紋旁均勻地鑄著清晰的字跡：「徽因自鑒之用思成自鐫並鑄喻其晶瑩不玦也。」

看著徽因愛不釋手的模樣，思成高興地說：「怎麼樣？可以亂真吧？」他告訴徽因，這是他在美術學院的工作室裡，用了差不多一週的課餘時間雕刻、鑄模、翻砂、仿古處理後做成的。做好後，他故意拿去請研究東方美術史的教授鑒定其年代。教授不懂中文，思成又不讓他看另一面，他有些狐疑地說：「從圖案上看，像是北魏時期的物品，但從未見過這樣的文字，對不起，我不能幫助你。」最後，教授知道了真相，看見思成就說：「Hey! Mischievous imp（淘氣鬼）！」

六月的夜，風很輕，空氣很濕潤。徽因輕輕地把銅鏡貼在臉上，笑渦裡溢滿了幸福。

六月一過，畢業在即，徽因和思成面臨著對未來的選擇。

他們的學業出類拔萃。特別是思成，他的兩個設計方案先後獲得了學院的金獎，這在學院的歷史上也是罕見的。至於畢業後的去向，他們可以選擇回國，也可以選擇繼續深造。他們還接到了克雷教授的建築事務所的邀請，走出校門就可以有很好的工作。這一切，對別人來說是求之不得的事情，可是他們卻感到有些煩亂。思成想作關於中國建築史的研究，卻苦於缺乏資料，遲遲未能著手；建築事務所的工作雖薪酬不菲，但他擔心那種毫無創意的重複性工作會讓人匠氣十足。畢業後就回國是他們所盼望的，但顧慮到國內社會動盪，民不聊生，不知所學是否能派上用場。

梁任公以他的博大和通達排解了孩子們的苦惱：

「……覺得這幾年專做呆板工作，生怕會變成畫匠，有這種感覺，便是你的學問在這時期內將發生進步的特徵，我聽見倒喜歡極了。孟子說：『能與人規矩，不能與人巧。』凡學校所教與所學總不外規矩方面的事，若巧則要離了學校方能發現……千萬不要對此而生厭倦，一厭倦即退步矣。至於將來能否大成，大成到什麼程度當然還是以天才為之分限。我平生最服膺曾文正兩句話：『莫問收穫，但問耕耘。』將來成就如何，現在想他則甚？一面不可驕傲自慢，一面又不可怯弱自餒，盡自己能力做去，做到哪裡是哪裡，如此而於社會亦總有多少貢獻。……

思成來信問有用無用之別，這個問題很容易解答，試問唐開元、天寶間李白、杜甫與姚崇、宋璟比較，其貢獻於國家者孰多？為中國文化史及全人類文化史起見，姚、宋之有無，算不得什麼事。若沒有了李、杜，試問歷史減色多少呢？我也並不是讓人人都做李、杜，不做姚、宋，要之，要各人自審其性之所近若何，人人發揮其個性之特長，以貢獻於社會，人才經濟莫過於此。……」⑯

梁啓超隨信寄來了一本陶版的《營造法式》。這是北宋時曾任工部侍郎的李誡編寫整理的一部古代建築技術專用書，是北宋時期官訂的建築設計、施工用書，近似於今天的建築設計手冊。徽因、思成驚喜之餘，卻發現這部書採用的是宋代工匠們的語彙，讀來如同天書，無從破譯。可是，北宋就有這樣建築學方面的專著，不正說明中國的古代建築確實值得研究嗎？

遊移的心安定了下來，他們決定先靜下心來學習，待拿到學位再做安排。

一九二七年，林徽因從賓大美術系畢業，獲美術學士學位。她選擇了耶魯大學戲劇學院，在派克教授的工作室學習舞臺美術設計。同年，梁思成在賓大獲得建築學碩士學位，申請進入了哈佛大學研究生院，攻讀東方藝術博士學位。建築學是一門實踐性很強的學科，但思成的專業選擇，更傾向於對建築美學的探究。

在耶魯，徽因很快得到了教授和同學們的喜愛。賓大三年的學習，她打下了扎實的美術基礎功底。她的繪圖設計能力遠遠高出學習舞臺美術設計的其他同學。經過繁複、精確的建築設計訓練後再來學習舞臺美術設計，徽因感到輕鬆愉快、遊刃有餘。她本來就熱愛戲劇，又參加過戲劇演出，做舞臺美術設計時，她能夠身臨其境地感受舞臺上的戲劇空間，不僅考慮到舞臺的視覺效果，還能考慮到舞臺上場景的變換、演員的調度。派克教授對她十分欣賞。

---

⑯《梁任公年譜長編》一一一五頁。

每當該交作業或臨近考試時，那些美國同學就會向徽因求救。斯第華特・切尼是同學中年齡最小的姑娘，她聰明而任性，常常爲一點點小事和同學爭執、賭氣。徽因像個大姐姐一樣，平息、排解著這些女孩子間的紛爭，並且總是百般安撫小切尼，和她一起分析劇本，幫助她完成作業。

十年後，徽因在北京的家中偶然翻開一本戲劇月報，發現了斯第華特・切尼的名字，她驚喜極了：「……我的斯第華特・切尼成了百老匯一名有名的設計師！想想看，那個與誰都合不來、老是需要我的母親般保護的小淘氣鬼，現在成了百老匯有名的設計師，一次就有四部劇碼同時上演。」

與此同時，思成在哈佛的研究卻不太順利。

他用三個月的時間，閱讀了能夠找到的所有有關中國建築的資料。他對這些外國人撰寫的材料進行分析研究後發現，他們對中國建築的認識僅僅停留在表面，缺乏本質的發現和研究，更不用說其中有些根本就是錯誤的認識。

他找到自己的導師，向他說明，自己需要回到中國進行實地考察，收集資料，兩年後交博士論文。

徽因同時結束了爲期半年的舞臺美術設計的研修。

四年的留學生活要結束了，遊子要回家了，日子頓時緊張、生動起來。日思夜想的故國親人，遙不可知的未來，彷彿一下子變得觸手可及；他們向生活了四年的賓大告別，向老師和同學們告別，向灑滿陽光的樹林和草地告別，他們心中存留了這裡的美好記憶。

五　歐遊蹤跡

思成、徽因要回國了，北京的親人忙碌了起來。

思成是梁任公鍾愛的長子，徽因又沒了父親，任公對他們的婚事事無巨細，一一操心。他擬定了詳細的計畫，計畫分國內國外同時進行。

思成、徽因在國外，婚禮按國外的規矩進行。他安排思成、徽因從美國先去加拿大，按西方風俗，在教堂舉行儀式，婚禮由大女兒思順和女婿周希哲爲他們操辦。婚後赴歐洲旅遊，同時考察國外的建築，然後回國。

雙方的長輩和親人都在國內，訂婚、行文定禮等一切按國內的老規矩進行。國內的事情由家人爲他們操辦。

一九二七年十二月十二日，梁啓超在給思成、徽因的信中，詳細記述了北京家中爲他們準備訂婚儀式的情形：

「這幾天家裡忙著為思成行文定禮，已定本月十八日（陽曆）在京寓舉行。因婚禮十有八九是在美舉行，所以此次行文定禮特別莊嚴慎重些。晨起謁祖告聘，男女兩家皆用全帖遍拜長親，午間宴大賓，晚間家族歡宴……今將告廟文寫寄，可由思成保藏之作紀念。聘禮我家用玉佩兩方，一紅一綠，林家初時擬用一玉印，後聞我家用雙佩，他家也用雙印。但因刻印好手難得，故暫且不刻，完其太璞。禮畢擬將兩家聘禮匯寄坎京，備結婚時佩帶，惟物品太貴重，深恐失落。屆時當與郵局及海關交涉，看能否確實擔保，若不能，即仍留兩家家長處，結婚後歸來，乃授予寶存……」

一九二七年十二月十八日，在家裡給思成、徽因操辦了訂婚儀式後，梁啟超喜悅之餘，又提筆給思成、徽因寫信，與孩子們詳細討論結婚、歸國的各項事情：

「……這幾天為你們聘禮，我精神上非常愉快。你想從抱在懷裡的『小不點』（是經過千災百難的）到成人，品行學問都還算有出息，眼看著就要締結美滿的婚姻，而且不久就要返國，回到我的懷裡，如何不高興呢？今天北京家裡典禮極莊嚴熱鬧，天津也相當的小小點綴，我和弟弟妹妹們極快樂的玩了半天。想起你媽媽不能小待數年，看見今日，不免起些傷感，但她脫離塵惱，在彼岸上一定是含笑的……

婚禮只要莊嚴不要侈糜，衣服首飾之類，只要相當過得去便夠，一切都等回家再行補辦，寧可從中節省點錢作旅行費。

你們由歐歸國行程，我也盤算好了。頭一件我反對由西伯利亞回來，因為野蠻殘破的俄國，沒有什麼可看，而且入境出境，都有種種意外危險（到滿洲里車站總有無數麻煩）。你們最主要目的是遊南歐，從南歐折回俄京搭火車也太不經濟，想省錢也許要多花錢。我替你們打算，到英國後折往瑞典、挪威一行，因北歐極有特色，市政亦極嚴整有新意（新造之市，建築上最有意思者為南美諸國，可惜力量不能供此遊，次則北歐特可觀），必須一往。由是入德國，除幾個古都市外，萊茵河畔著名堡壘最好能參觀一二。回頭折入瑞士，看些天然之美，再入義大利，多耽擱些日子，把文藝復興時代的美，徹底研究瞭解。最後便回到法國，在馬賽上船，（到西班牙也好，劉子楷在那裡當公使，招待極方便，中世及近世初期的歐洲文化實以西班牙為中心。）中間最好能騰出時間和金錢到土耳其一行，看看回教的建築和美術，附帶著看看土耳其革命後的政治（替我）。（關於這一點，最好能調查得一兩部極簡明的書（英文的）回來講給我聽聽。）」

梁啓超像中國無數父母一樣「望子成龍」，但他對孩子的愛既具傳統特色，又有現代意識。

在生活上，他無微不至地關愛著孩子；在精神上，他循循善誘地引導著孩子；在學業上，他高標準地要求孩子。他平等、民主地對待孩子，尊重他們對生活、事業的選擇，爲他們的成材提供可能的一切條件。他無所不在的思想情感力量，潛移默化地引領著梁家下一代的人生道路。他這些寫給孩子的信是我們洞悉那一代學人心靈世界的視窗。

梁任公給自己心愛的孩子寫這些信時，已經重病纏身。他因便血於一九二六年初在北京協和醫院開刀，切除了右腎，手術後未查出病源，便血仍然時輕時重，稍一勞累就會長時間的尿滯留。但他從來都以非常達觀的態度對待疾病，對兒女更是「報喜不報憂」。他一如既往地讀書、寫文章、做學問，還制定了許多長遠的寫作規劃。

一九二八年二月十二日，快過春節了。從醫院回家過年的梁任公，在寫給思成的信中，仍是滿紙殷殷的牽掛和疼愛：

「思成，得姊姊電，知你們定三月行婚禮，國幣五千或美金三千可以給你，詳信已告姊姊。在這種年頭，措此較大之款，頗覺拮据，但這是你學問所關，我總要玉成你，才盡我的責任。……

今寄去名片十數張，你到歐洲往訪各使館時，可帶著。投我一片，問候他們，托其招呼，當較方便些。你在歐洲不能不借使館作通信機關，否則你幾個月內不會得著家裡人隻字片語了。你到歐後，需格外多寄些家信（明信片最好），令我知道你一路景況。」

一九二八年三月，林徽因和梁思成相戀五年後，在加拿大渥太華舉行了婚禮。當時思成的姐夫周希哲在這裡任中國駐加拿大使館的總領事。因爲在加拿大買不到中式的婚禮服，徽因又不願意穿著千篇一律的西式婚紗，她就自己設計了一套旗袍式的裙裝，特別是頭飾，更是別出心裁，冠冕似的帽子兩側，垂著長長的披紗，既古典又富於民族情調。帽子正中的纓絡，美麗而別致。這也許是她一生所追求的「民族形式」的第一次創作嘗試。

婚後，他們踏上了歐遊的旅途。

他們來到了巴黎。

徽因上次和父親到歐洲，還是個小姑娘。不同國家的景物在記憶中交織成了一片斑斕的色彩。這次和思成一起同遊，那許多著名的建築從教科書上還原了，放大了，貼近了，有一種「溫故而知新」的親切感。

正是巴黎明媚的春季。經過一個陰冷潮濕的冬天，好像全巴黎的人都來到了春天的陽光下。寬闊的香榭麗舍大道兩旁，高大的喬木綻出了新綠，陽光在稀疏的枝葉間跳躍，灑下一地斑駁的光影。

盧森堡公園旁，是一家挨一家的露天酒吧，有人喝著咖啡看報紙，有人品著葡萄酒，陶醉地眯上了眼睛。幾個大學生模樣的年輕人正激動地談論著什麼，書和講義隨便地堆放在餐桌上。那幾位一定是剛從畫室出來的藝術家，他們古怪的衣著上還沾有斑斑點點的顏料和油彩。一家酒吧播放著輕快的華爾滋舞曲，有人隨著音樂跳起舞來，一對戀人擁吻著，彷彿這世界上只有他們倆人……

徽因挽著思成的胳膊漫步，她禁不住歎息道：「多好啊，他們好像只活在此刻的幸福中，爲春天，爲音樂，爲愛……」

思成扭頭輕輕地在徽因耳畔說：「我也覺得非常幸福，那是因爲有你，有這一時刻。」

凱旋門前，思成舉著相機頻頻按動快門，他想從不同角度拍下凱旋門的全貌及凱旋門上的所有雕塑。徽因打開畫夾準備寫生，可是，她的視線卻被路旁一個年輕女子所吸引。那是一位推著嬰兒車的年輕母親，她面容姣好，胸部飽滿，身材苗條，栗色的頭髮從中間分開，在腦後鬆鬆地挽了個髮髻，潔淨的衣裙隨著她輕盈的腳步變幻著迷人的線條。徽因趕緊叫思成，想讓他把這個畫面拍下來。可思成正全神貫注地調著光圈、速度，待他抬頭看時，那女子已推著嬰兒車走遠。

徽因懊惱地抱怨思成：「哎呀，你眞是的！你不知道，她多像拉斐爾筆下的聖母，那麼美，那麼溫情。」

思成笑道：「下次再遇到『聖母』，你就上去請求與她合影，這樣，我也可以從容『瞻仰』了。」

他們來到了從教科書上爛熟於心的巴黎聖母院，這是早期哥德式建築的代表作。

聖母院的平面是橫臂很短的「拉丁十字」，整體呈向上伸展的態勢。進門後中廳和左右側廊圍成半圓。立面很美，上層樓塔高聳，下層有三座尖拱門，中層是鑲嵌著彩色玻璃的玫瑰花窗。中層的橫壁上，刻著法國歷史上二十八位國王的雕像。一排裝飾尖拱把左中右三部分聯繫了起來。他們所站立的中廳寬十二點五公尺，卻高三十多公尺，廳上部也交織著尖拱，整個空間給人以豎高的視覺感受。

思成細細地「讀」著這座建築，他對徽因說：「這樣的建築要用心靈去體驗。垂直向上的結構，表現了對崇高目標的渴望。狹窄高峻的建築空間表達了上帝的高高在上以及人的渺小和無足輕重。」

「你看光線，在這裡起了多麼重要的作用。頂層的窗戶多，面積大，所以教堂的上部光線明亮，下部則是神秘的昏暗。宗教關於塵世黑暗和上帝光輝籠罩天國的思想，在這裡得到了直接的體現。」

徽因低聲道：「有人把哥德式教堂比作一位祈禱的少女，這少女雙膝跪倒在地，雙臂伸向天空。她在向上蒼祈禱什麼呢？」

思成輕聲應道：「我想，她在向上蒼訴說人生是多麼短暫，人類是多麼渴望無限和永恆。」

他們參觀了羅浮宮——法蘭西人奉獻給藝術最華美的宮殿。他們感歎，畢竟是羅浮宮，世界上再沒有任何博物館有這樣輝煌的包羅萬象的收藏。

一個展廳接一個展廳地走下去，看了達文西，看了楓丹白露畫派的代表作，看了各個國家不同流派五光十色的作品，徽因被林布蘭迷住了。林布蘭的畫光影交錯、節奏強烈、情感沉鬱，她站在林布蘭的畫前，久久挪不動腳步。徽因對思成說，羅浮宮這麼多聖經題材的畫，只有林布蘭的基督體現了基督教精神，那麼悲憫，那麼仁慈，讓人不能忘記基督的眼睛。

走出展廳，他們的眼睛很飽，精神很飽，肚子卻很餓。徽因累得直喊腳疼。

他們喝了杯熱熱的加奶咖啡，吃了個小圓麵包，接著走進了古希臘、羅馬雕塑展廳。展廳裡，從大理石中剝離出來的種種形象，好像會說話，好像有靈魂。古希臘的雕塑展示了這一時期藝術溫文爾雅的和諧，米羅的維納斯就是其完美的代表。而古羅馬的雕塑則表現了一種偉岸的氣魄，是力量的象徵。

他們站在文藝復興時期米開朗基羅的「掙扎的奴隸」面前。

徽因說：「米羅的維納斯失去了雙臂，給人的卻是和諧、自在、舒展的感覺，讓人體會到自信和穩定的情緒。而『掙扎的奴隸』看上去肌肉發達，高大、孔武，卻呈現出強烈的扭曲和掙扎，完全是悲劇性的表達。」

思成點頭同意道：「羅丹最喜歡的一尊雕像名叫『微笑』，那尊雕像沒有頭，沒有別的部分，只有圍著短短獸皮的運動著的腿，羅丹認爲這尊雕像用形體和肌肉表達微笑，比眼睛和嘴表達得還充分。像這樣用抽象的形體來傳達感覺和情緒，就已經很接近建築和音樂的意蘊了。」

徽因笑嗔道：「你眞是三句話不離本行，說什麼都能扯到建築上去。」思成調皮地笑了：「說眞的，這些天在歐洲到處看到的都是人體雕塑，我在這裡學到的人體結構比在賓大上幾年美術課學到的還要多。」

徽因大笑起來，「這可都是些好幾百年、上千年的老爺爺、老奶奶啊！」

他們走出展廳時，思成返身對著雕像微微一鞠躬道：「老爺爺老奶奶們，再見！」

離開法國前往義大利。他們依偎著坐在火車上，默默地向巴黎告別。塞納河波光粼粼流經全城，林蔭路旁的露天咖啡館撐開了鮮豔的大傘，報童一邊跑一邊叫賣著當天的報紙，姑娘的頭髮和絲巾在風中飄揚……巴黎的空氣中有一種獨特的成分，是迷人的鮮花和葡萄美酒？還是那自由的精神和浪漫的氣息？

他們走出羅馬車站，正是黃昏時分。夕陽照耀下的羅馬古城，色彩猶如油畫般凝重。乘車前往旅館的路上，徽因開始激動起來。特別是經過那些她和父親曾逗留過的地方時，她一一指點著叫思成看——這是美麗的尼亞迪斯噴泉，這是格雷教授講過的馬修斯．奧爾琉斯圓柱，這是馬爾斯廣場的方尖碑……古羅馬的建築呈現出令人震驚的宏偉壯麗，表達了他們對現實物質世界的熱愛和佔有欲望。

到旅館後，他們洗去一身的疲倦，換上了起居服。思成看著頭髮濕漉漉的徽因，快活地說：「這會兒我想起了屋大維時代的羅馬貴族，泡在卡熱薩拉浴池裡，和周圍的參議員和貴族院元老一起，在畫著圖案的瓷磚上玩碰運氣的遊戲。」

「你這話聽著怎麼這麼耳熟啊？」徽因笑著翻出了他們在火車上買的導遊手冊。

「好，好，算你聰明。今兒晚上咱們怎樣安排？」

「我想出去看羅馬城的夜景。」

「還是算了吧，」思成擔心徽因太累，「今天早點兒休息，明天咱們去聖彼得大教堂。」

聖彼得教堂是世界上最大的教堂，一五〇六年開始建造，一六二六年竣工，歷時一百二十年才完全建成。

來這裡參觀的人很多，其中有許多虔誠的教徒。大廳中，聖彼得塑像的腳趾幾百年來在信徒們的親吻中變得漫漶一片，聖壇下燭光搖曳。無數人在喃喃祈禱，雙手合十，眼含熱淚。

這座大教堂是文藝復興時期建築藝術的代表作。

中世紀，古希臘、羅馬的藝術被視爲異端。始建於文藝復興鼎盛時期的聖彼得教堂，運用了古希臘、羅馬神廟的建築藝術，以取代哥德式建築濃郁的宗教色彩。古希臘、羅馬神廟建築的主要特點是集中式平面和穹隆式屋頂，風格單純，邏輯簡明，富有紀念性，與哥德式教堂採用拉丁十字平面造型，處處尖塔聳立、複雜多變的風格完全不同。

思成飛快地在速寫本上勾畫聖彼得教堂著名的大穹頂：穹頂從平面到頂端高達一百多公尺，被設計者拉長爲橢圓形，周圍一條條有力的拱肋強調著它；穹頂鼓型基座的廊柱與拱肋一一對應，相互關係清晰明瞭；大穹隆周圍是四個小穹隆與之呼應，突出了它的統率地位。整個穹頂造型飽滿，呈現出昂揚的氣勢。

徽因一邊看，一邊歎道：「眞可惜！這麼宏偉美麗的造型被討厭的大廳遮擋了。」

聖彼得教堂的大廳設計很蹩腳，是建築史上比例不當的著名例證。

開始建這座教堂時，建築師布拉曼特採用希臘式造型，並已開始施工。這時，教會出面干涉，撤掉了布拉曼特，換拉斐爾爲建築師。拉斐爾在教會的壓力下，在穹隆的前面設計了一個長長的大廳，建築造型又成了「拉丁十字」，原本突出的大穹隆被大廳遮擋。幾十年時間過去了，教堂的設計施工幾經反覆，最後由七十二歲的米開朗基羅主持設計。他重振時代雄風，去掉了大廳的設計，突出雄偉的穹頂。但是，米開朗基羅逝世後，瑪丹納又在大穹隆的前面加設了大廳。加設大廳可以容納更多的信徒，突出穹頂下的聖壇，強調由此岸到彼岸的宗教氣氛。

後世人們看到的就是這個既宏偉壯麗、又被損害了的形象。思成合上了速寫本，對徽因道：「人們通常說，建築是人類文化的紀念碑，這座紀念碑上，既留下了豐功偉績，也留下了敗筆和遺憾。」

徽因和思成用一下午的時間參觀了西斯汀教堂，那裡以米開朗基羅的天頂畫而聞名。儘管他們以前不止一次地從畫冊上看到過這些畫作的局部或全部，可當他們站在西斯汀教堂的天頂畫下，卻不能不感到強烈的震撼。

這是以《舊約．創世紀》故事爲題材創作的一組天頂壁畫。

壁畫距離地面有二十多公尺高，由九幅情節連續的主題畫構成。

壁畫的規模之大是前所未有的。在整整四年零三個月的時間裡，米開朗基羅每天爬上高高的鷹架，弓著腰，仰著脖子，眼睛望著天頂作畫。當這個大工程完成後，他很長時間直不起腰來，一直保持著弓腰仰頭走路的奇怪姿勢。

徽因拉著思成的手，仰著頭慢慢地在大廳裡挪動著腳步。……天地鴻蒙，上帝造人，亞當甦醒，大洪水，男女先知……雄渾的畫面呈現出造物主的氣質和力量。

後世的人說，壁畫中先知耶利米的形象就是米開朗基羅自己的寫照。他頭髮蓬亂，白鬚垂胸，低著頭，骨節粗壯的手支撐著下頸，似在俯視，又似在沉思，顯得蒼老而沉鬱。人們似乎能感受到他的痛苦和憂傷像山一樣壓了下來……

仰頭的時間長了，徽因的脖子酸痛，頭也有些暈，但她卻捨不得移開視線。

徽因和思成交流著感受。他們理解了文藝復興爲什麼會發源於義大利，這裡古典文化的土壤實在是太深厚了。在義大利，所有文藝復興時期的建築、雕塑和繪畫，全部表現出古典主義的和諧比例和冷靜的克制，表現出對人、對人性的肯定和讚美。在這個歷史時期，在這個特定的地域，文藝領域的革命，並不是激進和激烈地破壞，而是充滿自信地復興古代文化中被認爲不可放棄和不可轉讓的東西。

羅馬市中心廣場灑滿了和煦的陽光，晶瑩的噴泉揚起的水霧上，掛著一彎小小的彩虹。徽因往噴泉池裡投入了一枚硬幣，爲他們的義大利之行留下一個小小的見證。

在一家著名的披薩餅店，思成點了兩客餡餅。思成一邊吃，一邊對徽因說：「這東西眞是徒有虛名。趕明兒回到北京，一定讓你嘗嘗王姨⑰烙的餡兒餅。那才叫好吃，餡兒多皮兒薄，香極了！」

在異國的晴空下，兩個年輕人想家了。從這個國家到那個國家，從這個城市到那個城市，他們行蹤不定，去留匆匆，很長時間沒有收到家裡的信，也很長時間沒有給家裡寫信了。不知國內的情況怎樣，不知父親的病情如何，不知回國後能不能找到合適的工作。想起行前父親信中的叮

---

⑰ 王姨：王桂荃，梁啟超的二夫人，梁思成的庶母，思永的母親。北京西郊梁啟超墓東邊有王夫人的墓，墓碑上有子女們的祭辭，還種植有母親樹。

嚀，內疚和牽掛湧上他們的心。一路上，錢花得很快，他們商量著縮短行期，儘快回北京去。

在中國駐西班牙公使館，他們收到了兩封從北京寄來的信。任公一直在治病養病，給兒女寫信是他病中排解思念的方式。

「我將近兩個月沒有寫信給孩子們了。今最可告慰你們的，是我的身體靜養極有進步，半月前入協和輸血並檢查，輸血後紅血球竟增至四百二十萬，和平常健康人一樣了。你們遠遊中得此消息，一定高興百倍。思成和你們姊姊報告結婚情形的信，都收到了，一家的冢嗣，成此大禮，老人欣悅情懷可想而知。尤其令我喜歡者，我以素來偏愛女孩之人，今又添了一位法律上的女兒，其可愛與我原有的女兒們相等，真是我全生涯中極愉快的一件事。你們結婚後，我有兩件新希望：頭一件你們倆身體都不甚好，希望因生理變化作用，在將來健康上開一新紀元。第二件你們倆從前都有小孩子脾氣，愛吵嘴，現在完全成人了，希望全變成大人樣子，處處互相體貼，達成終身和睦安樂的基礎。這兩種希望，我想總能達到的。」

……

「你們回來的職業，正在向各方面籌畫進行（雖然未知你們自己打何主意）。

一是東北大學教授，一是清華學校教授，成否皆未可知，思永當別有詳函報告。另外還有一件『非職業的職業』——上海有一位大藏畫家龐萊臣，其家有唐（六朝）畫十餘軸，宋元畫近千軸，明清名作不計其數。這位老先生六十多歲了，我想托人介紹你拜他門，當他幾個月的義務書記，若辦得到，倒是你學問前途一個大機會。你的意思如何？亦盼望到家以前先回信表示。你們既已成學，組織新家庭，需立刻找職業，求自立，自是正辦。但以現在時局之混亂，職業能否一定找著，也很是問題。我的意思，一面盡人事去找，找得著當然最好，找不著也不妨，暫時隨緣安分，徐待機會。若專為生計獨立之一目的，勉強去就那不合適或不樂意的職業，以致或貶損人格，或引起精神上苦痛，倒不值得。一般畢業青年中大多數立刻要靠自己勞作去養老親，或撫育弟妹，不管什麼職業得就便就，那是無法的事。你們算是天幸，不在這種境遇之下，縱令一時得不著職業，便在家裡跟著我再當一兩年學生（在別人或正是求之不得的），也沒什麼要緊。所差者，以徽因現在的境遇，該迎養她的母親才是正辦，若你們未得職業上獨立，這一點很感困難。但現在覓業之難，恐非你們意想所及料，所以我一面隨時替你們打算，一面願意你們先有這種覺悟，縱令回國一時未能得相當職業，也不必失望沮喪。失望沮喪，是我們生命上最可怖之敵，我們需終身不許他侵入。……你來信終是太少了，老人愛憐兒女，在養病中以得你們的信為最大樂事，你在旅行中尤盼將所曆者隨時告我（明信片也好），此當臥遊，又極盼新得的女兒常有信給我。……」

他們拆開了父親的第二封信。這封信寫得很匆忙，父親告訴他們，思成的工作已經確定了下來，已接到東北大學的聘書，月薪二百六十五元。父親專門說明，這是初任教教員的最高薪金，暑假一結束就要開始上課。他說：「那邊的建築事業將來有大發展的機會，比溫柔鄉的清華園強多了。但現在總比不上在北京舒服，我想有志氣的孩子，總應該往吃苦路上走。」

這是一九二八年的七月，再有一個多月學校就開學了。徽因、思成結束了漫遊，從蘇聯乘火車回國。

三個多月的遊歷，他們漫步在歐洲大陸，這是他們第一次相伴遠遊，也是平生唯一一次眞正的漫遊。這是他們永結同心的蜜月，也是他們與建築學結下終生不解之緣的蜜月。

在以後漫長的歲月裡，這些人類最優秀的文化藝術精魂，一直如同空氣一般彌漫在他們的文化素養裡，流淌在他們高朋滿座的客廳中，給他們判斷事物以獨立的審美眼光，爲他們所從事的事業豎起了衡量的標準。

在徽因走過的日子裡，經歷了鮮花著錦般的美好，也經歷了戰亂、困厄與病痛。無論身處何種境遇，她都能保持詩意蔥蘢的情懷和境界，保持寵辱不驚的風範與胸襟，這不能不追溯到她早年所接受的教育和識見。

火車一路東行，車窗外是西伯利亞無邊無際的森林、湖泊和原野。鄂姆斯克、托木斯克、伊爾庫茨克、貝加爾……一個個遠東的車站留在了身後。徽因、思成在中蘇邊境換乘了中國的火車，車頭冒著黑黑的煤煙，過哈爾濱、瀋陽，到了大連。

他們一路上無心逗留，從大連登上一艘日本輪船，直抵天津的大沽口，冒著盛夏的暴雨，黃昏時分乘上了從天津開往北京的火車。

這是一輛老式的慢車，每個小站都要停上一陣子，車廂頂上搖搖晃晃坐滿了買不起票的窮人，雨水順著關不嚴的車窗和漏雨的車廂滲了進來，滴落在乘客的身上。天黑了，車廂裡沒有電燈，乘務員在座位的靠背上點著了蠟燭。思成用報紙折成帽子戴在徽因和自己頭上擋雨，那情景眞是又奇異又滑稽。

橫穿歐亞的旅途中，一對美國夫婦查爾斯和蒙德里卡，認識了徽因和思成。這兩位年輕的中國人給他們留下了難忘的記憶：

「……在這些粗魯的、發臭的旅客群中，這一對迷人的年輕夫婦顯得特別醒目，就像糞堆上飛著一對花蝴蝶一樣。除了那自然的沉默寡言以外，在我們看來，他們好像反映著一種不可抗拒的光輝和熱情。

……菲麗絲[18]是感情充沛、堅強有力、惹人注目和愛開玩笑的。思成則是斯文、富有幽默感和愉快的，對於古代建築、橋樑、城牆、商店和民居的任其損壞或被破壞深惡痛絕。他們倆人合在一起形成完美的組合……一種氣質和技巧的平衡——一種罕有的產生奇跡的配合。

在那軍閥土匪當道的混亂年代，在我們看來，即使以他們的才能和優越的社會地位，似乎他們也將在中國社會的大旋渦中消失得無影無蹤……」[19]

遊子回家了。

這是他們日思夜想的親人，這是他們魂牽夢縈的北京。行走在他們熟悉的大街小巷，聽著柔和悅耳捲舌的北京話，看著皇家庭院金色和藍色的屋頂，遙望西山、玉泉山淡淡的剪影……還有洋車夫們的殷勤，街坊鄰里的客氣，一切都讓他們溫暖和感動。他們一一拜望了居住在北京的親戚，到西山祭奠了長眠在那裡的思成母親李夫人。儘管長旅歸來，十分勞頓，儘管國內隨處可見的混亂和貧困使他們產生了精神時差，可重歸故國的歡樂壓倒了一切。回到自己的家，漂泊的心

---

⑱ 菲麗絲：林徽因的英文名字。

⑲ 費慰梅《梁思成與林徽因——一對探索中國建築史的伴侶》四十三頁。這是查爾斯一九八〇年應費慰梅的要求寫成的對這一段往事的回憶。

有了棲息地。

他們的住房修整一新，所有的用具都是王姨爲他們重新購置的。每天清早一起床，思成最小的弟弟、不滿五歲的思禮就鬧著要去找二嫂，天天挨著徽因不肯離開半步。梁家寬敞的宅院裡，充溢著喜洋洋的氣氛。

徽因、思成隨著弟弟、妹妹們稱王姨爲「娘」。思成告訴徽因，這個大家庭多虧了母親，父親才有祥和安寧的環境著述、教學、從事各種社會活動。徽因、思成都很尊敬和愛戴這位善良、能幹的庶母。

在歐洲拍攝的照片沖洗出來了，徽因對家人一一講述著照片上的名勝、建築、風土人情。她對任公抱怨道：「你瞧，思成多可氣，這麼多照片，他就沒好好給我拍過一張。人都是這麼一丁點兒，他是拿我當 scale（尺規）呀！」任公望著眼前的兒女，呵呵地笑著，笑聲裡全是慈愛和滿足。

這期間，任公的身體時好時壞，思成和徽因的歸來，給了他莫大的慰藉，病中的他顯得格外有精神。給女兒思順的信中，他講述了思成、徽因到家後的情形：「新人到家以來，全家眞是喜氣洋溢。初到那天看見思成那種風塵憔悴之色，面龐黑瘦，頭筋漲起，我有幾分不高興。這幾天將養轉來，很是雄姿英發的樣子，令我越看越愛。看來他們夫婦身體都不算弱，幾年來的憂慮，現在算放心了。新娘子非常大方，又非常親熱，不解作從前舊家庭虛僞的神容，又沒有新時髦的討厭習氣，和我們家的孩子像同一個模型鑄出來。」

思成和徽因在美國購買的書都托運回來了，他們整理著，分著類，那都是最新英文版的建築學著作和戲劇、美術著作。

徽因輕撫著一本《西方美術史》光滑的書脊，感歎道：「看著這些書，真想學一回孟嘗君的門客，去哪個衙門口高唱：『書兮，書兮，胡不歸？』」

思成對徽因的牢騷報以會心的一笑。

徽因和思成這些日子到過一些政府機構，目睹了那些衙門辦事的不力和無序。從國外的生活跨回國內的生活，巨大的落差讓他們有一種挫折感。但他們還是互相打氣，希望盡早著手工作，希望所學的東西能早日派上用場。

徽因回國後，很重要的事情就是要奉養母親，可在她和思成的工作沒安頓下來之前，這些事情還談不上。

到家半個月的時間一眨眼就過去了，八月底，思成赴東北大學任教，徽因回福州看望母親。

六　年輕的先生

東北大學的前身是國立瀋陽高等師範學校和公立瀋陽文科專科學校。一九二三年，省長王永江倡議籌建東北大學。他闢出瀋陽市北陵一帶五百餘畝土地，撥出款項，依照德國柏林大學的圖紙開始了學校的建設。

一九二三年，東北大學正式成立，張學良就任校長。他啓用了一批年輕人，用幾年的時間，對學校建制進行了擴充和革新，在原來的文、法、理、工四科的基礎上，設立了文學院、法學院、理學院、工學院。工學院增設了建築系，當時，除南京中央大學機械系設有建築專業外，全國僅此一個建築系。

一九二八年秋，建築系首屆招收了一個班的學生。思成既是系主任，又是所有課程的教師。他作爲中國這門新興學科的帶頭人，早在美國求學時就確立了研究中國建築史的文化人生目標；如今，他又把培養能夠進行建築文化創造的年輕人作爲自己從事教學的目標。工作千頭萬緒，實在忙得不可開交。他寫信給徽因，希望她能盡快來東北。

接到思成的信，徽因立即從東南起程赴東北，回到了思成身邊。看上去，她比離開北京時黑了一點兒，一雙眼睛閃閃發亮，頭髮從中間分開，平滑柔順地梳在耳後。她的到來，使他們的寓室充滿了溫暖的氣息。書桌上的臺燈換上了淡黃色的縐紗燈罩，牆壁掛上了任公爲他們手書的條幅，書架上陳設著從家中帶來的古代陶瓷，茶几上一盆仙客來蔥郁挺秀，生意盎然。

東北的十月，夜裡已經開始寒冷。早上起來，玻璃窗上結著一層冰花。徽因生起了爐子，安上了煙囪，夜裡備課，再也不感到凍手凍腳。

思成望著徽因，十分感慨地說：「我想起了羅斯金對英國婦女的演講辭。」

羅斯金是英國十九世紀著名的作家、演說家。他寫過許多關於建築、繪畫的論文，徽因曾給思成推薦過他的作品，那是典型的維多利亞時代的風格，才華橫溢，講究辭章，語言具有音樂般的節奏感。

「我記得羅斯金把美好的女性比做『王后花園裡的百合』，」思成繼續說道，「他說，眞正的妻子，她無論走到什麼地方，家便圍繞著她出現在什麼地方。她頭頂上也許只有高懸的星星，她腳下也許只有寒夜草叢中螢火蟲的亮光，然而，她在哪兒，家便在哪兒。對於一位高貴的婦女來說，家從她的身邊延伸，它流瀉出幽靜的光射向遠方，庇護著無家可歸的人們。……」

徽因被打動了。她記起了羅斯金在這篇演說辭中還談到，一個家庭中，男女雙方的幸福和美滿，依賴於互相尋求和接收唯有對方才能提供的東西，包括思想、情感、彼此愉悅的方式。而在生活中，這樣的幸福並不容易得到。她欣慰地想，自己和思成應該算是互相發現和得到了吧。她有些不好意思地笑道：「看來，你不應該做建築師，而應該做個詩人！」

徽因在建築系擔任專業英語課和美術裝飾史課的教師，思成則講授《建築學概論》和《建築設計原理》等課程。

當時的東北，外有日本人虎視眈眈，內有各路土匪晝伏夜出，時局並不太平。徽因後來曾對友人談及他們這時期的生活：「當時東北時局不太穩定，各派勢力在爭奪地盤。一到晚上經常有土匪出現——當地人稱爲鬍子。他們多半從北部牧區下來。這種時候我們都不敢開燈，聽著他們的馬隊在屋外呼嘯而過，那氣氛眞是緊張。有時我們隔著窗子往外偷看，月光下的鬍子們騎著駿馬，披著紅色的斗篷，呼嘯而過，倒也十分羅曼蒂克。」[20]

---

⑳ 林洙《困惑的大匠——梁思成》二十九頁。

生活當然不是這樣羅曼蒂克。

初爲人師的他們工作得十分辛苦。建築學在中國是一門新興學科，根本沒有合適的教材，他們又不願意照搬歐美的教科書，要在教學中把建築學、美學、歷史、繪畫史等相關學科的知識融會貫通到自己所講授的課程中，備課的工作量是很大的。

剛開始，報考建築系的學生大多數並不知道建築是怎麼回事，年輕的梁先生、林先生引領著他們由認識這門學科到熱愛這門學科。

入學的第一堂課上，梁思成告訴學生：「建築是什麼，它是人類文化的歷史，是人類文化的記錄，反映著時代精神的特質。」他對學生提出了要求：想要成爲一個優秀的建築師，就要有哲學家的頭腦，社會學家的眼光，工程師的精確與實踐，心理學家的敏感，文學家的洞察力，總之，要以廣博的知識爲鋪墊，是一個具有較全面修養的綜合藝術家。他說：「一切工程離不開建築，任何一項建設，建築必須先行，建築是一切工程之王。」他的話讓學生們的專業自豪感油然而生。

學生愛上林先生的課，上林先生的課是一種藝術享受。他們跟著林先生穿行在古今中外藝術的歷史長廊，書畫、雕塑、音樂、語言、佛教哲學、工程技術……與其說學生們接受的是知識和學問，不如說他們接受的是文化藝術的感染和薰陶。這種感染和薰陶如同「潤物細無聲」的春雨，點點滴滴滲透了年輕易感的心靈。

學生們愛上梁先生的課，梁先生深厚的學養和功力令他們折服。《建築學概論》中介紹了世界各國不同時代的經典建築，梁先生總是從形象入手，幫助學生掌握其特徵。在講中世紀的建築從羅馬式發展到哥德式時，梁先生一邊講一邊在黑板上畫……黑板上的建築厚厚的牆壁減薄了，出現了長長的大窗戶，爲了加強變薄的牆壁。出現了扶壁、飛扶壁，拉長了柱子，調整了比例，有了筋肋和各種裝飾，小水塔、吐水獸……也不過十來分鐘，黑板上是一幅完整、準確、精美的建築物的剖面圖，從結構比例到細部裝飾，無不唯妙唯肖。

學生們課下常常感歎，梁先生、林先生只是二十幾歲的人，比自己並不年長多少，可他們的人品學問卻令人心嚮往之，仰之彌高。

梁思成、林徽因在教學中根據建築具有很強的實踐性的特點，鼓勵學生手腦並用，追求「建築的誠實」。思成很想在系裡配備一個建築實驗室，讓學生有動手的場所。可是，他的願望一直沒能夠實現。

瀋陽的冬天，天黑得早，零下二十幾度的嚴寒使人們不願意出門。思成知道徽因怕冷，把爐子燒得旺旺的，爐子上的水壺，冒著嫋嫋的白煙。

幾個學生踏著凍得硬邦邦的土地來到了教員宿舍樓，他們來林先生梁先生家交自己的水彩作業。

屋子一下子變得擁擠了。

他們捧著林先生沏的茶，略顯拘束地坐在椅子上。

思成一面翻看他們的作業，一邊問道：「今天講的關於建築的屬性，諸位沒有什麼問題吧？」

一個學生說：「聽了梁先生的課，如醍醐灌頂，清楚了建築具有的雙重屬性。」

思成聽著，一歪頭問道：「好哇！那就請你說說看。」

這個學生有點不好意思，像在課堂上回答老師提問一樣咬文嚼字：「建築具有的物質屬性，使它與一些只具有精神屬性的純藝術區別開來——如音樂、舞蹈、美術……同時，建築又具有精神屬性，它作爲一種造型藝術，必須滿足人們對美的需求……」

說到這裡，他停了下來，看著梁先生。

思成肯定地點點頭說：「不錯，我們面對一個建築物，就能理解這位同學所談的。建築具有不同層次的屬性，最低的層次與物質功能緊密相關，體現爲安全感和舒適感；第二個層次要求的是美觀的形象，體現爲『悅目』。最高的層次要求創造出藝術美，以陶冶人的心靈。這一層次重在體現出『賞心』。當然，建築最低層次的屬性是它最本質的屬性。從原始人的洞穴，到農民的茅草棚和人們野外宿營的帳篷，無論是誰，都需要星空下的一處房屋，需要一個能夠遮蔽自己的地方。這是本能的需要，生存的需要。一部建築史，就是一部人類社會求生存、求發展的歷史。無論是蘇軾的『短籬尋丈間，寄我無窮境』，還是杜甫的『安得廣廈千萬間，大庇天下寒士俱歡顏』，都體現了這層意思。至於建築的第二、第三個層次，則是人類社會物質生活發展到一定水準之後，對更高的精神需要的追求。」

徽因接過了話題，她語速很快地說：「但是，並不是所有的建築物都具有這三個層次的精神屬性。例如倉庫、車庫和許多貧民住宅，這些建築的精神因素就近乎於零；學校、醫院、辦公樓的精神因素有所提高，但主要還是強調其實用性；美術館、博物館、劇院和公園體現了『悅目』這一特性，就是說不但要求它們實用，還要求它們美觀，好看；至於宮殿、園林的精神因素比例就更高一些；而紀念碑、凱旋門這樣的建築幾乎沒有什麼物質功能，已接近純藝術的雕塑作品。應該說，所謂的建築藝術主要體現在後幾種建築上，我們平常欣賞的也主要是這幾類建築……」

學生們聽得十分專注，他們的眼睛亮亮的。

思成、徽因很重視與學生進行這樣的課外交流。他們認爲，無所不包的課外交流，對學生潛移默化的影響更深遠。有時，他們讓學生欣賞唐代的佛教繪畫作品，如敦煌壁畫圖冊，有時，他們展開幾張魏碑的拓片，讓學生比較唐代壁畫與魏碑在意蘊上的不同。他們告訴學生，藝術鑒賞沒有公式定理，全靠多看多想，鑒賞鑒別能力才能提高。面對一座建築也是如此，把握了歷史感，就有了鑑別力。

學生們喜歡梁先生林先生家，因爲這裡總是充滿一種溫暖、可愛和詩意盎然的氣氛。有許多這樣的夜晚，有許多這樣的討論。

送走學生後，時間已晚。明天上課要講評的作業還堆在書桌上沒有批改。看著徽因疲倦的神色，思成說：「你先睡吧，我來看作業，一會兒就得了。」寒冷、靜寂的東北大學校園，思成、徽因家的燈總是亮到很晚。

徽因從小生活在南方，很不適應東北漫長、寒冷的冬季，她常常感冒。但學生的課不能耽誤，她照常忙於備課、上課，得不到很好的休息，感冒遷延很長時間不能痊癒，看上去她顯得疲憊而虛弱。

徽因、思成欣慰的是，建築系的工作漸漸走上了有序的軌道，學生們的進步十分明顯。他們商量著，一旦忙出個頭緒，就要著手進行古建築的研究，這是他們做什麼都放不下的課題。

一九二八年十二月一個滴水成冰的日子，他們接到了任公病重的電報，思成、徽因放下手頭的一切事情，立即趕回北京。

前些天，他們收到過父親的一封信，信上的毛筆小楷看上去有些潦草，這在任公的書信中是很少有的情形。

「——這回上協和醫院一個大當。他只管醫痔，不顧及身體的全部，每天兩杯瀉油，足足灌了十天，把胃口弄倒了。也是我自己不好，因胃口不開，想吃些異味炒飯、臘味飯，亂吃了幾頓，弄得腸胃一塌糊塗，以致發燒連日不止。人是瘦到不像樣子，精神也很委頓……」

讀著這封信，思成、徽因心裡很沉。如果不是難受到無法忍受，父親是不會寫這樣的信的，因爲父親從來不愛抱怨叫苦。他們只想盡快回到父親身邊，可他們萬萬想不到，這竟是父親寫給他們的最後一封信。

梁任公兩年來進出協和醫院，已成平常。這次住院，開始亦未覺異常。住院後，他自恃體質強健，雖然發燒不止，仍然強撐著在病床上趕寫《辛稼軒年譜》，誰知這竟是他的大限之期。幾個兒女思順、思永、思莊、思忠均在國外。思成和徽因回到他身邊時，他神智尚清。望著自己鍾愛的孩子，他雖口不能言，但面有悅色。

一九二九年一月，任公舌僵神昏，病勢垂危，於十九日下午二時十五分，溘然長逝，享年五十七歲。

梁任公一生著述一千四百萬字，臨終卻沒有留下一句遺言。

任公家族和社會各界的祭奠和追悼活動持續了月餘，思成和徽因作爲梁家的長嗣，經歷了他們有生以來最大的事件。徽因此時已懷有身孕，在悲痛中與思成一起全力操持著喪事。

全國各地的報紙以顯著的位置和篇幅，刊發了任公逝世的消息及逝世前的情形。思想文化界知名人士紛紛著文追憶先生生平業績，懷念先生的道德文章。美國史學期刊《美國歷史評論》也刊發了文章。該文在介紹了任公生平及成就後總結道：「……在譯本自傳《三十自述》裡，梁先生說：『我十八歲初到上海，第一次拿到一本地圖冊之前，我不知道世界上有五大洲。』然而就是這個年輕人，以非凡的精神活力和自成一格的文風，贏得全中國知識界的領袖頭銜，並保留它一直到去世。表現在他的文風和思想裡的這種能夠跟上時代變遷的才華，可以說是由於他嚴格執行自己常常對人引用的格言：『切勿猶疑以今日之我宣判昨日之我』。」

梁啓超先生的溘然長逝使中國思想文化界失去了一位巨擘，其家族和子女的傷痛更是深重。梁啓超一生崇拜墨子的人格精神，自號「任公」，以天下爲己任，吃苦耐勞，成爲晚清及民初學術文化界的一面旗幟。他曾經寄希望於清廷，寄希望於袁世凱，寄希望於民國政府，卻一次又一次地大失所望。最後，他選擇了寄終極關懷於中國文化的現代化。他的人生選擇和取向深刻地影響了他的兒女們。在風雨如晦、時局維艱、學術研究難以爲繼的情勢下，任公的後代卻薪盡火傳，成爲不同學科的頂尖級人物。他們的成就顯然與任公的教誨和影響密不可分。

二月十七日，北平各界與廣東省旅平同鄉會在廣惠寺公祭梁任公。

這一天，廣惠寺的大門外，高紮著白色的素縞牌樓，白色牌樓上，藍色花朵連綴成了「追悼梁任公先生大會」的字樣。寺內哀樂低迴，祭台前，「天喪斯文」四個大字觸目驚心。三千餘幅祭聯、哀幛佈滿了廣惠寺的佛堂。

佛堂前，思成、徽因與幾個年紀尚幼的弟妹思禮、思懿、思達、思甯身著麻衣，足穿草履，跪伏在靈幃內。他們向每一位來賓稽首叩謝，泣不可抑。五百餘人無不爲之動容，佛堂內一片嗚咽之聲。

梁啓超的靈柩安葬在北京香山臥佛寺東的山坡上，按他生前的意願，與五年前逝世的李夫人合塚。

思成、徽因爲父親設計了一座高大的墓碑。墓碑用大理石製成，高二點八公尺，寬一點七公尺，形狀似榫，古樸莊重。墓碑的正面刻著：「先考任公府君暨李太夫人墓」，墓碑的背面刻著九個子女的名字。

這是思成、徽因從美國學成回國後設計的第一件作品。

四十年後的一九七〇年，梁思成因病住進了協和醫院，他從自己的主治醫師那裡得知，父親的死原來是一次醫療事故。

一九二六年三月，梁啓超因便血入協和醫院診治。診斷結果爲一側腎患結核已壞死，決定手術切除。手術由協和醫院院長劉瑞恒主刀。劉瑞恒判斷失誤，竟將健康的腎切去，而留下了壞死的腎。這是導致梁啓超壯年逝世的直接原因。對這一重大醫療事故，協和醫院嚴格保密。事故的責任人劉瑞恒，事後調離了醫院，到衛生部做了政務次長。直到一九四九年後，醫學教學在講授如何從X光片中辨別左右腎時，才舉出了這一病例。㉑

三月，寒冷的北國大地剛剛開始化凍，徽因和思成回到了東北大學。

經過這場親人離喪的變故，徽因、思成身心俱疲。特別是徽因，嚴重的妊娠反應使她幾乎吃不下任何東西，哪怕喝口水也會嘔吐。思成很擔心，勸她臥床休息。她卻說，只有站在講臺上面對學生時，才能忘掉身體的不適。學生們仍然喜歡聽林先生講課，只是他們眼見原來清秀苗條的林先生更顯得瘦削了。

隨著新學期的到來，思成、徽因在美國賓夕法尼亞大學的同學陳植、童寯、蔡方蔭等人來到了東北大學建築系。他們的到來，使徽因、思成的小家越發熱鬧，也使原來許多停留在計畫中的工作能夠實施。

幾個年輕人掛出了「梁、陳、童、蔡營造事務所」的牌子，開始承接建築設計任務。多年的理論學習終於有了實踐的可能，他們個人的經濟收入也有了改善的機會。

事務所剛成立不久，就接了兩樁大活兒。爲吉林大學設計校舍讓他們施展了身手，漂亮的花崗岩和加固水泥的行政樓、教學樓、宿舍樓在一九三一年如期竣工。幾個年輕人看著出自自己手中的圖紙變成了矗立在陽光下的建築群，興奮得連呼「過癮」。

北方交通大學錦州分校的設計則命運多舛。他們完成了這個專案的設計和預算，工程已經開

㉑ 林洙《困惑的大匠——梁思成》二十七頁。

始施工。可是不久，「九・一八事變」爆發，工程毀於戰火。

張學良作爲東北大學的校長，不大懂也不大管學校教學的一應事務，但他卻很注意學校的形象。一九二九年，他向社會徵集東北大學校徽，林徽因設計的「白山黑水」圖案中獎入選。

初夏是瀋陽一年裡最好的季節，雲淡風輕，綠草萋萋。脫去了笨重的冬裝，人輕盈得想要飛起來。

妊娠反應過去了，徽因的飲食正常了，體重也增加了。當思成著手對瀋陽的古建築進行考察測繪時，徽因也和他一同前往。在北陵，在故宮，她和思成爬高上低地拉著皮尺測量，做著記錄和繪著草圖。

思成一邊工作，一邊小心招呼著徽因。他欣喜地看到，隨著胎兒的發育成長，徽因顯得豐腴了一些。她的目光專注而寧靜，那安詳自在的神情完全與周圍生生不息的大自然融爲一體。

一九二九年八月，徽因和思成的第一個孩子在瀋陽出生。這是個漂亮的女孩兒，他們喚她「寶寶」，給她起名爲「再冰」，以紀念孩子離世不久的祖父飲冰室主人。

寶寶的出生給年輕的父母帶來了巨大的喜悅，也帶來了無盡的勞碌。許是在母腹中經歷了巨大的悲痛，繈褓中的寶寶十分容易受驚，一點兒動靜就會使她啼哭不止，再加上徽因奶水不足，孩子主要靠喂牛奶。牛奶煮好，剛把孩子哄得不哭了，奶又涼了，然後再煮。……孩子吐了，孩子病了，孩子的一顰一笑都牽動著年輕父母的心。

徽因累垮了，她少年時得過的肺病復發。醫生認爲東北的氣候不宜於肺病的療養，思成只得把徽因和寶寶送回北京，這時，徽因的母親也到了北京，一家人在一起，總算有了照應。

這時期的東北，時局已很不穩定。日本人毫不掩飾對東北的領土野心，對此，明眼人都洞若觀火；還有張學良管理學校教師的軍閥作風，也讓思成十分氣憤。儘管捨不得自己親手創辦的建築系，捨不得建築系的學生，但東北大學已不是久留之地，再說，徽因母女也讓思成日夜牽掛。一九三一年，思成結束了這一學年的課程後，辭去東北大學的教職，回到北京。

「九．一八事變」後，日本侵佔了東三省，不久，東北大學也被日本人關閉。但開辦不久的東北大學建築系，卻培養出了劉致平、劉鴻典、張鎛、趙正之等一批人才，他們是我國最早自己培養的卓有成就的建築學者和建築師。

對於思成和徽因來說，東北大學的三年是他們將多年所學知識付諸教學實踐的過程，爲他們將來成功創辦清華大學建築系打下了基礎，積累了成功的經驗。

回到北京後，梁思成給建築系的學生寫了一封信，信中流溢著他和徽因對學生的殷殷囑託之意和拳拳繫念之情：

「諸君：我在北平接到童先生和你們的信，知道你們就要畢業了……我還記得你們頭一張 wash plate（古典水墨渲染圖），頭一題圖案，那是我們『篳路藍縷，以啟山林』的時代，那麼有趣，那麼辛苦。那時我的心情，正如看見一個小弟弟剛學會走路，在旁邊扶持他、保護他、引導他、鼓勵他，惟恐不周密。

現在你們畢業了，畢業二字的意義，很是深長。美國大學不叫畢業，而叫始業Commencement,這句話你們也許聽了多遍，不必我再來解釋，但是事實還是你們『始業』了，所以不得不鄭重地提出來。

你們的業是什麼，你們的業就是建築師的業，建築師的業是什麼，直接地說就是建築物之創造，為社會解決衣食住三者中住的問題；間接地說，是文化的記錄者，是歷史之反照鏡，所以你們的問題十分的繁難，你們責任十分的重大。

你們創造力產生的結果是什麼，當然是『建築』，不只是建築，我們換一句話說，可以說是『文化的記錄』——是歷史。這又是我從前對你們屢次說厭了的話，又提起來，你們又要笑我說來說去都是這幾句話，但是我還是要你們記著，尤其是我在建築史研究的立場上，覺得這一點是很重要的，幾百年後你我或如轉了幾次輪迴，你我的作品，也許還供後人對民國二十一年中國情形研究的資料，如同我們現在研究希臘羅馬漢魏隋唐遺物一樣。……

我以上所說的許多話，都是理論。而建築這東西，並不如其他藝術，可以空談玄理解決的，它與人生有密切的關係，處處與實用並行，不能相脫離。課堂上的問題，我們無論如何使它與實際問題相似，但到底只是假的，與真的事實不能完全相同，……必須在社會上服務，經過相當的歲月，得了相當的經驗，你們的教育才算完成，所以現在也可以說，是你們理論教育完畢，實際經驗開始的時候。

…………

現在你們畢業了，你們是東北大學第一班建築學生，是『國產』建築師的始祖，如一艘新艦行下水典禮，你們的責任是何等重要，你們的前程是何等的遠大！林先生與我倆人，在此一同為你們道喜，遙祝你們努力，為中國建築開一個新紀元！

民國二十一年七月　梁思成」

梁思成回北京後，應聘到朱啓鈐先生任社長的「中國營造學社」任職，這是個專門研究中國古代建築的民間學術機構。

朱啓鈐，字桂莘，人稱朱桂老，曾在袁世凱政府擔任內務總長，曾奉袁世凱之命修繕皇宮，對古代宮廷建築產生了興趣。

朱啓鈐發現了宋代建築學家李誡的《營造法式》，這是我國古代重要的建築規範。他將這部著作重新印刷發行，在學界產生了很大反響。

這之後，他自籌資金，發起成立了「中國營造學社」，他自任社長，專門從事中國古代建築的研究。最初，學社設在朱啓鈐家中，學社成員大多是一些國學家。

一九三〇年，朱啓鈐爲籌措學社的經費，向「庚子賠款——中華教育基金會」提出了申請。基金會董事周詒春，曾任清華學堂校長，是營造學社的熱心支持者。他擔心學社沒有建築學方面的專門人才，申請經費的理由不充分，曾專程到瀋陽鼓動梁思成、林徽因加入學社。

梁思成考慮營造學社的研究專案，正是自己的研究方向，於是，同意到學社工作。繼而，「庚子賠款」基金會爲學社提供了資助經費。

梁思成在學社擔任法式部主任，林徽因被聘爲學社的校理。他們的學生劉致平等人，從東北大學建築系畢業後，也來到北京投奔老師。

自此，營造學社注入了鮮活的血液，成爲中國建築學界有重大影響的學術研究團體。

工作安定後，梁思成在靠近東城牆的北總布胡同租了一個四合院，徽因母親和徽因很滿意這個安靜而不偏僻的院子，一家三代搬了進去。

與他們相鄰而居的是清華大學哲學系教授金岳霖，朋友們都稱他「老金」。

孔子云：「三十而立」。梁思成在自己三十歲這一年，確立了自己事業的目標，在北京安下了家。

生命的夏季

是你，是花，是夢，打這兒過，
此刻像風在搖動著我；
告訴日子重疊盤盤的山窩；
清泉潺潺流動轉狂放的河；
孤僻林裡閑開著鮮妍花，
細香常伴著圓月靜天裡掛；
且有神仙紛紜的浮出紫煙，
衫裾飄忽映影在山溪前；
給人的理想和理想上
鋪香花，叫人心和心合著唱；
直到靈魂舒展成條銀河，
長長流在天上一千首歌！

——林徽因《靈感》

一　煙霞西山

一九三一年夏天，思成送徽因到香山養病。徽因母親和小再冰也一同來到了香山。他們住在雙清別墅。別墅建於一九一七年，因早年乾隆皇帝曾在此題字「雙清」而得名。這裡林木扶疏，山泉澄碧，環境清幽。院子四周有覆蓋著琉璃瓦的矮牆，院子裡一池荷花在和風中娉娉婷婷地舒展著花苞，密密匝匝的蓮葉掩著水面。

思成在學社工作不忙時就上山來陪徽因。他雇腳夫把家中的一些藏書送上山來，其中多是歷史典籍。他們正在做著一件類似考據的工作，從史籍中點點滴滴地梳理著中國歷朝歷代宮廷建築的興廢。

看書看累了，他們就去陪母親說一會兒閒話。庭院裡小再冰在女傭的看護下玩兒得正好。思成不讓徽因多看書和寫作，他總是讓她多將養歇息。時常，思成會拉著她去山上走走。夏日明晃晃的陽光灑滿了山路，走不了幾步，汗水就濡濕了衣衫，可樹陰下卻是沁人肌膚的陰涼。思成擔心一涼一熱徽因受不了，常常叫來趕驢的腳夫，和徽因一人騎一頭毛驢，在山路上且看且行。

香山山勢平緩，綠樹綠草深深淺淺鋪滿了山岩。岩壁間一縷清泉在山石間流淌，松柏脂清苦的氣息彌散在空氣中。遠處，有山寺如圖畫般點綴在山間，讓人憑空生出許多遐想。

北京四郊尤其是西山一帶，有許多古建築遺物。其中，遼金元的遺跡間或有之，更多的則是明清時期的建築。徽因和思成計畫在香山休養期間，重點考察幾處有代表性的建築。

揀一個晴好的日子，他們去了臥佛寺。

從玉泉山到香山，在北辛村那裡，出現了一條向北上坡的岔路，那就是通往臥佛寺的路。臥佛寺向南而築，起伏的山巒如屏障般地依在寺的北面，寺院的建築也隨著山勢上行。

兩行古柏引領著道路。迎面一座琉璃牌樓，漢白玉的門洞，漢白玉的須彌座，黃綠琉璃的柱子、橫額、斗拱、簷瓦。思成像是對徽因說，又像是自言自語：「這是乾嘉年間的做法。」徽因也說：「按《日下舊聞考》所記，這裡還應有一座如來寶塔，如今也不知去向了。」

琉璃牌樓內，是一道白石橋，橋正對著山門。鐘鼓樓分立在山門兩側。這裡像是新近才修整過，角梁下的銅鐸用白錫焊過，漆了紅綠的顏色，看上去十分扎眼。

入得寺後，他們緩步細細地觀覽。

天王殿後面是正殿，正殿裡供著那尊著名的臥佛，寺院因之而得名。相傳這裡原來還有一尊臥佛，爲唐太宗貞觀年間的旃檀佛像，雍正皇帝曾參拜過，已於乾隆年間遺失。

普通旅客對這些佛像最有興致，思成和徽因感興趣的卻是這裡的建築佈局。

和所有的寺院相仿，臥佛寺從前端的牌樓到後殿，都是建築在一條中軸線上。但和其他寺院相比，它不是一般的「四合頭」結構、分爲前後幾進院子，而是從山門開始由左右兩條遊廊貫穿全寺。雖然遊廊中間有方丈客室和東西配殿，但一氣連接的遊廊使整個寺院構成一個大長方形。

思成一邊在筆記簿上畫著這裡的建築平面圖，一邊和徽因談論著。

徽因說：「記得在敦煌壁畫的畫冊裡，當時的佛寺就是這樣的格局。」

「這種建築格局，在唐宋時代十分普遍。」思成說：「日本平安飛鳥時代的一些建築，也是這種結構，他們顯然是受唐代建築的影響。」

除此之外，臥佛寺各大殿的外觀造型和內部結構，都是標準的清代風格。徽因和思成興趣不大，與寺院的住持智寬和尚聊了起來。

思成告訴智寬：「這是全北京唯一的一處唐代佈局的寺院，應當提請遊人注意，妥善加以保護才是。」

智寬和尚長歎道，幾年前，他的前任住持已與基督教青年會簽訂了合同，以每年一百元的租金，把寺院的大部分殿堂租借了出去，供前來遊玩的青年會成員住宿，租期是二十年。

徽因驚異地說：「怎麼佛寺竟也淪落得和膠州灣、遼東半島一樣的命運！」

智寬一一指點給他們看：觀音堂前的水池，已成了青年會的游泳池，池塘四周的白石欄杆，拆下來疊在池邊做了入池的臺階。

思成一邊看一邊搖頭：「這年頭，難道他們不明白保存古物的道理？」

「其實，這算不得什麼稀奇！」徽因說，「中世紀的教皇們不是下令拆了古羅馬時期廟宇，用拆下來的石塊去修『上帝的房子』嗎？這欄杆，也不過是將一些『迷信廢物』，拿去爲上帝盡義務。你所說的『保存文物』，在許多人聽來只是迂腐的廢話。」

說到這裡，徽因的嘴邊露出了一個調皮的笑：「按說，還多虧了青年會，讓許多年輕人知道了臥佛寺。到夏天，北京的學生們誰不願意來爬爬山、游游水？這不知成全了多少相愛人兒的心願。那殿裡一睡幾百年的釋迦牟尼，還能代行月下老人的職責，眞乃是佛法無邊啊！」

由香山到八大處，要經過一處山口——杏子口。那裡的三座石佛龕，是八百年前金代的遺物。

這天，思成開著車，帶著相機，和徽因一同前往杏子口。山路蜿蜒狹窄，轉彎處呈 S 形。他們將車停在山下，沿著山路慢慢向上爬。

徽因穿著旗袍，腳下是一雙平底皮鞋。沒走多遠，便有些喘。思成有些擔心地問：「怎麼樣，沒事吧？」

徽因笑道：「記得讀過孫伏園的一篇文章，他說，人畢竟是由動物進化來的，所以各種動物的脾氣有時還要發作。小孩子愛戲水，是魚的脾氣發作了。過一些時間人就想爬山，是因爲猴子的脾氣發作了。」

「這個說法倒有趣。」思成和她一起笑了。

杏子口位於兩山之間，從山口望出去，豁然一片開闊的田壤平展展地鋪向天際，淡淡的霧嵐在田野上飄浮。遠處的玉泉山靜臥在田疇雲嵐上，近處的三座佛龕分峙在南坡、北坡的山崖。石龕規模雖不大，但位居要道，背倚藍天，倒也有一種超然物外的莊嚴。

北坡上兩座青石結構的佛龕並立在一起，顏色蒼綠。西邊那座龕較大，重簷，頂層的簷角微微翹起；西牆上有跑馬、佛像等古拙的刻飾，東牆上有「永安五年四月廿三日到此」，「至元九年六月十五日　賈智記」的字樣。龕內有一尊無頭趺坐的佛像，身體已裂，但衣褶紋路還帶有鮮明的南宋時期的遺風。

辨認著佛龕上斑駁的字跡，思成一邊推算一邊對徽因說：「承安是金章宗年號，承安五年應該是西元一二〇〇年。至元九年是元世祖年號，元順帝的至元到六年就改元了，所以這個至元九年是一二七二年。」

徽因歎道：「這小小的佛龕，居然已經在這裡經受了七百多年的風雨。多少人事、多少朝代，都被雨打風吹去。」

南崖上只有一座佛龕，大小與北崖的相差無幾。三面牆體，北面開門，牆體已成純厚的深黃色，像是純美的煙葉的顏色。牆上刻著雙鉤「南無佛」三個大字，龕內佛像不知失於何年，如今只剩下空空的土台。

杏子口這三座佛龕，既不壯觀，也不奪目，但在開闊蒼涼的大自然的陪襯下，在興廢更替數百年的歷史中，卻獨有一種神秘、獨特的荒殘美。它讓人感歎「千古興亡多少事」，它讓人油然而生思古之幽情。

從高高的佛龕處望下去，山路上的行人如泥丸般大小。一個農人挑著擔子泥丸般地過去了，一個挎著包袱的老婆婆彎著腰泥丸般地過去了，一隊駱駝踩著慢騰騰的步子，馱著貨物過去了。當這些生命泥丸般地從杏子口路過時，當他們停下腳步喘息時，一抬頭就能望見山崖上藍天下的佛龕，望著高高的佛龕，他們苦難的生存彷彿有了遮罩，他們無涯的艱難也彷彿有了慰藉。

七八百年前，古人在這裡留下這些建築，其情也深，其意也切！

坐在佛龕的台基上，四野盡收眼底，徽因禁不住思緒萬千。

她對思成說：建築審美容不得半點勢利。那些聲名顯赫、得到康熙、乾隆嘉許的景致未必就好；而這些名不見經傳、湮沒在亂石荒草中的斷碑頹垣、殘墟遺構，卻也許是眞正的寶貝。

徽因在《平郊建築雜錄》這篇論文裡，盡情抒發了自己的感受。她把這種由建築所帶來的審美愉悅，稱之爲「建築意」。她寫道：

「這些美的所在，在建築審美者的眼裡，都能引起特異的感覺，在『詩意』和『畫意』之外，還使他感到一種『建築意』的愉快。

……無論哪一座巍峨的古城樓，或一角傾頹的殿基的靈魂裡，無形中都在訴說，乃至於歌唱，時間上漫不可信的變遷；由溫雅的兒女佳話，到流血成渠的殺戮。他們所給的『意』的確是『詩』與『畫』的。但是建築師要鄭重鄭重地聲明，那裡面還有超出這『詩』、『畫』以外的意存在。眼睛在接觸人的智力和生活所產生的一個結構，在光影恰恰可人中，和諧的輪廓，披著風露所賜與的層層生動的色彩；潛意識裡更有『眼看他起高樓，眼看他樓塌了』憑弔興衰的感慨；偶然更發現一片、只要一片、極精緻的雕紋，一位不知名匠師的手筆，請問那時銳感，即不叫它做『建築意』，我們也得要臨時給它製造個同樣狂妄的名詞，是不？

……」

林徽因用散文的筆調寫建築學論文，賦堅硬的建築以柔情，給冰冷、無生命的物體以色彩。正是這樣的文字裡，林徽因展示了自己的才情，流露出自己的性情。也正是這些文字，得到了梁思成和許多建築學家的激賞。

思成取出相機，選取著拍攝角度。他往山下走了一段路，用仰角拍下了杏子口的佛龕。佛龕的台基上，坐著握筆在膝上書寫的徽因，她年輕、美麗、衣著潔淨文雅，夏日的風吹動了她額前的捲髮和肩上的紗巾。她的腳下，是叢生的荒草，她的身後，是斑駁、荒蕪、因而愈顯蒼涼的佛龕和山坡，她的頭上，是高遠、深邃、明麗的藍天。

香山的陽光和空氣滋養了徽因。一段時間後，她的身體有了明顯的起色。她的雙頰豐潤了，曬黑的皮膚閃耀著動人的光澤，古建築考察使她的體力得到了鍛煉和恢復，她的心情從來沒有這樣安適。

城裡的老金、沈從文和別的朋友不時結伴上山探訪徽因；徐志摩也常約著徽因的堂弟林宣一同來看望她。徽因高興地告訴朋友們，自己的體重已增至九十八磅，吃飯睡覺都很好。志摩和她開著玩笑：「如今再出演印度美人，可以不用化裝了。」

志摩他們總是星期六下午從北京出發，天黑時趕到香山，當晚住在旅館，第二天吃過早飯，再前往雙清別墅。

矮矮的院牆上，爬滿了綠色的藤蘿。徽因和志摩把椅子搬到陰涼的廊下，泡上一壺綠茶，隨意而自在地聊著。

他們談時事，談生活。更多地還是談文學和新詩。

當時，以聞一多、徐志摩爲代表的「新月派」詩人，正在提倡新詩的格律化，主張新詩要有音樂美、繪畫美、建築美。除徐志摩、聞一多外，詩壇還出現了朱湘、劉夢葦、饒孟侃等一群極富才華、才情俊逸的青年詩人。聞一多把新詩對格律的要求比做「戴著腳鐐的跳舞」，朱湘把寫詩當作終身的事業來追求，而徐志摩更是在詩中表達出感情的美和文學的美。他們致力於改變「白話新詩不像詩」的問題，在創作探討中堅定著信念：新詩發展的歷史使命，要靠大家的共同努力來承擔。

志摩和徽因談到，朱湘爲人性格雖說彆扭了些，但詩寫得真不壞。尤其他對詩歌寫作的理解和癡迷，爲旁人所不及。他們十分贊同和欣賞朱湘的詩論：詩的本質是對人性的表達，所以它歷舊彌新，亙古難變；而詩的形式則要隨著不同時代的變化而變化。

詩的本質是向內發展的；詩的形體是向外發展的。比如，《詩經》、《楚辭》、《荷馬史詩》，都是一兩千年前的文學作品，可我們如今讀起來依然會受到深深的感動，就是因爲它們具有對於永恆人性的表達。至於詩的形體，卻總是在不停地新陳代謝。就拿中國來說，賦體在漢代發展到了極致，便有詩體取而代之。詩體的包容性最大，它的時代也就最長。四言盛於戰國時期，五古盛於漢魏六朝及初唐，七古盛於唐宋之際，律絕盛於唐。到了五代兩宋，便有詞體代詩體而興，及至元、明、清，詞體衍而成曲。那麼，今天的新詩也不過是一種代曲體而新興的詩體，如今的時代就是新詩的時代。

陽光在院牆的藤蘿上移動，在這樣的談話中，時間過得特別快。說累了，他們會靜靜地品茗，看清風徐徐翻卷荷葉，聽鳥兒聲聲鳴叫響徹山澗。

有時，徐志摩會忍不住向徽因傾訴內心的煩悶。

徐志摩的苦惱來源於他和陸小曼的婚後生活。

當初，徐志摩衝破來自社會和家庭的重重壓力，得以和陸小曼結合，他曾經感到自己是世界上最幸福的人。他說，陸小曼是他一生的成績和歸宿，他們的婚後生活如同「甜美的夢撒開了輕紗的網」。可是，幸福和甜美眞是像夢一樣短暫，現實距徐志摩的理想越來越遠。

如今我們看照片上的陸小曼，像極了一九三〇年代月份牌上的美女，眼波流動，顧盼有情，甜美嫵媚。而當時生活中的陸小曼則是體質嬌弱，性情浪漫，愛排場、喜交際。上海灘閃爍著迷幻霓虹的夜晚，充滿了成熟事物氣息的空氣，不斷翻新的髮型、服飾、鞋帽，都使她流連忘返，沉迷其中而不能自拔。影劇院裡有她的包廂，夜總會和賭場中，常可以見到她婀娜的身影；上流社會舉辦的京劇、昆曲票友義演，總有她曼妙的表演和歌唱。她常常帶著全家人和朋友們爲一年一度的菊花大會擺酒，到麗娃麗達村划船，到新利查、大西洋吃西餐，到一品香吃大菜。除此之外，幾年前，她爲了治胃病，不聽徐志摩的苦勸，又抽上了鴉片，每天要在煙榻上消磨許多時光。

徐志摩和陸小曼結婚時，他的父親徐申如曾宣佈，徐志摩婚後的一切開支自理，他不再予以接濟。這一決定斷絕了徐志摩的財源，陸小曼在上海流水般的花消迫使徐志摩像被鞭子抽打的陀螺般旋轉不停。他在北京三所大學兼課，課餘寫詩作文，甚至爲了提成，在熟人間做房屋買賣的仲介。即使如此，仍然是入不敷出。他寄往上海的信中，幾乎每一封都在談錢，談掙錢的不易，懇請陸小曼稍事節儉。

朋友們很關照志摩，他在北京吃、住在胡適家裡。胡適待他如同兄弟，各種日常用品爲他預備得一應俱全。他住在胡適家樓上的一間屋子裡，與胡適的大兒子祖望相鄰。細心的胡太太發現，志摩的兩件絲綿長袍，一件磨損，一件燒有破洞，就不聲不響地替他縫補好。他感冒咳嗽了，胡太太親自熬金銀花、貝母湯讓他喝。

徐志摩奔波於京滬之間。一九三一年上半年，他往返於北京至上海八次。他十分苦惱，這哪裡有他理想生活的影子。

上海福煦路（今延安中路）的一座石庫門洋房是他和陸小曼的家。陸小曼的父母也住在這裡。他們家裡有五六個僕役，有汽車、有司機。每當志摩回到上海，家裡等著他的總是這樣的情形：沉溺於夜生活的陸小曼常常是天快亮時上床，直睡到下午兩三點鐘才起床。等吃過飯，梳洗打扮停當，天就又快黑了。

徐志摩說，這是一種銷筋蝕骨的生活，他之所以要離開上海，寄居北京，就是要脫離這種生活。他多次勸告，甚至懇求陸小曼到北京來，過一種健康的、有所作爲的生活，陸小曼只是不聽。對此，徐志摩不知如何是好。他反省自己：「這幾年生活不僅是極平凡，簡直到了枯窘的深處。跟著，詩的產量也盡向瘦小裡耗……」

徐志摩上香山，不僅是爲了看望徽因。在與徽因的交談中，在空明澄淨的山色中，他心中的煩悶鬱積也得到了宣洩和蕩滌。所以他對徽因說：「我只有到這裡來了。」

在林徽因面前，徐志摩徹底敞開了自己的心靈。他訴說著對婚後生活的失望，對陸小曼的失望。他剖析著自己，認爲自己不適宜婚姻生活。他說自己時常感到孤單，即使和陸小曼在一起。看來自己不能不孤單，因爲自己對生活的要求與需要不是平常的要求和需要，自己對事對人評價的標準也不是平常的標準。認眞想想，自己所想要的生活也許根本就不存在於這世界上。

「看來，我這一生不再會有幸福了！」他對徽因說著，聲音裡有委屈，有不甘，還有一種聽天由命的無奈。

林徽因滿懷溫柔的同情傾聽徐志摩訴說苦惱，她不知道該怎樣安慰志摩才好。她在想，志摩在生活中追求理想並沒有過錯，儘管這種追求伴隨著無盡的痛苦。志摩的精神、志摩至純至眞的性情更多的屬於藝術、屬於詩，而生活中卻有著那麼多的內容和雜質。她理解志摩，因爲她自己在某些方面和志摩有相似之處：生命的衝動和熱情不是源於對生活的認識和體察，而是源於性靈、源於靈魂。

她安慰著自己的朋友：愛的夢想和這世界一樣古老而永恆，無論夢想是否能實現，擁有夢想就應該感到幸福。更何況，生命的意義只存在於生命的過程，無論是痛苦還是憂傷，總是比死氣沉沉、麻木不仁地活著更符合自己的性情。當然，她也建議志摩還是力勸陸小曼早日北遷，在北京把生活安定下來。

天色由澄藍變成了灰藍，陽光投射在矮牆上的光線變得柔和而深沉。在和徽因的長談中，志摩的情緒好了起來，心靈彷彿水洗過一般寧靜。此時志摩眼裡的徽因，早已不是當年寓居倫敦的那個梳著兩條辮子的小姑娘，她更像一個善解人意的小姐姐。

告別了徽因，回到生活中，志摩仍然是一個樂觀的理想主義者。他說：「我相信眞的理想主義者是受得住眼看他往常保持著的理想煨成灰，碎成斷片，爛成泥，在這灰、這斷片、這泥的底裡，他再來發現他更偉大、更光明的理想。我就是這樣的一個人。」「……我們在這生命裡到處碰頭失望，連續遭逢幻滅，冒險——痛苦——失敗——失望，是跟著來的，但失望都不是絕望。我不能讓絕望的重量壓著我的呼吸，不能讓悲觀的慢性病侵蝕我的精神。我是一個生命的信徒，起初是，今天還是，將來我敢說也是的。」

在香山養病的日子裡，林徽因開始了寫詩、寫小說。

林徽因寫詩常常在晚上。清幽的山中生活、寧靜的心緒，讓她詩興勃發。據林徽因的堂弟林宣回憶，當年徽因寫詩時，「要點上一炷清香，擺一瓶插花，穿一襲白綢睡袍，面對庭中一池荷葉，在清風飄飄中，吟哦釀製佳作。」

林宣在回憶中還講到，林徽因很爲自己營造出的氣氛和環境所陶醉，她曾和思成玩笑道：「我要是個男的，看一眼就會暈倒！」梁思成卻故意氣她：「我看了就沒暈倒。」徽因氣得嗔怪思成太理智，不懂得欣賞美。①

當朋友們上山來看她時，她偶爾會拿出自己寫的詩給他們看，她的詩得到了朋友們的肯定。徐志摩把她的詩拿走，有的發表在剛剛創刊的《詩刊》上，有的發表在《新月》上。從此，新月詩人繽紛的詩叢中，一個清麗、幽雅的聲音引起了人們的注意和認同。

在朋友們的鼓勵和期待中，徽因的詩情像春水般奔湧了。在短短的時間裡，她寫了《誰愛這不息的變幻》、《那一晚》、《笑》、《深夜裡聽到樂聲》、《情願》、《仍然》、《激昂》、《一首桃花》、《蓮燈》等詩作。林徽因寫詩好像沒有一般所謂的「成長期」、「成熟期」。也

---

① 陳宇《一路解讀徐志摩——徐志摩親朋採訪手記》。

許得益於自幼家庭的薰陶和積澱，也許是性情使然，她的詩雖不能說是字字珠璣，但可以說每一首都達到了相當的水準。

二 北總布胡同的足音

北總布胡同三號，是一座典型的北京四合院。垂花門廊，方磚鋪地，院子裡種著石榴樹、槐樹，還有海棠花和馬纓花。

寬敞的居室裡，陳設著徽因和思成從舊貨店裡挑選的硬木傢俱。沙發旁，有他們在野外考察時撿回來的殘損石雕。陽光從南窗射進屋內，照著書架上、案幾旁滿滿的中英文書籍。牆上是梁任公爲他們手書的條幅：

清水出芙蓉，天然去雕飾；
白鷗沒浩蕩，萬里誰能訓。

徽因、思成開始了在營造學社的工作。思成留美期間，確立了以中國建築發展史爲自己的研究方向。而建築在中國歷來被認為是一門手藝，由工匠師徒相傳，沒有留下什麼文字記載。幾千年的古代中國，有關建築技術方面的書籍僅有兩部，一部是宋代李誡的《營造法式》，另一部是清代的《工程做法則例》。《營造法式》由於年代久遠，許多建築術語讓現代人不知所云。思成就從較為切近的清代的《工程做法則例》入手進行分析研究。受過西方教育的思成不滿足於鑽故紙堆詮釋文字，他更重視對照古建築進行實證考察。

營造學社社址在中山公園的一排平房裡。這裡遠離遊人，環境很清淨。梁思成找到兩位一輩子在故宮做建築維修的老木匠，對照《工程做法則例》，開始了對古代建築的解析和研究。他說：「有《工程做法則例》做教科書，木匠們做教員，清代宮殿做教具，對清代建築方法和規則的研究開始有了一個堅實的基礎。」

徽因則協助思成搜集資料，繪圖攝影，研究歷史典籍，製作整理卡片。

思成的案頭是一摞摞古建築構件的草圖，他指點著圖紙告訴徽因，這叫做「螞蚱頭」，那叫做「三福雲」。徽因覺得，那些遙遠而生疏的名稱一下子變得貼近而清晰，她興奮地說道：「這些名稱多麼生動形象！古代匠人的想像力不能不令人欽佩。」

他們的工作龐雜而瑣細，但又必要而切實，就像在欣賞一個國家的文學作品之前，必須懂得和熟悉那個國家的文字一樣。要研究中國的建築歷史，必須熟知中國歷代建築施工技術、方法的演變，如此才能對歷代建築藝術的年代及其價值予以準確的定位。思成、徽因在這種工作中得到了無窮的樂趣。

他們計畫著，一旦手上的工作有了眉目，就到外地去實地考察、測繪那些散落在各地的古建築遺存。

一個涼爽的早晨，金岳霖正在屋裡看書，忽然聽見外面有人叫他。他出門一看，什麼人也沒有。「老金，老金」，這叫聲好像來自空中。他抬頭向上望去，只見思成和徽因高高地站在前院正房的屋頂上，笑嘻嘻地喊他。老金知道，這是思成和徽因在學著攀援、上房，爲以後外出考察做準備。他有些擔心那房子的屋頂不太結實，連聲說道：「還不趕快給我下來！」

徽因覺得好玩兒，笑著在房上走著。思成扶著她下了房，來到老金家。

老金早已吩咐僕人泡好了茶。閒聊間，老金說：「我送你們一副對聯：上聯是『樑上君子』，下聯是『林下美人』。」

老金平時就喜歡作對聯，常常把朋友們的名字嵌入聯中。他曾以他的朋友兼同事吳景超和龔業雅夫婦的名字作了一副對聯：「以雅爲業，龔業雅非誠雅者；維超是景，吳景超豈眞超哉。」他還給陶孟和的夫人沈性仁作過一副對聯：「性如竹影疏中日，仁是藍香靜處風。」

他作的這副對聯又巧妙地嵌入了思成和徽因的姓。思成聽了高興地說：「我就是要做『樑上君子』，否則我怎麼能打開新的研究路徑，不還得紙上談兵嗎？」徽因的反應則不同，她說：「眞討厭，什麼美人不美人的，好像一個女人就沒有什麼事可做，好像只配做擺設似的！」②

老金知道，徽因不僅在建築學研究上十分癡迷，而且在詩歌創作上亦有不俗的成績。老金很喜歡徽因的詩，每次讀到都會對徽因談自己的感受，肯定徽因的創作，鼓勵徽因繼續寫下去。所

② 金岳霖《我喜歡做對聯》，《哲意的沉思》七十六頁。

以，對徽因的不滿他不但不以爲忤，反而欣然贊同。

每個星期六的下午，是徽因、思成和朋友們聚會的時間。因爲金岳霖是單身，無人打擾，所以聚會通常是在金家，有時也在思成和徽因家。

金岳霖和梁家同住一個院子。梁家住前面的大院，老金住後面的小院。前後院各自單門獨戶。

後院很小，沒有什麼樹。金岳霖種了一棵姚黃，栽在一個特製的大木盒裡，幾個人才抬得動。仲春時節，姚黃花開，如火如荼。

老金把最大的一間南房當作客廳，客廳靠北牆擺放著八個大書架，書架上以英文書居多。客廳的南面，圍著一圈沙發，牆上掛著鄧叔存作的水墨山水。

老金有一個洋車夫，一個會做西餐的廚師。在他這裡，朋友們喝咖啡，吃霜淇淋。咖啡是老金特地吩咐廚師按朋友們的口味做出來的。因爲老金是湖南人，朋友們笑稱這裡爲「湖南飯店」。

常來這裡參加聚會的有清華大學政治學教授張奚若、哲學教授鄧叔存、經濟學教授陳岱孫、國際政治專家錢端升、社會研究所所長陶孟和、考古研究所所長李濟、北京大學教授、作家沈從文，徐志摩如果不回上海，也會在星期六下午到來。

老金精通英文，習慣於用英文思考哲學和邏輯學問題，但他又在中國傳統文化中浸濡很深。他對中國山水畫有很高的鑒賞力，還酷愛京劇，家中收藏有許多京劇名角的唱片，自己也能唱得有板有眼。他還喜歡鬥蛐蛐比賽這種遊戲，他認爲鬥蛐蛐涉及到技術、藝術和科學問題。

政治學家張奚若，早年先後就讀於哥倫比亞大學和倫敦大學，是一個非常直率而重原則的人。朋友們說他的性格是「完全四方的」。他堅持「述而不作」，一生只寫過一篇政治學論文《主權論沿革》，但卻以自己的學問和人品在清華的教授中受到敬重。

陳岱孫是一位高大、嚴肅、不苟言笑的經濟學家。錢端升對國際問題有著濃厚的興趣和明晰的見解。李濟曾在哈佛大學攻讀人類學和考古學，這時期正領導著中央研究院考古所對殷墟的發掘。

小說家沈從文是梁家的常客。他創作的湘西風情小說爲當時的文壇吹送著一股新鮮而強悍的風。林徽因非常喜歡沈從文小說的風格和他作品中的人物，儘管這些作品所描寫的生活距離她的生活是那麼遙遠。

這是一個優秀的知識分子群體。他們大多出生於士紳之家，家學淵源使他們自幼熟讀經書，具有深厚的國學根基。青年時代又接受了五四「民主」、「科學」思想的洗禮。他們走出了國門，立志用科學方法研究中國的過去和現在，期待著中國盡快走上現代化的道路。特定的時空經緯成就了他們，他們學貫中西、文通古今，視野開闊，抱負遠大，其人格構成和知識構成都有著傳統士人所不可能具有的新型質地。

一九三〇年代初，社會生活相對穩定。他們大都成家立業，有較高的經濟收入，在交通不便、資訊不通的當時，這批文化教育背景接近、情趣愛好相投的文人學者，需要有這樣一個場所來定期交流資訊、探討問題、聯絡感情。每個星期六下午，他們聚在一起，不同的學科、不同的思想見解，不同的感受，在這裡交流和碰撞。這樣的聚會，對於他們來說，是精神的聚餐，心靈的盛宴，滾滾紅塵中的綠洲。更重要的是，他們在彼此的交流中得到了認同，這種認同使他們在這亂紛紛的世界裡確立了自我。

北總布胡同三號的院子外面，一排洋車停在胡同的樹蔭下，車夫們有的眯著眼打盹兒，有的在聊天。

金岳霖的車夫王喜，一手提著一壺涼茶，一手抱著一摞碗，招呼相識的夥計喝茶。一堆人喝著涼茶，漫無邊際地閒聊著。突然有人問：「王喜，聽我們老爺說，你們家老爺居然有時候會忘了自己的名字！眞有這事兒？」

王喜是個老實人，平時不怎麼說話，看到大夥兒都瞅著他，想聽他說話，也來了精神：「可不！那一回我們老爺打電話，找東局五十六號的陶先生③，那邊傳電話的一定要我們老爺報自家個的姓名，可老爺愣是想不起來。他扭臉兒問我，甭說，我還眞不知道我們老爺的全名兒。老爺又問，你就沒有聽見別人說起過？我想想，回答說，只聽說人家叫您金博士。一個金字提醒了老爺。這麼著，電話才算打通了。」

車夫們禁不住全都「哧」「哧」地笑了起來。

王喜正色道：「我們老爺可是有大學問的人，會說好幾國的話，看的書都是洋字碼兒。」

此時金岳霖的客廳裡，笑語聲聲，談興正濃。林徽因的話題吸引住了在座的朋友。

她正向大夥兒介紹最近看過的一本書——《京師坊巷志》。這是清光緒年間葆眞堂刊本，由

③ 即陶孟和。

義烏朱一新所作。該書鉤沉考證了元明以後京城街巷的規模建置及其名稱沿革，爲他們研究北京的建築歷史提供了依據。

徽因談到，據該書考證，大清門外，即如今的正陽門外，俗稱棋盤街，早在元代就極盡繁盛，「四周列肆長廊，百貨雲集，又名千步廊。」到了明清兩代，繼續用千步廊作爲皇宮前的附屬建築。

「可是，」徽因深深地吸了一口氣，接著說，「這本書卻沒有談到，早在隋代的汴州，就有這樣的橋市。北宋建都汴梁時，正對著汴河州橋一帶被稱爲御街，而兩邊的廊屋也被稱爲御廊。《東京夢華錄》記載，宮門南面御街闊約三百餘步，兩邊的御廊原本准許市人買賣其間；自宋徽宗政和年間後，此處買賣才被禁止……」

徽因最後總結說：「這樣一種形式十分美觀的建築後來被金、元抄襲，用於北京皇城的周邊建築，到明清保持下來成爲定制。《京師坊巷志》中的文字證明了這一點。」④

思成接著徽因的話說：「朱一新畢竟是清末的經學家，他宗信程朱，書中雜證各家記載，結以精審的考證，還可見出樸學家的治學精神。如書中對『胡同』這一稱呼的考證，就能看出其用力之勤。」

話題由此引申開去，由北京的胡同，談到「胡同」名稱的沿革。徐志摩道：「早有文字學者研究，胡同是衚衕的省寫，與上海弄堂的『弄』字同源。元人李好古所作《張生煮海》雜劇中，

④ 林徽因《談北京的幾個文物建築》，《林徽因文集·建築卷》三四四頁。

就曾提到羊市角頭轉塔兒衚衕，恐怕是這兩個字最早見諸文字。」

說到這裡，他笑了：「北京的胡同中，最爲國人所熟知的，要算八大胡同，大概與清末上海的四馬路出名是一個道理吧。」

大家你一言，我一語，說北京胡同名稱親切、諧趣而形象，遠勝過美國紐約呆板的什麼第幾大道。如梯子胡同，是說這胡同看上去像梯子似的，盡是上坡路。口袋胡同和悶葫蘆瓜兒胡同一樣，是只有進口沒有出口的死胡同。那些住有南方人的胡同，不管他們是杭州人還是無錫人，老北京都統稱爲「蘇州胡同」。北京還有好幾處馬神廟和馬神廟胡同，爲什麼不叫龍王廟呢？爲什麼別的地方很少馬神廟呢？遙想戰國時期，燕昭王就曾爲死去的駿馬修築黃金台。打那以後，無論是元代的蒙古統治者，還是清代的滿族統治者，都是騎在馬背上的民族，靠金戈鐵馬征服天下，自然會尊馬爲神、爲馬修廟，胡同也就因馬神廟而得名了。

胡同的名稱，還傳達出了老北京的生活環境。如城裡許多以井命名的胡同：甜水井、苦水井、三眼井、四眼井、高井、王府井；有的胡同名稱指點出了舊京城城區的劃分：羊市、豬市、騾馬市，箭廠、細磚廠、琉璃廠，兵馬司、鑾輿衛、大柵欄。看到這些名稱，人們就會產生許多想像和聯想。

不過，後來的人們或者是爲了附庸風雅，或者是爲了改頭換面，許多胡同被改換了名稱。如劈柴胡同改作辟才胡同，狗尾巴胡同改作高義伯胡同，勾闌胡同改作鉤簾胡同，大腳胡同改作達教胡同，讓人看了不知所云。

作爲「女眷」參加聚會的，還有張奚若夫人楊景任、陶孟和夫人沈性仁。

楊景任畢業於蘇格蘭大學，可看上去，她卻更像傳統的全職太太。金岳霖談及她時，說得十分形象：「要看她這一方面的性格，最好是聽她同宵叔玉太太的談話。兩人都爭分奪秒地談，由趙錢孫李到黃燜雞到紅燒肉。」而同時，家裡的一應事務她從來不要張奚若操一點兒心，關心支持張奚若關心支持的一切事情，一對兒女也帶得十分出色。

沈性仁則是另一種性格。朋友們說她「入山惟恐不深，離市惟恐不遠」，是一個遠離人群站在一邊的人。可是對於朋友，她則是肝膽相照、利害攸關，以朋友的問題爲自己的問題，以朋友爲自己的生活中心。金岳霖說：「……離開朋友的關係去找她本人究竟是如何的人，她的願望要求等等究竟如何，你只會感覺到一陣清風了無牽掛；可是如果你在朋友關係中去觀察她，她那溫和誠敬的個性都顯明地表示出來。她似乎是以佛家的居心過儒家的生活，此所以她一方面入山惟恐不深，另一方面又陷入朋友的喜怒哀樂柴米油鹽的生活之中……」⑤

金岳霖這段話說得十分精彩，他是在談沈性仁，但又何嘗不是在談他自己，談他們這個群體。

金岳霖晚年所寫的一批文章，常常談到自己的朋友。在《梁思成林徽因是我最親密的朋友》一文中，他寫道：「愛與喜歡是兩種不同的感情與感覺。這二者經常是統一的。不統一的時候也不少。……愛說的是父母、夫婦、姐妹、兄弟間比較自然的感情，他們彼此之間也許很喜歡。……喜歡說的是朋友之間的喜悅，它是朋友之間的感情。我的生活差不多完全是朋友之間的

⑤ 金岳霖《悼沈性仁》，《哲意的沉思》一〇九頁。

生活。」

他又說：「朋友的關係不想則已，想起來卻是古怪，血統既不相干，生活方式也可不必一樣；它似乎是一種山水畫的圖案，中間雖有人煙山水草木土地的不同，然而彼此各有彼此的關係，而彼此的關係又各不相同。……中年以上的人差不多完全靠老朋友，新朋友是不容易得到的，心思情感興趣習慣等等都被生活磨成尖角，碰既碰不得，合也合不來，老朋友在同一歷史道路上輾轉而來，一見就會心領意會情致怡然。……」

金岳霖以中國山水畫的構圖比喻朋友間的關係，是因爲他熱愛中國的山水畫，深諳中國山水畫的意趣。

每週一次的聚會，開始照例是大家向張奚若和陶孟和問詢一下近來南京政府的政治動向，包括人事安排方面的變動，雖然他們對那些安排其實並沒有多少興趣。他們感興趣的是文化藝術方面的話題。

金岳霖是研究哲學的，可他從來不談哲學，卻愛談建築和字畫，特別是山水畫。與他同在清華研究哲學的鄧叔存，家中收藏有許多中國古代名畫，他經常會帶一兩幅畫來參加聚會，讓朋友們欣賞。

金岳霖說：「在藝術方面，中國對世界文化的最大貢獻之一，就是山水畫。古人論山水畫，確實有許多玄學。我認爲，這許多玄學與山水畫都不相干。這不是說，山水畫沒有哲學背景和根源，這個背景和根源就是天地與我並生，萬物與我爲一。唐人有一首詩云：『松下問童子，言師采藥去，只在此山中，雲深不知處。』這位童子對於他所在的這座山是何等放心，何等親切呀！中國的許多山水畫都有這種意境。」

鄧叔存不僅懂畫、藏畫，而且還能書善畫。他臨摹的明人山水就被一些朋友掛在客廳或書房裡。中國畫分南宗、北宗，鄧叔存欣賞南宗，作畫時用筆的中鋒，喜歡寫畫，不喜歡畫畫。他說，中國山水畫與西洋風景畫的最大區別在於，西洋風景畫講究繪畫角度，透視要求嚴格，是一種科學的作畫方法。而中國山水畫的中心則是意境，而且要求看畫的人也要有意境。它與科學無涉，而更多地包含了作者、觀賞者的人生態度。

一次聚會時，不知誰提起了幾年前王國維先生投水自殺一事，由此說到十幾年前梁巨川先生的自殺。這時，徐志摩和陶孟和爭論了起來。一向謙和持重的陶孟和對他們的自殺行爲持批評反對態度，而徐志摩則高度肯定他們以身殉道的精神。在座的朋友或贊同孟和，或支持志摩，一時爭執得十分激烈。

陶孟和批駁徐志摩道：「志摩，不管你對於自殺有什麼深奧的見解，我還是認爲自殺並不是挽救世道人心的手段。我申明，我所不贊成的是消極的自殺，而不是一個奮鬥的殉道者的光榮的死。假使一個人爲了信仰被世人殺死，那是我所欽佩的。假使一個人因爲自己的信仰不爲世人所信從，竟自己將自己的生命斷送，這是一種消極的行爲。所謂『殺身成仁』，絕不是凡殺身皆能成仁，更不是要成仁必須殺身。」

徐志摩說：「我們討論一個問題，首先要弄清楚前提。這裡的前提是：我們尊重的不是巨川先生和觀堂先生自殺行爲的本身，而是他們透過自殺所表現的那種精神。」

「一個國家，一個民族，往往在最無恥的時代裡誕生出一兩個最知恥的個人。例如宋末有文天祥，明末有黃梨洲，他們的名字就有永久的象徵的意義。他們的死爲民族爭得了人之所以爲人的精神。我想，巨川和觀堂先生是實在看不過現今流行的不要臉主義，他們活著不能改變什麼，決意犧牲自己的生命，給這時代一個警告，一個抗議。」

陶孟和說：「志摩，你千萬不要以爲反對自殺就是愛惜生命而不愛惜主義和理想。假使你認爲自己理想的價值遠遠高於生命的價值，那麼你究竟是用自殺的方法去得到那個理想呢，還是活著透過種種努力去實現那個理想？」

「當然，我承認每個人應該有自殺的自由，但是如果以挽回世道人心爲生命的願望，就更不應該自殺。老先生一生高潔的行爲尚不能喚起世人的敬仰與仿效，他一死就可以喚醒世人嗎？救世或醒世是沒有捷徑的，只有持久不懈的努力，自殺的結果只是損失一個生命，並且使死者的親族陷於窮困，這種影響也是及於社會的。」

徐志摩笑了：「孟和先生眞是一個社會學家呀，一個社會學家分明不能容許連累親族、累及社會的自殺行爲。這讓我想起了明末清初的錢牧齋。⑥他曾拿定主意殉國，雇了一隻船，載著他的親友，想到河心寬闊處死去。可他坐在船頭用手探了探河水，卻忽然發現河水原來這樣冷。於是，他決定不死了，回到溫暖的船艙，原船人馬搖了回去。還有與他同時代的吳梅村⑦，他

⑥錢謙益，號牧齋，明末清初詩人、學者，在明官至禮部尚書，明亡後降清，授禮部侍郎。本文提及之事出自《蘼蕪紀聞》。陳寅恪在《柳如是別傳》中認為此說不可信。

⑦吳梅村，即吳偉業，明末清初詩人，曾為南明複社成員，明亡後為清朝國子監祭酒，不久辭官歸隱。

曾在梁上掛好上吊的繩子，自己爬上桌子正要把脖子套上繩圈的時候，他的妻子家人跪在地上痛哭不已，於是他就放棄了自殺的念頭。那會兒，他的想法也許與孟和先生的見解一致：『自殺的結果是損失一個生命，並且使死者的親屬陷於窮困，並影響及於社會。』」

「我又想起一個近例：蔡子民先生⑧在彭允彝⑨時代公開宣言他的不合作主義，離開了北京。當時有人批評蔡先生，說他那是消極的行爲。胡適之先生針鋒相對，在《努力》上發表了一篇極精彩的文章——《蔡元培是消極嗎？》——他說蔡先生的態度正是那個時代所能採取的積極態度，代表了進取的、抗議的精神。」

徐志摩停頓了片刻，說出了他的結論：「歸根結底一句話，人的行爲是不能一概而論的。梁巨川、王觀堂先生的自殺，蔡子民先生的不合作，這些事件產生的影響絕不是我們的常識所能測量，更不能用社會學的或者科學的標準所能評價的。在信仰精神生命的癡人看來，只要還有寸土可守，就絕不能讓實利主義壓倒人的性靈的表現，更不能容忍時代的迷信——在中世紀是宗教，在現代是科學——淹沒了宇宙間永恆的價值。」

林徽因是贊同徐志摩的觀點的，聽到這裡，她禁不住爲徐志摩富有激情的滔滔雄辯鼓起掌來。

---

⑧ 蔡元培，字子民，一九一七年起任北京大學校長，一九二三年初因抗議北洋政府當局干擾司法，憤而辭職。

⑨ 彭允彝，一九二二至一九二三年間任北洋政府教育總長，因遭北京大學生反對而辭職。

金岳霖更欣賞論辯者的「紳士風度」，因此他同情儒雅口訥的陶孟和。當林徽因鼓掌時，他的眉頭微微皺起，用德語說道：「偷換概念，邏輯不清！」

林徽因的掌聲鼓勵了徐志摩，他忍不住地對老金俏皮道：「有一天，我和一個朋友坐在洋車上，無意中說起了洋話。想不到惹惱了拉車的那位，他回過頭來說：『先生，你們說的是什麼話呀？我怎麼一句也聽不懂啊！』這會兒，我也很想對哲學家這樣說話。」

爭執也罷，嘲笑或自嘲也罷，大家在這一時間裡，精神是完全地放鬆，完全地投入，哪怕紅了臉，動了氣，再見面仍然是好朋友。一到聚會的時間，順著北總布胡同的牆根兒，就會排著一長溜洋車。

又是一個週末，下午三點多鐘，到老金家的人差不多聚齊了，惟獨少了林徽因。大家問思成，思成說：「她有點兒事，一會兒就到。」

沈從文笑眯眯地和老金開著玩笑。他二人雖說都是湖南人，但沈從文的話帶著濃重的湘西口音：「老金，怎麼不穿你的局綢長袍了？」

老金一本正經地回答：「不穿了，不穿了。我把『局綢』放進箱子裡了。文物嘛，當然要保存起來。」

大家聽了，都笑起來。

原來，金岳霖有一件長袍，喇嘛紅的局綢面料，白色的猞猁毛皮裡子，冬天他到北大、清華上課總穿著。一次，沈從文見了，告訴他，這袍子的面料叫「局綢」，是清朝江南織造局本局所制，原本只有宮裡的人才穿得到，是十分珍貴的東西。金岳霖聽了，恍然大悟道：怪不得買袍面的時候，賣料的小夥計就特意告訴說，這是局綢，貴著呢！可當再問他爲什麼叫局綢時，他卻答不上來。當時老金也沒在意，被沈從文這麼一解釋，加之別的人一起哄，說沒準兒這袍面還是曹雪芹他祖父監製的，金岳霖從此就不再穿它，讓家裡的傭人小心收拾了起來。

正說著話，林徽因來了，向朋友們解釋著來遲的原因：

她正準備出門時，女僕趙媽叫住了她。趙媽說西隔壁的鄰居是一戶頂老實的人家，這家人租住的房子下雨漏雨，颳風漏風，可他們家窮得實在沒有能力修房子，只好來求趙媽，請徽因去給房東說說情，讓房東給修一修。

徽因跟著趙媽過去看了看，那房子破損得實在不像樣。她就找到了房東。房東告訴她，這家房客打乾隆年間就租住在這裡，都住好幾輩人了，三間房每月只付五十個銅板，兩百年來一直就這麼點兒租金，因爲根據祖上的租房契約，只要是同一個家庭住在這裡，就不能提高房租。房東覺得十分委屈，這麼丁點兒租金，簡直就是白住，再怎麼著也不能倒貼錢給他修房吧？

聽房東這麼一說，徽因認爲也有道理。最後，只好自己拿出一筆錢來，作爲房屋的修繕費用交給了房東。

聽完徽因的講述，朋友們笑道：「誰說人心不古？這事兒就證明老北京的歷史傳統依然在民間存在。」

北總布胡同的槐樹黃了又綠，綠了又黃，胡同裡梁家和金家的聚會卻無論冬夏，常年不斷。

在當時北京的文化人中，與此相類似的文化沙龍還有以朱光潛、梁宗岱爲中心的「讀詩會」。經常參加「讀詩會」的有馮至、朱自清、冰心、凌叔華、卞之琳、何其芳等人。與北總布胡同文化氛圍濃郁的聚會相比，「讀詩會」有著更爲純粹的文學色彩。林徽因有時候也參加「讀詩會」的活動。

這些活動，構成了一九三○年代京派文化生活的獨特氣息和魅力。

林徽因喜歡這樣的聚會，她習慣透過與好朋友的交談來表述自己的見解，溝通彼此的心靈。她常想，人世間生活著這麼多形形色色的人，他們在你的生活中來來往往，你認識了他們，甚至你也不討厭他們，但是，他們在你的生命中卻不會留下任何痕跡。只有極少數的人，你願意和他分享你心靈的秘密、你的快樂和憂傷、你的熱愛和熱情，眞正的友人是你可以擱置心靈的地方，是上帝給予人生的恩惠和慰藉——林徽因熱愛朋友，離不開朋友。每當和朋友在一起，她就思路洞開，妙語如珠，藝術和思想的靈感如電光石火般熠熠閃亮，耀人眼目。凡是當年接觸過林徽因的人，對此都留下了深刻的印象。

蕭乾在一九三○年代初，是個剛剛嶄露頭角的文學青年。他的短篇小說《蠶》在《大公報·文藝副刊》上發表後，林徽因看到了。她很喜歡這篇小說，就寫信請沈從文帶蕭乾週末到她家喝下午茶。

「蕭先生文章甚有味。我喜歡，能見到當感到暢快。你說的是否禮拜五，如果是下午五時在家裡候教，如嫌晚星期六早上也一樣可以的。」

一九六○年代後，蕭乾仍清晰地記得當年的情景：

「那天，我穿著一件新洗的藍布大褂，先騎車趕到達子營的沈家，然後與沈先生一道跨進了北總布胡同徽因那有名的『太太客廳』。聽說徽因得了很嚴重的肺病，還經常得臥床休息。可她哪像個病人……她對我說的第一句話就是：『你是用感情寫作的，這很難得。』給了我很大的鼓舞。她說起話來，別人幾乎插不上嘴。別說沈先生和我，就連梁思成和金岳霖也只是坐在沙發上吧嗒著煙斗，連連點頭稱是。徽因的健談絕不是結了婚的婦女那種閒言碎語，而常是有學識、有見地、犀利敏捷的批評。我後來心裡常想：倘若這位述而不作的小姐能夠像十八世紀英國的詹森博士那樣，身邊也有一位博斯韋爾，把她那些充滿機智、饒有風趣的話一一記載下來，那該是多麼精彩的一部書啊！她從不拐彎抹角，模棱兩可。這種純學術的批評，也從來沒有人記仇。我常常折服於徽因過人的藝術悟性……」

蕭乾的這些記述寫於一九九八年十二月他重病住院期間，直到他生命的最後日子，他還在寫著對林徽因的回憶文章。

三 永遠的傷逝

正值盛夏，天氣悶熱極了。北總布胡同梁家的四合院裡，一絲風也沒有。徽因和母親正收拾東西，準備第二天全家人一起去香山避避暑熱。因爲一大早就要動身，所以提早在做準備。

思成在書桌前整理著圖紙。他有點兒傷風，說話甕聲甕氣的。

一家人正忙著，志摩來了。他說天氣太熱，晚上做不了什麼事，就溜達到這裡來看看思成、徽因。

徽因、思成放下了手中的事情，高興地和志摩說著話。

志摩看看攤在桌子上的圖紙和資料，隨手拿起一張寫得密密麻麻的卡片，上面寫著《詩經．小雅．斯幹》。他拉著腔調念道：「『如跂斯翼，如矢斯棘，如鳥斯革，如翬斯飛，君子攸躋……』有意思，怎麼你們又研究起《詩經》了？」

徽因說：「這可能是最早的詠建築的詩。它寫的是周王宮室剛剛落成的情景。那一連串比喻夠多巧妙！他說那宮室有的像人抬起腳跟遠望那樣飛簷翹角；有的像箭鏃那樣筆直而有稜；有的壯觀如大鳥展翅；有的如出沒在草叢中的野雞一樣五彩斑斕。最後以君子登臨之樂來讚美這建築物，夠傳神了吧！」

思成接著說：「自古以來，中國的學子士人，看重文章詩詞，喜愛金石書畫，歷史文化精神在詩詞歌賦、金石書畫中得以張揚。惟有建築，被看作是一門手藝，幾千年來，只是師徒傳授，從不見諸於文章。如今，想把建築作爲一門藝術來研究和鑑賞，只有從這些歷史典章中尋找記載和依據。你沒瞧見，徽因鑽故紙堆已經有癮了。」

志摩十分感興趣地問：「最早有記載的宮室建築是什麼時候？」

「西元前十二世紀。」徽因說，「司馬遷老先生在《史記．殷本紀》中記載，殷紂王的宮室南椐朝歌，北椐邯鄲，皆爲離宮別館。」

梁思成找出一張壁畫的拓片讓志摩看：「這是故宮博物院收藏的『采桑獵鈁圖』，戰國時期的作品。你看這上面的宮室建築共分幾室，各室間有立柱，每室各有一門，門扉雙扇。上端有斗拱承枋，枋上更有斗拱。你再看這裡，四周似有欄杆，兩端下斜垂線以代表屋簷。從這一希罕的例證就可想見，建築技術在當時已發展到了怎樣的水準。可以說，後代建築的基本結構，這時已經成型。」

徽因告訴志摩，思成打算對各地的典型古代建築以繪圖測量攝影的方法做系統的記錄研究。到時候她要和思成一同去踏勘考察。

志摩說：「我羨慕你們！既做著自己喜歡做的事，又踏了青，訪了古，還是賢伉儷結伴同行，眞不知是幾世修得的福分！」

思成笑道：「詩人總是善於想像，事實上做這些事恐怕沒有那麼好玩。」

徽因問志摩最近是否要回上海，小曼身體怎樣。志摩告訴徽因，他透過朋友的關係，可以免費搭乘南京飛北京的郵政班機，這樣一來可以省錢，二來可以快上許多。只是時間不能自己安排，完全得隨著航空公司走。

徽因有些擔心地問：「運送郵件的飛機安全嗎？」

志摩滿不在乎地說：「沒事兒，我坐過兩次了，挺好的。」

正說著話，寶寶跑了過來。寶寶快兩歲了，會說簡單的短語。女傭剛給她洗過澡，脖子上撲著白白的一層痱子粉，穿著寬鬆的小裙子。

志摩是這個家裡的常客，她叫著笑著撲了過來。

志摩把她抱在自己的膝上逗她玩兒，他對思成、徽因說：「寶寶越長越俊了，臉盤兒是梁家的，眼睛卻是林家的。」

徽因說天太熱，叫寶寶下地自己玩兒，寶寶跑開了。

大家說起了一連數日的高溫天氣，說也許很快就有一場大雨。徽因忽然想起前些天剛見到溫源寧，聽他講起了徐志摩的趣事。

溫源寧是徽因的表姊夫，與徐志摩在英國劍橋大學時是同窗好友。溫源寧告訴徽因，有一次下大雨，徐志摩硬要拉著他到郊外去，說是等著看雨後的彩虹。他遲疑著不想外出，徐志摩就一個人跑了去。

徽因提起這些，問志摩是否確有其事。志摩笑著點了點頭。

徽因又禁不住問：「那天，你在外面等了多久？究竟看到虹了沒有？」

志摩道：「記不得等了多長時間，但最後還是看到虹了。」

他講起了大雨籠罩四野的蒼茫雄渾，講到雨過天晴彩虹躍出的絢麗神奇。

徽因好奇地打斷了他的話，問道：「你怎麼一定知道會看到彩虹？」

志摩笑答：「完全是詩意的信仰。」

志摩又講起了他在劍橋時常常在日落時分騎著自行車像夸父追日一樣急駛在英國鄉間的土路上，追逐著漸漸西沉的太陽。有一天，他順著一條大道向前騎，西天上鉛灰色的雲層呈穹隆狀覆蓋下來，夕陽在厚厚的雲層裡放射出萬縷金輝。天和人離得很近，人騎著車，彷彿可以一直騎到那厚厚的雲層中去，騎到那金光萬道的夕陽的光輝中去。這時，原野上突然出現了一大群放牧歸來的羊群。志摩說，這一時刻，自己只覺得這一大群溫順的生物，這一條筆直的大路，這千萬縷不可逼視的夕陽的光輝，都有著神聖的境界。他情不自禁地跪了下去，對著西沉的落日，對著這世界上和諧而神奇的萬事萬物頂禮膜拜。

就這麼說著話，天時已晚。志摩喝光了杯中的茶，起身告辭。他說：「好久沒有這樣痛快地聊過了。」

徽因、思成送他出門，看著他上了黃包車。

胡同裡的路燈灑下了昏黃的光暈，空氣裡有熏蚊子的艾蒿的氣息。

第二天上午，北京下了入夏以來的頭一場大雨。驟雨敲擊著屋瓦，天色十分晦暗。

住在胡適家的徐志摩有些心神不寧。好些天沒有收到陸小曼的信了，志摩想，也許上幾封信催她來京，惹她不高興了？在上封信裡，志摩告訴小曼，自己整天北京、上海兩地跑，要穿的衣服都找不著。天氣這麼熱，他只有身上穿著的這一件白大褂，想在北京做一件又不想花錢。他讓小曼把家裡那塊顏色很扎眼的羽紗染了給自己做件長衫，也不知小曼做了沒有。在胡適家住了近一年，胡適全家待他極好，可他仍不由得時常生出寄人籬下的感覺。長此以往，如何是好呢？想到這些，他心裡又亂了。

他坐到了書桌前。長時間來，他習慣於用紙筆整理自己的思緒和感情。可提起筆來，思路卻回到了昨晚梁家的客廳。徽因、思成的默契和諧，寶寶的活潑稚氣，以及他們對未來的安排和打算，都讓志摩既羨慕，又感慨。想來徽因一家這會兒已在香山了吧？

他信手寫下「你去」這個標題，一首詩流瀉在筆端。

晚上，停電了。志摩點上蠟燭，把白天寫的詩讀了兩遍，又寫了一封信，連同那首詩裝進了信封。他想，明天可能會放晴，他想把信盡快給徽因寄出去。

這是現存惟一一封徐志摩與林徽因之間的通信。他們的通信都在「文革」中焚毀了，只有這封信和這首詩在遺忘中被保存了下來。從這封僅存的書信中，我們可以看出，徐志摩和林徽因之間的感情確實要比許多人傳說和想像的要純潔高尚得多。

徽音：

我愁望著雲濘的天和泥濘的地，只擔心你們上山一路平安。到山上大家都安好否？我在紀念。

我回家累得直挺在床上，像死——也不知哪來的累。適之在午飯時說笑話，我照例照規矩把笑放在嘴邊，但那笑彷彿離嘴有半尺來遠，臉上的皮肉像是經過風臘，再不能活動！

下午忽然詩興發作，不斷地抽著菸，茶倒空了兩壺，在兩小時內，居然謅得了一首。哲學家[10]上來看見，端詳了十多分鐘，然後正色的說：It is one of your very best.[11]但哲學家關於美術作品只往往挑錯的東西來誇，因而，我還不敢自信，現在抄了去請教女詩人，敬求指正！

雨下得凶，電話電燈會斷。我討得半根蠟，匍匐在桌上胡亂寫。上次扭筋的腳有些生痛。一躺平眼睛發跳，全身的脈搏都似乎分明的覺得。再有兩天如此，一定病倒——但希望天可以放晴。

思成恐怕也有些著涼，我保薦喝一大碗薑糖湯，妙藥也！

寶寶老太[12]都還高興否？我還牽記你家矮牆[13]上的豔陽。

此去歸來時難說完，敬祝

山中人「神仙生活」，快樂康強！

---

⑩ 指金岳霖。

⑪ 意為「這是你最好的詩之一」。

⑫ 指林徽因的女兒和母親。

⑬ 指林徽因香山別墅的圍牆。

腳病人
洋郎牽（洋）牛渡（洋）河夜⑭

你　去

你去，我也走，我們在此分手；
你上那一條大路，你放心走，
你看那街燈一直亮到天邊，
你只消跟從這光明的直線！
你先走，我站在此地望著你：
放輕些腳步，別教灰土揚起，
我要認清你遠去的身影，
直到距離使我認你不分明。
再不然，我就叫響你的名字，

⑭ 此信寫於一九三一年七月七日。

不斷的提醒你，有我在這裡，
為消解荒街與深晚的荒涼，
目送你歸去……
不，我自有主張，
你不必為我憂慮；你走大路，
我進這條小巷。你看那株樹，
高抵著天，我走到那邊轉彎，
再過去是一片荒野的凌亂；
有深潭，有淺窪，半亮著止水，
在夜芒中像是紛披的眼淚；
有亂石，有鉤刺脛踝的蔓草，
在守候過路人疏神時絆倒，
但你不必焦心，我有的是膽，
兇險的途程不能使我心寒。
等你走遠，我就大步的向前，
這荒野有的是夜露的清鮮；

也不愁愁雲深裏，但求風動，
雲海裡便波湧星斗的流汞；
更何況永遠照徹我的心底，
有那顆不夜的明珠，我愛——你！

七月七日

忙碌中的日子過得特別快，不知不覺間，已是秋天了。北京的秋天是一年裡最好的季節。天，格外地晴爽、碧藍，秋蟬的鳴叫一聲聲殘了，鴿哨掠過，帶著空氣的柔軟和透明。

一陣風吹過，滿地都是落葉。踩上去，有細碎的聲響。老銀杏樹的葉子黃得絢爛奪目，那是最高明的畫家也調不出的色彩。

院子裡，石榴紅了，棗子青了。沿牆根兒排著一溜花盆，彷彿一夜之間，菊花全開了。

林徽因最愛北京的秋天，只是一入秋，她虛弱的肺部格外容易因受涼而感染，少不得讓思成格外操心。

營造學社的工作地點在中山公園西北角的一排平房裡，緊挨著氣象森嚴的皇城。這裡幽靜開闊，與北京故宮一牆之隔，離北京圖書館也近，是個做學問的好地方。

下午四點過，太陽偏西了，從學社門口的院子望出去，毗鄰的故宮一層層屋簷和角樓籠罩在沉悶的陰影中，發散出森嚴的氣息。那氣息彷彿來自久遠的過去，來自那每一間神秘房舍的角角落落。寒鴉歸巢的叫聲讓人心裡一陣陣發緊，每當這時，學社的同仁就互相招呼著準備回家了。

一九三一年十一月十日下午，思成和徽因提早結束了手頭的工作，他們五點以前要趕到清華大學參加一個茶會，這個茶會是爲歡迎英國的柏雷博士而舉辦的。

柏雷博士是英國女詩人曼殊斐兒⑮的姐夫。徐志摩熱愛那位英國女詩人，在英國留學期間曾專門去拜訪過她，還寫了《曼殊斐兒》一文以誌紀念。儘管她已病逝多年，徐志摩仍一如既往地在精神上愛戀和仰慕著她。

茶會上，徐志摩不停地向柏雷博士問長問短，希望能從柏雷口中得知一些曼殊斐兒生前身後的情形。徽因和思成會心地笑著，爲志摩的癡心和執著而感動。

茶會結束後，志摩告訴徽因、思成，可能這幾天要回一趟上海。他說，小曼接連幾次拍電報來催，本來早就該走的，可飛機一次又一次地改時間。他有些懊惱地說：時間已經改了三次，課也一調再調；如果飛機再改期，便不走了。

徽因、思成回家後，接到一個電話，就又出了門。一位賓大老同學從美國回來了，他們得去探望一下。待忙完這一切回到家中，天已經很晚了。給他們開門的聽差老王說：徐先生晚上來過，在客廳裡等了好大一會兒，喝了一壺茶，留下個字條兒，才剛走了不大工夫。

徽因、思成看到了桌子上志摩的留言：「定明早六時飛行，此去存亡不卜……」

---

⑮ 英國女詩人，又譯作曼司菲爾德。

徽因怔住了，心中湧過一陣不安。她急忙撥通了電話，問詢志摩行程的安排。她說：「我和思成覺得乘飛機到底有些讓人不放心，不如還是坐火車吧！」

「你們放心，」電話中志摩的聲音仍是那麼愉快，「飛機很穩當的，我還要留著生命看更偉大的事蹟呢，哪能便死！」

志摩的輕鬆態度倒使徽因覺得自己太過敏感，她連忙岔開了話題：「幹嗎開口閉口死呀活呀的，小曼身體不好，你這次回上海就多住些日子吧。」

「不行啊，我這邊還有課，頂多一個禮拜就回來了。」

徽因說：「下個禮拜我也有課，要在協和禮堂給外國使節們講中國的建築。」

志摩忙問：「下個禮拜幾？十幾號？」

徽因道：「定在十九號晚上，是下個星期三吧。」

志摩說：「我十九號已經回來了，到時候給你捧場去。」

一個星期眨眼工夫就過去了。十一月十九日中午，徽因、思成收到了志摩在南京登機前發出的電報：「下午三點抵南苑機場，請派車接。」

下午，思成親自開車去接志摩。天氣陰沉沉的，起落的航班很少，空曠的機場十分寂寥。一直等到下午四點半，仍不見志摩乘坐的「濟南號」郵政班機的蹤影。思成有些著急，向機場的管理人員打聽，得到的回答是，濟南一帶今日有大霧，也許飛機沒有起飛。再問，仍是一個不清楚。思成只得駕車返回家中。

晚上，協和禮堂燈光明亮。許多外國駐華使節攜夫人來聽林徽因的演講。她今天演講的題目是：《中國的宮室建築藝術》。

徽因在演講中列舉了故宮，講到了北海、天壇，這些地方都是這些外國人去過而缺乏瞭解的。更吸引他們的是徽因那流利的、帶有倫敦音的英語和靈動、形象的講述。他們認爲，這場專業性很強的演講，因林徽因傑出的表達而引人入勝。當徽因結束演講後，他們紛紛走上前來，向徽因致意和致謝。

徽因匆匆地和他們道別，匆匆地趕回家中。志摩沒能如約而至，她心中隱隱有些不安。

一進家門，她便問：「思成，志摩有消息嗎？」

思成說：「沒有消息。我已給適之打過電話，適之也很著急，他擔心志摩途中有什麼變故。」

這一夜，徽因睡得很不安穩。夜半醒來，她再也不能入睡。志摩行前的留言中「存亡不卜」幾個字彷彿讖語般在眼前晃動。她還想起志摩的一篇文章——《想飛》，那裡邊有些句子彷彿是不祥的預兆：「……天上那一點子黑的已經迫近在我的頭頂，形成了一架鳥形的機器，忽的機沿一側，一球光直往下注，砰的一聲作響，——炸碎了我在飛行中的幻想，青天裡平添了幾堆破碎的浮雲。」

徽因用力驅趕著這些念頭，在心裡默默祈禱。她祈禱黑夜快快過去，她期待隨著新的一天到來，志摩會像往常一樣笑嘻嘻活潑潑地出現在人們面前。

十一月二十日早晨，北京《晨報》在十分醒目的位置刊發了「濟南十九日專電」：

京平北上機肇禍
昨在濟南墜落
機身全焚，乘客司機均燒死
天雨霧大誤觸開山

放下《晨報》，思成立即開車帶徽因前往胡適家。胡適也看到了《晨報》，他匆匆趕往航空公司，請他們拍電報向南京航空公司瞭解情況，又拍電報給山東省教育廳長何思源，讓他幫助查詢。

胡適在外面奔走打聽時，張奚若、金岳霖、孫大雨、錢端升、張慰慈、饒孟侃等人一個個不約而同地來到了胡適家中。一時大家都沒了主意，默默地圍坐著，相顧無言，屋內的氣氛壓抑而沉悶。往常活躍開朗的徽因今天茫然失神，她緊張地凝視著電話，一陣又一陣密集的電話鈴聲，全是朋友們打來問詢消息的。

胡適回來了。他神色黯然、聲音喑啞地對大家說：「南京那邊已證實，出事的是志摩搭乘的『濟南號』飛機……」

徽因不知道是怎樣離開胡適家的，她只覺得心頭像針紮般抽搐著疼痛，喉嚨緊得吐不出一個字，眼前墨一般的昏黑。她只知道是思成在緊緊挽著她走，她還聽到街上叫賣「號外」的聲音：「詩人徐志摩慘禍……」

災難的突然降臨使熱愛志摩的朋友們猝不及防。徽因怎麼也不能把志摩和死連在一起！他是那樣生氣勃勃、才華光芒四射的一個人。他正值三十四歲的年華，像孩子般的認眞和天眞，誰能接受他已陷入沉寂的另一世界的現實？

可是，理智告訴徽因，志摩確實一去不回了！沒有音信，沒有消息，永遠地一去不回，永遠地沒有音信，沒有消息……面對這不可預測的人生，徽因悲哀地感到生命的脆弱，世事的難料，這種感覺曾在父親遇難時強烈地襲擊過她。

第二天一早，思成、老金、奚若前往濟南齊魯大學，會同沈從文、聞一多、梁實秋等人商議辦理徐志摩的後事。他們勸阻了執意要一同前往的徽因。她的體質一向很弱，又懷有身孕，他們擔心她無法面對那慘痛的場面。

二十二日上午九點多鐘，梁思成一行趕到了濟南。徐志摩的靈柩停放在一座叫福緣庵的小廟裡，他們在那裡向徐志摩的遺體告別。沈從文後來在一篇文章中記述了當時的情形：

「兩個工人把棺蓋挪開，棺木裡靜靜的躺著徐志摩，他身穿綢袍馬褂的壽衣，足蹬黑色雲頭如意壽字鞋，戴了一頂紅頂球綢紗小帽，露出一個掩蓋不盡的額角，額角上一個大洞，這顯然是他的致命傷。眼睛是微張的，他不願意死！鼻子略略發腫，想來是火灼炙的。門牙已脫盡，與額角上的那個大洞，看來都是向前一撞的結果。這就是永遠見得生氣潑剌，永遠不知道有「敵人」的徐志摩。」⑯

⑯ 沈從文《三年前的十一月二十二日》，載一九三四年十一月二十一日《大公報·文藝副刊》。

梁思成獻上了一個小花圈，那是他和徽因連夜做成的，碧綠的鐵樹葉和潔白的花朵上浸透了徽因的淚水。

返回北京時，思成帶回了一片失事飛機的殘骸。徽因把這片殘骸用一大塊白綾包紮起來放在家中，一直到她去世。

一九三一年十二月七日，徐志摩遇難半個月後，北京《晨報・副刊》上發表了林徽因的《悼志摩》：

「……志摩人格裡最精華的是他對人的同情、和藹和優容；沒有一個人他對他不和藹，沒有一種人，他不能優容，沒有一種感情，他絕對地不能表同情……他只知道溫存、和平、體貼，只要他知道有感情的存在，無論出自何人，在何等情況下，他理智上認為適當與否，他全能表幾分同情，他真能體會原諒他人與他自己的不相同處。從不會刻薄地單支出嚴格的迫壓的道德的天平指摘凡是與他不同的人。

志摩的最動人的特點，是他那不可信的純淨的天真，對他的理想的愚誠，對藝術欣賞的認真，體會感情的切實，全是難能可貴到極點。他站在雨中等虹，他甘冒社會的大不韙爭他的戀愛自由；他坐曲折的火車到鄉間去拜哈代，他拋棄博士一類的引誘捲了書包到英國，只為要拜羅素做老師，他為了一種特異的境遇，一時特異的感動，從此在生命途中冒險，從此拋棄所有的舊業，只是嘗試寫幾行新詩——這幾年新詩嘗試的運命並不太令人踴躍，冷嘲熱罵只是家常便飯——他常能走幾里路去採幾株花，費許多周折去看看一個朋友說兩句話；這些，還有許多，都不是我們尋常能夠輕易瞭解的神秘。我說神秘，其實竟許是傻，是癡！事實上他只是比我們認真，虔誠到傻氣，到癡！他愉快起來他快樂的翅膀可以碰得到天，他憂傷起來，他的悲戚是深得沒有底。尋常評價的衡量在他手裡失了效用，利害輕重他自有他的看法，純是藝術的情感的脫離尋常的原則，所以往常人常聽到朋友們說到他總愛帶著嗟歎的口吻說：『那是志摩，你有什麼法子！』他真是個怪人嗎？朋友們，不，一點都不是，他只是比我們近情、近理，比我們熱誠，比我們天真，比我們對萬物都更有信仰，對神，對人，對靈，對自然，對藝術！

朋友們，我們失掉的不止是一個朋友，一個詩人，我們丟掉的是個極難得可愛的人格。」

林徽因對徐志摩的回憶和悼念，寫出了徐志摩獨特的氣質和魅力，寫出了他對藝術、對美的癡迷，對朋友，對一切人的包容和善良，對理想、信念的堅守與愚誠。文章突顯了徐志摩「即使打破了頭，也還要保持我靈魂的自由」的性情。在當時眾多的悼亡文字中，林徽因的《悼志摩》具有格外的分量。

與此同時，「新月社」的同仁們計畫設立「志摩獎金」，以鼓勵和扶植白話新詩的創作，因爲這是徐志摩未了的心願。志摩的親屬和朋友則著手收集志摩已發表和未發表的作品，籌畫編輯《徐志摩全集》。在收集材料的過程中，不期然地，林徽因與凌叔華發生了矛盾。

凌叔華是當時頗有影響力的女作家。一九二〇年代，她因寫作《花之寺》、《繡枕》等小說引起了文壇的矚目。這些小說反映了封建大家庭中備受壓抑的女性生活，情致委婉，筆法細膩。後來，她與《現代評論》的主編陳源結婚，於一九四〇年代移居國外。

矛盾緣於徐志摩委託凌叔華保管的一隻小箱子。

那還是一九二五年的事情。當時，徐志摩正與陸小曼熱戀，事情在北京鬧得沸沸揚揚。心力交瘁的徐志摩決定遠走歐洲，暫避一時。

行前，徐志摩把一個小箱子交給了凌叔華，請她代爲保管。箱子裡裝有他在劍橋大學時期的日記、陸小曼的日記以及一些文稿信箚。他半開玩笑地對凌叔華說，如果此行出了什麼意外不能回來的話，你得給我寫個傳，這只箱子裡倒有些你可能用得著的材料。

徐志摩之所以把這些很個人的文稿交給凌叔華保管，大概因爲其中的文字有的關係到林徽因，有的關係到陸小曼，只有交給一個與此不相干的人較爲合適。

朋友們都把自己手頭原有的和搜集到的志摩遺稿送到了胡適那裡，由胡適安排人統一整理。

十一月二十八日，星期六，徽因來到了胡適家。她是來找胡適談整理志摩詩稿的事情。迎她進門的是胡適夫人江冬秀，團團的臉笑得和氣極了。她說胡適這會兒有客人，請徽因先到書房稍候。

書房裡有一張很大的書桌，書櫥順牆而立，書雖多，但十分整齊有序。一些取下來的書中夾著紙條兒，碼在案頭，大概是查好待用的。一眼看去，書的門類極多，線裝布封的諸子，硬皮精裝的外文原著，歷史政治，禪經佛學，中醫中藥……書桌上有一幅字：——「容忍比自由還更重要」。看上去墨色很新鮮，可能是應誰之索要而寫，上下款還未題。字如其人，胡適的字清新灑脫，橫豎撇捺顯得細長，一點一頓則很用力，看上去雖不像瘦金體那般勁逸，卻顯得十分工整、脫俗。

正看著，胡適走了進來。說了一會兒閒話，他們談起了整理志摩遺稿的事情，也談到社會上一些報刊對志摩的指責與攻擊。那些文字所涉主要是徐志摩的個人生活，尤其是他的離婚與再婚。胡適說：「指責志摩行爲的人們應該明白，所謂離婚再婚這兩件事其實最可代表志摩對理想的追求。他萬分誠懇的相信那兩件事是他實現『美與愛與自由』的人生的必然過程。當然，在別人看來，這兩件事的結果，似乎都沒有能夠實現志摩的理想生活。但到了今天，我們怎麼忍心用成敗來議論他！」

徽因說：「我和志摩認識的時間要算不短了吧？可我從未聽見他抱怨過任何人，攻擊過任何人。這是他那不愛計較的天性所決定的。可越是這樣，反倒越是有人以攻擊他爲樂事。」

接著，徽因談起志摩詩稿整理的情形。這些詩大多是發表過的，所以整理起來還算順手。徽因熟悉那些詩行，一些詩句他們曾在一起討論過。想起寫下這些詩句的人如今已是生死永隔，徽因的眼睛又濕了。

時近中午，徽因開始收拾東西準備回家。胡適留徽因吃飯，他向徽因介紹太太善做家鄉的徽菜「一品鍋」。

「既然是吃午飯的時候了，就不要走了，」胡適介紹完「一品鍋」後說，「我還有要緊的東西給你看呢！」

徽因忙問他什麼要緊的東西。他打開了一個書櫥，那書櫥裡一層層排列著用硬殼的紙夾夾著的稿子，看上去有十幾冊。

胡適用手撫過這些紙夾，說：「這些都是我多年對於《水經注》的研究，其中有許多是前人的說法，我在研究整理前人的基礎上再提出我的看法。有朋友說我下這樣的功夫研究《水經注》不值得，我說不然，佛書上常說一句話——『功不唐捐』，沒有功夫是白費的。前人著書立說，我們應該是者是之，非者非之，冤枉者爲之辯誣，作僞者爲之揭露。我花這麼多力氣，如果能爲後人指示一個做學問的方法，功夫就不算是白費。」

徽因贊同地一面點頭，一面在心裡歎道：人們常提到適之先生「大膽的假設，小心的求證」，可是卻不常提他的下聯「認眞的做事，嚴肅的做人」，這上下聯結合起來，才眞正能體現適之先生的精神風貌！

徽因以爲胡適挽留自己，是要給她談《水經注》。沒想到，胡適這時又從書櫥下捧出一隻小箱子，他對徽因說：「這是志摩早年的日記和一些零碎物品，從凌叔華那裡要過來的。其中有些往來信件，我已撿出，按人分類存放好，以後還給寫信人。我想這些東西也許你最有資格讀它，你最好在看過後編個目錄出來，以便以後編《志摩文集》時好用。」

徽因頓時激動起來。半年前，志摩曾對徽因說起過，他完整地保存著留學英國時期的「康橋日記」。從英國回北京後，是「雪池時代」，「雪池時代」的日記被小曼看到後，不高興極了，結果給燒掉了。志摩說，如果徽因願意，他想把保存完好的「康橋日記」交給徽因。他玩笑似的說道：假如這些日記和當時寄給徽因的信保存在一處，倒是有些收藏價值。志摩說這些話時，徽因只是覺得往後有的是時間，什麼時候看看這些過去的紀錄倒挺有意思。她沒有想到，說過這些話不久，就會和志摩永別。她更沒有想到，今天會在胡適這裡得到這些日記。

志摩離世之後，這些記載著志摩生命行蹤的文字多麼珍貴！她十分感謝胡適對自己的信任，接過了箱子，再無心逗留。她謝絕了胡適和胡太太的執意挽留，乘一輛洋車回到家中。

晚秋的陽光斜斜地射在桌上，起居室安靜而潔淨。

徽因小心翼翼地把小箱子中的東西一一取出，攤在寬大的書桌上。她大致歸了歸類，做了一個記錄：

箱子中主要是些日記本，一本中文日記，三本英文日記。其中兩個大點兒的本子，從時間上看大概就是「康橋日記」，另一個小本子是一九二五年的義大利日記。好幾個本子都是僅僅只寫了剛開頭的數行文字，其餘皆是空白。還有一大一小兩本陸小曼的日記。除此之外，箱子裡有幾包《晨報．副刊》的原稿，兩包《晨報．副刊》的零張雜紙，一些相片，兩把羽扇，以及一些零零碎碎的剪報、稿紙和住址本。

做著記錄，徽因心中有些失望。這些都不是她想看到的。尤其是那兩本日記，一本的時間是從一九二一年七月三十一日到十二月一日，另一本從十二月二日到一九二二年志摩回國。徽因一九二〇年十一月在英國與志摩相識，一九二一年七月同父親離開英國。這兩本恰好是徽因不在英國時期的日記。難道這就是志摩所說的「康橋日記」？怎麼恰巧沒有與自己有關的那段時間？徽因心裡感到很疑惑。

又到週末，朋友們來到了梁家。聽徽因說正在整理徐志摩的遺作，張奚若說：「公超[17]前些天在叔華[18]那裡看到了志摩的『康橋日記』，說叔華預備邀公超一起爲志摩作傳。」

徽因心中的疑惑清晰了起來。如此看來，凌叔華存放著眞正的「康橋日記」，胡適拿到的小箱子，已經被凌叔華動過了手腳。對於凌叔華這種小心眼兒行爲，徽因十分不以爲然。雖然她和凌叔華相識多年，但彼此之間並沒有什麼眞正的交往，更談不上相知和瞭解。只是以前聽志摩說起過：「叔華這人小氣極了！」徽因當時說：「是麼？小心點兒，別得罪了她。」[19]沒想到，這回輪到自己領教這種「小氣」了。

徽因想向凌叔華討要志摩的「康橋日記」，想看看那時期志摩究竟都寫了些什麼。但她知道討要時一定會很尷尬，因而顧慮、遲疑。在猶豫中，一些念頭漸漸地佔據了上風：別的不相干的

---

⑰ 葉公超。

⑱ 凌叔華。

⑲ 《林徽因致胡適的信》，《林徽因文集・文學卷》三二一—三二二頁。

人都在傳來傳去地看那些日記，爲什麼作爲當事人的自己卻不能看呢？雖然她也意識到這種心理有些女人氣，但要看到與自己有關的這部分日記的欲望卻愈益強烈了。

她分析自己說：「我不會以詩人的美諛爲榮，也不會以被人戀愛爲辱。我永是我，被詩人恭維了也不會增美增能，有過一段不幸曲折的舊歷史也沒有什麼可羞慚，我只是要讀讀那日記，給我的是種滿足，好奇心的滿足，回味這古怪的世事，紀念老朋友而已。」⑳

十二月七日上午，天氣乾冷乾冷，陽光黃黃的，沒有一絲暖意。

徽因正在看《晨報》。這天的《晨報》是「哀悼志摩專刊」。「專刊」上刊登了頭天北京文化界同人追悼徐志摩的活動，還刊發了林徽因的文章《悼志摩》。

徽因翻看著報紙，心裡十分鬱悶。昨天開過追悼會後，她的情緒一直沒有緩過來。

沒想到，凌叔華這時來了。

徽因接待了她。聊了一會兒閒話，凌叔華說明了來意。

她對徽因說，她準備編輯一部《志摩信箚》之類的書，希望能從徽因這裡得到一些志摩的信件。

徽因心裡頓時有些不快，她對凌叔華這種只考慮自己的需要，不顧及別人感受的做法，情緒上十分抵觸。特別是那兩本「康橋日記」梗在她的心頭，讓她感到心中憋悶。她告訴凌叔華說，前些年自己和思成一時在國外，一時在東北，所以他們所有的舊信全都保存在天津，恐怕不能立

---

⑳《林徽因致胡適的信》，《林徽因文集・文學卷》三二一——三二二頁。

刻拿出來。而且這些信幾乎全是英文的，即使拿出來也要經過翻譯，不能馬上就用的。

徽因又告訴凌叔華，適之已把志摩那只小箱子交給了自己，並委託整理，爲了對得起適之的信任，自己在整理時力求保持歷史的、客觀的態度。

說到這裡，她儘量委婉地向凌叔華道：「聽說你那裡有志摩的『康橋日記』，能讓我看看嗎？」凌叔華遲疑了一會兒，極簡短地回答：「可以。」

徽因又問：「你那裡有幾本？兩本嗎？」

凌叔華的聲音帶出了情緒：「兩本。」

徽因想打破這種氣氛，顯得很輕鬆地問：「那兩本和箱子裡的是一樣的封皮嗎？」

凌叔華愈發地不耐煩了：「是的！哦，不是！我說不清。」

看著凌叔華極不高興的神色，林徽因十分窘迫。但她還是忍著不快說：「那我下午去你家取，成嗎？」

凌叔華一口回絕道：「我下午要外出，不在家。」

依徽因的脾氣，她這時想說：那麼我現在就同你一道去取。但是她不想把事情弄僵，強忍著不快，把到了嘴邊的話又咽了回去，只是問什麼時候去取合適。

最後，她和凌叔華約定，後天，十二月九日，她遣家裡的聽差去凌叔華家取回來。

到了十二月九日，徽因想到凌叔華的態度，總覺得有些不放心。她怕派別人去又有什麼節外生枝的麻煩，決定還是自己親自去。

果然凌叔華不在家。門房將一紙留言交給了徽因，留言上寫道：「昨日遍找志摩日記不得，後檢自己當年日記，乃知志摩交我乃三本：兩大，一小，小者即在君處箱內，閱完放入的。大的一本（滿寫的）未閱完，想來在字畫箱內（因友人物多，加以保全）。因三四年中四方奔走，家中書物皆堆疊成山，甚少機緣重爲整理，日間得閒當細檢一下，必可找出來閱。此兩日內，人事煩擾，大約需此星期底才有空翻尋也。」

徽因讀完留言，覺得有一口氣堵得心頭發慌，本想掉頭就走，但她定了定神，還是留了一張字條：「叔華：如有時間，還請你務必將日記找出。那是個不幸時間的留痕，我欲一讀，想你可以原諒我。」

徽因回到家裡，被人捉弄的感覺揮之不去。思成也覺得叔華如此行事太沒道理，但他只能勸慰徽因。徽因原本就神經衰弱，被這件事一攪，夜裡怎麼也睡不著了。她翻來覆去地推測各種可能，甚至還站在凌叔華的立場，想她爲什麼要這樣做。徽因揣測，也許是凌叔華怕自己不還那本日記，所以要抄留一個副本，如此才拖著遲遲不給；果眞如此，也太難爲她了。

過了幾天，徽因的一些朋友不知怎麼也知道了這件事。有人告訴徽因：凌叔華在陶孟和家對陶夫人沈性仁說，徽因拿走了小曼的兩本日記不想還，還想要她保存的志摩日記，她不願意給。

轉眼一星期過去了。十二月十四日是星期一，徽因和思成去營造學社了，凌叔華來到了林徽因家，留下了一個日記本和一張便條。

當林徽因打開這本日記時，不禁啼笑皆非——這只是半本日記，開始的日期是一九二〇年十一月十七日，最後的一句話是：「計畫得很糟。」日記中斷在徐志摩第一次見到林徽因的前一兩天。

徐志摩的「康橋日記」正好缺失了與徽因相識的那一段時間。誰裁去了這一部分日記？林徽因生氣了，失去知心朋友的悲痛與不明就裡的被矇騙的感覺攪和在一起，使她急於澄清事實。

因爲事情起因於胡適的委託，所以徽因給胡適寫了兩封信，訴說了整個事情的始末。爲了能把事情的原委講清楚，徽因在信中甚至不厭其煩地羅列了她和凌叔華之間每一次來往的時間、地點、主要談話及結果。這種一一列舉一反她通常的清高，甚至顯得有些不厭其詳和絮絮叨叨。她毫不掩飾自己的氣憤：「適之先生：下午寫了一信，今附上寄呈，想歷史家必不以我這種信爲怪。我爲人直爽性急，最恨人家小氣曲折說瞎話，此次因爲叔華瞎說，簡直氣糊塗了。」

她坦陳自己的感情：

「關於我想看的那段日記，想也是女人小氣處或好奇處多事處，不過這心裡太Human[21]了，我也不覺得慚愧。……我覺得這樁事人事方面看來真不幸，精神方面看來這樁事或為造成志摩為詩人的原因，也給我不少人格上知識上磨練修養的幫助，志摩in a way[22]不悔他有這一段苦痛歷史。我覺得我的一生沒有太墮入凡俗的滿

㉑ 人情，人性

㉒ 在某方面

足也不算一樁壞事。志摩警醒了我，他變成一種激勵在我的生命中，或恨，或怒，或快樂或遺憾[23]，或難過，或痛苦，我也不悔的，我也不得意我自己的倔強，我也不慚愧。

我的教育是舊的，我變不出什麼新的人來，我只要『對得起』人——爹娘、丈夫（一個愛我的人，待我極好的人）、兒子、家族等等，後來更要對得起另一個愛我的人，我自己有時的心，我的性情便弄得十分為難。前幾年不管對得起他不，倒容易——現在結果，也許我誰都沒有對得起，您看多冤！

我自己也到了相當年紀，也沒有什麼成就，眼看得機會愈少——我是個興奮型的人，靠突然的靈感和神來之筆做事[24]，現在身體也不好，家常的負擔也繁重，真是怕從此平庸處世，做妻生子的過一世！我禁不住傷心起來。想到志摩今夏對我富於啟迪性的友誼和愛[25]，我難過極了。

這幾天思念他得很，但是他如果活著，恐怕我待他仍不能改的。事實上太不可能。也許那就是我不夠愛他的緣故，也就是我愛我現在的家在一切之上的確

---

[23] 此處原為英文
[24] 此處原為英文
[25] 此處原為英文

證。志摩也承認過這話。」

徽因給胡適寫信，只是因爲諸多煩惱鬱積在胸不吐不快，她並沒有想到這些純私人的訴說在幾十年後可能發表。因此，這些信件尤其能使我們看到一個眞實的林徽因。這是一個毫無心機的林徽因，一個不善於應對曲折複雜人事的林徽因，一個待人誠實、遇事急躁、缺少方法的林徽因。特別是其中談到她與徐志摩的關係，更是可以廓清種種關於他們之間感情的憑空猜測和臆斷。

胡適接到徽因的信後，於十二月十八日寫了一封信給凌叔華，此信傳遞了胡適兄長式的溫和的批評、規勸和調解，也旁證了林徽因在信中所談的事情：

叔華：

……昨始知你送在徽因的志摩日記只有半冊，我想你一定把那一冊半留下做傳記或小說材料用了。但我細想，這個辦法不很好。……你藏有此兩冊日記，一般朋友都知道……所以我上星期編的遺著略目，就注明你處存兩冊日記……今天寫這信給你，請你把那兩冊日記交給我。我把這幾冊英文日記全付打字人打

成三個副本，將來我可以把一份全的留給你做傳記材料……[26]

我們無從知道淩叔華看到胡適此信後的態度和做法，但是，那半冊（或一冊半）日記從此沒了蹤影，成了一件後人永遠也說不清的往事。

事情已過去了半個世紀，一九八二年十月和一九八三年五月，客居英國倫敦的淩叔華兩次在寫給徐志摩的表弟陳從周的信中提到了這件往事：

「……這情形已是三四十年前的了！說到志摩，我至今仍覺得我知道他的個性和身世比許多朋友更多一點……不意在他飛行喪生的後幾日，在胡適家有一些他的朋友，鬧著要求把他的箱子取出來公開，我說可以交給小曼保管，但胡幫助林徽因的一群人要求我交出來（大約是林和他的友人怕志摩的戀愛日記公開了，對她不便，故格外逼胡適向我要求交出來）。我說我應交小曼，但胡適說不必。他們人多勢眾，我沒有法拒絕，只好原封交與胡適。可惜裡面不少稿子及日記，世人沒見過面的，都埋沒或遺失了。

……日來平心靜氣地回憶當年情況，覺得胡適為何要如此賣力氣死向我要志摩

---

[26] 林杉《一代才女的心路歷程——林徽因傳》一八二—一八三頁，九州圖書出版社。

日記的原因，多半是為他熱戀政治。志摩失事時，凡清華北大教授，時下名女人，都向胡家跑，他平日也沒有機會接近這些人，因志摩之死，忽然胡家熱鬧起來，他想結交這些人物，所以得製造一些事故，以便這些人物常來……那時林徽因是最著急的一個，她也同我談過，我說已交適之了。」㉗

從凌叔華的信中，我們可以看出她對那樁已過去半個多世紀的往事仍然耿耿於懷。此時，林徽因已去世三十多年，凌叔華自己也垂垂老矣。究竟是什麼使她這樣充滿怨毒，不肯理解和原諒那些已如浮雲般飄渺和遙遠的故人往事呢？是她對徐志摩的感情？還是她對林徽因的嫉妒？還有那讓林徽因無限牽掛，而且引起此後許多人憑空猜測的「康橋日記」，也仍然是下落不明。由此我們還可以看出，同一件事情，不同的人會有多麼不同的看法和結論；更重要的是，從中，我們可以感覺到人與人之間的巨大差異。

「生者爲過客，死者爲歸人。」志摩消失在無垠的長空，只是一瞬間的事，可他身後的各種是非紛擾，幾十年來卻一直沒有斷絕過。

㉗ 林杉《一代才女的心路歷程——林徽因傳》一八三—一八四頁，九州圖書出版社。

四 一花一世界

北京的春天多風沙，可一到五月，風就柔和了起來。人們脫下臃腫的棉袍，換上夾衣，利利索索地行走在晴朗的陽光下。

大街上、胡同裡的樹木抽出了新綠，洋槐花一簇一簇地開放在院子裡、街道旁。賣芍藥花的擔子停放在十字街頭，花朵飽滿，其色灼灼。柳絮一球球兒地旋轉著、追逐著，靜靜地在胡同裡飄飛。棗樹也開花了，棗花一粒粒的，看上去不起眼兒，可聞著有股蘭花的味道。

這是一九三二年的五月，一個高個子、沙色頭髮的美國年輕人走進了北總布胡同，他就是費正清。剛到北京時，他在中央研究院一邊學習漢語，一邊研究清朝政府與西方各國的外交歷史；後來他得到了清華大學的教職，講授歐洲文藝復興的歷史。他租了一個四合院，在北京的教堂迎娶了他有著苗條身材、藍灰色眼睛的新娘費慰梅。

這對年輕的美國夫婦在這時期認識了林徽因和梁思成。費正清和費慰梅是梁思成根據他們英文名字的譯音爲他們起的中文名字。費正清的英文全名是約翰·金·費爾班克，費慰梅的英文全名是維爾瑪·丹尼歐·坎農。

對於費正清與中國知識界的關係，一位西方學者這樣寫道：「不像在北京的許多外國人，費正清夫婦十分幸運的是，他們的朋友圈超出了西方人團體的界線，他們與一些中國人建立了深厚、持久的聯繫，特別是與著名的政論作家和改革者梁啓超的兒子梁思成及他的妻子菲麗絲關係更為密切。作為建築師，他們兩人在美國得到培養，分別就讀於耶魯大學和哈佛大學，……梁思成夫婦向他們介紹了其他一些學者，其中有哲學家金岳霖（被親切地稱為老金）、政治學家錢端升，還有陶孟和、陳岱孫，以及物理學家周培源——這是一個在自己國家的未來，在費正清與這個國家的關係中起了重要作用的傑出群體。」㉘

在北京度過的蜜月生活令這對美國人終生難忘。當然，這種生活也包括治外法權給他們帶來的種種利益。他們保留著自己的愛好，騎馬、打網球，同時又盡情領略東方古國的浪漫與悠閒。在月光下沿著古老的城牆漫步，觀看西山美麗的日落景象。費正清在給父母的信中描述了「這個童話般的世界」：「我帶著維爾瑪沿著帝國宮殿的路回家，我們乘車穿過宮殿的大門，黃昏時分抵達我們居住的胡同……在燭光下，我們甜美而親密地就餐，屋外傳來中國人舉行婚禮的笛聲和銅鑼聲……」

家裡送給他們一千五百元美金，根據當時的兌換率可增值五倍，由此保證了他們舒適的生活。其中包括僱用僕役，以及外出旅遊的費用。

與林徽因、梁思成的交往使他們在中國的生活變得精彩而豐富。

夏日炎熱而漫長的下午，費正清要去圖書館查閱資料，寫作論文，費慰梅則乘一輛人力車直奔北總布胡同。徽因的家庭及朋友，對於醫生家庭出身、從小熱愛藝術的費慰梅有著磁石般的吸引力。她喜歡坐在車上觀看北京的街景，在她的眼裡，沿街叫賣的奶油楊梅、蜜餞櫻桃、藤蘿

㉘ 保羅·埃文斯《費正清看中國》二十九—三十頁，陳同等譯，上海人民出版社。

餅、玫瑰糕，無論是名稱還是形狀，都帶著甜美的詩意。賣冰水冷飲的擔子，敲著叮噹作響的冰盞兒，走過幽靜的胡同。

徽因這時剛成爲第二個孩子的母親。這是個健康而漂亮的男孩，出生在一九三二年炎熱的八月。思成是梁家的長男，這孩子是梁家的長孫，他嘹亮的啼哭給全家帶來了極大的喜悅與滿足。思成和徽因給兒子起名爲「從誡」，一是紀念宋代的建築學家、《營造法式》的作者李誡，再是希望這個孩子將來能子承父業，成爲出色的建築學家。女兒寶寶已三歲多了，家裡的人隨著寶寶，喚這個男孩叫「小弟」。

小弟有著飽滿的額頭、白皙的皮膚、秀氣的下頜。徽因最喜歡看小弟凝視著什麼的模樣。那雙眼睛是那樣清澈，大大的黑眼珠，白眼底透著點兒淡淡的藍色，這樣一雙眼睛看到的，應該是一個纖塵不染的世界。

懷抱著這個新生命，徽因心中湧動著濃濃的愛意，這愛意如四月的春風，撫慰著她的身心。她把這人間的情愛和暖意用詩句記錄下來，爲兒子寫了《你是人間的四月天——一句愛的讚頌》。

這時期思成開始對華北一帶的古建築進行科學考察。徽因不能一同前往，她只能盡自己所能安排好家裡的一切，讓思成放心地外出。

每當僕人報告「費太太來訪」時，徽因就會離開書房或把孩子交給女傭，和費慰梅在起居室坐下。傭人送來了茶和點心，她們之間的話題就像杯中的茶葉，慢慢地舒展開來。

林徽因和費慰梅的交談完全用英語，即使後來費慰梅的漢語已達到一定程度，她們仍然主要用英語交談。這樣使費慰梅毫無語言障礙和心理障礙，同時林徽因也得到了雙語交流的快感。費慰梅後來對梁從誡說過，林徽因的英語，常常使他們這些以英語爲母語的人都感到羨慕。

林徽因從小在東方和西方雙重文化的教養下長大。四書五經、詩詞曲賦與拜倫、雪萊、莎士比亞、狄更斯一起滋養著她的心靈，東西方文化在她的血液裡水乳交融地流淌。仁義禮智信的傳統與崇尚自由、張揚個性的精神在她的行爲方式中都有鮮明的體現。保持雙重文化的生活形態，對林徽因來說，不僅是出於習慣，更是一種生命的需求。

費慰梅在自己的回憶中說：

「……我們有時分析和比較中國和美國的不同價值觀和生活方式，但接著我們就轉向我們在文學、意識和冒險方面的許多共同興趣，把關於對方不認識的朋友的追憶告訴對方。

天才的詩人徐志摩當然是其中的一個。她不時對我談起他，從來沒有停止思念他。我時常想，她對我用流利的英語進行的題材廣泛、充滿激情的談話，可能就是他們之間生動對話的回聲，那在她作為一個小女孩在倫敦時就為她打開了一個更廣闊的世界……」㉙

㉙ 費慰梅《梁思成與林徽因——一對探索中國建築史的伴侶》七十三—七十四頁。

在梁家的客廳裡，在許多朋友中，費慰梅以一個女人的眼光追隨著林徽因，探究著林徽因。她想知道，徽因所具有的魅力來自何處。

生活中有許多這樣的女人，她們在少女時代，擁有生命中的所有美好：青春美貌、熱情幻想、無私愛戀、飄逸出塵……可隨著結婚生子，在歲月的流逝中，在日復一日的柴米油鹽的磨損中，她們的精神空間和生活空間日益狹窄，漸漸失去了生命的光澤和質感。

林徽因此時已是兩個孩子的母親，以體弱多病之身操持著一個大家庭的日常事務，要相夫教子，要奉養老人，要擔心時局的動盪，要關心物價的漲跌，還要打理梁林兩個大家族許多親戚之間的往來關係。可是，無論多麼忙亂，徽因從不讓自己的心靈沉湎其中。她把心靈空間留給了朋友，留給了詩歌，留給了建築藝術，留給了音樂和繪畫。當她的雙眸閃閃發亮的時候，一定是她在生活中發現美或創造美、或者是要和朋友們分享自己的發現與創造的時候。這是她最動人的時候，每當這個時候，她整個人就會煥發出奇異的神采，產生一種無法言喻的魅力。

出去看畫展，一幅畫會突然激發她的靈感，使她聯想到音樂，聯想到建築，聯想到詩歌創作，於是就會有無數美妙的構思奔湧而出，她就會抑制不住地要對朋友傾訴。在家聽音樂，一首樂曲會令她凝神屏息，浮想聯翩，熱淚盈眶。她對費慰梅說：「那是一段當我還是個小姑娘時在橫渡印度洋回家的船上所熟悉的樂曲——好像那月光、舞蹈表演、熱帶星空和海風又都湧進了我的心底，而那一小片所謂的青春，像一首歌中輕快而短暫的一瞬，幻影般襲來，半是悲涼，半是光彩，卻只是使我茫然。」還有，當她用文字抒寫內心的歡樂或悲傷的時候，也是她最快樂的時候。她對費慰梅說：當我在做那些家務瑣事的時候，總是覺得很悲涼，因為我冷落了某個地方，某些我雖不認識，對於我卻更有意義和重要的人們。這樣我總是匆匆幹完手頭的活，以便回去同別人『談話』，並常常因爲手上的活老幹不完，或老是不斷增加而變得很不耐煩。這樣我就總是不善於家務，因爲我總是心不在焉，心裡詛咒手頭的活（儘管我也可以從中取樂並且幹得非常出色）。另一方面，如果我真的在寫作或做類似的事，而同時意識到我正在忽視自己的家，便一點也不感到內疚，事實上我會覺得快樂和明智，因爲做了更值得做的事。只有在我的孩子看來生了病或體重減輕時我才會感到不安，半夜醒來會想，我這麼做究竟是對還是不對。」

林徽因創作初始以詩聞名，她流傳下來的詩歌主要創作於一九三〇年代。當時刊登新詩的《詩刊》、《北斗》、《新月》、《學文》、《文學月刊》等報刊，常可以看到林徽因的詩。沈從文主編《大公報・文藝副刊》期間，經常向林徽因約稿，所以，林徽因的許多作品發表在《大公報・文藝副刊》上。

林徽因的詩極富藝術個性。她早期的詩作，詩句流暢，意象豐盈，節奏輕快。追求美，讚頌美，捕捉稍縱即逝的美，是她早期詩作的主要表現內容。

《新月詩選》中所選林徽因的《笑》，被詩人陳夢家稱爲「一首難得有的好詩」：

笑的是她的眼睛，口唇，
和唇邊渾圓的漩渦。
豔麗如同露珠，

朵朵的笑向
貝齒的閃光裡躲。
那是笑——神的笑，美的笑；
水的映影，風的輕歌。

笑的是她惺忪的捲髮，
散亂的挨著她耳朵。
輕吹如同花影，
癢癢的甜蜜
湧進了你的心窩。
那是笑——詩的笑，畫的笑；
雲的留痕，浪的柔波。

這首詩用一連串比喻把一個年輕女子的笑描繪得天眞輕盈，甜美傳神，那笑如同「露珠」、「花影」，又像是「水的映影」、「風的輕歌」、「雲的留痕」、「浪的柔波」。語言清新婉麗，韻律感強，富有音樂美。

另一首描寫笑的詩作《深笑》，想像和比喻更是大膽新奇：

是誰笑得那樣甜，那樣深，
那樣圓轉？一串一串明珠
大小閃著光亮，迸出天真！
清泉底浮動，泛流到水面上
　燦爛
分散！

是誰笑得好花兒開了一朵？
那樣輕盈，不驚起誰。
細香無意中，隨著風過，
拂在短牆，絲絲在斜陽前
　掛著
留戀。

是誰笑成這百層塔高聳，
讓不知名鳥雀來盤旋？是誰

笑成這萬千個風鈴的轉動，
從每一層琉璃的簷邊
　　搖上
　雲天？

詩中，林徽因用了「百層塔」、「琉璃簷」、「鳥雀盤旋」、「風鈴轉動」、「搖上雲天」這些富於建築美的意象，表現了她作爲一個精通建築藝術的詩人的獨特造詣。同時，這首詩熟練地運用了象徵主義的手法，用聽覺感受表現視覺形象，用視覺感受表現聽覺形象，細膩眞切地傳達了感覺體驗的豐富與複雜。

林徽因的詩，詩句和結構玲瓏精緻，刻畫主觀感覺輕靈微妙。如她的《一首桃花》，寫三月的桃花「像是春說的一句話」，彷彿只是爲了給世界留下「一瞥多情的痕跡」，多情而美好。全詩將靈動的想像寄寓於輕柔的意象，如一滴晶瑩的露珠，如一聲若有若無的歎息，構成了空靈的意境。這種意境已超越了對某種具體感情的抒發，而達到了獨抒性靈的境界。

抗戰爆發後，林徽因的平靜生活被打破，在顛沛流離和病痛折磨中度過了許多年。她所體驗最深的是國難家愁，很難再有以前那樣的心境，不僅詩作的數量大爲減少，而且表現內容也有了重大的變化。唯美主義的傾向被寫實主義的傾向所取代，詩歌情緒由空靈、曼妙轉爲蕭索、痛苦。

林徽因現在保存下來的詩作共六十三首。她的許多作品在長年的離亂中散佚了。那些存留下來的作品雖然在時間的長河中沉埋了多年，至今讀來，仍然能夠感受到它們原有的明淨與清鮮。

除了寫詩，林徽因在三〇年代前期還寫過小說。她的小說雖說數量不多，但同樣表現出不俗的成就和才華。

她的第一篇小說《窘》，發表於一九三一年九月的《新月》上。這篇小說在運用心理描寫表現感情方面有特別的韻致。

小說的主人公是中年教授維杉。他在與朋友少朗的交往中，遇到了少朗的女兒芝。這是一個處在「成人的邊緣」的少女，她天真活潑，又帶有少女的嬌羞。維杉覺得她「使你想到方成熟的桃或杏，緋紅的，飽飽的一顆天真讓人想摘下來賞玩，卻不敢真真地拿來吃。」面對芝，他常常陷入莫名的怔忡恍惚之中。但同時，他又意識到自己在芝的面前是父輩，是「老叔」。這種想接近芝又有所顧忌的情形讓他覺得「窘極了」。

林徽因在小說中細膩地表現人的意識和潛意識，維杉潛意識的萌動所表現出的心猿意馬，這種「發乎於情」的意識被抑制而「止乎於禮」的種種情狀，都描寫得惟妙惟肖，含蓄蘊藉。

《九十九度中》是林徽因一篇重要的小說。

小說以大約一萬五千字的篇幅，寫了暑熱中北京城的一天。在攝氏三十七度的高溫天氣裡，大戶人家大擺筵席，慶祝家中「長壽而又有福氣」的老太太六十九歲生日；小戶人家結婚嫁女辦喜事，姑娘嫁過去作填房，滿懷無奈與悲淒：「好像生活就是靠容忍與讓步支持著」；洋車夫打架鬥毆被巡警抓進又熱又臭的拘留所，出苦力的腳夫因中暑患霍亂而斃命……作者的筆就像一部跟蹤拍攝的攝像機，不僅「現場實錄」式地拍下了社會各階層不同人等亂紛紛的日常生活，而且拍下了不同人物的內心世界。鏡頭不停地轉移、切換，組成了一幅一九三〇年代北京社會的眾生相。

這篇小說嫻熟的現代主義表現技巧，引起了文學界和批評界的注目。批評家李健吾一九三五年在一篇文章中評論道：

「《九十九度中》正是一個人生的橫切面。在這樣溽暑的一個北平，作者把一天的形形色色披露在我們的眼前，沒有組織，卻有組織；沒有條理，卻有條理；沒有故事，卻有故事，而且那樣多的故事；沒有技巧，卻處處透露匠心。這是個人云亦云的通常的人生，一本原來的面目，在它全幅的活動之中，呈出一個複雜的有機體……作者引著我們，跟隨飯莊的挑擔，走進一個平凡然而熙熙攘攘的世界：有失戀的，有作愛的，有慶壽的，有成親的，有享福的，有熱死的，有索債的，有無聊的……全那樣親切，卻又那樣平靜——在這紛繁的頭緒裡，作者隱隱埋伏了一個比照；而這比照，卻表示出她人類的同情。一個女性的細密而蘊藉的情感，一切在這裡輕輕地彈起共鳴，卻又和粼粼的水紋一樣輕輕地滑開……

……在我們過去短篇小說的製作中，盡有氣質更偉大的，材料更事實的，然而

卻只有這一篇，最富有現代性……」㉚

除此之外，林徽因還寫了《模影零篇》短篇系列，包括《鐘綠》、《吉公》、《文珍》、《繡繡》四篇小說。

這些作品同樣表現了林徽因的特點：對不同人的命運的關注，對社會不公的含蓄批判以及精巧的結構，靈動的語言等。但相比較而言，《九十九度中》表現的生活內容更豐厚開闊，藝術手法更現代，也更富有文學性。至今讀來，仍是一篇耐人咀嚼的作品。

林徽因的才情是多方面的。她寫詩、寫小說、寫散文，還寫劇本。她對戲劇有特殊的感情。她曾參加過話劇演出，又在美國學習過舞臺設計，對戲劇有很高的藝術造詣。在她創作力最爲旺盛的三〇年代，她創作了四幕話劇《梅眞同他們》。

劇本表現的是大戶人家裡一群年輕人的情感故事。主人公梅眞是李家的侍女，天資聰穎，性情率眞，模樣俊俏。李家二太太十分喜歡她，把她當自己孩子一樣看待，還讓她和自己的孩子一樣上學讀書。這令心胸狹隘的長房大小姐十分嫉恨，常常藉故譏刺梅眞。梅眞心裡暗戀著在外地讀書剛剛歸來的二少爺，二少爺雖然也愛梅眞，卻擔心家族的反對和外人的恥笑，因而猶疑不決，迴避向梅眞吐露眞情。梅眞始終清楚自己的身份和地位，但她心裡也始終存在著某種幻想。……劇本只寫到第三幕，種種感情糾葛和誤會形成了幾方面的矛盾衝突，梅眞的命運如何，

㉚《李健吾批評文集》六十一頁，郭宏安編，珠海出版社。

還是一個巨大的懸念。

《梅眞同他們》前三幕刊載於一九三七年五到七月的《文學雜誌》，八月份將發表第四幕的預告已經登出。可是，隨著這一年七月七日盧溝橋槍聲響起，中日戰爭全面爆發，《文學雜誌》被迫停刊。林徽因舉家南遷，從此進入兵荒馬亂、顚沛流離的歲月，《梅眞同他們》的第四幕再也沒能寫出來。

許多年後，許多讀者仍忘不了梅眞及劇中那一群青年男女的命運。有人問林徽因：梅眞後來怎麼樣了？她回答道：「梅眞參加抗戰去了。」

應該說，這個劇本所寫的人物、故事並無新意，作者對人物形象的刻畫也有較明顯的虛構和理想化成分。特別是梅眞這個主要人物，出身低微，卻是小姐的性情脾氣和行爲方式，讓人感到，作者並不眞正瞭解生活中的這一類人物。

但是這個劇本的可讀性很強。其關鍵就在於林徽因對劇本中描寫的那一群家境優裕、受過良好教育的青年男女是熟悉的，她眞切地寫出了他們日常生活中的喜怒哀樂及情感方式。所以，劇中雖然沒有什麼強烈的戲劇衝突，但其濃郁的生活氣息，以及那群少爺小姐形象卻活潑地讓人感到饒有趣味，吸引著讀者看下去。尤其是劇本的語言，讓人看過以後久久難忘，完全是生活中的口語，但經過了作者的提煉熔鑄後，顯得既鮮活又不失文雅，而且富有情趣。可以想像，這樣朗朗上口的語言，一定是很適合舞臺演出的。

讀林徽因的作品，無論是詩歌、散文，還是小說、劇本，都氤氳著一種特殊的氣息。那是泛著神秘光澤的古銅香爐吐出的幽幽檀香的氣息，那是泰晤士河上的濛濛曉霧、賓夕法尼亞大學青青校樹的氣息，那是溫暖的客廳壁爐裡明亮跳躍的火焰的氣息，那是草青人遠、一流冷潤的雨後天的氣息。

她的文字是感性的，充滿浪漫的情思和優雅的情趣，她的目光越過瑣屑、庸常的生活投向了遠方。她作品中的人物，無論是古典、神秘的鐘綠㉛，還是特立獨行的吉公㉜，甚至婢女梅真，都是脫俗的、幾近不食人間煙火的。

因此，雖然她向另一種苦難、冷寂的人生投去了目光，但卻因思想感情的隔膜而缺乏真切的感受。狹小的生活圈子，精神上與底層社會的距離，使她的文字不乏虛幻的、脫離現實的成分；心靈的視野更多局限在書齋裡和客廳中，使她的作品缺乏更大範圍的影響力。

林徽因自己也意識到了這些。她和梁思成外出考察古建築時，走到偏遠的地區和鄉村，看到了別樣的人生。當她重新回到自己的客廳、書齋時，那陽光下的原野山巒，那些小山村裡的生命和人群，還有那些被遺忘在深山僻壤中的古代建築，都令她難以釋懷。她深知，出身教養、人生閱歷、社會地位、經濟狀況等等各方面的不同，就像一扇扇有形的和無形的「窗子」，把她和外面的世界隔離了開來。儘管她在文章中嘲諷衣食無虞、遠離百姓的「時髦學者」，可面對生活裡拉車的、送煤的、拉糞的、叫賣的、幫工的、奔波求生的那些人時，她還是有著強烈的精神上的優越感。她十分清楚，「窗子以內」和「窗子以外」的人生有著巨大的差別與隔膜。窗子以外那

㉛ 林徽因小說《模影零篇・鐘綠》中的女主人公。

㉜ 林徽因小說《模影零篇・吉公》中的女主人公。

種「帶著整個血肉的身體到處碰運氣」的艱辛人生，是她永遠不能融入其中、也不可能融入其中的。

在散文《窗子以外》中，林徽因傾吐了自己的這種認識：

「……永遠是窗子以外，不是鐵紗窗就是玻璃窗，總而言之，窗子以外！所有的活動的顏色、聲音、生的滋味，全在那裡。你並不是不能看到，只不過是永遠地在你窗子以外罷了。多少百里的平原土地，多少區域的起伏的山巒，昨天由窗子外映進你的眼簾，那是多少生命日夜在活動著的所在；每一根青的什麼麥黍，都有人流過汗；每一粒黃的什麼米粟，都有人吃去；期間還有的是周折，是熱鬧，是緊張！可是你並不一定能看見，因為那所有的周折、熱鬧、緊張，全都在你窗子以外展演著。

……………

你詛咒著城市生活，不自然的城市生活！檢點行裝說，走了，走了，這沉悶沒有生氣的生活，實在受不了，我要換個樣子過活去。健康的旅行既可以看看山水古剎的名勝，又可以知道內地淳樸的人情風俗。走了，走了，天氣還不算太壞，就是走他一個月六禮拜也是值得的。

沒想到不管你走到哪里，你永遠免不了坐在窗子以內的。不錯，許多時髦的學者常常驕傲地帶上「考察」的神氣，架上科學的眼鏡，偶然走到哪裡一個陌生的地方瞭望，但那無形中的窗子是永遠存在的。不信，你檢查他們的行李，有誰不帶著罐頭食品，帆布床，以及別的證明你還在窗子以內的種種零星用品，你再摸一摸他們的皮包，那裡少不了有些鈔票；一到一個地方，你有的是一個提梁的小小世界。不管你的窗子朝向哪裡望，所看到的多半仍是在你的窗子以外，隔層玻璃，或是鐵紗！隱隱約約你看到一些顏色，聽到一些聲音，如果你私下滿足了，那沒什麼，只是千萬別高興地說起什麼接觸了，認識了若干事物人情，天知道那是罪過！洋鬼子們的一些淺薄，千萬學不得。

你仍然是坐在窗子以內的，不是火車的窗子，汽車的窗子，就是客棧旅途的窗子，再不然就是你自己無形中習慣的窗子，把你擱在裡面。……算了算了！你簡直老老實實地坐在你窗子裡得了，窗子以外的事，你看了多少也是枉然，大半你是不明白，也不會明白的。」

在這篇散文中，林徽因眞切地剖析了自己的生活與心靈狀態，這種與現實人生若即若離的狀態，代表了一九三〇年代中國自由主義知識分子的生活狀態和心靈狀態。文章風格灑脫輕靈，自由跳躍，既不是浪漫主義慷慨激昂的直抒胸臆，也不是寫實主義憤世嫉俗的抨擊批判，其中閃耀著理性、智慧和靈性的光彩，也有著對生活現狀無奈的承認和妥協。

這篇散文後來入選了西南聯大的國文課本。

中山公園（原名中央公園）位於長安大街天安門的西側，是當時的京派文人經常出入的地方。

公園的入門券爲法幣五分錢。進了大門沒多遠就是「公理戰勝」牌坊。順著長廊往北走，沿途有牡丹池、薔薇架、丁香林、芍藥圃。「來今雨軒」中，永遠有人在悠閒地品茗下棋。從這裡往西，松柏林陰道旁有三家各有特色的茶座：春明館、長美軒和柏斯馨。

春明館茶座是老派的格局，館內陳設著圍棋和象棋，供應的點心是帶有地方特色的山楂紅、豌豆黃、艾窩窩、茯苓餅、栗子麵窩頭，還有北京的各種麵食，如豆包、炸醬麵、素鹵麵、肉末兒燒餅。來這裡的多是些老派名士，身著長袍馬褂、頭戴瓜皮小帽，他們坐在茶桌旁，或擺上一局棋，悠悠地走上半日，或子曰詩云，吟詩作賦。

柏斯馨茶座則是摩登而洋派，陳設全是西式的，飲料也多爲檸檬汁、橘子汁、蘇打水、咖啡、啤酒、葡萄酒，茶點爲蛋糕、咖哩餃、三明治等。來這裡的多爲曾經留學歐美的留學生、洋博士。他們讀的多是英文報刊，談話中夾雜著一串串外語。一些在北京做事的外國人也常常光顧這裡。

長美軒茶座的位置在春明館和柏斯馨之間，其風格也是二者的中和。它既比春明館開放，又比柏斯馨具傳統色彩。這裡的茶食爲葵花子、花生米、核桃仁、杏乾，主食則有燒賣、小籠包、蛋炒飯、清湯餛飩。來這裡的多爲一些文化界、學術界的紳士淑媛，他們在這裡有自己習慣的座位，入座後，清茶一杯，點心一碟，就攤開了手中的書卷或稿件。

一九三六年的一個春日，沈從文邀請林徽因、朱自清、楊振聲、朱光潛、李健吾等人在長美軒聚會。

這一年，《大公報》爲了擴大在讀者中的影響，搞了兩項活動。一是出版《大公報文藝叢刊·小說選》，由林徽因負責小說的選編工作。二是設立一年一度的「大公報文藝獎金」，每年獎勵一至三位作者，主要聘請京滬兩地與《大公報·文藝副刊》關係密切並有一定影響的作家擔任裁判委員，林徽因是裁判委員之一。沈從文安排的長美軒聚會，就是爲了討論這兩項活動的有關事宜。

大家在談笑中商定了本年度的獲獎人選及獎金分配後，林徽因給大家談起了由她負責的小說選編工作的情況。

她介紹說，小說集的作品已基本確定，有老舍、楊振聲、沈從文、蕭乾、李健吾、蹇先艾、沙汀、張天翼、凌叔華等二十五位作者的三十篇小說入選，這是從近三年來《大公報》副刊數百篇作品中挑選出來的。在選編過程中，她有許多感受。

林徽因說，這本小說選集是三年來南方北方新老作家創作的一次「聯合展覽」，她希望讀者拿到這本書，就能對當今的文學狀況有一個綜合的、感性的認識。當然，在選編過程中，她也看到了小說創作中存在一些共同的問題：

「這些作品在題材的選擇上似乎有個傾向，就是選擇描寫農村生活或勞動者生活的居多。這種傾向說好一點，是我們這個時代對於他們——農人與勞動者——有濃厚的同情與關心；說壞一點，是一種盲從趨時的現象。描寫勞工社會、鄉村色彩已成爲一種風氣，而且在文藝界也取得了一點成績，作家們容易不自覺地因襲這種格調。他們撇開自己所熟悉的生活不寫，而對鄉村的窮苦和偏僻的地區發生興趣。就單篇來說，許多作品寫得不錯，個別作品還寫得特別精彩。但就一種創作傾向看，則整體表現出一種缺乏創造力的貧弱。」

「如今，」楊振聲不緊不慢地接了一句，「『普羅文學』堪稱時尚。」

林徽因反應極快地說：「強調普羅文學，並不能掩飾這種創造力的缺乏和寫作動機的不純正。優秀的文學就是優秀的文學，無論作者的出發點如何！」

「在描寫上，」林徽因又談起了入選作品藝術表現方面的不足，「感到大多數作品採取的是寫一個故事的方法，或者以一兩個人物爲中心，或者以某個地方發生的一樁事件爲主幹，單純地寫故事的發展與結束。這是一種很薄弱的表現手法。我疑惑是不是一些作者誤會了短篇小說的特徵，把短篇小說表現生活的可能性看得過於狹窄的緣故。」

「很少有人大膽嘗試截取生活的斷面，也很少有人剖析自己生活中的種種矛盾，這不能不說是一種遺憾。」

說到這裡，林徽因有些激動。她說話本來就快，一激動語速就更快了：「文學作品最重要的是誠實。誠實比題材的新鮮、結構的完整、文字的流麗更重要。所謂誠實並不是說作者必須實際經歷自己作品中所描寫的生活，而是說，小說的內容即使完全是虛構的，情感卻必須是眞實的，必須是作者在情感上能體驗得出的情景和人性。許多人在寫作中故意選擇一些自認爲很浪漫、自己卻並不瞭解的生活為表現題材，然後鋪張出自己所沒有的情感來騙取讀者的同情，這樣的作品自然會令我們認真的讀者感到不耐煩和失望。」

林徽因的見解得到了大家的贊同。朱自清說：「也許這與作者的生活經歷不豐富有關。」「生活的豐富不豐富，」林徽因說道，「不在於生活經歷的多與少，而在於作者的觀察力和感受力是否銳利敏捷，在於能多方面體味所見、所聽、所遇的種種不同情景，能理會到人在生活中互相的關係與牽連：生活的必然與偶然之中所起的戲劇性變化；更得有自己對生活的看法及思想、信仰或哲學。所以說，一個生活豐富的人，並不在於客觀地見過若干事物，而在於能主觀地激發很複雜、很不同的情感，能同情於人性的許多方面。」

「所以一個作者，除運用文字的能力學問外，必須是能立在任何生活上面，能在主觀與客觀之間，感覺和瞭解之間，理智上進退有餘，情感上橫溢奔放，記憶與幻想交錯相輔，到了真即是假，假即是真的程度，他的筆下才現出活力真誠，他的作品才會充實偉大，不受題材或文字的影響，而能持久普遍地動人。」[33]

一九三〇年代，林徽因從事文學創作是在從事古建築研究之餘，應該屬於業餘作家。可是，她的創作以及對創作的理解卻並不業餘。與當時一些從國外引進的「普羅」文藝理論、盲從趨時的文學觀念相比，她堅持「誠實」寫作的見解更切近文學的本質。

一九三六年八月，林徽因選編的《大公報文藝叢刊·小說選》由上海良友圖書公司出版。面

㉝ 林徽因《文藝叢刊小說選題記》，《林徽因文集·文學卷》三十七—四十頁。

市後很快售罄，僅隔三個月就又再版。

林徽因一生主要致力於對古老東方建築藝術的研究，在研究建築學之餘，她豐沛、明亮的精神之火外化在一首首詩歌、一篇篇小說、散文和其他創作和評論中。從這些作品中可以讀到她獨具個性的靈魂美。她的生命也由此而更加充盈和豐滿。在並不漫長的中國現代文學史中，她寫下了雖不算濃重卻獨具美感的一筆，這是不應該被忘卻的一筆。

五　一葉一菩提

立春後，又下了一場雪，雪不大，卻柔柔地飄了一天一夜。平日裡「無風三尺土，有雨一街泥」的大街小巷被雪覆蓋著，顯得肅穆而潔淨。

太陽出來了，照在雪地上，晃得人睜不開眼。金岳霖戴著一頂老頭帽，夾著兩本書，眯著眼走進了中山公園營造學社的平房。

林徽因正趴在桌上繪一張圖，看見老金，高興地招呼著，放下了手中的工作。

屋裡生著爐子，門上掛著棉布簾，潔白的窗紙嚴嚴實實地糊在窗戶上，屋裡很暖和。

金岳霖摘下眼鏡，擦著鏡片上的哈氣說：「去琉璃廠轉了一圈兒，挑了兩本書，看著時候還早就拐這兒來了。思成呢？」

徽因給老金沏著茶，說：「思成去北京圖書館了，有事嗎？」

「什麼事也沒有，只是順路來看看你們在忙些什麼。」

徽因翻動著桌子上的一疊紙告訴老金，自己準備寫一篇關於中國古代建築特徵的文章，需要配一些相關的插圖，先做一些案頭的工作。

「哦，那一定很有意思！」老金十分感興趣，「能不能說來聽聽？」

金岳霖比徽因年長九歲，比思成年長六歲，徽因和思成視他如兄長，關係十分親近。

徽因高興地笑著說：「行，咱們出去踩踩雪，邊走邊說。在屋裡待了半天，悶得頭疼。」

中山公園過去叫社稷壇，緊挨著紫禁城，是帝王們每年祭祀土地和五穀神的地方。園子裡遍植松柏，享殿和寢殿外是紅色的圍牆。社稷壇的矮牆外有三條神道，白雪覆蓋下，這一切顯得格外莊嚴美麗。

順著園子裡掃淨積雪的小徑，徽因和老金走到了中山堂前。過去帝王們前來祭祀時，這裡是文武百官覲見皇上的地方。

大殿秀麗而莊嚴。殿前的台基和三道石階由漢白玉鑲嵌，合抱的朱漆立柱並列，雕鏤精緻的門窗，青綠彩畫的闌額，黃色的琉璃瓦被白雪覆蓋顯得晶瑩璀璨，大殿屋頂的坡度優美和諧。

看守大殿的人認得徽因，恭敬地招呼著，打開了殿門。

這座大殿的房頂沒有天花頂棚，是傳統營造法式中「露明造」的形式。抬頭望去，所有的梁架斗拱結構全部外露，每一處結構都處理得有如裝飾畫一樣美妙，同時又組成了和諧的圖案。

「這個大殿給了我寫作的許多靈感呢！」徽因歎息道。

她告訴老金，外國的許多建築史著作中，很少承認中國的建築在世界建築史上有其獨立的系統及其地位。她這篇論文，就是在分析中國古代建築主要結構特徵的基礎上，論證無論在世界、還是在東方，中國建築都有著獨特的地位和價値，這些結構特徵從來沒有因爲外來的影響而發生變化。

徽因認爲，中國建築藝術的主要特色，表現在古建築的屋頂、台基、斗拱、色彩和平面佈局等方面，這些是中國建築的精神之所在。

老金平時也常聽思成和徽因談起這類話題，那通常是就某一處具體的建築物發表看法。他聽得出，今天徽因所談的，是徽因多日研究的心得，也是她文章中的主要觀點。所以他聽得格外認眞。

徽因指點著中山堂的屋頂對老金說：「屋頂是建築物最實際必需的部分，自古以來，人們就竭心盡力地求得盡善盡美，使它在滿足實際需要的同時，又獨具藝術性。最早的屋頂，因爲要解決雨水流灌和遮擋陽光的問題，就擴張出了屋簷。屋簷的突出並不是什麼難解決的事，但是，出簷深則低，就會阻擋房屋的採光，同時，雨水大的時候，簷下就會發生濺水的問題。於是，古代的人們發明了飛簷，用雙層瓦簷讓簷的邊沿稍稍翻上去，形成一種曲線。這種四角翹起的『飛簷』，是極自然又合理的結構。歷來被看得很特異神秘的屋頂，並沒有什麼超出結構原則和不自然造作之處，其實它非常美觀實用。這屋頂的坡度是一道美妙的曲線，上部巍然高舉，簷部如翼輕展，使原本極無趣、極笨拙的屋頂，一躍而成爲整個建築的美麗冠冕。」

「屋頂上的裝飾物——脊瓦上的脊吻和走獸，也是結構的組成部分。瞧，那龍頭形的『正吻』，古時稱做『鴟尾』，最早想來是總管『扶脊木』和脊桁等部分的一處關鍵。這木質關鍵突在脊上，略作鳥形，後來加以點綴，刻成了鴟鳥之尾。把它雕刻成鴟尾的形狀，還帶有一點象徵意義，因爲古代傳說鴟鳥能吐水，所以把它放在瓦脊上，指望它能制服火災。」

「外國人十分注意中國屋頂的特殊形式，他們加上了許多自己的想像。有人說這屋頂是受遊牧時代帳篷的啓發，有人說那是蔽天松枝的象形。有人說中國建築中的飛簷怪誕，有人說中國建築像是兒戲。他們永遠不懂，這些部分不僅有藝術價值，而且有實用價值。」

老金指著屋頂和樑柱之間重重疊疊的木結構部分說：「這個我知道，叫斗拱。」

徽因笑了，說：「沒錯，這叫斗拱。這也是中國建築的一個顯著特徵。那前後的木翹，左右的橫拱，結合成爲斗拱，它是柱與屋頂間的過渡部分，使支出的房檐重量漸次集中到柱的上面。宋元之前的斗拱，的確十分精彩，它是房柱與房檐之間最恰當的關節，同時又是簷下的一種點綴，結構本身又是裝飾——斗拱是最好的範例。只可惜明清以來的建築，逐漸減輕了斗拱在結構上的作用，使它幾乎純粹成了裝飾。」

說到裝飾，徽因看著那些描繪著奇麗圖案的闌額讚歎道：「多漂亮的彩繪！老金，你注意過嗎？彩繪大多位於簷下，在陰影掩映之中。它主要由青藍碧綠的冷調組成，有時略加金色。而簷以下的門、柱、窗大多是純粹的朱紅色，與闌額上的彩繪形成鮮明的對比，既和諧又莊嚴。」

徽因用手輕輕地撫摸著精緻的菱形木雕窗扇，彷彿自言自語地說：「我喜歡這些細部的處理！這些簡單又複雜的線條組合，是一座建築的裝飾，它使建築有了感情，有了人情味。」

說話間，他們走出了大殿。徽因輕輕地跺著腳，大殿石階上的雪已掃去，雪地上留下細細的竹帚的痕跡。

「這台基應算做中國建築的一個基本結構。」徽因說，「看上去不稀奇，不過你把建築看做一個整體，就能看出，有巍峨壯偉的屋頂，就得有舒展或多層的基座托襯，否則就會顯得上重下輕。」

下了石階，他們走了一截，不約而同地轉過身來看那座建築，一片雪白把那座大殿突出地襯托出來，光與影的映襯下，使大殿顯得恢弘而凝重。

金岳霖問徽因：「我前些天從一本外國期刊上讀了篇文章，那個外國人談到中國的建築，認爲中國的建築佈局沉悶單調。你一定也讀過了吧？」

徽因秀氣的眉頭微蹙著，抿了抿嘴唇說：「我看到了。其實，這是外國人不懂中國建築所下的浮躁結論。左右對稱的平面佈局，正是中國建築的主要特徵。均衡相稱的建築佈局原則，是中國幾千年社會組織制度的體現。因爲只有嚴格的對稱和比例，才能構建出井然的秩序。這既是建築的秩序，也是社會生活的秩序。不過，中國從南方到北方，不在此例的建築物也很多，如庭園、別墅、宮苑樓閣，這些建築佈局上常常不講對稱，而極其富於變幻。但是無論怎樣的曲折纖巧都應該有一定的度，用審美的眼光來看，那種種取巧的人工手段，是最令人鄙薄的。」

聽到這裡，老金又問道：「那麼，相對於西洋建築來說，中國建築的缺憾是什麼呢？」

「中國建築的弱點，」徽因說，「首要應該說的是匠師們對木材——尤其是樑，用得太費。他們顯然不明瞭橫樑載重的力量只與樑高成正比，而與樑寬沒有多少關係。因匠師們不會計算木材的承重，所以往往把梁的尺寸盡量放大，用極大的 factor of safety（安全係數），造成了材料的浪費。還有，匠師們很少在建築中運用三角形的穩定性的原理，房樑上的支架往往經過不長久的歲月，便有傾斜的危險。我們在北京的街上，到處都可以看見用木柱或磚牆支撐的傾斜的房子，就是由此造成的弊端。另外，地基太淺是中國建築的大毛病。普通建築規定是台明高的一半，下面再墊上點灰土。這種做法很不科學，尤其在北方，地基若不挖到 Frost line（結冰線）以下，建築物的堅實程度就會因土地的冰凍發生問題。」

金岳霖在一旁聽得連連點頭，他問道：「這些問題有解決的辦法嗎？」

林徽因笑了，說：「這些缺點在現代建築師手裡，並不算什麼難以解決的問題。怕只怕我們對這些問題不夠瞭解。一旦瞭解，想要避免糾正是很容易的。」

一口氣講了這麼長時間，林徽因深深吸了口氣，她的眼眸明亮，雙顴發紅。金岳霖知道徽因肺不好，講這麼多話肯定很累。他讓徽因回房中歇歇，可徽因仍沉浸在講述自己研究成果的興奮中。她是如此珍視這一切，那玲瓏的飛簷，堅實的斗拱，精緻的雕花門窗和沉穩的樑柱，在她的講述中彷彿都有了生命和性靈。

金岳霖被徽因的講述深深吸引，也被林徽因深深吸引。文弱秀麗的徽因具有獨特的精神氣質，既有詩一般空靈飄逸的神采，又具有忘我獻身熱情的科學精神。這兩種原本互相排斥、互相矛盾的精神氣質在林徽因身上體現得如此和諧。這種精神氣質對於長期從事德國古典哲學研究和抽象邏輯學教學的金岳霖教授來說，具有照亮和點燃心靈的作用。

關於金岳霖和林徽因的關係，在有關林徽因的文字中多有涉及，種種臆測多不足信，最可信的應該是梁思成後來的妻子林洙的記述。

那是林徽因去世近十年後，林洙在與梁思成的交談中，談到了社會上流傳的關於金岳霖爲了林徽因終生不娶的事情。她問梁思成，是不是眞有這回事。梁思成說：

「林徽因是個很特別的人，她的才華是多方面的。不管是文學、藝術、建築乃至哲學她都有很深的修養。她能作為一個嚴謹的科學工作者，和我一同到村野僻壤去調查古建築，又能和徐志摩一起，用英語探討英國古典文學和我國新詩創作。她具有哲學家的思維和高度概括事物的能力。梁思成笑了笑詼諧地說：所以做她的丈夫很不容易。中國有句俗話，『文章是自己的好，老婆是人家的好。』可是對我來說老婆是自己的好，文章是老婆的好。我不否認和林徽因在一起有時很累，因為她的思想太活躍，和她在一起必須和她同樣地反應敏捷才行，不然就跟不上她。

我們住在北總布胡同時，老金就住在我們家的後院，但另有旁門出入。可能是在一九三一年，我從寶坻調查回來[34]，徽因見到我時哭喪著臉說，她苦惱極了，因為她同時愛上了兩個人，不知怎麼辦才好。她和我談話時一點不像妻子

---

[34] 此處回憶似有誤，種種資料表明，梁思成赴寶坻調查是在一九三二年。

和丈夫，卻像個小妹妹在請哥哥拿主意。聽到這事，我半天說不出話，一種無法形容的痛楚緊緊地抓住了我，我感到血液凝固了，連呼吸都困難。但是我也感謝徽因對我的信任和坦白。她沒有把我當成一個傻丈夫。怎麼辦？我想了一夜，我問自己，林徽因到底和我生活幸福，還是和老金在一起幸福？我把自己、老金、徽因三個人反覆放在天平上衡量，我覺得自己儘管在文學藝術各方面都有一定的修養，但我缺少老金那哲學家的頭腦，我認為自己不如老金。於是第二天我把想了一夜的結論告訴徽因，我說，她是自由的，如果她選擇了老金，我祝願他們永遠幸福。我們都哭了。

過幾天徽因告訴我說，她把我的話告訴了老金。老金的回答是：『看來思成是真正愛你的，我不能去傷害一個真正愛你的人，我應該退出。』從那次談話以後，我再沒有和徽因談過這件事，因為我相信老金是個說到做到的人，徽因也是個誠實的人。後來的事實證明了這一點。所以我們三個人始終是好朋友。我自己在工作上遇到難題，也常常去請教老金，甚至我和徽因吵架也常要老金來『仲裁』，因為他總是那麼理性，把我們因為情緒激動而搞糊塗的問題分析得清清楚楚。」[35]

林徽因是幸運的，她因自己生活中優秀的男性而更加優秀。

金岳霖是眞正的紳士，他無疑是愛林徽因的，並且因爲愛林徽因而愛林徽因的家庭，愛林徽因所愛的人。在以後的歲月裡，他成了梁家的一員。林徽因、梁思成和他們的孩子都愛他信任他，從一九三〇年代一直到金岳霖的晚年，這種愛始終沒有變形。金岳霖這種鍾情於別人妻子的感情或許會被人認爲是一種不合道德規範的感情，但這種感情卻傳達出超越一般道德規範的美好。

梁思成是眞正的紳士。一場對作爲丈夫的他來說至爲尷尬的感情波瀾，被他的眞誠和博愛所化解。他對林徽因的尊重和珍愛使他不忍讓徽因在感情上受一點委屈。他對朋友的篤誠和信任使他贏得了朋友們永遠的敬重——不論是徐志摩，還是金岳霖。他的胸襟情懷使他生活中的夫妻之愛和朋友之愛都達到了一種理想的境界。所以林徽因發自內心地說：如果她的人生可以重新安排，她仍然會選擇現在的家庭。在這樣的家庭裡，他們互相欣賞，互相砥礪，他們的美好人格和他們所鍾愛的事業在互相輝映中熠熠閃亮。

後來的一些文字在談及林徽因的感情生活時常常頗有微詞。其實這樣的非議在當時就曾有過。值得一提的是，作爲當事人的林徽因對此從來不置一辭。在外界的傳聞和流言面前，她始終

㉟ 林洙《困惑的大匠——梁思成》一八六—一八七頁。

保持著高貴的沉默，而在心靈的最深處自有珍藏。

一九三六年初的一天，思成要去上海，因爲一件小事，倆人嘔氣了。和所有夫妻一樣，他們在平日的生活裡也不時發生爭執，互不相讓。這次倆人是眞生氣了，氣頭上，他們說著最解氣的話，結果是思成氣鼓鼓地離開了家，徽因在家哭腫了眼睛。

第二天一早，徽因收到了思成從火車上發回的兩封電報一封信，信電中全是對徽因的牽掛和對吵架的懊悔。徽因一夜沒睡好，頭暈得厲害。讀著思成的信和電文，她感到了幸福的眩暈，心頭一鬆，靠在了沙發上。

這時，女傭又送來了沈從文的一封信。

沈從文因爲一樁感情的紛擾與妻子張兆和發生了矛盾。苦惱中的沈從文寫信向徽因訴說，希望徽因能幫助他「抓住理性的自己」，把「橫溢的感情」設法安排妥帖一點。

讀著沈從文的信，徽因禁不住微笑了。她想，生活裡的事情眞是奇妙，從湘西走出來的沈從文和自己一樣被感情困擾得痛苦不安。對這種苦惱她不僅理解，而且肯定地認爲：「人活著的意義，基本上就是能體驗情感。」

她鋪開了信紙，與張兆和一樣稱呼沈從文爲「二哥」。她清理著自己的思緒，剖析著自己的感情，開導和勸慰著苦惱中的「二哥」：

「我的主義是要生活，沒有情感的生活簡直是死！生活必須體驗豐富的情感，把自己變成豐富、寬大能優容能瞭解，能同情種種「人性」，能懂得自己，不苛責自己，也不苛責旁人。不難自己以所不能，也不難別人所不能，更不怨命運或是上帝，看清了世界本是各種人性混合做成的糾紛，人性又就是那麼一回事，脫不掉生理、心理、環境習慣、先天特質的湊合！把道德放大了講，別裁判或裁削自己。任性到損害旁人時如果你不忍，你就根本辦不到任性的事。（如果你辦得到，那你那時殘忍，便是你自己性格裡的一點特性也用不著過分的去糾正。）想做的事太多，並且互相衝突時，揀最想做——想做到顧不得旁的犧牲——的事做，未做時心中發生糾紛是免不了的，做後最用不著後悔，因為你既會去做，那樁事便一定是不可免的，別盡著罪過自己。

我方才說到極端的愉快、靈質的、透明的、美麗的快樂，不知道你有否同樣感覺。我的確有過，我不曾忘卻我的幸福。我認為最愉快的事都是一閃而過的，在一段較短的時間內迸出神奇的火花——如同兩個人透徹的瞭解：一句話打到你心裡使得你理智和感情全感受到一萬萬分滿足；如同相愛：在一個時候裡，你同你自身以外的另一個人互相以彼此存在為極端的幸福；如同戀愛，在那時那刻眼所見、耳所聽，心所觸無所不是美麗，情感如詩歌自然的流動，如花香那樣不知其所以。這些種種便都是一生中不可多得的瑰寶。世界上沒有多少人有那機會，且沒有多少人有那種天賦的敏感和柔情來嘗味那經驗，所以就有那種機會也無用。……在夫婦間為著相愛糾紛自然痛苦，不過那種痛苦也是夾著極端豐富的幸福在內的。冷漠不關心的夫婦結合才是真正的悲劇！如果在『橫溢情感』和『僵死麻木的無情感』中叫我來揀一個，我毫無問題要揀上面的一個，不管是為我自己還是為別人。人活著的意義基本的是在能體驗情感。能體驗情感還得有智慧有思想來分別瞭解那情感——自己的或別人的！……」

當她準備結束這封信時，想起了沈從文的苦惱，於是又走筆寫道：

「算了吧！二哥，別太虐待自己，有空來我這裡，咱們再費點時間討論討論它，你還可以告訴我一些實際情形。我這二十四小時中只在想自己如何消極到如此田地苦到如此如此，而使我苦得想去死的那個人，自己在去上海的火車中也苦得要命，已經給我來了兩封電報一封信，這不是『人性』的悲劇麼？那個人便是說他最不喜管人性的梁二哥㊱！」

㊱ 指梁思成。

徽因又提及：

「你一定得同老金談談，他真是能瞭解同時又極客觀極同情極懂得人性，雖然他自己並不一定會提起他的歷史。」

福建的陳鐘英、陳宇二先生，在一九八〇年代初編輯林徽因詩文集的過程中，曾多次到北京訪問已年過八旬的金岳霖。他們記下了如下的一些事情。

金岳霖一生對林徽因滿懷深情。林徽因去世後，金岳霖仍舊獨身。陳宇在對金岳霖的訪談中：「很想瞭解這一行爲背後意識觀念層面上的原因。但這純屬隱私，除非他主動說，我不能失禮去問。不過，後來瞭解到了一件事，卻不無收穫。有個金岳霖鍾愛的學生，突受婚戀挫折打擊，萌生了自殺念頭。金岳霖多次親去安慰，苦口婆心地開導，讓那學生認識到：戀愛只是一個過程，戀愛的結局，結婚或不結婚，只是戀愛過程中的一個階段，戀愛的幸福與否，應從戀愛的全過程來看，而不應僅僅從戀愛的結局來衡量。最後，這個學生從痛不欲生的精神危機中解脫了出來。由是我聯想到了金岳霖，對他的終生未娶，幡然產生了新的感悟。」[37]

在林徽因去世後多年的一天，金岳霖鄭重其事地邀請一些至交好友到北京飯店赴宴。開席前

[37] 陳宇《情繫四月千尋瀑，誼存天上人世間——金岳霖憶林徽因》，《人物傳記》一九九九年第四期。

他說：「今天是林徽因的生日！」頓使舉座感歎唏噓。

陳鐘英、陳宇在林徽因詩文集編好之後，拿去請金岳霖過目，金岳霖摩挲著，愛不釋手。陳鐘英想請他寫篇關於林徽因的文字附於書中，然而金岳霖卻遲遲地不開口。

「時間一秒一秒地過去了，」陳鐘英寫道，「我無法講清當時他的表情，只能感覺到，半個世紀的情感風雲在他的臉上急劇蒸騰翻滾。終於，他一字一頓，毫不含糊地告訴我們：『我所有的話，都應該同她自己說，我不能說。』他停了一下，顯得更加神聖與莊重，『我沒有機會同她自己說的話，我不願意說，也不願意有這種話！』他說完，閉上眼，垂下了頭，沉默了。」㊳

金岳霖在一九八〇年代中期寫了一些憶舊隨筆，其中有一篇是《梁思成林徽因是我最親密的朋友》。他寫道：

> 「梁思成、林徽因是我最親密的朋友。從一九三二年到一九三七年夏天，我們住在北總布胡同。他們住前院，大院；我住後院，小院。前後院都單門獨戶。三〇年代，一些朋友每個星期六有集會，這些集會都是在我的小院裡進行的，因為我是單身漢。我那時吃洋菜，除了請一個拉洋車的外，還請了一個西式廚師。『星期六碰頭會』吃的霜淇淋，喝的咖啡都是我的廚師按我要求的濃

㊳ 陳宇《情繫四月千尋瀑，誼存天上人世間——金岳霖憶林徽因》，《人物傳記》一九九九年第四期。

度做出來的。除早飯在我自己家吃外，我的中飯晚飯大都搬到前院和梁家一起吃。這樣的生活維持到『七七事變』為止。抗戰以後，一有機會，我就住在他們家。他們在四川時，我去他們家不止一次。有一次我的休息年是在他們李莊的家過的。抗戰勝利後，他們住在新林院時，我仍然同住，後來他們搬到勝因院，我才分開。我現在的家庭仍然是梁金同居。只不過我雖仍無後，而從誠已失親這一情況而已。

我同梁從誠現在住在一起，也就是北總布胡同的繼續。」㊴

金岳霖寫這篇隨筆時，已年近九旬，生活起居皆已不能自理。梁思成、林徽因與他的情感延續到下一代，伴隨著他走完了自己的人生。

一九三二年的陽春三月，梁思成的《清代營造則例》和《營造算例》完稿了，林徽因《論中國建築的幾個特徵》也在《中國營造學社匯刊》上發表。這是林徽因第一篇建築學研究的論文，也是她對中國建築藝術綱領性的總結。寫作這篇論文時，妊娠反應使她常常臉色蒼白地離開寫字臺和繪圖板。可整篇文章的思路、包括其中許多圖例的繪製，卻完成得十分順利和流暢。直到今天，當我們閱讀這篇專業性很強的論文時，仍不能不嘆服林徽因一氣呵成駕馭材料的能力。這樣

㊴ 金岳霖《梁思成林徽因是我最親密的朋友》，《哲意的沉思》五十頁。

酣暢的筆墨僅僅用才華和靈氣來解釋是不夠的，那實在是長期耕耘、了然於心的結果。

中國傳統的知識分子多是「述而不作」、「坐而論道」，思成、徽因與傳統知識分子的最大區別在於，他們不僅重理論研究，同時更重科學的實證。

對清代建築文獻的整理和對清代建築實例的研究是他們系統性全面研究中國古代建築的演練和前奏。接下來，他們計畫從華北地區向外延伸，實地考察中國明清以前的古代建築。

這是一項前無古人的事業，因爲中國從來沒有人寫過自己的建築史，自然也就沒有古代建築物的目錄，在這樣的前提下外出考察，就像是「盲人騎瞎馬」，幾乎完全是憑感覺，碰運氣。

華北民間流傳著這樣的諺語：「滄州獅子應州塔，正定菩薩趙州橋。」民諺唱出了華北一帶的古代名勝。

正定菩薩，在河北正定縣的隆興寺，是歷史上有名的大佛寺。梁思成的考察，就準備從這裡開始。

很偶然地，梁思成看到了在鼓樓展出的介紹薊縣風光的照片，鼓樓是當時的北京民眾教育館。其中有一張薊縣獨樂寺的照片。那碩大的斗拱吸引了思成，他決定立即去薊縣。

外出考察是思成和徽因計畫已久的事情，可徽因這時有孕在身，不能和思成同行。營造學社當時沒有專職的測繪人員，思成在南開大學上學的弟弟思達正巧放春假住在哥嫂這裡，思成就帶著思達和營造學社的兩個同事上了路。

這是思成第一次外出考察。當時中國縣鄉的交通極爲不便，霍亂等傳染病肆虐，食宿條件根本就談不上，而且到處都可能遭遇殺人越貨的盜匪。徽因一整天都在擔心，直到當晚接到思成的電話。

「沒有土匪，」思成在電話裡告訴徽因，「四個人住店，一宿才一毛五！」

薊縣是北京東面的一個山麓小城，淨美可人，讓思成聯想到法國的小鎮。獨樂寺的觀音閣高聳城牆之上，離老遠就可以看出這是一處古拙而醇和的建築。它建於遼代統和二年（西元九八四年），在它建成一百一十六年後，才有《營造法式》。思成在調查報告裡寫道：「這是我生平第一次看到一座如此古老的、在中國建築史上具有重要地位的殿宇。」觀音閣是環繞著一尊高十六公尺的十一面觀音塑像而建起的木結構建築，共三層；安置觀音的地方建成了一個中空的天井。人站在一層仰望觀音塑像，顯得高不可攀。拾級而上，到第三層，高及菩薩的前胸，可以看到觀音的面容。古代的工匠在修築這座建築時，是如此匠心獨運地處理高大的菩薩塑像和瞻仰朝拜者的關係。

思成一行完成了對獨樂寺的考察測繪，回北京後，發表了關於薊縣獨樂寺的調查報告。報告引起中外建築學術界的注目，因爲這是我國第一篇用科學方法考察、研究中國古建築的報告。

乘著考察獨樂寺的成功，當年六月，梁思成又考察了河北寶坻的西大寺。在西大寺三大士殿迷蒙的塵土和堆積的稻草中，梁思成驚喜地發現了《營造法式》中「徹上露明造」的樑枋結構。

「無論殿內殿外的斗拱和樑架，」梁思成在報告中寫道，「我們可以大膽地說，沒有一塊木頭不含有結構的技能和意義的。在殿內抬頭看上面的樑架，就像看一張X光照片，內部的骨幹，一目了然，這是三大士殿最善最美處。」

對於這新的發現，他滿懷感激：「在發現薊縣獨樂寺幾個月後，又得見一個遼代建築，實是一個奢侈的幸福。」

這種幸福感，足以使他忘記一路的艱辛和狼狽。

六月火熱的陽光下，他們長時間等待著不定時的長途汽車。車站位於豬市當中，他們在兩千多頭豬的慘號聲中，登車出發。

汽車行駛在鄉間的泥濘路上，車速如同蝸行，乘客不時被請下車，在鬆軟的泥裡、沙裡，彎腰伸頸，努力跋涉，有時還需推著汽車走。

到了目的地，找不到可以住宿的地方，所有的客店，都是院子裡喂著牲口，屋子裡爬滿蒼蠅。

一次路遇傾盆大雨，他們正走在一片大平原上，大風裹挾著雨水撲打著他們，前不著村，後不著店，走了很遠才遇見一個村落。

初次經歷這一切的梁思成沒有想到，在以後幾年的外出考察中，他和徽因會對這樣的「旅行」習以爲常，不足爲奇。

外出考察後回到家裡，思成便覺得自己是最幸福的人。洗去一身的疲憊，換上居家的便服，捧著一杯香茗，徽因一邊翻看他測繪的各種資料，一邊急切地詢問他考察中的各種情形和見聞。

當思成拍攝的那些照片洗出來後，徽因更是感慨萬端：「同樣的寺廟，建於清朝和建於遼代的就有這麼大的不同！三大士殿的屋簷和斗拱讓人覺得沉甸甸的，而清朝的廟宇就缺乏這種厚重感和力度。」

徽因盼著盡早能同思成一道外出，去親眼看一看那些藏在荒村野嶺的珍寶。

家裡仍然很熱鬧，常來的除新老朋友外，還有梁林兩家的親戚。思成的兩個侄女正在上大學，通常會來北總布胡同度週末，有時她們的同學也一起來，因為他們喜歡梁家的藝術氛圍和自由氣息，還因為在這裡可以碰到他們仰慕的文壇名人。

徽因儘管永遠有忙不完的家務，仍然不時地有新詩發表。整理思成的考察資料也是她樂意做的事。

一九三二年，她完成了建築學論文《平郊建築雜錄》，為燕京大學設計了地質館，還與梁思成一道，設計了燕京大學灰樓女大學生宿舍。

灰樓的樓梯扶手要比一般宿舍樓的樓梯扶手略窄一些，因為考慮到女學生的手比較纖小。

徽因看重細節，講究細節的完美。生活完美與否常常由細節決定，一座建築是否完美也同樣由細節決定。

一九三三年，兒子從誡滿一歲了。他胖乎乎的小手上有圓圓的肉窩，見人就笑，逗人極了。三歲多的小再冰已知道愛美，每天早上起床都要挑自己喜歡的裙子穿。看著孩子一天天長大，對世界上的事情樣樣都感到驚奇，常常出人意料地提出一些有趣的問題，徽因十分快樂。一雙小兒女讓徽因十分忙碌，也十分幸福。她平時在工作中，在討論問題時，從不輕易妥協。可是和孩子在一起時，卻全沒了主見。她寵著孩子，由著孩子，不知道怎樣疼愛他們才好。當思成去山西考察時，她決定要一同前往，可臨行前看著可愛的孩子，眞是難捨難離。

但她還是同思成一起做著外出前的種種準備。

首先是案頭的準備。他們花不少時間跑圖書館，閱讀各地的地方誌和其他書籍，瞭解準備考察的那一地方的歷史、地理和宗教等方面的情況，記錄下其中有關建築的文字，以制定考察目錄和考察計畫。

再來就是要得到當地政府的支持。他們考察的地方多是些窮鄉僻壤，如果沒有當地政府的支持，他們的行動就會因爲不被當地人理解而受阻，有時甚至有生命危險。每次出發前，先由營造學社的社長朱啓鈐透過各種關係同當地政府和駐軍打招呼，請求他們對考察人員給予必要的關照和保護；考察結束後，再請當地政府妥善保護這些古代建築文物。

當然，也得有物質上的準備。古建築考察是一項默默無聞的工作。營造學社資金有限，設備十分簡陋。他們除了測量和照相的儀器外，每個人都備有一個工具包，當他們攀援在古建築上時，包裡那些可以伸縮的尺和其他自製的工具都可以派上用場。吸取以往野外考察無處食宿的教訓，他們還準備了輕便的吊床、行軍床和一些罐頭食品。

思成、徽因計畫先到大同，再去應縣。大同有雲岡石窟，應縣有遼代木塔。很長一段時間以來，應縣的那座古老木塔就一直讓思成寢食難安。

早晨起來，洗著臉，他會突然自言自語道：「到應縣去不應該太難走吧，聽說山西修有很好的汽車路……」正吃飯時，他會沒頭沒腦地說：「如果能測繪那應州塔，我想，我就……」話沒說完，他自己笑了起來。當然，只有徽因明白他的意思。

最讓他不放心的是，不知那木塔是否還在。即使還在，是否還是建於遼代的那座。過去的考察中有過這樣的經歷：千辛萬苦地跑了幾百里路，結果見到的有時是一片廢墟，有時又是明清以後仿建的贗品。

他盼望著能看到一張應縣木塔的照片，只要看一看照片，他就能判斷這座建築的建築年代。

一天上午，徽因從門房那裡拿回了當日的報紙和信件，一個自製的牛皮紙信封引起了她的好奇。那信封上的寄信人地址是：山西省應縣白雲齋照相館。

原來，思成想出了這麼個主意。他先寄一封信到應縣去投石問路，收信人地址寫的是「探投：山西應縣最高等照相館」。信中，他請應縣照相館的人幫忙拍一張近期應縣木塔的照片。沒想到，「應縣最高等照相館」居然有了回音。

徽因把郵件交給思成，她欣賞思成的執著，嘴上卻笑著打趣道：「老天保佑，幸虧你著迷的不是電影明星！」

思成看著照片和信，興奮地對徽因說：「太幸運了，八九百年的木塔居然還這麼完好！你瞧這家照相館多有意思，他們不要拍照片的酬金，只想要一點北京的信紙和信封。」

正是初秋九月，北京的點心鋪開始賣月餅了，有京味的，有南味的。與月餅一同叫賣的還有黃澄澄的鴨梨、籽粒晶瑩的石榴和大串掛著霜的葡萄。

除了吃的，小孩子還喜歡兔兒爺，這是老北京獨有的彩繪泥塑。兔兒爺三瓣嘴，兔兒臉，披著鎧甲，跨著龍駒，背插一面纛旗，作大將軍狀。大的有兩尺高，小的可握在手中，中秋時節擺放在家中的几案上，一派喜氣諧趣。

天氣眞好，不冷不熱的。徽因放下手頭永遠也做不完的事情，和思成及營造學社的劉敦楨、莫宗江一行五人前往大同。

徽因很長時間沒有這樣到外面走一走了。天天在家裡，習慣了孩子們的聲音，習慣了傭人們事無巨細的問詢，也習慣了母親的嘮叨，儘管有時會感到煩悶，但在生活慣性的驅使下，日子一天天也過得飛快而平靜。如今遠離了那熟悉的一切，開始了另一種生活，觸目全是新鮮、興奮和美好。在她看來，山西「天是透明的藍，白雲更流動得使人可以忘記很多的事，更不用說到那山山水水、小堡壘、村落，反映著夕陽的一角廟，一座塔！景物是美得使人心慌心痛。」[40]

山西的自然風物很美，山西的社會生活卻落後而貧窮。

他們到了大同才發現，在這裡居然找不到投宿的地方。街道上厚厚一層混合著煤塵的灰土，牆根屋角的垃圾在風中打轉，毛驢是主要的交通運輸工具，車馬店是惟一的「接待站」。

「誰能想到，」徽因說，「這裡在遼金時代曾是陪都！」

無奈中，他們回到了大同火車站，不期然碰到了車站站長李景熙。他當年在美國賓夕法尼亞大學學習鐵路運輸，與思成、徽因同學。他鄉遇故知，疲憊的一行人分外高興。

李景熙把思成、徽因一行接到自己家裡，騰出房間，安排他們住下。思成、徽因不願意再讓老同學爲這麼多人的飲食操心，第二天找到了市政當局。市政官員吩咐一家餐館供給他們飲食。在大同考察期間，他們每天在這裡就餐，一日三餐的伙食是一人一碗湯麵條。

他們測繪了建於遼金時代的華嚴寺和善化寺。

[40] 林徽因《山西通信》，《林徽因文集・文學卷》十五頁。

思成給五人分了工，有人測平面，有人查碑文，有人量斗拱，有人畫橫斷面、縱斷面。每天一到寺中，他們立即依照分工開始工作。思成爬梁上柱最利索，三下兩下就到了殿堂房頂，拉開皮尺一邊測量一邊繪圖，效率非常高。

然後，他們到了雲岡石窟，著手考察石刻藝術中所表現的北魏建築。雲岡石窟，是中國早期佛教藝術壯觀的遺跡，是北魏藝術的實證。《水經注》中記載著當時的盛況：「鑿石開山，因岩結構，眞容巨壯，世法所希，山堂水殿，煙寺相望……」

而如今的雲岡因爲地處偏僻，卻幾乎沒有什麼遊人。空曠的山崖上看不到一棵樹，田野裡的莊稼長得稀稀落落，只有一座座石窟和石窟中的一尊尊佛像守望著這塊貧瘠乾旱的土地。

在這裡，他們又陷入找不到住處的窘境。沒有飯店，沒有旅館，沒有任何公共設施，甚至連車馬店也沒有。他們只好求助於當地的農民。一戶農民終於答應借給他們一間房子，房子沒有門窗，沒有一件傢俱，只剩下露天的屋頂和透風的四壁。他們也只好在這間房子裡攤開了行李。

這裡晝夜溫差很大，中午熱得穿單衣，夜裡蓋棉被還冷得縮成一團。吃飯也就在這個農家搭夥，每天的主食都是煮土豆和玉米麵糊糊，偶然吃到一點鹹菜就算佐餐佳品。

生活工作條件很差，但他們情緒很高昂。

一個民族的歷史是一個有機體，其中的一切都互相關聯。不同歷史時期的造型藝術提供了不同歷史時期的珍貴記載——建築、服飾、禮樂、風尚乃至全部日常生活。一個民族的政治歷史只提供了生活的外在形態，而藝術則讓人切近了這個時代的靈魂。

北魏時期，佛學東漸，一種強有力的政治統治平息了諸多紛爭，在互相衝突的文明中建立起相對平衡的新秩序。中國文化固有的血脈中，滲進了強有力的外來影響，這時期的造型藝術表現出當時不同文化的交流濡染，而雲岡石窟本身，就是西域印度佛教藝術大規模入主中國的結果。

他們考察了雲岡諸窟的平面及其建築年代，考察了石刻中所表現的建築形式：如塔、殿宇、洞口柱廊，以及石刻中所見的建築部分：如柱、闌額、斗拱、藻井，還有石刻中的飛仙及裝飾花紋——北魏時期的建築形式和建築特點栩栩如生地呈現在他們面前。

一個時代可能會從興盛走向衰落，但是藝術本身卻永遠不會被消滅。因為，政治和社會的歷史代表著永遠的動盪和衝突，而藝術則代表著人類永恆的光榮與夢想。

他們的工作繁重而瑣細，因為所有石窟的碑碣都已漫沒不存痕跡，需要他們根據洞窟石刻的手法一一進行考證。但他們工作得認眞而興致盎然。

工作間歇，行走在鄉野山村，徽因總是能從其他人不在意的地方發現藝術的美。山村的土戲台，集市上家織的土布，一個式樣古拙的長命鎖，一隻造型簡雅的陶土罐——小件的東西她會買下帶走，帶不走的她總是要求思成拍下來。行程不定，裝備有限，思成很注意節省膠捲，但他又不忍拂了徽因的心願。

他們的工作驚動了遠近的村人。人們傳說著從京城裡來了幾個先生，每天不是畫廟就是畫菩薩，還扯著尺子到處量。其中有個女先生，長得好看不說，說話、待人還和氣得很。

村人們活得很寂寞，他們都愛看熱鬧。遠處的教書先生來了，軍隊裡的士兵拉著馬過來了，媳婦們拉著手站在一邊，嘀嘀咕咕地說笑著，小孩們在大人腿邊擠來擠去。思成選取不同的角度照相，徽因拉著皮尺量平面，人群發出一陣一陣「嗡、嗡」的議論聲。

當他們在北齊天保三年造像碑上拓片時，教書先生主動過來幫忙。「這碑有年頭了吧？」他問。

「有年頭了，」劉敦楨回答，「差不多有一千四百年了。」

當教書先生回到人群中說出「一千四百年」時，這久遠的歷史讓圍觀的人們產生了十足的驕傲和自豪。

徽因用充滿詩意的語言描繪著山西之行：

「……旬日來眼看去的都是圖畫，日子都是可以歌唱的古事。黑夜裡在山場裡看河南來到山西的匠人，圍著一個大紅爐子打鐵，火花和鏗鏘的聲響，散到四周黑影裡去。微月中步行尋到田隴廢廟，劃一根『取燈』偷偷照看那瞭望觀音的臉，一片平靜幾百年來沒有動過感情的，在那一閃光底下，倒像掛上一縷笑意。

我們因為探訪古跡走了許多路，在種種情形之下感慨到古今興廢。在草叢裡讀碑碣，在磚堆中間偶然碰到菩薩的一雙手一個微笑，都是可以激起一些不平常的感覺來的……由北京城裡來的我們，東看看，西走走，夕陽背在背上，真和掉在另一個世界裡一樣！……」

他們結束了對雲岡石窟的考察，按計劃，下一步要去考察應縣佛宮寺的遼代木塔。當時，全國範圍內還沒有發現一座唐代建築，而遼代離唐代不遠，能夠破譯遼代建築的秘密，也就能夠大致瞭解唐代和宋代的建築。儘管這是徽因嚮往已久的事情，但是思成還是力主徽因先回北京。因爲一來離開北京的時間久了，家中老小讓人放心不下；二來徽因的體質受不了這樣長時間的折騰。思成答應徽因，及時把考察中的情形寫信告訴她。

徽因回到北京家中沒幾天，就接連收到了思成的信。

第一封信：

「……你走後我們大感工作不靈，大家都用愉快的意思回憶和你各處同作的暢順，悔惜你走得太早。我也因為想到我們和應縣木塔特殊的關係，悔不把你硬留下同去瞻仰。家裡放下許久實在不放心，事情是絕對沒有辦法，可恨。……」

第二封信：

「昨晨七時由大同乘汽車出發……到應縣時已晚上八點。離縣二十里已見塔，又夕陽返照中見其閃爍，一直看到它成了剪影，那算是我對於這塔的拜見禮。

今天正式的去拜見佛宮寺塔，絕對的 Drewbelming[41] 好到令人叫絕，半天喘不出一口氣來！

塔共有五層，但是下層有副塔（註：重簷建築之次要一層，宋式謂之副塔），上四層，每層有平座（實算作十層），因樑架斗拱之間，每層需量俯視，仰視，平面各一；共二十個平面圖要畫！塔平面是八角，每層需做一個正中線和一個斜中線的斷面。斗拱不同者三四十種，工作是意外的繁多，意外的有趣……

塔身之大，實在驚人。每面三開間，八面完全同樣。我的第一個感觸，便是可惜你不在此同我享此眼福，不然我真不知你要幾體投地的傾倒！回想在大同善化寺暮色裡面向著佛像瞪目咋舌的情形，使我愉快得不願忘記那一剎那人生稀有的、由審美本能所觸發的感動。尤其是與幾個興趣同樣的人，在一個時候浸在那感動裡邊。

---

[41] Drewbelming：完美的意思。

應縣是個小小的城，是一個產鹽區。在地下掘下不深就有鹹水，可以煮鹽，所以是個沒有樹的地方。在塔上看全城，只數到十四棵不很高的樹！工作繁重，歸期怕要延長得多，但一切吃住都還舒適，住處離塔亦不遠，請你放心……」

第三封信：

「……離家已將一月卻似更久。想北京正是秋高氣爽的時候。非常想家！相片已照完，十層平面全量了，並且非常精細，將來謄畫正圖時可以省事許多。明天起，量斗拱和斷面，又該飛簷走壁了。我的腿已有過厄運，所以可以不怕。現在做熟了，希望一天可以做兩層，最後用儀器測各簷高度和塔剎，三四天或可竣工。

這塔真是個獨一無二的偉大作品。不見此塔，不知木構的可能性到了什麼程度。我佩服極了，佩服建築這塔的時代，和那時代裡不知名的大建築師，不知名的匠人。」

第四封信：

「這兩天工作頗順利，塔第五層（即頂層）的橫斷面已做了一半，明天可以做完。斷面做完之後將有頂上之行，實測塔頂相輪之高；然後樓梯、欄杆、格扇的詳樣；然後用儀器測全高及方向；然後抄碑；然後檢查損壞處以備將來修理。我對這座偉大建築物目前的任務，便暫時告一段落了。

今天工作將完時，忽然來了一陣『不測的風雲』。在天晴日美的下午五時前後狂風暴雨雷電交作。我們正在最上層梁架上，不由得感到自身的危險。不單是在二百八十多尺高、將近千年的木架上，而且緊在塔頂鐵質相輪之下，電母風伯不見得會講特別交情。我們急著爬下，忽見實測記錄冊子已被吹開，有一頁已飛到欄杆上了。若再遲半秒鐘，則十天的工作有全部損失的危險。我們追回那一頁後，急步下樓——約五分鐘——到了樓下，卻已有一線驕陽，由藍天雲隙裡射出，風雨雷電已全簽了停戰協定了。我抬頭看塔仍然存在，慶祝它又避過了一次雷打的危險，在急流成渠的街道上回到住處去。

我在此每天除爬塔外，還到白雲齋看了托我買信箋的那位先生。他因生意蕭條，現在只修理鐘錶而不照相了……」

徽因讀著信，想像著思成在應縣的情形。她知道，思成把這一切都描述得輕鬆愉快，而實際的測量工作則是繁難危險的。

思成一行回到北京後，莫宗江給徽因講述了他們的測量過程，說到當時的驚險情形，他仍然心有餘悸：「塔身全部構造都測量完了後，最險的就是測量塔刹的尺寸。塔高六十多公尺，我們站在塔的最高層，已經感到呼呼的大風，上到塔頂更感到會被大風刮下去。但塔刹還有十幾公尺高，從塔頂到塔刹除了幾根鐵索外，沒有任何可攀援的東西，眞是令人望而生畏。梁先生憑著他當年在清華做學生時練就的臂力，硬是握著凜冽刺骨的鐵索，兩腿懸空地往塔尖攀去。這些古建築都年久失修，有時表面看上去很好的木板，一腳踏下去都是腐朽的。這座八九百年的古塔，誰知道那些鐵索是否已鏽蝕、斷裂。我們在下面望著不禁兩腿瑟瑟發抖。梁先生終於登上塔刹，於是我也相隨著攀了上去，這才成功地把塔刹的各部尺寸及作法測繪了下來。」

應縣木塔，這座中國古代無與倫比的木結構建築，在梁思成和其他建築學家的考察指導下，得到了人們的認識和重視；政府撥專款對木塔進行了整修和加固，使這座國內唯一的木製佛塔得到了完好的保護。

有了考察應縣木塔的經歷，梁思成養成了一個習慣。他只要聽到別人談及或從報刊書籍中看到哪個地方有古建築，他就會寫信給當地的郵政局長，並隨信寄上所需費用，請他幫忙設法弄到這個建築物的照片。收信人無論是否理解這種行爲的意義，一般都會爲寫信人的至誠和信任所感動，照寫信人的要求拍下照片寄回。由此，梁思成得到了一些極有價值的古建築遺存資訊。每當這時，林徽因就會笑道：「偵探小說又開始了新的一章。」

春節到了，這是一九三四年的春節。

半個月前，徽因母親就開始張羅過年的事了。僕人們忙著打掃房屋，拆洗被褥，置辦年貨。徽因母親忙著準備寶寶、小弟的新衣帽、新鞋襪，紅紙封包好了壓歲錢，每個來拜年的親戚的孩子都有一份兒。

除夕夜，家裡佈置一新。院子的大門外貼上了大紅對聯，院內的廊裡掛上了紅色的紗燈。門房老王早已把鞭炮在長長的竹竿上纏好，街上不時傳來「送財神爺的來啦」的吆喝聲。

客廳裡，爐子燒得暖暖的，一盆臘梅枝幹遒勁，靜靜地吐著幽香。老金差人從廠甸廟會買回了兩大串圓環狀的冰糖葫蘆，逗得寶寶和小弟圍著他又叫又笑。徽因、思成和老金商定，第二天去雍和宮看「跳布箚」。「跳布箚」是蒙語，漢語意為「驅魔除祟」，是黃教喇嘛特有的宗教樂舞，也是雍和宮每逢過年的「保留節目」。

林徽因喜愛雍和宮的建築，也喜愛「跳布箚」那莊嚴熱烈的場面。

位於北京東北角的雍和宮，是北京最大的喇嘛寺院。這裡曾是清雍正皇帝做王爺時的府第，一七三四年改建爲寺院。雍和宮的建築緊湊而有序，從最南頭的石碑坊到琉璃花門是一條禦道，敞亮寬闊如同一個小廣場。由雍和門北進共有三個大庭院，五座大殿閣。

萬佛樓是兩層重簷的大閣樓，閣內有一尊五丈多高的彌勒佛像，據說是由一整塊檀香木雕成。而最吸引徽因、思成的是萬佛樓與左右兩座配殿之間，是透過兩座斜廊、亦稱「飛橋」的建築聯結在一起。這種建築形式他們只在敦煌壁畫中見過，完全是唐代建築遺風的留存，所以他們格外珍視。

「跳布箚」在天王殿前的廣場上舉行。喇嘛們戴著猙獰可怖的面具，穿著顏色明豔的厚重棉袍，在鼓樂和誦經聲中舞蹈，看上去有很強的儀式感。

徽因對老金說：「他們的舞蹈讓人想起遠古的先民，我們過年看『跳布箚』，應該是遠古圖騰祭祀之遺風。聽沈從文講，他老家湘西至今仍盛行儺戲、儺舞。」

「別忘了，」思成說，「我們這是在佛門。佛教要禳除的魔祟應該是指酒、色、貪、妒、妄、殺這佛門六戒。不過，清朝以後『跳布箚』要禳除的還有準噶爾的叛亂分子。看，那個被斬殺的代表魔王的麵人，保不準就是準噶爾的叛亂分子首領噶爾丹。」

思成有趣的闡釋，使老金和徽因笑了起來。

果然，魔王被擒拿斬殺後，「跳布箚」就進入了尾聲。

這個春節讓思成和徽因高興的是，拖稿兩年的《清式營造則例》一書由京城印書局印行出版了。三十二開的豎排本，裝幀設計斯文典雅，封皮的右上角，手繪的斗拱圖案看上去古色古香，「梁思成」的名字在斗拱的旁邊，秀麗醒目。

梁思成在序言中寫道：「內子林徽因在本書上爲我分擔的工作，除緒論外，自開始至拖稿以後數次的增修刪改，在照片之攝製及選擇，圖版之分配上，我實指不出彼此分工區域，最後更精心校讀增削。所以至少說她便是這書一半的著者才對。」

又一年的夏天到了，思成、徽因計畫帶孩子去北戴河避暑。北戴河有一幢梁任公在世時置買的別墅，面臨大海，漂亮寬綽，思成兄弟姊妹總是在那裡團聚。

他們想邀請費正清、費慰梅一同前往，沒想到前去邀請的思成剛一開口，費正清就興高采烈地說，他和費慰梅正準備邀請思成、徽因一同去山西消夏。

山西汾陽城外的峪道河，是呂梁山麓風景最秀美的地方。峪道河的源頭「馬跑神泉」，相傳爲當年宋太宗的駿騎踢出的甘泉。這甘泉當年解救了宋太宗乾渴的三軍，以後的千百年一直滋潤著當地的百姓。以這泉流爲動力，沿著峪道河，有數十家磨坊。近代以來，電動磨麵機出現了，平遙一帶成了山西的麵粉業中心，峪道河的磨坊日漸蕭條以至於沉寂。一些外國傳教士喜愛這裡清幽的環境，買下了這些磨坊改造成別墅，每到夏天來這裡度假。費正清夫婦要去的，就是一位傳教士朋友的磨坊別墅。

思成、徽因改變了前往北戴河的計畫，決定接受費正清夫婦的邀請，因爲他們期望到山西會有意外的收穫。

山西趙城的廣勝寺在早些時發現了宋版藏經，此發現轟動了整個學術界。思成和徽因分析，既然廣勝寺所藏的佛經是宋版的，那麼廣勝寺就有可能修建於宋代或更早的年代。所以，他們早就計畫要到趙城考察。從地圖上看，汾陽距趙城不遠。他們接受費正清夫婦之邀，既能與朋友一起度假，又能了卻考察廣勝寺的心願，何樂而不爲呢？

峪道河果然名不虛傳。泉流從山上奔騰而下，磨坊依山傍水而建，山谷長滿了楊樹、槐樹和高高低低的灌木。那斑駁的樹陰、汩汩的溪水和厚厚的磨坊石牆彷彿把炎熱的夏天擋在了山外。

安頓下來後，徽因、思成沿著溪水一邊散步，一邊熟悉周圍的環境。

在接近上游地方，有一家名叫「慶和義」的磨坊。他們走了進去。磨坊夥計看到來了兩位城裡的先生，急忙停下手中的活計過來招呼。他和氣地笑著，臉上、頭上沾有星星點點的麵粉，音節頓挫的山西話他們有的能聽懂，有的聽不懂。

思成對磨坊的構造很感興趣：山上下瀉泉水的衝擊力推動坊外的大木輪，木輪帶動坊內轉動的石磨，把小麥磨成了麵粉。因磨粉機不息的震動，所以房子不能用此地民居常見的發券的方式，而採用了特別粗大的樑架。為了讓磨出的麵粉潔淨，所以磨坊內部鋪著光潤的木地板。如此古雅的構造，自然適合做舒適涼爽的消夏別墅。

那夥計告訴徽因，早年間這裡的生意可紅火了，一年可以出五千多包麵粉，每包的價錢約摸兩塊多錢，人們的日子十分好過。這些年不行了，磨坊都租給外國人做了別墅，就剩下這一家「慶和義」，也眼看著維持不下去了。別看關帝廟的戲臺挺大，村裡已經四年沒來過唱戲的了。

徽因告訴夥計，說自己就住在下面的一間磨坊。

夥計笑得眯起了眼，說：那個外國傳教士村裡人都認得，人挺不錯的。

原來村裡的關帝廟有一個鐵鐸，老輩兒的人講是萬曆皇帝賜給村裡慶成王後人的。這鐵鐸不知怎麼流落到了古董商手裡，被這個傳教士買了去。他看這鐵鐸好玩，晚上有時沒事兒打著玩。村人聽到了鐘聲，商議著這是村上呂姓人祖傳的寶物，不能讓它落到外國人手裡；他們找到了傳教士，情辭懇切地要出原價把鐵鐸買回，想不到傳教士什麼也沒要就爽快地把鐵鐸還給村人，現在那鐵鐸還在關帝廟供著。

徽因聽得有點糊塗，追問道：「明慶成王的後人怎麼會姓呂？」

提到這村子的歷史，講述的人更有了興致。他說，明慶成王是永樂皇帝的嫡親弟弟。這一村人都知道，原來他們都應該姓朱。雍正年間朝廷詔命他們改姓，由姓朱改成姓呂。他們的族譜上有記載，嚴格按輩分字型大小排行的方法，使他們不會弄錯這一脈子孫的譜系。

向磨坊夥計道了謝，徽因和思成慢慢往回走。徽因說：「別看人家如今在磨坊做活，人家正經是個皇裔貴族呢。還有咱們雇的那位幫忙打水洗衣的女人，沒準兒也是哪位皇子王孫的媳婦。」

「我倒沒想到這些，」思成笑道，「聽他說了那麼多，我只想到，既然這裡有明代的王爺，明代的建築肯定少不了。」

回到別墅後，他們拿出地圖圈圈點點，計畫著以峪道河為出發點，把鄰近幾個縣的廟宇建築作爲重點考察的範圍，估計需要一個月左右的時間。

費正清和費慰梅從北京帶來了中文課本、英漢字典及一盒盒的方塊字，慰梅還背著畫夾和顏料。他們原打算在峪道河安安靜靜地度一個暑假，可思成、徽因的計畫吸引了他們。費正清對中國的歷史文化本來就有興趣，而費慰梅更喜歡中國的藝術，他們沒有怎麼猶豫就隨同思成、徽因參加了古建築考察。

峪道河兩岸的山崖上，有好幾處廟宇。東岩上的實際寺，以風景優美著名。山頭的龍王廟，因馬跑泉享受了千年的香火。西岩的南頭是關帝廟，幾經修建，式樣混雜。西岩的北頭是龍天廟，看上去規模稍大，他們選擇了這裡進行考察。

龍天廟遠遠望去，結構造型參差高下，大小得當，權衡俊美，磚石的牆面色彩醇和，多爲紅黃色，在陽光下與山岡原野同醉，十分奪人眼目。

廟在山坡上，遠離村落人家。門前一株老松，緘默聳立如同守門的寺僧。

廟門鎮日關閉，少有開時。這一帶民風淳樸，道不拾遺，夜不閉戶，已成習慣。關閉的廟門只是一種形式，其實人們可以隨意出入。

他們進得廟裡，久無香火的偌大院落空無一人，枯松蔓草，伴著殿廡石階，顯得荒蕪神秘。

鐘鼓樓以磚石的結構爲主，而不像別的地方以木結構爲主。

正殿左右兩廂是磚砌的窯屋，以供僧侶居住。窯頂是平的，可從窯外的磚梯上下。

費正清說，這平頂的窯屋酷似墨西哥印第安人的平頂土屋，屋裡住人，屋頂可以晾曬或種植，景物自有一種別樣的風情。

正殿的前廊外是一座開敞的過廳，稱之爲「獻食棚」，又稱爲祭堂或前殿，只不過別的地方通常不是開敞式的。

正殿是這座廟宇的主要建築。殿前簷的斗拱權衡甚大，斗拱高約爲柱高的四分之一，佈局亦疏朗可喜。但細看各斗拱的雕飾，則光怪陸離，絕無沉靜的古代氣息。

正殿三間，供有龍天及夫人像，廊下有清乾隆十二年碑，碑文曰：

> 龍天者，介休令賈侯也。公（諱）渾，晉惠帝永興元年，劉元海攻陷介休，公死而守節，不愧青天。後人……故建廟崇祀……像神立祠，蓋自此始矣。……

他們從碑文上瞭解到，龍天廟曾重建於元季丁亥年間，如今的建築，全是乾隆年間的新構。

思成和徽因畫了平面圖，抄了碑文，拍攝了照片，離開了龍天廟。他們結論道：這座廟宇雖然年代並不久遠，各處建築結構上亦無驚人之處，但整體卻秀整不俗，可以視爲山西南部小廟宇群落的代表作品。

此後的日子可沒有這麼輕鬆。他們走遍了文水、汾陽、孝義、介休、靈石、霍縣、趙城等縣。「餐風宿雨、艱苦簡陋的生活與尋常都市相較，至少有兩世紀的分別。」但收穫也是巨大的，「我們所參詣的古構，不下三四十處，元明遺物，隨地遇見。」

在考察這些地方的古建築時，除了科學的、一絲不苟的踏查記錄外，徽因還在考察論文中以詩意的筆觸，寫下了她考察中的審美感受。

在汾陽縣的小相村靈岩寺，她爲毀圮的廢墟中幾尊露天趺坐的佛像而震動：

「進門只見瓦礫土丘，滿目荒涼，中間天王殿遺址，隆起如塚，氣象堂皇……更進又一土丘，當為原來前殿——中間露天趺坐兩鐵佛，中挾一無像大蓮座；斜陽一瞥，奇趣動人，行人倦旅，至此幾頓生妙悟，進入新境。再後當為正殿址，背景裡樓塔愈迫近，更有鐵佛三尊，趺坐慈靜如前，東首一尊且低頭前傴，現憫惻垂注之情。此時遠山晚晴，天空如宇，兩址反不殿而殿，嚴肅都麗，不藉樑棟丹青，朝拜者亦更沉默虔敬，不由自主了。……」

在孝義縣吳屯村東嶽廟，她以諧謔的口吻，善意地嘲諷廟宇屋頂建築繁複的裝飾結構：

「夜宿村東門東嶽廟正殿廊下；廟本甚小，僅餘一院一殿，正殿結構奇特，屋頂繁複做法，是我們在山西所見的廟宇中最甚的。小殿向著東門，在田野中間鎮座，好像鄉間新母親，滿頭花鈿，正要回門的神氣。……」

在霍縣，北門外橋配飾的粗製濫造及橋上鐵牛形象的醜陋，令她失望。她毫不留情地挖苦批評這些失敗的建築和建築飾物：

「北門橋上的鐵牛，算是霍州一景，其實牛很平常，橋上欄杆則在建築師的眼中，不但可算一景，簡直可稱一齣喜劇。

橋五孔，是北方所常見的石橋，本無足怪。少見的是橋欄杆的雕刻，尤以望柱為甚。欄板的花紋，各個不同，或用蓮花、如意、萬字、鐘、鼓等等紋樣，刻工雖不精而佈置尚可，可稱粗枝大葉的石刻。至於望柱柱頭上的雕飾，則動植物、博古、幾何形無所不有，個個不同，沒有重複，其中如猴子、人手、鼓、瓶……以及許多無名的怪形體，粗糙臚列，如同兒戲，無一不足，令人發笑。

至於鐵牛，與我們曾見過無數的明代鐵牛一樣，笨蠢無生氣，雖然相傳為尉遲恭鑄造，以制河保城的。」

林徽因在建築學論述中，強調建築與人的精神世界的對應關係，她指出，面對不同的建築，人會產生不同的情感：崇高的、愉悅的、寧靜的或錯亂的、憂傷的甚至荒誕的。她的建築學論文處處留下了自己的印記，那是人文的、審美的、情感的和價值判斷的印記。

整個山西之行中，他們考察的重點是趙城縣的廣勝寺。而整個考察行程中，這也是最艱難的一段路程。

從介休縣到趙城縣有三百餘里，當時山西正在修築同蒲鐵路。鐵路未建好，公路卻多段被毀，一旦下雨，這些路段就成了難以涉足的爛泥塘。不僅汽車不能行駛，連馬車、驢車都無法前行。如此三百餘里，他們幾乎全是徒步走過來的。路途中，他們住過髒得可怕的小客店，睡過農家的大炕，也借宿過費正清夫婦問尋到的傳教士住處——他們此行住過的最舒適乾淨的住處。儘管這現實令徽因和思成的民族自尊心感到難堪。

彷彿是爲了撫慰他們一路的艱辛，當他們遠遠望見廣勝寺時，層巒疊嶂的遠山氣象宏闊深沉，上下廣勝寺建築開朗宏大，殿宇、寶塔在夕陽的照射下輝映著炫目的光彩。

在沉沉的暮靄中，他們走進了寺院。僧人們敲響了沉沉的暮鼓，送上了清淡的齋飯，對遠道而來的他們表達了誠摯的歡迎。

疲憊和困倦洪水般地裹挾了他們。寺院的住持破例允許他們可以在寺院的任何地方支架帆布睡床。

費正清夫婦選擇睡在鐘樓旁的露天平臺上，他們說，在那裡抬頭便能望見北中國燦爛的星空。

而思成和徽因則願意躺在大殿裡。這樣，他們睜開眼就能看到屋頂美麗的斗拱和闌額。筋疲力盡的徽因躺下後，眼睛累得都睜不開了。她喃喃地對思成說：「多幸運，總算來到了這裡。走不動的時候，眞是後悔，想著吃這份苦值不值。一到了這兒，就慶幸多虧走了這一遭。說起來，廣勝寺早已名滿全國，可人們只知道宋版藏經珍貴，卻不知道廣勝寺建築的珍奇。」

本來，考察完廣勝寺，他們此行的任務也就算結束了。可翻閱趙縣縣誌時，他們卻意外地發現縣誌上記載著，在城東三十里的霍山中，有一座建於唐代的興唐寺。從地圖上看，興唐寺距廣勝寺只有二十里。可後來一打聽才知道，從廣勝寺到興唐寺無路可走，必須下山繞行，再折回霍山向東上山二十里，才能抵達。不過，既然已經到了這裡，又是一座他們久欲尋覓的唐代建築，豈能白白放過。於是他們完成廣勝寺的考察後，未事休整，就向興唐寺出發了。

離開廣勝寺下山，是早上九點。他們在蜿蜒的山路上行走了整整一天，等到重新進山時已是晚上九點！

山谷裡黑漆漆的，山風四起，前面的峰巒迫近如巨大的屏障。天空被山峰擠得狹窄，狹窄的天空上有一兩顆星星鬼魅地閃著亮。

徽因、思成和費正清夫婦徒步行走在山路上，腳夫趕著騾子馱著行李落在了後面。他一隻手牽著騾子，一隻手摸索著山岩，只聽他不停地叨咕著：「菩薩保佑，觀音大士保佑。」思成、徽因累得說不出一句話，黑暗中只聽見彼此沉重的喘息。但他們不敢停下來歇息，因爲他們知道，一旦停下，就可能一步也不願意往前走了。

路，越走越難。山崖上危石錯落，枯枝橫斜，遠遠地望見松柏間隱隱約約的燈光，他們以爲已到了目的地，一鼓作氣到了燈光處。看上去這裡是一座廟，進得廟裡，寺僧告訴他們，這裡是霍山的山神廟，離興唐寺還有好幾里路。一行人泄了氣，只得將錯就錯地在這裡住下。

第二天，他們趕到了興唐寺，所有的希望全成了泡影。興唐寺雖然藏在深山，卻不知毀於何時。現在的寺院全部是後來重建的，不土不洋的廟門，幾座清式的小殿，殿中的塑像很小氣，有的還加了玻璃罩，看上去十分鄙俗。整座興唐寺沒有一樣建築值得考察記錄。

這樣的事情在他們的考察中並不是第一次遭遇。常常是聽說某處有如何如何一座古建築，待千辛萬苦地趕了去，結果是大失所望，敗興而歸。

這一路他們也不算白跑，沿途，他們考察了山西的民居。

黃河流域一帶的農民多居住在窯洞裡，可令費正清夫婦驚奇的是，和那一排排窯洞相對峙的卻是一座座威嚴、整肅的門樓和大院。

這樣的大院一個莊子有兩三處。

思成、徽因告訴他們，這些大院是十九世紀在中國金融業產生過巨大影響的晉商——靠開錢莊、兌換匯票發家的山西商人們的住宅。在費正清和費慰梅眼裡，狹窄街道上這些排列整齊、有著雉堞高牆的院落，活像是中世紀義大利城市建築的移植。

他們一行走到靈石縣常家莊，住進了一家大院。

走進高高的圍牆，裡面是上下兩層、裡外四進的院落。天井的四周雕樑畫棟，廊簷部分是繁複的木雕，院子的深處還有個封閉的後花園，雖說是假山假水，卻也一應俱全，令人遙想晉商們當年的氣勢。

徽因不喜歡這樣的建築。這裡的一切都有著陰鬱、森嚴的氣息。高築的院牆，佈滿陰影的房間，看上去處處充滿了警惕和敵意，那是一種暴富之後面對隨處可見的、令人絕望的貧窮和差距所產生的恐懼和敵意。陰森森的院落裡，狹長的青石甬道顯得逼仄而緊張，毫無變化的一進進院落顯得單調而沉悶。在這樣的建築空間和精神空間裡，怎麼會有施福鄉里、惠澤後代的胸懷？怎麼會產生現代的生活理念和經營理念？難怪這些當時富甲天下、不可一世的晉商們會無聲無息地湮滅在歷史的長河中。

山西之行近一個月的時間裡，思成、徽因與費正清費慰梅朝夕相處。他們一起商量每天的行程，一起在曲曲折折的山路上跋涉，費正清夫婦甚至學會了簡單的測繪。這樣近距離的交往最便於相互之間的深入瞭解。

剛開始，費慰梅很不適應林徽因起伏變幻的情緒。常常有這樣的情形，體力的透支和惡劣的環境使林徽因的心情壞透了，她抱怨批評落後的社會，詛咒糟糕的道路和天氣，嘲笑閻錫山在山西境內鋪設的可笑的窄軌鐵路……還有那些不顧他們的考察計畫，宣稱每三個小時必須停下來休息吃飯的腳夫，爲了一點小錢把寺院壁畫撕下來賣給外國人的委瑣僧人……這一切都讓徽因情緒反應激烈。溫和細緻的費慰梅面對情緒激動的林徽因，常常不知道該怎麼辦才好，她覺得這個急躁激動的徽因和那個快樂優雅的徽因簡直判若兩人。她彷彿要把情感消耗到極致才能使自己復歸平靜。不安時，她所思所想全是不安；悲傷時，她的心中充溢著悲傷；當然，看到美麗的景色，發現了珍貴的建築時，她的喜悅同樣強烈而富於感染力。

隨著相處日久，瞭解也逐漸加深。費慰梅覺得，林徽因就像一團帶電的雲，挾裹著空氣中的電流，放射著耀眼的火花。如果她性格中沒有了這些特徵，那麼，林徽因將不是林徽因，而只剩下一個不眞實的、飄渺的幻影。

最瞭解徽因的當然是思成。每當徽因情緒反應激烈的時候，思成則是專注地、堅定不移地按既定計劃做事。他的豁達、包容和幽默是最好的鎭靜劑，很快，徽因煩亂的心境就會恢復平靜。一如既往地把激動變成行動。

如果用思成和徽因終生癡迷的中國古建築來比喻他倆的組合，那麼，梁思成是堅實的基礎和樑柱，是宏大的結構和支撐；而林徽因則是那靈動的飛簷，精緻的雕刻，鏤空的門窗和美麗的闌額。他們一個厚重堅實，一個輕盈靈動。厚重給人以負荷使命的承擔，輕靈給人以飄逸變化的美感；厚重的意緼展示了深沉恢弘、高貴純正的境界，輕靈的律動表達了超脫束縛、飛升向上的願望。僅靠輕靈不能承載永恆的價値，惟有厚重同樣不能展示藝術的風姿。

他們的組合無可替代。

共同的行程，使費正清夫婦更深切地瞭解了思成夫婦的爲人和他們工作的意義。原本熱愛藝術的費慰梅從此迷上了中國的古建築研究。在以後的歲月裡，她對於中國山東武梁祠重建的構想，使她在美國建築學界享有了聲譽。她據此寫出的《「武梁祠」祭壇》，在哈佛大學出版，思成和徽因爲之歡欣鼓舞。兩個家庭的親密友誼貫穿了他們的一生。

一九三四年十月，梁思成、林徽因應浙江省建設廳廳長曾養甫的邀請前往杭州考察、擬定六和塔的重修計畫。

六和塔建於北宋開寶三年，是吳越王錢俶爲了鎮壓每年八月驚濤澎湃的錢塘江潮而修築，這座屹立在錢塘江畔的木塔共九層，高五十餘丈，是宋代木結構建築的經典之作。

完成這項工作後，他們又赴浙南幾個縣考察古建築，不覺離開北京已有一個多月了。

十一月十九日，他們從杭州乘火車返回北京。

這天是徐志摩的忌日。

整整三年了。前兩年，每到這一天，徽因和思成總是在家裡祭奠志摩。他們擺放出志摩的照片——照片上是志摩生動的笑臉，照片的周圍環圍著鮮花。幾個好朋友聚在一起，感受著志摩離去後不可彌合的缺失。

車廂裡的燈亮了，車窗外的景物越來越模糊。車輪和鐵軌發出有節奏的撞擊聲，下一站就是硤石了。

硤石是徐志摩的故鄉，志摩的遺體安葬在硤石的東山。徽因走到車廂門口，極力向窗外望去，窗外只有望不透的黑夜。志摩的詩句蹦了出來：「……火車噙著軌，在黑夜裡奔，過山，過水，……就憑那精窄的兩道，馱著這份重，夢一般的累贅！……」

許多不相聯繫的往事從徽因眼前閃過，幻化成一片模糊，憂傷湧上她的心頭。面對生與死這一永恆的疑問，人無處逃遁。她想，人生何嘗不像這負重的列車，在蒼茫的人世間喘息著前行，直到那世人皆知的終點。人們所有的努力，不過是想在現實生活長長的甬道裡透出一些聲響，弄出一些光亮。儘管「信仰只一炷細香，那點亮再經不起西風，沙沙的隔著梧桐樹吹」，儘管「生和死一樣的不可解，不可懂」，可是，人只要活著，總是要一程一程奮力前行。

火車在賓士，下一站是杭州。不知什麼時候，思成來到了徽因的身旁。沿途的景物飛掠而過，他們並肩默默站立。

幾年來，營造學社篳路藍縷的工作逐漸被社會所認識。營造學社主辦的建築學術期刊《中國營造學社匯刊》在海內外學術界日益受到重視。歐洲、美國的建築學同行從這份期刊上瞭解到了中國建築學者們的工作。美國普林斯頓大學藝術系主任喬治·勞利教授來到了北京，美國著名城市規劃學家克拉倫斯·斯坦因和夫人來到了北京。他們對中國古代建築的興趣使梁思成、林徽因與他們一見如故，彼此留下了美好而深刻的印象。

在與克拉倫斯·斯坦因的交流中，思成接觸和瞭解了當時建築學的新興學科——城市規劃學科的發展和前景，這一學科成爲他以後重要的研究領域。

一九三四年底，中央研究院撥款五千元給營造學社，要營造學社測繪出北京故宮的全部建築，然後出一本專著。梁思成是這項工程的負責人。

一九三五年初，南京政府決定，由梁思成擔任山東曲阜孔廟修繕和養護工程的首席顧問。

同年，梁思成被任命爲北京市文物保護委員會顧問。

整個夏季，徽因與思成一道，踏勘測繪了北京的各處文物建築。從故宮三大殿到社稷壇和太廟，從北海、頤和園到天壇……工作繁重、緊張又愉快，在這些史詩般宏大的建築群落中探索和思考，給了他們精神上莫大的滿足。

一個初夏的日子，他們登上了天壇的祈年殿進行測繪。

天壇是明清兩代帝王每年冬至主持祭天大典的地方。這裡方圓占地差不多有四千畝，整體面積比紫禁城還大，但建築物遠比紫禁城少。開闊疏朗的空間，幽深靜穆的環境，給人以離塵出世之感。從祈年殿望下去，紅色的圍牆內，是一片蒼鬱的綠蔭，眼前一條筆直的大道連接著祈年門、皇穹宇和圜丘。

圜丘是一座圓形三層的白色大理石平臺，那是祭天的聖壇。圜丘平臺晶瑩潔白，象徵著天的聖潔空靈。平臺各層的石階、欄板、欄杆、條石都是九或九的倍數，象徵著「周天三百六十度」。圜丘外環繞著圍牆，象徵著天圓地方。

祈年殿是一座三層重簷的圓形大殿，他們站在第三層屋簷上。腳下，是深藍色傘形的琉璃瓦頂；頭上，塗金寶頂在陽光下熠熠閃耀。這裡是帝王們祈求豐年的祭殿，殿堂的十二根簷柱、十二根內柱和四根中心「龍柱」象徵著十二時辰、十二個月、二十四節氣和一年四季。大殿造型單純洗練，富於紀念性。金碧輝煌的攢尖寶頂和帝王們的願望一起融入了藍天。

徽因一邊測繪，一邊發著感慨：「世界上所有能載入史冊的建築都是權力意志的體現。最能體現權力意志的除了皇權就是神權；所以，這樣的建築不是宮殿就是廟宇。」

思成應道：「是呀，所有建築都是人造出來的，可它們一旦屹立在大地上，就有了自己的生命。人站在偉大的建築面前反而會感到自己的渺小卑微。古人早就懂得這個道理。當初漢高祖修建未央宮，蕭何就說：『天子以四海爲家，非壯麗無以重威。』今天咱們算不算冒犯皇威呢？」

徽因笑了。

一同工作的助手為他們拍下了當時的照片。徽因笑著和思成站在一起，她身穿長長的旗袍，手拿一頂小斗笠。這身裝束似乎很不便於攀登，但她就這樣攀上了祈年殿。在祈年殿建成數百年的歷史中，她是第一位攀登上去的女性。

這張照片是在強光下拍攝的，陽光明亮得晃眼，曝光的時間長了一點兒，照片的對比度強烈。看上去，徽因的眉毛、眼睛、頭髮格外黑，額頭和面頰格外白。

北總布胡同三號梁家的院落裡，這些日子有些異樣的沉悶。徽因同父異母的小弟林恒從福建來到北京，住在姐姐這裡，準備報考清華大學機械系。

徽因很愛這個從小失去父愛的弟弟，可徽因的母親卻不願見到這個英俊沉靜的男孩。徽因回到家中，看到母親鬱鬱不快、有氣無力的樣子和弟弟心事重重的情形，立刻明白了這一切是怎麼回事。

徽因特別不能忍受親人之間的敵意，這讓她想起小時候的眼淚和傷痛。如今，每天面對心懷怨懟的兩個親人，徽因心裡難受極了。對母親，她要百般勸慰，消除她對林恒的不滿；對弟弟，她要好生安撫，和他一起回憶父親、回憶兒時的事情，幫助他理解生活中的種種糾葛。她還讓思成帶弟弟去諮詢報考清華的事宜，盡可能使他在這裡住得安心。

可是，當徽因獨自面對自己的時候，無邊的悲哀就會湧上心頭。她向費慰梅傾訴道：

「……這搞得我筋疲力盡並深受傷害，到我臨上床時眞恨不得去死或從來沒有出生在這麼個家庭裡……我知道自己其實是個幸福而走運的人，但是早年的家庭戰爭已使我受到了永久的創傷，以致如果其中任何一點殘痕重現，就會讓我陷入過去的厄運之中。」

家事的煩惱倒在其次，更讓徽因和思成不安的是日本人步步進逼的險惡形勢。「九·一八事變」後，印著太陽旗的日本飛機和軍用卡車不斷地向長城以南進犯。東北淪入敵手，華北危在旦夕，每當從報紙上讀到這些消息時，徽因就會產生一種不祥的預感，溫文爾雅的思成常常抑制不住憤怒，把報紙扔進火爐裡。

思成和徽因有一個共識，一定要搶在大破壞到來之前，把華北一帶的野外考察完成。他們隱隱感覺到，要完成這項工作，可能已經沒有多少時間了。

一九三五年的秋天，費正清和費慰梅要回國了，分別在即，相聚的時刻便顯得格外珍貴。他們常邀林徽因到郊外騎馬，出城野餐。

徽因過去從未騎過馬，她只是在香山養病時騎過驢。費正清、費慰梅引導著她，她很快就掌握了騎馬的要領並熱愛上了這項運動。爲了騎馬，她專門去買了一雙馬靴，一套保暖的衣褲和一頂舒適的皮帽。

西城的圓明園遺址和北城的元代城牆邊空曠而寂寥，那些秋天的下午，他們馳騁在馬上，追逐著夕陽。新鮮的空氣和新鮮的運動讓徽因兩頰潮紅，眼睛閃亮，「看上去棒極了！」費慰梅高興地對她說道。

這年的耶誕節前，費正清和費慰梅回到了美國，他們在自己家收到了林徽因的信：

「自從你們倆人來到我們身邊，並向我注入了新的活力和對生活以及對未來的新看法以來，我變得更加年輕、活潑和有朝氣了。……你們知道，我是在雙重文化的教養下長大的，不容否認，雙重文化的接觸與活動對我是不可少的。在你們倆真正在（北總布胡同）三號進入我們的生活之前，我總是覺得若有所失，缺了點什麼，有一種精神上的貧乏需要營養，而你們的『藍色書信』充分地補足了這一點。……今秋或初冬的那些野餐、騎馬（還有山西之行）使我的整個世界煥然一新。試想如果沒有這些，我如何能熬過我們民族頻繁的危機所帶來的緊張，困惑和憂鬱？騎馬也有其象徵意義。在我總認為都是日本人和他們的攻擊目標的齊化門外，現在我可以看到農村小巷和在寒冬中的廣袤的原野，散佈著銀色的纖細枯枝，寂靜的小廟和人們可以懷著浪漫的自豪偶爾跨越的橋。」

一九三五年十二月九日，是個寒冷的冬日，北風響著淒厲的呼哨卷著塵土掃過大街小巷，天地間一片蕭索景象。吃早飯的時候，女傭對徽因和思成說，今天不知有什麼事，街上巡邏的保安特別多，路上空蕩蕩的，幾乎見不著什麼人。

就在這天，爆發了中國共產黨領導的「一二·九愛國學生運動」。北京各高校的學生走上街頭遊行示威，要求政府抗日救亡，實行民主政治。

這次大遊行，組織工作做得十分秘密和完善。因爲怕走漏風聲遭到阻截，各校事先並未通知統一的出發時間，只通知了集合的場所。學生們三三兩兩從學校走了出來，看上去和平時並沒有太大的不同。就這樣一個學校又一個學校，人在東西長安街上越聚越多。驚天動地的口號響了起來：「反對秘密外交！」「保持領土完整！」「停止內戰，一致對外！」……

大隊軍警包抄過來，水龍橫掃。嚴寒中，學生們身上的棉袍立刻結成了冰甲，他們和軍警扭打在一起，頭髮凌亂了，圍巾撕破了，刺刀閃耀著寒光，熱血噴湧而出。走在前面的男同學倒下了，女同學衝到了最前頭，她們的口號聲呼喊聲撕裂了寒冷的空氣，她們撒出的傳單蝴蝶似的飛舞……

這次遊行示威規模空前，震驚中外。北京各大學和一些中學生都參加了進來，還有一些市民在觀望中走進了遊行的隊伍。許多人受傷，許多人遭逮捕，北京各高校的教授聯名上書，要求當局無條件釋放被捕學生。

梁、林兩家的子侄輩也有人參加了這場大遊行。北總布胡同三號成了這些年輕人和他們同學的接待站和避難所。

徽因的弟弟林恒這時已是清華大學機械系一年級的學生，他在遊行隊伍被軍警驅散後生死不明。思成從一家醫院趕到另一家醫院，在受傷的學生中尋找林恒；徽因在家焦慮地守著電話，徹夜未眠。

最後，他們終於在城外找到了傷勢嚴重的林恒。待養好傷後，他什麼也不說就放棄了清華的學業，報考了航空學校。

思成的小妹妹思懿也參加了大遊行。她作爲燕京大學的學生領袖之一上了被追捕的黑名單。風聲越來越緊，徽因怕她躲在家裡發生不測，將她裝扮成少奶奶模樣送往武漢。看她上了火車，徽因叮囑道：平安到達後，就給家裡發回一封賀電；若有變故，就設法發回一封唁電以便家人知道情況，相機行動。

三天後，徽因、思成收到了一封賀電，電文是：「恭賀弄璋之喜。」揪著的心終於放下了，他們不由得相視而笑。這一年，他們的兒子從誡已經三歲了。

送走了思懿，徽因、思成接回了從廣東北歸的妹妹思莊。思莊的丈夫病逝，她一個人帶著幼女生活。梁家的眾多姊妹，除了在國外留學的，大都生活在北方，家人想讓思莊回北方住些日子調節一下心情。思莊帶著小女兒吳荔明和一個廣東老媽子住進了北總布胡同三號。

思成大姐思順的女兒這時期也住在這裡，她在燕京大學讀書，「一二．九運動」以後，學校的政治空氣十分緊張。當局的追捕行動一直在繼續，學生的宣傳、募捐、慰問傷患的活動也一直在進行；同時，學生中動搖和分裂的現象也日益增多。校園裡已經放不下平靜的書桌。思順的女兒住在徽因、思成處，家裡人也就放心了一些。

這時期，徽因、思成家人丁興旺，熙來攘往。人最多的時候，全家一共有十七張床鋪，黃包車夫還要借宿在老金家。儘管各種雜務和廚房的活兒都有傭人幹，但徽因的操心程度可想而知。

眼看時間像抓不住的水一樣流逝，想看書想寫東西卻總也坐不下來，徽因很焦心。但家人的幸福和孩子們的快樂她也同樣看重，她不知道怎麼辦才好。在給費慰梅的信中，她寫道：

「看來你對我的生活方式——到處為他人作嫁，操很多的心而又缺乏鍛煉等等——很擔心。是啊，有時是一事無成，我必須為一些不相干的小事操勞和浪費時間，直到——我的意思是說，除非命運對我發慈悲而有所改變。看來命運對於作為個人的菲麗絲不是很好，但是對於同一個人，就其作為一名家庭成員而言的各個方面來說，還相當不錯。天氣好極了，每間屋子都重新裱糊過、重新佈置並裝修過了，以期日子會過得更像樣些。讓我給你畫張圖，告訴你是怎麼回事。[42]

慰梅，慰梅，就看看那些床吧！它們不叫人吃驚嗎！！！可笑的是，當它們多多少少按標出的公用地點擺放到一起之後，他們會一個接一個地要吃早點，還要求按不同的樣式在她的或他的房間裡喝茶！！！下次你到北京來，請預訂梁氏招待所！

……

此刻孩子們從學校回來了，他們非要看這張『床鋪圖』，還要認出他們自己的床，等等等等。寶寶總是挑剔她的衣服，因為天氣已經熱了。海倫的襯衫已經

㊷ 原信中林徽因畫了一張家裡的平面圖，註明每間屋子住的是誰，放了幾張床。

有點過時。從誠從道麗的綠衣服裡得到一條短燈籠褲，很帥。

……

寶寶給你寫了無數的信，現在寄給你一封。

告訴費正清，我的文章老也寫不成，上帝才知道為什麼我還在想完成它。先別生我的氣，為我祈禱吧。……」

天氣轉暖的季節，是營造學社成員們外出的季節。每年的考察，他們多選在春夏秋三季，因爲北方的冬天實在是太冷了。他們的長途跋涉和野外作業在滴水成冰的冬季幾乎無法進行。

一九三六年五月，林徽因與梁思成一同前往洛陽，會同正在河南調查古建築的劉敦楨、陳明達、趙正之等人一起考察了龍門石窟。

龍門石窟位於洛陽南的伊河畔。石窟造像始於西元四九三年北魏孝文帝遷都洛陽之時，經過北齊、北周、隋等朝代，龍門石窟初具規模。到了唐代，龍門逐漸成爲皇室、貴族造像活動的中心。歷朝歷代，伊水側畔，龍門山崖，共開鑿窟龕二千一百多個，造像十萬餘尊，題記和其他碑刻三千三百餘品，修建佛塔四十餘座，與敦煌的莫高窟、大同的雲岡石窟並稱爲中國的三大石窟。

二十世紀三〇年代的龍門，地處荒郊，道路不通，人煙稀少。山上荊棘蒿草高可沒人，石徑湮滅，崎嶇難行。

徽因用雨傘撥開蒿草，辨識著路徑。山崖上橫生的雜草荊棘不時地扯掛著衣襟和頭髮，她索性掏出隨身攜帶的毛巾繫在頭上。思成笑道：「呵，眞成了北方農家的媳婦了。」

同以往一樣，他們一行各有分工。梁思成、陳明達爲洞窟和佛像拍照，林徽因記錄佛像和窟龕的雕飾，劉敦禎爲洞窟編號和記錄建築特徵，趙正之抄錄銘刻和開鑿年代。

石窟年久失修，銘刻漫漶不清，他們的工作進展緩慢。思成在攝影時爲了選取合適的角度，常常忘記腳下的險徑。一次，他沒留神差點跌下山去，驚得給他們帶路的當地雜役連聲叫道：「先生，小心些！小心些！」

一些洞窟出現裂縫，常年滲水，洞內陰森潮濕，許多雕像被風化剝蝕得面目全非。

他們來到了奉先寺，頓時被這裡的氣魄宏大的雕像所震懾，精神不由得爲之一振。

高達十七公尺的盧舍那大佛端坐在群像之中，氣度恢弘，妙相莊嚴。佛像面容慈悲博大，冷峻脫俗，透露出洞悉一切的大悲憫。與雲岡石窟相比，那裡的釋迦趺坐大佛明顯帶有印度佛像的影響，神情也似嫌呆滯。

思成連聲讚歎：「如此高大的佛像，怎麼能雕鑿得如此傳神！」

大家都注意到了，奉先寺向外十幾公尺就是懸崖，上是青天，下臨伊水。工匠們顯然不能後退觀察佛像面部各處細節的安排，而隔河相望又太遠，當時還沒有望遠鏡之類的輔助工具，他們是靠什麼來把握佛像表情的呢？大家不能不對唐代工匠們的高超技藝感佩不已。

徽因摘下頭上的毛巾墊著石階，靜靜地坐著，長時間地仰望著這神奇的傑作。她覺得那一尊尊佛像都有生命，他們或安詳或威嚴地凝視著自己，她全身心沉浸在這撼人心魄的體驗中。

多少年哪，多少石匠粗糙的雙手撫摸過這些粗糙的岩石，日復一日，日復一日沉重而單調地鑿擊。聲聲鑿擊中，岩石的碎屑、粉末嘩嘩流淌，就像匠人們流淌的汗水和血淚。從此，岩石再不是普通的岩石，山川也再不是普通的山川。浸透汗水血淚的岩石山川有了靈魂，有了神韻。

盧舍那大佛端坐著，悲憫、肅穆、洞悉一切地凝望著前方。前方是蒼翠的山，還有山腳下的人。魏晉唐宋，五代十國，康雍乾嘉……多少朝代，多少人事從這雙洞悉一切的眼眸前流過，一切都那麼短暫，只有歲月依舊，只有蒼穹依舊。

徽因輕輕地合攏了雙手，在心中默禱：合掌爲樸素的禮贊，微啓又如蓮花。

看到這些從京城來的先生們這麼喜歡自己家鄉的佛像，百無聊賴守候在一旁的雜役感到了幾分滿意。他用濃重的洛陽口音講起了關於龍門的傳說：

「聽老一輩的人說，這龍門山原來是一整座大山。有個放羊娃兒每天來山上放羊，時候長了，他總聽見山上有個聲音在攆他。那聲音很悶，很沉，無論他走到哪裡都能聽見。那悶沉沉的聲音在攆著他問：『開——不——開？開——不——開？』他咋瞅都瞅不出這聲音是從哪兒來的，覺得很納悶。」

「回到家裡，他把這事兒講給他奶奶聽。他奶奶正忙著燒火做飯，聽著孫兒的話，頭也不抬地說：『明兒個要是再問你，你就說，開！』」

「第二天，那個娃兒又上山放羊了。天近黃昏，他趕羊回家的時候，那悶沉沉的聲音又響了起來：『開——不——開？開——不——開？』放羊娃兒想起了奶奶的話，放開嗓子大喊一聲：『開——』只聽得轟隆隆隆山崩石裂，龍門山從當中劈開，分成了兩半，嘩嘩響的伊河水從這劈開的山中間流過……」

「打那時候起，咱這龍門山就成了這個樣子……」

太陽偏西了，一抹金黃色的夕陽投射進奉先寺，盧舍那大佛的微笑越發顯得雋永、神秘。

四下安靜極了。雜役講故事時，幾個人都停下了手裡的工作，聽得十分專注。他們分明覺得，這故事裡有一種令人心靈震動的東西。

天暗下來了，路不好走，他們加緊收拾東西往回趕。

山色蒼茫，伊水湯湯。山風搖動著草叢灌木，天宇間一片清明。

人在山中，被雄渾的自然包裹著，如一粒芥子般微小，對自然的畏懼、崇敬油然而生。

幾百年、上千年前，人類更貼近自然，更依賴自然，他們敬畏日月星辰，驚懼風雨雷電。於是，那時代留下的雕塑和建築中，呈現了無數在宗教中尋求皈依的靈魂。

厚重雄渾的龍門兩岸，刀砍斧削的石壁上，一尊尊佛像肅立著，他們已經肅立了成百上千年，他們還會成百上千年地肅立下去。

從龍門回到洛陽城裡的旅店，他們都很累了。本打算早早睡下，可剛剛在床上鋪好自己帶來的床單，床單上立刻就落上了一層沙土。抖落掉之後，轉眼間又是一層。他們感到奇怪極了，仔細一看才發現，原來床單上落的不是沙土，而是密密麻麻成千上萬只跳蚤。

這一夜，他們是在人蚤大戰、輾轉反側中度過的。

劉敦楨有記日記的習慣，他在日記中寫道：「寓室湫隘，蚤類猖獗，終夜不能交睫。」

此一行，他們在龍門踏察了四天。

離開龍門，徽因和思成又去開封考察了繁塔、鐵塔、龍亭，然後從開封到山東，考察了長清、泰安、濟寧等十一個縣的古建築。

天熱起來了，考察途中，林徽因在給家人的信中寫道：「每去一處都是汗流浹背的跋涉，走路工作的時候又總是早八點至晚六點最熱的時間裡……可真是累得不亦樂乎。吃得也不好，天太熱也吃不下……整天被跳蚤咬得慌，坐在三等火車上又不好意思伸手在身上各處亂抓，結果渾身是包！」㊸

儘管如此，徽因又和思成西出長安，到陝西耀縣考察了藥王廟。

他們原計劃從耀縣一路西行，走蘭州去敦煌。但由於當局對延安的封鎖，陝甘一帶防備森嚴，必須持有軍事部門簽發的特許通行證才准允西行。徽因、思成只得打消了計畫。

思成對存留在絲綢古道上的藝術寶窟敦煌有一種近乎朝聖的情懷。歸途中，他對徽因說：「什麼時候能去敦煌，哪怕一步一叩首也心甘情願。」可是他們想不到，這個心願竟成了終生未了的遺憾，他們此生再也沒有了去敦煌的機會。

回到北京，徽因在給費慰梅的信中談到了這些日子的外出考察，回憶起了他們在山西共同走過的旅程：

「……我們再次像在山西時那樣輾轉於天堂和地獄之間。我們為藝術和人文景

㊸《致梁思莊》，《林徽因文集‧文學卷》三四七—三四八頁。

物的美和色彩所傾倒，卻更多地為我們必須賴以食宿（以便第二天能有精力繼續工作）之處的骯髒和臭氣弄得毛骨悚然，心灰意懶。我老忘不了慰梅愛說的名言，『惱一惱，老一老』——事實上我堅守這個明智的說法，以保持我的青春容貌……這次旅行使我想起我們一起踩著爛泥到（山西）靈石去的歡樂時刻。」㊹

許多人提起林徽因，常常只把她和「太太客廳」聯繫在一起，其實「太太客廳」只是林徽因生活的一個方面。在她生活最優裕的那些年裡，她和丈夫長年奔走在窮鄉僻壤，一點一點地梳理著中國建築發展的脈絡，爲每一次在人跡罕至的地方發現了古建築遺存而如獲至寶、欣喜若狂。她踩爛泥，坐驢車，住骯髒的小店，床鋪上爬滿跳蚤，被咬得渾身是包；山野的風和無遮無攔的烈日使她的皮膚變得粗糙，粗劣的食物和艱辛的路程損害了她的健康；但她從未因此改變自己的選擇和作爲。她對自己所珍愛的一切，具有一種獻身的熱情，這是林徽因最讓人難以企及的地方。

林徽因有一首寫於這時期的詩——《旅途中》，這首詩具有她過去詩作從未有過的寧靜單純的意境，語言發散出獨特的魅力和芬芳。詩的魅力源於詩人心靈的魅力，語言的芬芳源於作者精

㊹《致費慰梅》，《林徽因文集・文學卷》三六三頁。

神世界的芬芳。

我捲起一個包袱走，
過了一個山坡子松，
又走過一個小廟門
在早晨最早的一陣風中。
我心裡沒有埋怨，人或是神；
天底下的煩惱，連我的
攏總，
像已交給誰去……

前面天空。
山中水那樣清，
山前橋那麼白淨，——
我不知道造物者認不認得
自己圖畫；

鄉下人的笠帽、草鞋，
鄉下人的性情。

幾年的野外考察中，思成、徽因和營造學社的同仁們有了很多古建築的重要發現。可在這些成果中，建築年代最早的木結構建築仍是學社初期調查的薊縣獨樂寺、應縣木塔等宋遼時期的建築。當時的日本建築學界做出了這樣的斷言：中國已不存在唐代的木結構建築，要看這樣的實物，只有到日本奈良去。

一天，思成細細地讀著英國人伯希和的《敦煌石窟圖錄》，這本書他已翻看過多次。這一次，有兩幅壁畫吸引了他的注意。壁畫中描繪了佛教聖地五臺山的全景，每座寺廟都標注了名稱。其中，地處五臺山周邊的大佛光寺標註說明建於唐代。他又特意到北京圖書館查閱了《清涼山（五臺山）志》，其中有關於佛光寺的文字記載。

思成記下了這一切。他對徽因分析道：佛光寺不在五臺山台懷這個中心區，交通不便，進香的信徒少，寺僧必定貧寒。那麼，他們沒有力量去修理改建寺廟，古建築的原貌也許僥倖能保存下來。不過，從唐代到如今這麼多朝代都灰飛煙滅了，天災人禍中，一個寺廟的命運誰又能說得準呢？

儘管如此，他們還是決定到五臺山去碰碰運氣。

一九三七年六月，思成、徽因和營造學社的莫宗江、紀玉堂一起，前往五臺山尋找佛光寺。

山西他們已經來過不止一次，行進在山西境內，沿途的景物風情，山村的各式人物，甚至那不太好懂的山西話，都能喚起他們近乎鄉情的親切感。

思成和徽因，感受事物各有不同的切入點，鮮明地呈現出他們不同的個性。

思成看待事物，更多的是科學、理性的探究和建築學家的眼光。坐在汽車上看到一座塔，他會批評道：這塔的結構設計不合理，塔身高高聳起，而那不足度的「收分」，和重重過深過密的簷，使人得到不安定的印象。路過一座便橋，乘客下車步行過橋，空車從橋上開了過去，他仔細地觀察著橋體，對徽因說：這橋堪稱國產特色的工程——在木柱木架之上，安紮高粱稈，在高粱稈上再鋪泥土，這樣的結構居然有力量承載汽車，倒是值得注意。

而徽因看事物，更多的是審美、感性的眼光：「……鄉村各種浪漫的位置，秀麗天真。老的扶著拐杖，小的赤著胸背，沿路上點綴的，盡是他們明亮的眼睛和笑臉。一處山坡上，有人在走路，放羊，迎著陽光，背著陽光，投射著轉動的光影；近地裡，孩子頭上梳著三個小辮子的，乃至於五六個小辮子的，衣服簡單到只剩下一個紅肚兜，上面隱約繡有兩三朵花……」

進山後，他們就沒有了這份閒情逸致。通往佛光寺的山路太難走了，崎嶇不平的小路沿著陡峻的山崖迂迴前伸，一邊是絕壁，另一邊是深崖，有時候，連毛驢都害怕得腿顫抖著不肯前行。他們只好卸下行李，拉著毛驢慢慢行進。

就這樣走了兩天，他們到了一個小山村——豆村。佛光寺矗立在豆村的一片高坡上，黃昏柔和的光影勾勒出了它蒼勁的輪廓。思成、徽因一行興奮得心怦怦直跳：我佛慈悲，眞的是一座年代久遠的古建築！只看那巨大、堅固而簡潔的斗拱和高挑深遠的屋簷，他們就可以下這樣的結論。

佛光寺坐東朝西，南、北、東三面群峰環抱，西面地勢開闊而豁朗，整座寺廟顯得氣勢不凡。進得山門，前後有兩個院落，兩個院落都很寬闊，殿、堂、樓、閣、窯、房、廄、舍井然有序。佛教以東爲上，後院的東大殿是正殿。正殿面寬七間，進深四間，柱、額、斗拱、門窗、牆壁均未施油漆彩繪，而用土朱塗刷，看上去素潔古樸。

東大殿寬敞的佛龕上，共有三十五尊塑像，看上去像是一座仙林。其中的五尊主佛是釋迦牟尼佛、彌勒佛、阿彌陀佛、普賢菩薩、文殊菩薩。主佛的四周，佛像環侍。大殿的兩側和後側，分列著五百羅漢的塑像。

讓他們感到意外的是，在佛龕左邊，還有一尊眞人大小、身著便裝的女人坐像。廟裡的僧人告訴他們，這是篡位的武后塑像。

興奮而疲憊的一行人，就在寺院裡住了下來。

第二天清晨，當他們在鳥兒的啁鳴聲中醒來時，天空是明淨的澄藍，這是北中國最美麗的藍天。

他們開始了對佛光寺的考察測量。

斗拱、樑架、藻井以及雕花的柱礎都一一看過，一切都顯示出了晚唐建築的特徵。殿堂的牆上過去一定有很多壁畫，可由於年代久遠，全都剝落了。他們現在只能看到過樑和斗拱之間中楣部分的一些繪畫。這些繪畫水準各異，顯然是不同時期的作品。在一個不起眼的角落，有一幅畫著菩薩和侍者的壁畫，他們在介紹敦煌的畫冊上看到過與此相同的畫面和畫法；他們推測，這可能是除敦煌之外，中國國內僅存的唐代壁畫。

木構建築最重要的部分是房屋的頂部結構，思成和助手們爬上了屋頂。這時，他們有如獲至寶般的驚喜。他們看到了過去只在唐代繪畫中見過的雙主椽結構，看到了古老的人字形「叉手」承脊棟——這種結構過去只從《營造法式》上讀到過，如今在這裡見到了眞跡，也許這是國內僅存的孤例！

黑暗的屋頂藻井像是一間黑暗的閣樓，藻井上是厚厚的積存了千年的塵土。屋檁上吊掛著成千上萬隻黑色的蝙蝠，塵土中還堆積著許多蝙蝠的死屍。蝙蝠聚集在黑暗的角落，三角形的翅膀扇動著令人窒息的塵土和穢氣。藻井裡到處爬滿了密密麻麻的臭蟲，它們以吸食蝙蝠血爲生。

思成他們戴著口罩，在嗆人的塵土和難耐的穢氣中一待就是幾個小時。被驚擾的蝙蝠在他們身上飛來撞去，他們只顧著不停地測量、記錄和拍照。當工作告一段落，從屋簷下鑽出來換換空氣的時候，他們才發現，自己的身上和背包裡爬滿了臭蟲，渾身奇癢難耐。

在殿堂工作了三天，他們的眼睛已適應了屋頂昏暗的光線。徽因發現大殿的一根主樑上有淡淡的字跡。

這個發現太重要了！儘管思成可以肯定，這是一座唐代的建築，可唐代從西元六一八年一直到九〇七年，怎樣準確界定它的建築年代呢？沒有比寫在建築物的主樑上或刻在石碑石礎上的日期更準確的了。

大家興奮地忙碌著，決定在佛像的間隙中搭起腳手架，清除樑上的灰塵以看清題字。

徽因的遠視眼這時派上了用場，她急切地從各個角度盡力地辨識著。她看出，那些隱隱約約的字跡中有人名，有長長的官職稱謂。她斷斷續續地讀出了這樣幾個字：「……女弟子……甯公遇」。突然，徽因想起，在大殿外的經幢上好像看到過類似的名字。她急忙跑出去核實，果然，經幢上刻著「佛殿主女弟子甯公遇」。

徽因喜悅地向大家報告這一發現，並且弄清楚了，大殿中那尊身著便裝、面目謙恭的女人坐像，並不是寺僧們所說的「武后」塑像，而是這座寺廟的女施主甯公遇夫人。

思成請寺僧到村子裡雇人搭腳手架。寺僧們根本弄不明白這些先生在殿裡爬高上低究竟要幹什麼，但他們明白，這些先生都說這座廟很重要，看起來以後廟裡的香火要盛起來了，這總是好事情。

豆村地處偏僻，人煙稀少，那僧人出去了整整一天，才請來了兩個老農。老農對要他們做的工作毫無頭緒，在思成的示意說明下，費了很大勁才搭起了一個架子。徽因撕開床單，將床單浸了水傳遞到梁上去，擦掉了灰塵，土朱著了水，墨蹟顯示了出來；可是水一乾，字跡又隱約不清了。他們用了近一天的時間，才算讀完和記錄下來那四根主樑上的全部題字。

大殿建於唐宣宗大中十一年，即西元八五七年。

這座建築已有千年的歷史，是思成他們歷年搜尋考察中所找到的唯一一座唐代木結構建築，比他們以前發現的最古老的建築還要早一百多年。不僅如此，他們在這裡還發現了唐代的壁畫、書法、雕塑，這是從事野外考察以來最高興的日子。發現的快樂使他們的所有艱辛都得到了回報。

太陽緩緩西沉，給佛光寺塗抹了一層金色的夕輝，整座寺院像是籠罩在神奇的佛光中。徽因提議，爲這次重大發現舉行一個慶賀儀式，大家一齊贊同。

所有的應急食品都擺了出來，罐頭打開了，餅乾開了封，牛奶倒進了杯子。這是他們的盛大節日，因爲這座古老的寺廟，他們永遠記住了這個日子；因爲他們的發現，這座「養在深閨無人識」的寺廟從此獲得了新的建築生命。

思成、徽因一行在佛光寺整整工作了一個星期，對整座寺院做了詳細的考察記錄。離去之前，思成還給山西省政府寫了報告，請求他們保護好這一處珍貴的建築遺存。

徽因戀戀不捨地向這座在她和思成的學術生涯中意義重大的古建築告別。她站在「女弟子寧公遇」的塑像前，要思成給她和塑像留個影。徽因望著寧公遇塑像仁藹豐滿的面容，遙想這是一位怎樣的女人。她爲了信念捐出了家產修築這座寺院，當寺院落成時，她把自己也永遠地留在了這裡，日日傾聽著暮鼓晨鐘和誦經聲，謙卑地守護著繚繞的香火和青燈黃卷。

此刻，徽因恨不能也變成一尊塑像，「女弟子林徽因」發願，要像這位虔誠的唐代婦女一樣，永永遠遠守護好自己的心願和信念。

離開這裡時，思成答應寺廟的住持，他們將爭取帶著政府的資助再來這裡，重新修繕佛光寺。

下了五臺山，他們在代縣住下。困乏至極的他們需要稍事休整，從佛光寺帶出的一大堆考察資料也需要稍加整理。

在縣城，思成找到了一卷報紙。報紙是太原的客商一星期前帶過來的，儘管已是舊聞，總算聊勝於無。

當他翻閱這些舊報紙時，赫然兩行大標題把他驚得從床上蹦下地來：「我二十九軍將士與日軍在盧溝橋發生軍事衝突！」「七月七日——日軍猛烈進攻，我平郊據點失守！」以「七・七事變」爲標誌的抗日戰爭已經爆發一個星期了，鑽進五臺山中的他們卻渾然不覺。

北京怎麼樣了？親友們怎麼樣了？下一步該怎麼辦？

他們當即決定，在最短的時間內返回北京。平漢、津浦兩條鐵路已不通車，他們徒步到陽明堡，然後出雁門關，過大同，走張家口，日夜兼程，趕回了北京。

流亡歲月

當前的艱苦不是個別的，而是普遍的，充滿整個民族，整個時代！我們今天所叫做生活的，過後它便是歷史。客觀的無疑我們彼此所熟識的艱苦正在展開一個大時代。所以別忽略了我們現在彼此地點點頭。且最好讓我們共同酸甜的笑紋，有力地，堅韌地，橫過歷史。

——林徽因《彼此》

一 湘黔路上

寶寶：①

媽媽不知道要怎樣告訴你許多的事，現在我分開來一件一件的講給你聽。

第一，我從六月二十六日離開太原到五臺山去，家裡給我的信就沒有法子接到，所以你同金伯伯、小弟弟所寫的信我就全沒有看見（那些信一直到我到了家，才由太原轉來）。

第二，我同爹爹不止接不到信，連報紙在路上也沒有法子看見一張，所以日本同中國鬧的事情也就一點不知道！

第三，我們路上坐大車同騎騾子，走得頂慢，工作又忙，所以到了七月十二日才走到代縣，有報，可以打電報的地方，才算知道一點外面的新聞。那時候，我聽說到北京的火車，平漢路同同蒲路已然不通，真不知道多著急！

① 這是林徽因從山西回到北京後，寫給女兒梁再冰的信。當時不滿八歲的女兒正隨著大姑媽和表姐表哥在北戴河度暑假。

第四，好在平綏鐵路沒有斷，我同爹就慌慌張張繞到大同由平綏路回北京。現在我畫張地圖你看看，你就可以明白了。

請看第二版　第三版②

注意萬里長城、太原、五臺山、代縣、雁門關、大同、張家口等地方，及

平漢鐵路

正太鐵路

平綏鐵路

你就可以明白一切。

第五，（現在你該明白我走的路線了）我要告訴你我在路上就頂記掛你同小弟，可是沒法子接信。等到了代縣一聽見北京方面有一點戰事，更急得了不得。好在我們由代縣到大同比上太原還近，由大同坐平綏路火車也頂方便的（看地圖）。可是又有人告訴我們平綏路只通到張家口，這下子可真急死了我們！

第六，後來居然回到西直門車站（不能進前門車站），我真是喜歡得不得了。

② 原文如此。原信中有林徽因為女兒畫的兩幅地圖。

清早七點鐘就到了家，同家裡人同吃早飯，真是再高興沒有了。

第六，[3]現在我要告訴你這一次日本人同我們鬧什麼。你知道他們老要我們的「華北」地方，這一次又是為了點小事就大出兵來打我們！現在兩邊兵都停住，一邊在開會商量「和平解決」，以後還打不打誰也不知道呢。

第七，反正你在北戴河同大姑、姐姐哥哥們一起也很安穩的，我也就不叫你回來。我們這裡一時也很平定，你也不用記掛。我們希望不打仗事情就可以完；但是如果日本人要來占北京，我們都願意打仗，那時候你就跟著大姑姑那邊，我們就守在北京，等到打勝了仗再說。我覺得現在我們做中國人應該要頂勇敢，什麼都不怕，什麼都頂有決心才好。

第八，你做一個小孩，現在頂要緊的是身體要好，讀書要好，別的不用管。現在既然在海邊，就痛痛快快地玩。你知道你媽媽同爹爹都頂平安的在北京，不怕打仗，更不怕日本。過幾天如果事情完全平下來，我再來北戴河看你，如果還不平定，只好等著。大哥[4]、三姑過幾天就也來北戴河，你們那裡一定很熱

[3] 原文如此。
[4] 指再冰的大表哥。下文的大姐也同樣指其大表姐。

鬧。

第九，請大姐多幫你忙學游水。游水如果能學會了，這趟海邊的避暑就更有意思了。

第十，要聽大姑姑的話。告訴她爹爹媽媽都頂感謝她照應你，把你「長了磅」。你要的衣服同書就寄來。

媽媽

林徽因給女兒的信寫得樂觀、從容。可她和思成很快就發現，北京危在旦夕，情況比他們預料的要嚴重得多。

七月盛夏，北京在盧溝橋的隆隆炮聲中顯得格外燠熱難耐。一向幽靜風雅的故都，籠罩在漫天的烽煙中。

報紙上每天都是醒目的大字通欄標題：

「保衛盧溝橋！」

「發動華北民眾，援助二十九軍抗日！」

「驅逐日本帝國主義強盜出中國！」

「完成五萬條麻袋運動！」

民眾的愛國熱情空前高漲，大學生、市民紛紛自發地組織「勞軍團」，前往盧溝橋慰勞英勇守土的二十九軍將士，中學生、小學生奔走在七月的陽光下，流著汗水，逐街逐巷地徵集麻袋。麻袋裡裝上了沙土，東四、西四、東單、西單、王府井、南池子……北京城內的許多街口都築起了街壘。

炮聲越來越逼近北京。

可是，麻袋築成的街壘被撤除了。要和談了，要開戰了……各種各樣的消息不脛而走。苦悶、焦慮的情緒像傳染病似的，使人們不得片刻安寧。蔬菜進不了城，物價暴漲。麵粉原來一元錢一袋，如今漲到六元一袋還買不到。

七月二十八日，大炮和槍聲整整響了一夜。徽因和思成在北總布胡同三號自己的家裡，一夜未曾闔眼。

他們聽著窗戶玻璃被炮聲震得嗒嗒作響，緊張地揣測和分析著戰事。

天亮了。天空中響起巨大的轟鳴，大隊的日軍飛機由東邊飛來，再向西邊和南邊飛去。

徽因和思成站在院子裡，望著天上的機群。七月的陽光一清早就有些熱度。一隊隊飛機尾翼上，圓圓的紅膏藥般的太陽旗灼得人眼睛要流出血來。從頭上掠過的飛機巨大而清晰，清晰得如同幻覺，眞實得令人噁心。

一九三七年七月二十九日，北京淪陷，日軍分三路入城。

全城戒嚴四小時。

北京的街頭冷落了，胡同寂然了，家家關門閉戶，了無聲息。

數日內，城內外斷絕了交通。

八月五日，平津之間的鐵路開始通車。徽因、思成和朋友們開始商量離開這座被日軍佔領的城市。

政府部門開始了撤離、疏散。營造學社雖不是政府部門，但在這樣的形勢下，顯然已無法繼續工作。學社決定暫時解散。社長朱啓鈐老先生不願意離開北京，他把學社的遺留工作、學社的未來都託付給了梁思成。

思成和徽因爲防不測，連日來忙著清點和收拾學社的研究資料。這些資料包括歷年來古建築考察的測繪圖稿、圖版、照片、底片、建築模型等等。因爲怕這些資料落入日本人手中，他們決定將其中不便攜帶的存入天津租界英國銀行的保險庫。

八月的一天，思成忽然收到一封署名「東亞共榮協會」的請柬，邀請他參加日本人召集的一個會議。

對於以梁思成爲代表的營造學社的研究工作，日本人注意已久，這封請柬表明，日本人開始打思成的主意了。思成、徽因當即決定，盡快離開北京，取道天津向南方遷移。

此時，沈從文和徽因、思成的許多朋友已經到了武昌。

徽因、思成開始收拾行裝。

他們的生活中居然積攢了這麼多有用沒用的東西，這讓他們自己都感到驚訝。這就是生活留下的印跡嗎?書籍、信件、字畫、古董、服裝、飾物、小玩意兒……每一件都聯繫著過往的故事，每一件都能勾起他們溫情的回憶……梁啓超送給思成的戰國銅鏡，林長民送給徽因的漢白玉坐佛，思成珍藏的魏晉書法拓片，林徽因喜歡的富有民族風情的手工藝品……在倉皇離亂不知所終的日子裡，翻檢這樣的記憶格外讓人傷感。如今，所有這些東西連處理都來不及，只能硬著心腸棄置一旁、聽天由命了。

對思成、徽因來說，捨棄這些東西還不是最難以忍受的事情，他們難以忍受的是國家前途、個人命運的無法把握，還有那許多因種種原因滯留北京的親人和朋友不能與他們同行。

連日的勞累，徽因咳嗽得厲害，思成也常常背痛。臨離開北京前，他們一同去協和醫院做了檢查。醫生警告說：徽因的肺部有空洞，任何一次感冒或別的什麼不愼，都將導致嚴重的後果，而思成則被診斷爲脊椎軟組織硬化症，醫生爲他設計了一副鐵架子「穿」在襯衣裡面以支撐脊椎。

「穿」上鐵架子，身上陡然增加了負重，思成對徽因笑著說：「剛開始抗戰，就穿上防彈背心了。」他很爲徽因的身體擔心，提醒她不要忘了醫生的警告。徽因說：「警告也是白警告，生死由命吧！」

臨離開北京的前夜，他們一直忙到深夜三點半。孩子的東西，徽因母親的東西，徽因、思成的東西，正在寫作的論文，古建築研究資料……所有的東西精簡了又精簡，裝進了兩只皮箱，再加上兩個鋪蓋卷，這是他們的全部行李。

清晨六點鐘，他們叫醒睡得迷迷糊糊的一雙兒女，挽著母親悄悄地起身出門。家裡還有兩位借住的客人——錢端升先生的太太和葉公超先生的太太，告別的話早就說了不止一遍，徽因、思成沒有驚動她們。

清晨的胡同寂靜淒清，胡同口的槐樹梢上，掛著一彎慘白的下弦月，風很涼，徽因打了個寒顫。

臨上車的一瞬，徽因覺得自己的心「咯的」響了一下，像是什麼地方斷了似的。她知道，自己被連血帶骨地從這裡拽出去了……北總布胡同三號籠罩在晨光熹微中，一家五口踏上了漫長的流亡路。

徽因、思成一家人從北京乘火車到天津，從天津新港起航往煙臺，然後轉車到濰坊、青島，再乘火車前往濟南、鄭州，最後到了當時的「後方」——長沙。

徽因在給友人的信中說：「從盧溝橋事變到現在，我們把中國所有的鐵路都走了一段！……由天津到長沙共計上下舟車十六次，進出旅店十二次，爲的是回到自己的後方。」

逃難的人群到處都一樣多，戰時的交通和別的任何部門一樣混亂無序。公路旁、車行道中，隨處可見裝備簡陋、衣衫襤褸的士兵，誰也不知道他們是在開赴前線還是在撤向後方。

九月初的陽光把甲板烤得燙人，擁擠的人群散發著熱烘烘的臭氣。思成的嗓子嘶啞得幾乎說不出話來，寶寶、小弟又餓又渴像打蔫兒的小苗。頭上，一架飛機盤旋著在輪船上做低空飛行，巨大的轟鳴聲擊打著心臟和耳膜。徽因摟著一雙兒女，覺得頭皮和脊椎一陣陣發麻。

昏暗的黑夜，他們在車站的鐵篷子下面等火車。天上落著雨，雨敲打著鐵皮，發出「碰、碰」的聲響。一盞黯白的煤氣燈從身後的什麼地方射過來，映著地上黑一塊亮一塊的泥水窪。一處處等待上車的人瑟縮著，如同在風雨中飄搖的衰草。

「哀民生之多艱兮，長太息以掩涕。」「心嬋媛而傷懷兮，渺不知其所蹠。」「寧溘死以流亡兮，不忍爲此之常愁。」一路上，屈原《離騷》中的詩句常常湧上徽因的心頭，每當這時，她的嗓子就像堵了一團棉絮似的，哽咽得喘不過氣來。這些詩句還是徽因幼年時和表姊們一起跟著大姑姑背會的，平日裡從未想起過，這時卻像是從心裡剝離出來一樣揪扯著五臟六腑。

在社會政治生活發生重大突變的時代，歷史就像一條水流渾濁、漩渦密佈的河流，它挾裹著一切橫衝直撞，左衝右突。一個人在這時代裡猶如急流中的一片樹葉，不知是會被徹底撕成碎片，還是會被捲到什麼不能預知的地方。

徽因、思成來到了長沙，他們的老朋友金岳霖、張奚若、陳岱孫等許多人也先後到了這裡。教育部將清華、北大逃亡出來的師生在長沙組成了臨時大學。國難當頭，教授們草草在這裡安下了家。雖然生活很不容易，但他們的情緒高昂，全國民眾空前高漲的愛國熱情，使他們看到了中國的希望，他們盼著能早日為國家效力。

徽因、思成到長沙時，城裡已找不到像樣的房子。在朋友的幫助下，他們租到了一戶人家樓上的三間小屋。房子緊靠火車站，進站出站的火車就像即將穿牆破壁而來。但是，只要和朋友們在一起，彼此離得還不算遠，他們就感到踏實而心安。

徽因的母親病倒了，徽因操持著家務，照顧著母親、孩子。

晚上，一幫老朋友總是在梁家會合。他們把地圖攤開在桌子上，幾個人湊在地圖前指指點點，分析著近來的戰報。他們為津浦線的戰局擔憂，為晉北的形勢著急。徽因、思成兩個月前剛從那裡考察回來，對那些地方有特殊的感情。思成指點著一個個熟悉的地方：大營、繁峙、代縣、雁門、朔縣、甯武、原平……陽明堡……大同，那一段公路他們曾多次走過。他的手撫摩著地圖，就像在撫摩那裡的土地。

徽因坦率地表達了她對戰事的不樂觀，她說：「我們從山西回北京時，盧溝橋事變已經發生一個多星期了，我們親眼看到那一帶的防禦能力幾乎等於『雞蛋』。我就不相信那裡一抗戰就能有怎樣了不起的防禦抗擊能力，閻老西兒⑤的軍隊根本就不堪一擊。天氣已經開始冷了，三個月前，我們在那邊已穿過棉衣。看看街上那些過路的士兵，他們穿的是什麼？真不敢想，他們在怎樣的情形下活著或死去！」

空襲警報總是在猝不及防時響起，一家老小攙扶著跑到臨時大學空曠的校園裡暫避。待空襲過去，再回到那座灰色的磚房。

街頭有「抗日劇團」在演出活報劇《放下你的鞭子》，簡單的劇情人們已經十分熟悉，可圍觀的人仍然很多。演出到最後，常常是觀眾和演員一起流著眼淚高呼口號：「打回老家去！還我東三省！」「全民抗戰！抗戰必勝！」

在這樣的情形下，連最沉得住氣的教授們也躍躍欲試地想做些切實的抗戰工作。朋友們在思成、徽因家發著牢騷，他們批評教育部組織不力，讓許多人困在這裡進不得退不得，對於抗戰完全是多餘的累贅。

流亡的日子是精神容易迷惘的日子，流亡的日子是情緒容易波動的日子，流亡的日子更是思念故鄉、懷念親人的日子。每當這樣的時候，思成就會領著大家唱起歌來。他指揮著這個小小的歌詠隊，一如當年他指揮清華學堂學生軍樂團一樣認真。他們從「起來，不願做奴隸的人們」唱

⑤ 指山西軍閥閻錫山。

起，一直唱到「向前走，別退後，生死已到最後關頭。」歌聲穿越了狹窄、苦悶的空間，他們在歌唱中宣洩鬱積，在歌唱中抒發激情，在共鳴中得到了滿足。

長沙韭菜園教廠坪一三四號，是徽因、思成在長沙的臨時住所，這座不起眼的灰色磚樓裡傳出的歌聲，常常吸引著路人停下腳步抬頭張望。唱歌的有男有女，有大人有小孩，歌聲嘹亮激越，傳達出不竭的信念和熱情。

一進入十月，長沙就是連綿的陰雨天氣。從狹窄的天井望出去，簷漏淅淅瀝瀝地扯著不斷線的雨絲，天空一片灰暗的陰霾。徽因鬧肚子，她歪在床上，身上搭著被子，屋子裡的東西散發出黴濕的味道。

思成的弟弟思永一家也來到了長沙，思永供職的中央研究院歷史語言研究所（簡稱史語所）要遷往昆明。思成爲營造學社的前途計畫，也準備到昆明去。

思成和徽因商量著動遷的事。寶寶和小弟在門口接雨水玩兒，他們清亮的笑聲是這陰鬱日子裡唯一的亮色。

徽因身體不舒服，心情也不好。走，還是不走？如果要去昆明，最好盡快走。再不走，天氣就冷了，一路上翻山越嶺、下雨落雪會有許多困難。可是就算立即就走的話，大致算算，除了路上的花費，一家人到了昆明，手頭只剩三百來塊錢。學社現在沒有一點經費來源，他們沒有收入，帶著僅有的這一點點錢，老老小小流落在那偏遠的西南該如何是好呢？

商量的結果，思成、徽因決定，還是先停幾天看看情況再說。思成打算與「中美庚子賠款基金會」聯繫上，看是否能爲營造學社申請到研究基金。

第二天，天放晴了，太陽從雲層中鑽了出來，天藍得不像戰爭時期的天，天上還有悠閒自在的白雲。多美的陽光啊，徽因連日揪著的心頓時鬆快了許多。儘管兩個孩子因受涼感冒躺在床上，去留問題仍然懸而未決。

徽因把發潮的棉被和衣物一一晾曬出去，把屋裡的破籐椅搬到窄窄的廊子上，眯著眼睛享受著這難得的陽光。她有一搭沒一搭地和屋裡的思成說著話，因爲孩子們生病，思成今天沒有外出。

突然，空中響起巨大的轟鳴，那是他們已經熟悉的戰鬥機飛過的聲音。

「是中國的飛機嗎？」思成問徽因。他跑到廊子裡手搭涼棚向天上張望，因爲事先他們並沒有聽到空襲警報。

遠處近處響起了震耳欲聾的爆炸聲，還夾雜著炮彈穿越空氣的尖利呼哨。

天哪！是日機的轟炸！

什麼都來不及想，完全是出於本能，徽因、思成一人抱起一個孩子拉著外婆就往樓下跑。還沒跑出院子，離他們很近的一顆炸彈就爆炸了。房子頓時四分五裂，徽因被氣浪拋了起來，懷裡抱著小弟。她睜開了眼睛，卻發現自己和孩子居然還好好的。房屋開始軋軋亂響，門窗玻璃、隔扇、屋頂、天花板，全都坍塌下來。徽因、思成沒有片刻遲疑，飛快地衝出院子，到了黑煙滾滾的街頭。

他們向臨時大學跑去。飛機開始了新一輪俯衝，徽因、思成絕望地停下了腳步，一家人緊緊地偎在一起。反正是跑不掉了，索性全家人死在一處吧！

爆炸聲又起，彈著點正是他們剛才準備跑過去的臨時大學校園。

回望他們剛剛離開的住所，已成了一堆廢墟。生與死之間，只有一線的距離。

硝煙散去，驚魂稍定，從廢墟中扒出了他們所剩無幾的家當，當晚只好到朋友家去借宿。

張奚若租住了兩間房子，爲徽因、思成一家騰出來一間，自己一家五口擠在另一間裡。

朋友的情誼讓他們感到溫暖。他們都堅信，眼下的艱難是暫時的。他們願意和自己的國家一起面對苦難，承擔苦難，「爲這可愛的老國家帶著血活著，或流著血或不流血地死去，都覺得榮耀。」這是他們的操守和信念。

> 信仰坐在我們中間多少時候了，你我可曾覺察到？信仰所給予我們的力量不也正是那堅忍韌性的倔強？我們都相信，我們只要都為它忠貞地活著或死去，我們的國家自會永遠地向前邁進，由一個時代到又一個時代。我們在這生是如此艱難，死是這樣容易的時候，彼此仍會微笑點頭的緣故也就在這裡吧？……⑥

看情形，長沙絕非久留之地。思成、徽因下了決心，離開長沙到昆明去。

昆明不通火車，汽車票難買極了，這次買票錯過了一天，再想買就又要等上一個星期。

---

⑥ 林徽因《彼此》，《林徽因文集．文學卷》五十頁。

十二月初，一家人離開了長沙。雖然已是初冬，天氣卻十分明媚，太陽和暖地照著，一點風也沒有。

從長沙到昆明，要路過沈從文的老家。沈從文此時在武昌，連連寫信邀思成、徽因去自己老家小住幾日。思成、徽因決定路過沅陵時停兩天，看看沈從文筆下的湘西，看看沈從文的家鄉和親人。

林徽因很喜歡沈從文的文字，她常對朋友們說，沈從文的性情更接近詩的性質。他筆下的湘西，彌散著牧歌般的純美及淒美。他那些描寫故鄉的散文和小說，讀來無一不是詩。

「今天中午到了沅陵。」徽因在給沈從文的信中寫道，「昨晚裡住在官莊的。沿途景物又秀麗又雄壯，使我們想到二哥⑦你對這些蒼翠的天，排布的深淺山頭，碧綠的水和其間稍稍帶點天眞的人爲的點綴如何的親切愛好，感到一種愉快。天氣是好到不能更好，我說如果不是在這戰期中時時心裡負著一種悲傷哀愁的話，這旅行眞是不知幾世修來。」

沅陵城依山傍水，風景秀麗幽靜。徽因對思成說，在這樣的地方，出現翠翠⑧這樣的女孩子一點也不奇怪。他們把母親安頓在城裡的客店裡，帶著兩個孩子，按沈從文信中所畫的地圖，找到了沈從文大哥的家。

沈家的房子建在山腰上，土黃色的牆壁，黑色的屋瓦，廊子的欄杆是新近油漆過的朱紅

---

⑦ 指沈從文。

⑧ 翠翠係沈從文小說《邊城》中的人物。

色，在滿山的蒼翠環圍中，顯得格外醒目而別致。從文的大哥熱情地迎接著他們，三弟沈荃也拄著拐杖出來招呼客人。前些日子，他所在的部隊於浙江嘉善阻擊日軍，他負了傷，最近剛從前線回到家鄉來養傷。

主客都在廊子裡坐下，面前擺上了新鮮的山茶和山裡的乾鮮果子。房前的老樹葉子綠得深沉，樹上許多不知名的鳥雀啁啁啾啾的聲音讓人心中一片安靜恬適。

他們自由自在地聊著，聽沈荃談打仗，聽從文的大哥談城裡的土匪。徽因覺得這一切熟悉而親切，周圍的山水景物，面前的從文兄弟，彷彿都早已認識，早已見過。徽因想，那是因爲湘西的山水在從文的文字裡像畫卷一樣被細細地描繪過，而兄弟二人的性情又都像沈從文。

到了吃飯的時候，飯菜也端到外邊來吃。湖南風味的蒜苗炒臘肉，剛從河裡捕的鱖魚肉質細嫩，山裡的蕨菜清鮮爽口。想起前幾日在長沙被轟炸的情形，徽因有異樣的感覺，恍惚中，不知今夕何夕，不知身在何處。

天色暗了下來，小弟偎在徽因身上睡著了，徽因、思成向從文兄弟告別。他們相約，待戰爭結束，再來這裡聚首。說這話時，他們的心裡懷著深深的惜別和憂傷，水天茫茫，前程茫茫，此一別，誰知是否還有重逢的可能。即使重逢，此情此景也永遠不可能重現了。

從地圖上看，從湖南到雲南並不遙遠。可戰時混亂的交通秩序和眾多逃難的人群卻使這次遷徙成了一次眞正的長旅。

湘黔道上，沿途全是崇山峻嶺。破舊的長途汽車喘息著爬行在逶迤的山路上。車窗外，是連綿的山嶺。儘管時令已是冬天，但南方的山依然葳蕤蒼翠。玉帶般的山澗，經霜的紅葉，白絮飄飄的茅草，蒼黑的鐵索橋，古舊的老渡船，還有山頂上一動不動的雲彩，這如畫的景色並不因戰爭和災難而有任何改變，卻比任何時候都讓流離失所的旅人感到心疼。

晚上，汽車在一個從未聽說過的山區小城停了下來，顛簸了一天的他們抱著行李僵硬著腿腳下了車。徽因和思成安排兩個孩子照看著暈車的外婆，然後四處去尋找可以住宿的小客店。夜風很冷，一陣寒意從徽因的脊背上爬過，她禁不住地打著寒顫。小城的街道狹窄而坑凹不平，徽因跟著思成高一腳低一腳地走，終於看到了小客店門前紙燈籠發散出的昏黃光暈，她悽惶的心才彷彿有了著落。

清晨，天還沒亮，徽因、思成就又要叫醒孩子，把鋪蓋行李重新捆紮起來，再摸著黑到汽車站找一輛南行的長途客車。把一家五口和行李都安頓在車上後，再等著這輛車到上午十點以後出發。如果不在清早搶先上車，他們就沒有可能離開這個地方。儘管這只是一輛沒有窗子、沒有點火器，看上去早就該報廢的破爛車。

這樣的汽車行駛在山路上，不知道什麼時候就會拋錨。一天夜裡，汽車爬上一個叫「七十二盤」的山坡後，突然停下不動了。司機打開了車頭的蓋子，東敲敲西看看地檢查著。思成自己會開車，也會修車，他去幫助司機檢查車況。根據以往的經驗，他掏出手帕放進油箱，發現一點油也沒有了。

天黑透了。十二月的天氣，風很大很冷，徽因和孩子們快凍僵了。遠處傳來不知什麼野獸的吼叫聲，有人講起這一帶常有土匪出沒，他們專門搶劫汽車上的乘客。荒山野嶺上不宜停留，思成提議，大家一起推著汽車往前走，這樣還可以暖和一點。黑暗中，不知道走了多長時間，峭壁旁意外地發現了一個村莊，這一晚才沒有露宿荒野。

這是一九三七年十二月二十四日的深夜。徽因小聲對思成說：「這個平安夜讓人難忘！這個小山村該不是上帝賜給我們的禮物吧！」

一家走到晃縣時，徽因病倒了。這是湘黔交界的一個小縣城。徽因感冒多日，得不到及時的治療和休息併發了肺炎，高燒至四十度。

這場肺炎對虛弱的徽因有致命的危險。可是，整個晃縣卻沒有一家醫院，到處都買不到抗生素藥品，甚至找不到可以住宿的地方。

天黑透了，剛下過雨的街道滿是泥濘，思成攙著燒得發燙的徽因，領著一雙年幼的兒女和小腳的外婆，挨家問訊著住處。所有能住人的地方都是同樣的擁擠，陰暗簡陋的空間裡沒有一個空餘的床位。

在他幾至絕望的時候，一間屋子裡傳出了小提琴的演奏聲。思成想，這演奏者一定來自北京或上海，和他們也許有通融的餘地。

他敲開了房門，房間裡住的是八位空軍學院的年輕學員，他們在這家小客店已經住了兩天了，正在等車接他們到昆明去。

年輕人立刻理解了這位先生一家的困境，他們騰出了自己的房間，去和別的同學擠做一處。

徽因燒得臉頰通紅，手腳冰涼。孩子們都懂事地幫助父親解行李，鋪床，外婆急得一個勁兒地念叨：「怎麼辦哪！怎麼辦哪！」

思成想起了同乘一輛車來晃縣的一位女醫生。思成聽她聊起，她曾留學日本，懂得一點中醫。思成找到了她，按她爲徽因開的處方抓藥，一刻不停地煎好，餵徽因喝了下去。

中藥藥性緩，徽因好得很慢。一天三次，喝下思成熬的湯藥，兩週後，徽因退了燒。

徽因躺在床上的日子，孩子們百無聊賴。沒有去處，沒有可玩兒的東西，思成有時會領他們去小河邊，教他們「打水漂」玩兒。思成擲出的石子像是長了翅膀，在水面上飛翔，孩子們蹦跳著歡呼雀躍。

晚上，守著一盞油燈，思成打開隨身攜帶的地圖，和徽因輕聲商量著以後的行程。徽因叫過來兩個孩子，教他們辨識走過的路線，從地圖上一個個找到這些地方的名稱。

那八個年輕的飛行學員常來看望徽因。徽因和思成熟悉了他們的名字和模樣，精神好的時候徽因愛和他們聊天。徽因告訴他們，自己的弟弟和他們差不多年紀，也是航空學院的學生。這些年輕人話語不多，善良而靦腆。他們的家大都在淪陷區，孩子般地依戀著思成和徽因。

經過這場大病，徽因衰弱得厲害，但她執意堅持早日離開這個地方。就這樣全家人又上了路。

等車，擠車，日復一日在山路上行進。走過了湖南，走過了貴州，終於，離雲南一天天近了。徽因覺得自己很像行駛在這山路上的車輛，儘管各部分的零件機構都已受損，但仍不停地喘息著翻山越嶺。

一九三八年一月，經過三十九天的跋涉，受盡磨難的徽因一家到達了昆明。

二 安家龍泉鎮

昆明的天藍得純淨，昆明的雲白得悠閒，昆明的太陽溫暖明亮，昆明的藍天、白雲、太陽和人的距離很近。生活在這裡的人們長時期來，在封閉的政治經濟環境和四季如春的自然氣候中生活得閒散自在，優哉悠哉。他們習慣了眯著眼泡在茶館裡，抽菸、喝茶、聽圍鼓⑨。看馬幫馱著鹽巴、茶葉、蔗糖，從遙遠的地方走來，又向遙遠的地方走去。

抗戰以後，昆明擁來了大批內地人，這座城市的生活內容也發生了變化。這些內地人有的是從那條路況很差的湘黔滇公路上輾轉而來，有的是乘火車繞道越南再到昆明——那條鐵路還是二十世紀初法國人為了弄走雲南的礦產資源而修建的。清華、北大和南開組成西南聯合大學遷移到昆明後，昆明這座西南邊陲小城開始眞正有了現代的、文明的氣息。

徽因、思成到昆明後，租了一戶黃姓人家的房子住下來。還沒等一切安置好，思成就病倒了。

思成年輕時脊椎受過傷，長途跋涉的辛勞使他的脊椎病發作。背部肌肉痙攣，痛得徹夜難眠。醫生診斷說是因為扁桃腺的膿毒所引發，決定切除扁桃體。可是切除了扁桃體後，又引發了牙周炎，滿口牙齒疼得吃不下任何東西，甚至連水都不能喝。醫生又拔掉了他滿口的牙齒。半年

⑨ 聽圍鼓：聽演員和票友在茶館裡清唱。

多時間裡，疼痛使他不能在床上平臥，日夜半躺半坐在一張帆布椅上。醫生怕他服用過量的止痛藥產生藥物依賴，建議他做些手工，以分散注意力。坐在躺椅上能做什麼手工呢？徽因找出家人的襪子來，讓他學著織補。

徽因覺得思成的病痛比自己生病還難受，她不知道怎樣才能減輕思成的痛苦。她承擔起了全部家務，買菜、做飯，洗洗涮涮。她變著法子做可口的飯菜，只想讓思成多吃一口。過去女傭做的所有事情，如今她一一親力親爲。思成、徽因當初決定來昆明，是想能早日安定下來，重新開始營造學社的工作。可來到昆明後，許多問題依然無法解決，沒有經費，沒有圖書資料和起碼的設備，沒有從事研究的任何條件。同時，生計問題也同樣嚴峻。治病要錢，租房子要錢，家裡的各種開銷要錢，而他們離開北京時所帶的錢已所剩無幾。

爲了維持生計，徽因接受了去雲南大學爲學生補習英語的工作，每星期六節課。課雖說不多，但雲南大學離他們的住所很遠，每次去上課來回要翻四個山坡，路上要用很多時間。

昆明海拔高，爬坡上山走得快了，徽因感到胸悶氣短，特別是下課回家，更覺得有些累乏。

山坡上有墳，還有一些矮矮的柏樹，漫坡上開著藍色的野菊花和金燦燦的報春花。一株茶花長在背風處，有一人多高，花朵碗口大，桃紅色，嬌豔無比。徽因每次路過這裡，都要留心看看，看那些美麗的花朵靜靜地開放，靜靜地凋零。

一個月下來，徽因得了四十元的課時費。領到薪水，徽因在回家的路上走進了賣日用雜貨的商店。

徽因早就看中了這店裡的一塊紮染布，她喜歡那布的質感和圖案的新奇別致。掏錢的時候，徽因又猶豫了。好看是好看，買回去做什麼用呢？要用錢的地方多著呢。該給母親買頂帽子，她早晚一受涼總是頭疼。該給小弟買雙鞋，孩子的腳長得快，又愛到處跑著玩兒，他早就說想要雙球鞋。還有，要把這個月的房租留出來，還要買點肉，孩子們幾天沒見葷腥了。徽因從來沒爲花錢的事情這樣犯過躊躇。

最後，徽因買下來一種皮尺，那是外出考察古建築必不可少的工具。皮尺要二十三元，是她這個月收入的一半多。徽因一點也沒有猶豫，她想，思成見了這皮尺一定也會很高興。

走到回家的那條街拐角處，徽因又花了幾角錢爲孩子們買了一塊核桃糖，一包糖炒栗子。核桃糖是昆明的特產，把核桃仁和熬化的蔗糖在盆裡混在一起，凝結成凍狀後扣在案板上，買多少切多少，像北京的切糕似的。母親愛吃，孩子們更愛吃。糖炒栗子也讓徽因想起北京，不過昆明的糖炒栗子比北京的好吃。栗子大，炒得又透，糖水滲進了栗子，吃起來又軟又甜，吃完了栗子，手上還黏著一層糖。

思成、徽因與遷移到昆明的一些機構聯繫過，表示他們願意爲抗戰服務——無論做什麼工作。可是他們的要求沒有任何回聲和反響，倒有一些個人找到了他們，請他們幫忙設計住宅，設計庭園。

這些事務費了思成和徽因不少心思和精力，可那些人卻從來想不起思成、徽因的勞動應該得到實實在在的酬報。

有的時候，思成、徽因會收到漂亮的請柬。那是一些有錢有地位的人來到昆明後要大宴賓朋。在向來賓介紹客人時，思成、徽因總是作爲名人之後被隆重推出。

儘管思成、徽因從小就見過各種場面和重要人物，但出席這種應酬卻讓他們感到十分不自在。每逢這種場合，徽因必得聲明：「……思成不能酒我不能牌，倆人都不能菸。」

遍地烽火，生靈塗炭，這些人照樣心安理得地講究排場和吃喝，這令思成、徽因不能接受。以後再有這樣的邀請，不管是誰，他們一概謝絕。

航空學院那幾個年輕人畢業了，正式開始在空軍服役。思成、徽因作爲特邀家長出席了他們的畢業典禮。他們每天在昆明上空演練著飛行速度和驅逐格鬥，時刻準備和日機決一死戰。思成、徽因愛這些年輕人，他們對這場戰爭抱著必勝的信念，爲了國家，隨時準備死在戰場上。他們唯一不滿意的是自己駕駛的飛機太落後，速度和性能都上不去。

思成、徽因關心著前方的戰事，台兒莊的血戰令他們激動不已，內地那些激戰中的城鎮、小縣，許多是他們野外考察時走過的地方，每當從報紙上看到，就喚起他們故土般的感情。看著報紙，徽因對思成說：「你猜我現在最想做的事是什麼？我眞想在山西從軍！」說著，她也覺得不大現實，就又說道：「不過在軍隊能做什麼自己可不大知道！」

思成沒有徽因那麼多幻想，當他的身體開始恢復健康，他就開始了重建營造學社的努力。他總結了學社的工作，制訂出新的工作計畫，然後致函中美庚款基金會，問詢如果他在昆明恢復學社的工作，能否得到基金的補助和支持。不久，基金會的董事周詒春回信說，僅梁思成一個人還不能組成一個機構，如果學社的另一位骨幹成員劉敦楨和梁思成在一起，就承認營造學社的存在，也就可以考慮繼續給予補助和支持。思成立即給劉敦楨寫信，請他來昆明共振營造學社。很快，劉敦楨從湖南老家回了信，同意攜家來昆明。思成的學生莫宗江、陳明達、劉致平也先後來到了昆明。就這樣，險些夭折的營造學社又重新豎起了旗幟。

一九三八年，國立西南聯合大學的教師和學生陸陸續續從各地來到昆明。他們有坐汽車的，有徒步行走的，還有從越南繞行的。張奚若一家來了，趙元任一家來了，陳寅恪也來了。金岳霖沒有家累，他繞道香港、海防，從河內乘窄軌火車到了昆明。聞一多身穿長袍，挽著褲腳，長髯飄飄，和學生一起從湖南經貴州徒步行走到了昆明。

中央研究院的一些研究所也遷移到了這裡，思成的弟弟思永一家隨著歷史語言研究所來到昆明。

親人、友人們又見面了。在流亡的日子裡，許多人只剩下身上穿著的一套西裝或一件長袍，即使找到一間住房，也是眞正的家徒四壁。不過，彼此的處境都差不多，國難當頭，兵荒馬亂，大家能重新聚首，就是一種溫暖、一種慰藉。

徽因在給友人的信中寫道：「我喜歡聽老金和（張）奚若笑，這在某種程度上幫助我忍受這場戰爭。這說明我們畢竟還是一類人。」

金岳霖在給費正清的信中談到徽因：「……仍然是那麼迷人、活潑、富於表情和光彩照人——我簡直想不出更多的話來形容她。唯一的區別是她不再很有機會滔滔不絕地講話和笑，因爲在國家目前的情況下實在沒有多少可以講述和歡笑的。」

有了朋友，有了熟悉的人際環境，過去的時光彷彿又回來了，昆明的生活就有了幾分美好。大家聚在一起時，徽因以她一貫的熱情和詩意讚頌昆明的陽光有些地方很像義大利。

當然，無論何時，他們心中都有一個沉甸甸的結，那就是對於抗戰局勢、國家前途的擔心和憂慮。金岳霖說：「實際上我們的思想狀況多少有點嚴肅，在我們心中藏著一些不表現出來的思念、希望和焦慮，這些東西用不著表現出來，因爲人人都知道它的存在，它形成了一股感情的暗流，而表面上我們只是關心像房子、食物一類許許多多我們叫做日常生活的瑣事。對於聯大圈子的人來說，問題是大學的校址直到現在還定不下來。有許許多多的人困於障礙和物質的困難。想要保持中國的大學高等教育並非易事，不過我想我們總會成功的。」

思成、徽因一家租住在昆明城內黃姓人家的三間房子裡，徽因在給費慰梅的信中談到了他們的生活：

「……思成笑著，駝著背（現在他的背比以前更駝了），老金正要打開我們的小食櫥找點東西吃，而孩子們，現在是五個——我們家兩個，兩個姓黃的，還有一個是思永（思成的弟弟）的。寶寶常常帶著一副女孩子嫻靜的笑，長得越來越漂亮，而小弟是結實而又調皮，長著一對睜得大大的眼睛，他正好是我期望的男孩子。他真是一個藝術家，能精心地畫出一些飛機、高射炮、戰車和其他許許多多的軍事發明。」

營造學社恢復後，最大的問題是缺乏工具書和圖書資料。思成的弟弟思永在中央研究院歷史語言研究所工作，那裡有一個圖書資料豐富的資料館。史語所的所長是傅斯年，思成去和他商量，徵得他的同意，營造學社的成員可以借閱史語所的圖書資料。從此，營造學社就隨著史語所的搬遷而搬遷。這一切在思成看來都算不得什麼，只要能繼續自己熱愛的古建築研究，只要徽因和孩子們的身體健康，他就總是那麼詼諧、樂觀。

讓思成、徽因高興的是，世界建築學權威期刊《筆尖》發表了思成關於趙州石橋的研究論文。這篇論文是思成一九三〇年代外出考察研究的結果。離開北京時，思成把論文的英文手稿寄給了費慰梅。費慰梅將手稿轉給了美國麻省理工學院建築系主任威廉・愛默生。這位法國建築史專家一直在研究法國的拱橋建築，梁思成的論文讓他瞭解到中國的拱橋建築比歐洲要早十個世紀。他立即給《筆尖》寫了推薦信，把梁思成的論文寄了過去。當思成、徽因在昆明收到了印刷裝幀精美考究的《筆尖》雜誌時，眞是喜出望外。思成的研究工作，引起了國外建築學界的注意和重視，思成由此恢復了與世界建築學界的聯繫與交流，即使在戰亂頻仍的年代也保持了對建築學最新研究成果及動態的瞭解和把握。

中國大西南重巒疊嶂的高山，阻擋了日本侵略者的腳步，卻阻擋不住日本飛機的轟炸。當時的所謂大後方，從重慶到貴陽到昆明，三天兩頭遭空襲，「跑警報」就成了居住的「大後方」的人們的家常便飯。

警報分三種：預行警報、空襲警報和緊急警報。

一有預行警報，住在昆明的人就開始向城外轉移。出了大西門，穿過西南聯大新校門前的馬路，有一條石砌的小路，小路兩旁是遠離市區建築群落的山野，行走不便的人們可以就地而坐，等待警報解除。沿著小路再往前走，路邊的山坡上有一道深溝，這深溝不知是什麼年代地質裂變形成的，如今成了天然的防空壕。有人常來這裡躲警報，待著沒事，就在溝裡又修了防空洞；還有人在防空洞上嵌刻了對聯。有一副對聯據說是陳寅恪先生所作：「見機而作；入土爲安。」另有一副對聯也讓人印象深刻，大概是西南聯大的學生所作：「人生幾何；戀愛三角。」

從「預行警報」到「解除警報」，其間需要很長時間，長長的一天就在躲警報中過去了。人們不勝其煩，紛紛往郊外遷移。

龍泉鎮龍頭村位於昆明東北二十里處，村旁有一條長堤，堤上長著高大筆直的桉樹。這裡風景如畫，沒有軍事目標。歷史語言研究所、清華大學文科研究所搬到了這裡，營造學社也搬到了這裡。他們暫且在一個尼姑庵的空房裡工作。

西南聯大的許多教授紛紛來到這裡擇址蓋房，一來爲了躲避頻繁的空襲，二來爲了解決住房問題。李濟、錢端升、馮友蘭、陳夢家等都先後蓋起了自己的房子。徽因和思成也在這裡蓋了一間三居室加一間廚房的住宅。因爲物價不斷上漲，蓋這所房子花了比預算多出三倍的錢，除了用盡本來就不多的積蓄外，他們還欠了債。到最後階段，每一塊木板、每一根釘子都讓他們費盡周折。思成親自做木工和泥水匠，徽因和孩子運料、打下手，爲的是能省一點兒工錢。

這是兩位建築師一生中爲自己設計建造的唯一一所房子。土坯的牆壁用石灰粉刷得潔白，輕質的木結構架上覆蓋著青灰色的瓦，房間高大通風，房後是一個院子，院子裡有尤加利樹和九重葛。一切看上去簡單明快而雅潔，徽因、思成和孩子們都很喜歡這房子，老金也很喜歡。他在梁家住宅的旁邊加蓋了一間「耳房」，他們開心地自嘲道：北總布胡同集團又集合齊了。

星期天，那幾個年輕的飛行員輪到誰休息，誰就會來龍頭村思成、徽因家度過這個假日。有人外出執行任務，也會從外地給思成、徽因寫信來。廣東小夥子小陳現在已經是一名中尉，在一次空戰中，他擊傷了一架日軍的轟炸機後，自己駕駛的飛機也受了傷，迫降在廣西邊境。整整兩天，他與指揮中心失去了聯繫；直到第三天早晨，他才乘一輛客車回到昆明。在他失蹤的兩天裡，徽因、思成整夜睡不著覺，看到他平安回來，只是下巴受了些輕傷，他們有說不出的欣慰。

這個星期天來的是江蘇人小黃，他提琴拉得好，人又特別文靜，徽因總覺得他很像自己的弟弟林恒。他輕聲細語地和徽因說著話，他告訴徽因，他快要結婚了，女朋友是江蘇老家的。他還紅著臉讓徽因看了照片，那是個娟秀的中學生模樣的姑娘。徽因衷心為他們祝福，可心裡的憂慮卻揮之不去。這些年輕人駕駛的飛機機型落後，性能不良，一旦發生空戰，他們只能拼上自己的生命。可徽因又能說什麼？又能做什麼呢？她只能盡自己所能讓這些還帶著孩子氣的年輕人在自己這裡感受到家庭的溫暖。

做飯的時候，她為難地在廚房裡直轉，這天家裡什麼好吃的菜都沒有，她不知道該做些什麼。最後她削了一盤荸薺作配菜炒了一道雞丁。雞是自家養的，荸薺是飛行員小黃帶來給孩子們吃的。大家都誇徽因燒的這道菜好吃，老金更是連聲稱讚，過了多年還念念不忘。

在以後的幾年裡，這些年輕的飛行員相繼犧牲在反擊日軍的空戰中。按照他們留下的通訊位址，他們的遺物一次次被送到梁家，徽因、思成一次又一次地承受著這近乎殘忍的哀慟的打擊。

生活就緒之後，思成就開始準備外出考察的事情。前些年，他們的考察局限於華北一帶，如今有了考察西南建築的機會，他們當然要全力以赴。

一九三九年秋，梁思成與劉敦楨、莫宗江、陳明達一行離開昆明，沿著岷江、嘉陵江和川陝公路，跑了大半個四川。

這一次思成外出達半年之久，徽因和母親帶著孩子支撐著艱難的日子。

龍泉鎮沒有自來水，每家都必備一口大水缸存水。搬遷到這裡的人多了，水缸成了當地最重要的物品。一窯缸燒出來，買缸的人蜂擁而至，有時擠搶得廝打起來。徽因家的水缸有一公尺多高，吃的水用的水都要雇人擔來儲存在裡邊。

做飯也不容易，灶台是一個燒煤球的火盆，火盆上架著一口鍋，每次做飯都要先蹲下來把火煽旺，然後俯身在火盆上操作。

家中最寶貴的財產是熱水瓶，它使一家人能喝到開水，這是他們保留下來的生活習慣。

物價不停地上漲。剛到昆明時，大米三四元一袋，如今已漲到一百元一袋。其他東西的漲幅也都差不多。沒有電，沒有電話，沒有交通設施，照明用菜油燈，但菜油也很貴，所以他們和當地農民一樣，天黑下來就睡覺。

孩子們正是成長的時候，徽因許多精力要用於一日三餐。爲了讓孩子們吃飽飯，她天天要想辦法到處去買那些買得起、買得到的東西，然後是收拾和洗洗涮涮。當她渾身酸疼地上床睡覺時，已經是精疲力竭了。讓她感到力竭的不僅是體力的勞作，而是這種毫無樂趣可言的生活。長時期來，她習慣在思想和感情生機蓬勃的交流中領會生命的快樂，缺失了這些內容，生命變得黯淡無光，她覺得這只是活著，而不是生活。

老金給費正清的信中談到徽因說：「她仍舊很忙，只是在這種鬧哄哄的日子裡更忙了。實際上她眞是沒有什麼時間可以浪費，以致她有浪費掉她的生命的危險。」

搬進龍泉鎭的新房沒多長時間，西南聯大的教授們又聽說聯大和所有在昆明的研究機構都要遷往四川，有人說教育部已經做了決定，搬遷只是遲早的事情。

這消息讓徽因心亂如麻。蓋房借的錢還沒還完，爲了還債全家人節衣縮食，可接著又要搬到不知什麼地方去。還有那讓人沮喪的戰事，好像這場戰爭還要無休無止的打下去。儘管爲了對付艱難的生活徽因表現出了足夠的堅強，可這種無法把握的混亂和無序狀態卻不能不讓她感到自己的渺小和脆弱。

黃昏時分，天暗了下來。夕陽爲昆明的西山勾勒出一道模糊的輪廓，有人說那像是一尊臥佛。

徽因靠在床頭，心情抑鬱而憂傷。

老金從城裡回來了，他手上有一封費正清和費慰梅給思成、徽因的信。看到徽因鬱鬱的神情，他拿著信在徽因面前晃了晃，他知道，這正是徽因所盼望的。

房間裡沒有燈，湊在窗口，徽因拆開信剛看了個開頭，淚水就模糊了她的視線。她流著淚讀完了美國的來信，發現老金還在屋子裡。他先是說些不相干的事，然後就說起那最讓徽因煩心的事情——教育部的指令已到，遷出雲南看來已沒有商量的餘地。

徽因接下來根本沒聽見老金在說什麼，直到他談起梁家尷尬的經濟狀況，談起他手頭正好有一百美元，梁家可以用來還債，徽因的思緒才回到現實中。

徽因立即問他，是不是最近發表了什麼英文文章收到了稿費？老金連忙否認。

這時，徽因已猜出，這錢一定是費正清夫婦讓老金轉交給他們的。而老金又是這樣不善於說謊，即使是善意的謊言，他也說不圓。

友人的情誼和饋贈讓徽因既感動又難過。感傷如潮水般襲來，她忍不住趴在枕頭上哭出了聲。淚水沖洗了心中的鬱積，大哭後，她感到了放鬆後的麻木和極度疲倦。

戰爭、疾病和通貨膨脹使思成和徽因眞正體會到了什麼是平民生活。

一九四〇年秋，費正清和費慰梅給思成和徽因寄來了一百美元，思成和徽因用這筆錢還清了蓋房所欠下的債。百感交集的徽因在寄往美國的回信中寫道：

「親愛的慰梅和費正清：讀著你們八月份最後一封信，使我熱淚盈眶地再次認識到你們對我們所有這些人的不變的深情……種種痛苦、歡樂和回憶泉湧而來，哽在我的眼底、鼻間和喉頭。那是一種欣慰的震撼，卻把我撕裂，情不自禁淚如雨下。……

讀了你們的來信使我想，我最近給你們的信是不是無意中太無條理、太輕率了。如果是這樣，請原諒我。我想不論告訴你們什麼事都保持一種合理的歡樂語氣，而我又不是對什麼事都那麼樂觀……現實往往太使人痛苦。不像我們親愛的老金，以他富有特色、富於表現力的英語能力和豐富的幽默感，以及無論遇到什麼事都能處變不驚的本領，總是在人意識不到的地方為朋友們保留著一片溫暖的笑。

……

很難言簡意賅地在一封信裡向你們描述我們生活的情景。形勢變化極快，情緒隨之起伏。感情上我們並不特別關注什麼，只是不過隨波逐流，同時為我們所珍惜、為生活中不可或缺的某些最好的東西感到朦朧的悲傷。這種感覺在這裡是無價的和不可缺少的。……

你們這封信來到時正是中秋節前一天，天氣開始轉冷，天空佈滿越來越多的秋天的泛光，景色迷人。空氣中飄滿野花香——久已忘卻的無數最美好的感覺之一。每天早晨和黃昏，陽光從奇異的角度偷偷射進這個充滿混亂和災難的無望的世界裡，人們仍然意識到安靜和美的那種痛苦的感覺之中。戰爭，特別是我們自己的這場戰爭，正在前所未有地陰森森地逼近我們，逼近我們的皮肉、心靈和神經。而現在卻是節日，看來更像是對——邏輯的一個諷刺（別讓老金看到這句話）。

老金無意中聽到了這一句，正在他屋裡咯咯地笑，說把這幾個詞放在一起毫無意義。……老金正在過他的暑假，所以上個月和我們一起住在鄉下。更準確地說，他是和其他西南聯大的教授一樣，在這個間隙中「無宿舍」。他們稱之為

「假期」，不用上課，卻為馬上要遷到四川去而苦惱、焦慮。」

從徽因的信中可以看出，即使在這樣艱難的生活中，也絲毫沒有改變她對美好事物的細膩敏銳的感受能力，以及輕靈的俏皮和幽默。

老金住在龍頭村梁家的「耳房」裡，在備課和寫作之餘，喜歡和寶寶、小弟在一起，教他們說英語，和他們一塊玩兒。寶寶和小弟喜歡老金餵養的那隻雲南大鬥雞。這隻雞個頭很大，差不多和飯桌一樣高，它常常伸著脖子到飯桌上和老金一起吃飯。

老金身材高大，因爲他的眼睛有毛病，畏光，所以常年戴著帽子，進屋也不摘下。他的帽子前簷壓得很低，平時總是微微仰著頭，走起路來深一腳淺一腳的。寶寶和小弟只要聽到深一腳淺一腳的腳步聲，就會歡叫著迎出去。

昆明的水果很多。老金從城裡回龍頭村，常常會從水果攤上買一個最大的石榴或梨子回來，興高采烈地叫寶寶和小弟拿家裡的水果來比。比贏了，他樂得咯咯笑；比輸了，就把石榴或梨子給孩子，下次再找大的買。

沈從文這時在西南聯大教寫作課和中國小說史，有的星期天他會跑很遠的路來梁家坐坐。沈從文喜歡買好看的工藝品。昆明街頭的攤頭店鋪有很多黑紅兩色刮花的圓形緬漆盒，他很喜歡。一次，他買到一個漂亮的大漆盒，特意興致勃勃地給徽因送了來。

聽沈從文談天最有意思。他最愛談的是他走過的地方那些奇異的風光和各種有趣的人。

他談雲南的白雲，雲南的藍天，他談玉龍雪山的杜鵑花開得那麼大，他談一座大山絕頂住著一戶人家，只有這一戶！他談某位老先生養了二十隻貓，談西南聯大一位研究東方哲學的先生每次跑警報總是帶著一只小皮箱，皮箱裡沒有金銀財寶，只有一個聰明女人寫給他的信。他還談老金，有一次，他的寫作課請老金去和學生開講座，題目是「小說與哲學」。不料老金講了半天，結論卻是：小說與哲學沒有關係。有學生問：那麼《紅樓夢》呢？老金答道：「《紅樓夢》裡的哲學不是哲學。」老金所講授的西方邏輯學課程，被許多學生視為畏途。課下，學生陳蘊珍⑩問他：「金先生，你為什麼要搞邏輯？」老金回答：「我覺得它好玩。」老金上課愛提問，可他叫不出學生的名字，有時他會宣佈：「今天，穿紅毛衣的女同學回答問題。」那時，聯大的女學生都喜歡在陰丹士林藍旗袍外面套一件紅毛衣，聽他這麼一說，所有穿紅毛衣的女學生就都很緊張，也很興奮。沈從文講這些時，笑眯眯地，像在聊家常，可每次徽因和所有在座的人都聽得樂不可支。

在難得的空閒日子裡，徽因喜歡沿著長著高高桉樹的長堤到臨近的瓦窯村去，那裡有一家燒製陶器的小作坊，徽因常常在那裡看渾身是泥的師傅們製作陶器，她希望能在那裡買到一個好看的陶罐。

和一切傳統的製作業一樣，燒窯製坯只傳子不傳女，而且按照行規，女人不允許進入製陶作坊。徽因花錢送禮說了許多好話，終於破例被准許進入，但在進作坊之前，必須對祖師牌位跪拜

⑩ 陳蘊珍，即巴金夫人蕭珊。

磕頭。

一團泥巴被放置到轉盤上，制陶師傅用腳控制著轉盤的轉動，雙手不停地捋著那團坯泥，一次又一次，眼見得那雙手下出現了一個個奇妙的造型。徽因在一旁請求道：「停下來，停下來，就要這個。」那位師傅半閉著眼睛，雙手不停地忙活著，臉上毫無表情，對徽因的要求根本不理不睬。隨著那些造型一次次出現，又一次次消失，徽因的希望也越來越強烈。最後，只見師傅的雙手從下往上飛快熟練地一捋，轉盤停止了轉動。制陶人面帶微笑得意地看著徽因，徽因定睛看去，那陶坯變成了一個標準的痰桶，她幾乎不能掩飾自己的失望和想笑的感覺。

外出考察的思成回來了。營造學社這次爲期半年對川康地區的野外考察，遍訪了四川境內近四十個縣的古建築。爲了在冬季來到前結束這項工作，他們四個人分成了兩隊，梁思成、陳明達沿嘉陵江南下，劉敦楨、莫宗江渡岷江北行。最後，他們在成都會合返回昆明。

老朋友們聚到了梁家，聽思成講考察中的種種事情。思成說，此次外出，發現西南的文化果然與華北不同。就古代建築的遺存來看，這裡沒有華北地區那樣巍峨壯觀的寺廟，建築年代也多爲明清時期。其主要原因恐怕並不是如民間流傳的「毀於張獻忠之亂」，而是因爲南方氣候潮濕，木結構建築難以長時期存留。再則，明清時期，華北一帶爲國家的政治文化中心，而四川地處偏遠的西南，其建築自然不能與華北比肩。

但是，思成興奮地說，四川的文化遺存豐富多彩，就他們所考察的大量漢闕、崖墓和摩崖石刻看來，可謂全國之冠。四川的漢闕，占全國漢闕總數的四分之三；崖墓的數量也很可觀，岷江、嘉陵江兩岸幾乎隨處可見；摩崖石刻更是幾乎每一個縣都有。其中，他們的考察重點是漢闕。

漢闕是漢代建於宮殿、祠廟、陵墓門側的一種建築。有木構的闕，有石砌的闕，現存的只有石闕。石闕形狀如碑而略厚，上覆以簷，簷下常有刻作斗拱、枋額等模仿木結構形狀的裝飾，有的還有銘文、畫像。漢闕是漢代文化藝術的珍貴遺存，梁思成研究漢闕，對瞭解分析漢代的建築有重要意義。日後，當他在設計構想人民英雄紀念碑時，漢闕的造型也爲他提供了思路。

談到一路的艱辛，思成講起來已是很平常的光景。

這次他們考察的地帶多是山區，沿途鬱鬱蔥蔥的山林，風景很美，只是交通太不方便。往來主要靠馬隊和雙人抬的滑竿，偶爾走上公路，能攔截到一輛軍用卡車就是難得的幸運。

穿行在西南叢林中，特別容易感染瘧疾，他們無論走到哪裡都背著蚊帳，帶著奎寧和指南針。鄉下的跳蚤更是多得驚人，他們每到一地，總是先弄一盆水，脫掉鞋襪站在水盆裡抖動衣褲，不一會兒水上就浮著一層跳蚤。令他們煩惱的還有螞蝗，每天無論把袖口褲腿紮得多緊，都免不了被螞蝗叮咬。考察隊成員每人都是體無完膚。

說完了考察，思成說起了四川的民風民俗。

四川號稱「天府之國」，老百姓卻十分貧困。在那裡，吸毒的現象很普遍。其他地方往往是有錢人抽大煙，而西南的吸毒者卻大多是貧苦百姓。大片大片的土地種植著罌粟，骨瘦如柴的腳夫們白天到處攬活，晚上就把血汗錢買毒品。他們在街頭巷尾找個角落一躺，蒙上氈斗篷就吸了起來，好像當地政府也沒有人管這些事情。

聽到這裡，徽因轉換話題道：「這一路，思成還有額外的收穫呢！他沿途記錄了好些四川的民諺民謠，有意思極了。」

思成笑道：「四川抬滑竿的腳夫們，人人幾乎都是出口成章，聽得多了，就想著把它們記下來。比如兩個人抬滑竿，走後面的人看不見路，全靠與走在前頭的人對話來默契配合。要是路上有一堆牛糞或馬糞，走在前面的人就會說：『天上鷂子飛。』後面的人立刻就會接道：『地上牛糞堆。』於是就小心地避開了牛糞。山區的道路多是用石板鋪成，年頭久了石板有些活動，一不小心就會踩翻，輕則濺一身爛泥，重則失足摔跤。這時前面的人就會高唱：『活搖活。』後面的人應聲答道：『踩中莫踩角（當地口音似go）。』穩穩地，這個地方就過去了。」

思成說：「別看腳夫們生活貧苦，卻也不乏幽默，他們不會放過眼前任何尋開心的機會。要是路上看見一個姑娘，他們就會開各種玩笑。這個姑娘若有點麻子，前面的腳夫就說：『那邊有枝花。』後面的立刻接上：『有點麻子才把家。』要是碰上個厲害姑娘，馬上就會回嘴說：『就是你的媽。』」

大家「哄」地笑了起來。思成接著說：「這樣的民謠他們張口就來，特別有意思。有時他們高興了，前面的人和後面的人你一句我一句就唱起山歌來。山歌的比喻豐富，語言風趣。這些東西只要有人注意收集，稍加整理就可以編一本《滑竿曲》。」[11]

冬天來臨了，儘管昆明的冬天依然陽光明媚，但人們卻感到寒冷和不安。戰爭進行三年多了，人們看到結束這場災難的日期仍然十分遙遠。

---

⑪ 林洙《困惑的大匠——梁思成》七十一—七十三頁。

日軍飛機轟炸得越來越厲害了，人們每天都要跑警報。往四川遷移已成定局。徽因在給費慰梅的信中寫道：

「……我不是一個老往後看的人，即便這樣我現在也總是想家，而我們現在要到四川去了！那會不會又是兩三年的事呢？時間好像在拖延。轟炸越來越厲害了，但是不必擔心，我們沒有問題。我們逃脫的機會比真的被擊中的機會要多。我們只是覺得痲木了。但對可能的情況也保持著警惕。日本鬼子的轟炸和殲擊機的掃射像是一陣暴雨，你只能咬緊牙關挺過去，在頭頂還是在遠處都一個樣，有一種讓人嘔吐的感覺。可憐的老金每天早晨在城裡有課，常常要在早上五點半從這個村子出發，而還沒來得及上課空襲就開始了，然後就得跟著一群人奔向另一個方向的另一座城門、另一座小山，直到下午五點半，再繞許多路走回這個村子。一整天沒吃、沒喝、沒工作、沒休息，什麼都沒有！這就是生活。」

一九四〇年十二月，遷移的事終於有了結果。西南聯大仍留在昆明，營造學社隨著中央研究院史語所搬遷到四川省南溪縣李莊。從那裡到重慶要走三天水路，是名副其實的窮鄉僻壤。史語所爲這次遷徙準備了大卡車，每家准許帶八十公斤行李。思成忙了幾天，家裡的東西打包的打包，送人的送人。出發前，思成發起了高燒，這時行李和物品都已裝車，不好再重新拆卸，徽因只好讓思成先留下治病，她自己帶著兩個孩子和外婆，乘卡車離開昆明去四川。車上共有三十一個人，有七十多歲的老人，還有一個剛出生的嬰兒，所有的人都擠坐在行李上。

大卡車拉著一車婦孺，翻山越嶺兩個星期到達了四川。三個星期後，思成也到了李莊。在給費正清和費慰梅的信中，思成寫道：「這次遷移使我們非常沮喪。它意味著我們將要和我們已經有十年以上交情的一群朋友分離。我們將要去到一個除了中央研究院的研究所以外遠離任何其他機關、遠離任何『大城市』的一個全然陌生的地方。大學將留在昆明，老金、端升、奚若和別的人也將留在昆明。」

在悽惶、混亂的時代中，徽因一家被挾裹到了李莊——一個他們在這之前從沒聽說過的小山村。他們在這裡整整生活了五年。

三　在李莊

李莊是一個依山臨水的小村子，滔滔滾滾的嘉陵江水日夜從村邊山腳下流過。史語所在山上安營紮寨，營造學社則安頓在山下一座農家院落。營造學社的辦公、住宿，思成、徽因的家都在這座農舍裡。

這座農舍有一個大院子，院子裡有幾間構造十分簡單的平房。房子的牆壁是用篾條紮成骨架後，在兩面再抹上一層泥。最大的一間屋子當作工作間，裡面擺了兩排用木板釘成的簡易工作臺和幾排條凳，供營造學社的人員畫圖、寫作之用。大屋子的對面是三間小房間，其中一間是三個年輕的研究人員——莫宗江、劉致平和陳明達的臥室，一間是個小倉儲室，還有一間是女傭的房間。從一條狹窄的走廊穿過去，就是思成、徽因的家。一共三間房，寶寶和外婆住一間，徽因和思成住一間，另一間是書房兼小弟的起居室。劉敦楨一家租了村裡另一處民房。

他們回到了自然經濟狀態下的生活，這裡幾乎與世隔絕，和外界的往來聯繫全靠水上交通，生活條件比在昆明時更差。沒有商店，沒有醫院，沒有現代文明的氣息，沒有娛樂設施，沒有任何地方可去，學社的這座院落，就是他們的全部活動空間。

到李莊不久，徽因就病倒了。

四川氣候潮濕，秋冬時節陰雨連綿，加上路途的顚簸勞累，誘發了徽因的肺病。她這次病來勢洶洶，連續高燒四十度不退。

李莊沒有任何醫療條件，思成這時在重慶爲營造學社申請和籌集研究經費。得知徽因發病的消息，他用當月薪水買了些藥品匆忙往回趕。儘管心急如焚，也要在水上漂流三天才能到家。

徽因病得很重，思成回到她身邊時，她已燒得昏昏沉沉睜不開眼睛。無計可施的思成擔當起了醫生兼護士的角色，他學會了肌肉注射和靜脈注射，每天給徽因打針。看到徽因咳喘成一團，嘴唇憋得發紫，半天透不過氣的痛苦情形，思成的心緊揪在一起，從不信神的他，情不自禁地向冥冥之中祈禱：「神啊，請救救她，救救她吧！」

徽因一天天掙扎著，煎熬著，體溫反反覆覆降不下來。寶寶和小弟放學回家，總是懂事地待在一邊，不給大人找任何麻煩。外婆端來一盆清水，一遍遍地把濕毛巾搭上徽因的額頭。思成默默地握著徽因的手守在徽因身旁，他隔一段時間爲徽因量一次體溫，彷彿這樣可以減輕徽因的痛苦。

每當晨光透過窗櫺，院子外的樹叢中響起鳥兒的鳴噪，徽因的燒就會退一些。這時，她總是極力平穩著咳喘，生怕吵醒了母親和孩子，她目光中流露出對守候在身邊的思成的心疼和歉意，但她連說話的力氣都沒有。只有這時，思成才會鬆一口氣，倒頭昏昏沉沉地睡了過去。

徽因這次患病，起因還是上次犯病一直沒有得到很好的治療和休養。戰時艱辛的生活消耗了她的體力和精力，所以她這次病復發得特別嚴重。

從此，徽因再也沒有像正常人一樣健康地生活過。

如今，醫學可以輕而易舉地消滅人體內的肺結核病菌，但這只是近三四十年的事；在此之前，它是肆虐世界的不治之症。無數的人，包括許多能夠深刻體察人類痛苦的最優秀的人——契訶夫、卡夫卡、高爾基、魯迅……都因患上這種疾病在飽受折磨後死去。

林徽因在寫給沈從文的一封信中，談到了自己身患肺病所感受到的痛苦和無奈：

「如果有天，天又有旨意，我真想他明白點告訴我一點事，好比說我這種人需不需要活著，不需要的話，這種懸著的日子也不都是奢侈？好比說一個非常有精神喜歡掙扎著生存的人，為什麼需要肺病，如果是需要，許多希望著健康的想念在她也就很奢侈，是不是最好沒有？……」

春天到了，天氣漸漸暖和了起來。儘管四川的天氣彷彿總是濕漉漉的，但太陽畢竟一天又一天地升起。

徽因燒了幾個月，一點一點地退了燒。她仍然十分虛弱，每天只能靠在被子上坐一會兒。長期的疾病使她失去了一向的美麗，顯得蒼老了許多。她消瘦得厲害，顴骨突了出來，雙頰陷了下去，蒼白的面容毫無血色，太陽穴處的青色血管清晰可見，那雙晶瑩的秀目沒有了光彩。

不管怎樣，徽因總算活過來了。思成因此而心懷感激。他毫無怨言地承擔起所有家務，盡心竭力地照顧徽因。

思成讓徽因朝著院子躺在一張帆布行軍床上，這是家裡唯一的一張軟床。這樣即使她不起身，也可以關照一些事情，還可以曬到太陽——在偶爾有太陽的時候。

隨著戰爭的曠日持久，戰時經濟陷入半癱瘓狀態。國統區物價飛漲，思成好不容易從教育部爲營造學社申請來的經費，待變成每月領到手的薪金，已經貶値得如同一堆廢紙。米、麵、油及一切食品和日用品越來越貴，梁家的生活也越來越差。孩子們和李莊農民的孩子一樣，赤腳穿著草鞋，衣服上縫著補丁，到冬天才能穿上外婆做的布鞋。一次，小弟不小心打碎了家中惟一的一支體溫計，很長時間裡，徽因就無法量體溫，因爲再也買不起也買不到一支體溫計。

徽因胃口很差，吃得很少，一直十分消瘦。偶爾有人從重慶或昆明送來一小罐奶粉，就是徽因難得的高級補品。

外婆是福建人，不會做麵食，思成學會了蒸饅頭。當地只能買到土製紅糖，思成把橘皮切碎和土製紅糖一起熬煮，戲稱之爲「甘蔗醬」，讓孩子們抹在饅頭上吃。有時實在沒有錢用了，思成就得乘船到李莊附近的宜賓典當行去典當家裡所剩無幾的衣物。他和徽因的手錶、派克鋼筆等稍微值點錢的物品都這樣被「吃」掉了。每次離家去宜賓，思成總是苦澀地開著玩笑：「把這只錶『紅燒』了吧！」「這件衣服可以『清燉』。」

思成的弟弟思永也在李莊病倒了。他也是肺結核病，病情與徽因非常相似。抗戰前，思永曾主持過安陽小屯後岡及山東龍山鎮城子崖的第二次發掘，取得了舉世矚目的成績。他曾在第六次太平洋學術會議上全面總結了龍山文化，是中國考古界公認的近代考古學和考古教育的開拓者之一。他的工作提高了中國考古發掘的科學水準，使之納入了近代考古學的範疇。

歷史語言研究所在山上，思成有時會上山去看望思永。他們在一起時，思成總是會想起，一九三一年，思永還不到三十歲，正在安陽小屯主持殷墟的發掘，自己專門跑到安陽去看這一考古界的盛事。那時思永調遣著一兩百人的考古隊員，上上下下安排得井井有條。那時他們多年輕啊！

如今，也不過才十年的時間，思永病倒了，徽因病倒了，他們是思成至愛的親人，他們都病勢沉重。而思成自己的老毛病這時候也犯了，陰冷的氣候、艱難的生活使他的脊椎軟組織灰質化的病情日益嚴重。他的背越來越駝，體質和精力下降得厲害，但他必須勉力支撐。

一九四一年的春天是個多災多難的春天。

徽因的弟弟林恒在保衛成都的一次空戰中，被一架日機擊中頭部而犧牲。林恒聰明而要強，一九四〇年以全校第二名的成績從飛行學校畢業。作爲空軍飛行員，他的飛行歷史十分短暫，但他了結了自己的心願——犧牲在對日空戰中，消逝在無垠的藍天裡。

思成沒有在當時把這個噩耗告訴徽因，他自己到成都去處理了林恒的後事。三年後，徽因才得知弟弟的死訊，遲來的悲慟仍令她肝腸寸斷。她寫了《哭三弟》，以悼念林恒和那些和林恒一樣犧牲在對日戰爭中的年輕飛行員：

……………

弟弟，我已用這許多不美的語言
算是詩來悼念你，
要相信我的心多苦，喉嚨多啞，
你永不會回來了，我知道，
青年的熱血做了科學的代替；
中國的悲愴永沉在我的心底。

……………

你相信，

今後多少人的幸福要在
你的前頭，比自己要緊；
那不朽中國的歷史，
還需要在地上永久。

你相信，你也做了，最後一切你交出。
我既完全明白為何我還為著你哭？
只因你是個孩子
卻沒有留什麼給自己。
…………

在這些貧病交加、淒清痛苦的晦暗日子裡，他們所鍾愛的古代建築藝術、他們耗盡半生心血所從事的關於建築史的學術研究成了照亮他們生活的星辰，這是他們爲飽受蹂躪的中國能傾盡全力的事業，是他們寄託自己苦難靈魂的唯一支撐。

抗戰以來，輾轉數省顛沛流離的逃難途中，從北京帶出的私人用品丟的丟了，當的當了，而戰前思成和營造學社的同仁們到各地考察所得到的各種資料——數以千計的照片、實測草圖、資料、大量的文字紀錄等等，他們卻無論何時都帶在身邊，寸步不離。只有那些不便攜帶的照片底版、珍貴的文獻、圖冊等，他們存放在天津的一家外國銀行的地下保險庫。誰想到一九三九年天津發大水，銀行的地下室被淹，存放在那裡的資料幾乎全部被毀，這個消息兩年後才傳到李莊，徽因和思成聞訊後禁不住痛哭失聲。

在李莊簡陋的農舍裡，他們攤開了那些用性命保全下來的資料。思成、徽因和營造學社的同事們決定，就在這裡，就從這時開始，全面系統地總結整理他們戰前的調查成果，著手撰寫《中國建築史》。同時，用英文撰寫說明並繪製一部《圖像中國建築史》，這也是思成和徽因從留學美國時就埋在心底的夙願。

徽因讓思成從史語所給她借回來許多書，雖然不能像正常人一樣活動自如，但她想，躺在床上也可以幫思成翻閱典籍，查找資料。她讀了大量的漢代歷史，想對思成研究漢闕、岩墓有點幫助。她翻譯了一批英國建築學期刊上的學術論文，還準備撰寫關於住宅建築的論文。

在給費正清和費慰梅的信中，思成描述他們在李莊的生活：

「……很難向你描述也是你很難想像的：在菜油燈下做著孩子的布鞋，購買和烹調便宜的粗食，我們過著我們父輩在他們十幾歲時過的生活，但又做著現代的工作。有時候讀著外國雜誌，看著現代化設施彩色繽紛的廣告真像面對奇蹟一樣。……我的薪水只夠我家吃的，但我們為能過這樣的日子而很滿意。我迷人的病妻因為我們仍能不動搖地幹我們的工作而感到高興。」

思成稱徽因為「我迷人的病妻」。儘管徽因長期臥病，儘管生活這樣艱難，但思成對徽因的愛以及視徽因為自己的驕傲的感情仍然溢於言表。

徽因依在床上，靠著被子半躺半坐。這樣，她可以看書，還可以墊著書寫作。這些日子裡，她對漢代的歷史入了迷。有人來看她時，無論談到什麼話題，她都能聯繫到那個遙遠的朝代去。她講起漢代的一個個帝王將相、皇后嬪妃，就像在講自己最要好的朋友一樣熟悉。她把漢代的政治經濟、禮儀習俗、服飾宴樂與建築壁畫結合在一起進行研究，做了大量的摘錄和筆記。她甚至想就這段歷史寫一部劇本。

夏天到了。嘉陵江水湍急而渾濁，前山後山綠成一片。

四川的夏天潮濕悶熱，低氣壓的天氣讓人有透不過氣來的感覺。

西南聯大放暑假了，老金來到了李莊。老金瘦多了，頭髮脫落，視力減退。雖說從昆明到李莊路途遙遠，交通不便，但十年來，老金已習慣了和思成、徽因一家在一起的生活。他曾對朋友說：「離開了梁家，我就像沒了魂一樣。」他跋山涉水來到李莊，只為了能和最親密的朋友在一起待上一段時間。他的到來，給閉塞的李莊帶來了外面的消息，給李莊的人們帶來了西南聯大老朋友們的問候，給思成、徽因和孩子們帶來了友情和歡樂。

老金以他一貫的幽默大度及清晰的邏輯看待生活，他說：「在這困難的年月裡，重要的是要想一想自己擁有的東西……人們將會覺得自己已很富有，同時人們一定要盡可能不去想那些必須購買的東西。」

老金在李莊也不清閒，他正在撰寫他的另一部哲學論著《知識論》，此前，他在昆明剛剛完成了《論道》一書。每當思成和徽因一邊討論《中國建築史》的寫作問題，一邊用一台老舊的、劈啪亂響的打字機打出提綱和草稿時，老金就安靜地坐在工作間角落的一張桌子旁，開始了伏案著述。他曾對徽因和思成談及寫作《知識論》的構想，他說他研究《知識論》是爲了解決英國哲學家休謨關於歸納問題的理論難點。在這部著作中，金岳霖對休謨和羅素進行了科學的批評，既吸取了他們哲學著作中的積極成果，也指出了他們的哲學中存在的問題，而解決這些問題就成爲金岳霖哲學著作的出發點。

思成寫作《中國建築史》需要繪製大量英漢對照並加註釋的插圖，這任務由他和莫宗江來完成。徽因則靠在床上翻閱「二十四史」和各種資料典籍，對書稿進行修改、補充、潤色。

下午四五點鐘，一天的工作告一段落。大家放下手中的事情，聚在林徽因支著帆布床的那間起居室裡，一壺粗茶，大家一邊喝一邊聊，彷彿又回到了當年北總布胡同喝下午茶的時光。

在李莊，徽因和思成格外想念那些留在昆明的老朋友，他們大多在西南聯大執教。徽因、思成常要求老金談昆明的生活，談他們共同的朋友。

那天，他們由飛漲的物價談到昆明的各種食品，談到徽因最愛吃的「過橋米線」。老金笑道：如今在昆明，教課的那點錢已是什麼都吃不起了。一個月的薪金發下來，常常是兩個星期不到就花光了。大家通常吃的都是白米飯拌辣椒，偶爾吃頓菠菜豆腐湯就算是改善生活。爲了補貼家用，教授們只好變賣家中衣物，到了賣無可賣的地步，便出去打小工或做些手工活兒掙錢。中文系的聞一多掛出了刻章治印的招牌，清華校長梅貽琦的夫人跟別的教授太太一起織些圍巾、帽子拿出去賣。梅太太年歲比別人大些，視力也不是很好，織得比較慢，大家就讓她做做圍巾上的穗子。後來，學校的庶務教她做上海式的米粉碗糕去賣。每天，由潘光旦太太在昆明郊區的鄉下磨好七成大米、三成糯米的米粉，梅太太把米粉加上白糖和在一起，用一個銀錠形的木模子做成糕。蒸熟後，取名「定勝糕」，就是抗戰一定勝利的意思，然後提著籃子到昆明冠生園去寄賣。賣糕時梅太太脫下旗袍，穿上藍布褂子，只說自己姓韓。沒人知道，這是國民黨中央委員、堂堂名牌大學校長的夫人。……

林徽因聽著，眼裡盈滿了淚水。

她和思成在昆明時也曾見過梅太太，那是一位溫良、嫻雅的夫人。她想像著這些自己熟悉的人們的生活，再想想自己的生活，又想到無數中國人的生活，心中充滿了無可名狀的悲傷和感動。這混亂的世界該有多少未知的痛苦、有多少不爲人知的眼淚啊！是怎樣的信念在支撐著人們度過這些時日？應該說，所有的中國人經受的苦難都是爲抗戰獻上的犧牲，就像閃爍的星星輝映了無邊的夜空。

老金繼續著自己的講述。

西南聯大成立後，學校的領導機構是清華、北大、南開三校校長組成的「聯大常委會」。原定常委會主席由三校校長輪流擔任，但北大校長蔣夢麟和南大校長張伯苓長期在重慶擔任政府職務，所以聯大的一應事物實際上都是梅貽琦先生在主持。聯大師生見了梅先生都稱他「梅常委」。

思成滿臉肅然地感歎道：「北大、清華、南開三校各有自己的歷史傳統和治校風格，經濟條件也不相同。清華因爲有庚子賠款，經濟實力較其他兩校強些。如今在戰亂中聯合辦學，能夠彼此團結，精誠合作，爲國家保存實力，梅先生所爲實屬不易。」

他們在一起，常常想念北京，懷念北京的生活。離開北京才四五年時間，可回想起那時的一切，居然有恍若隔世的感覺。

一想到北京，他們的腦海裡浮現出來的居然是種種熟悉的聲音和氣息：暑熱天氣，胡同裡賣雪花酪賣冰的挑擔人銅碟敲擊出「鏘鏘」的聲音；寒冬時節，剃頭擔子的鐵夾發出「登——登——」的聲音；還有黃昏時賣「醬豆腐、醬蘿蔔」的聲音，天黑時「蘿蔔賽梨」的聲音，半夜時賣「硬麵兒——餑餑」的聲音；趕大車的騾夫們「叭——叭——」耍鞭子的聲音；春季的天空中「嗡——嗡——」放風箏的聲音，冬季的狂風中駝鈴「叮咚——叮咚——」緩慢而悠長的聲音……

最深沉的記憶是這些從來不需提醒就會自己甦醒的記憶，最深刻的思念是這些和生命的過程融爲一體的思念。

什麼時候才能回到北京呢？他們盼這一天盼得心痛。

從美國到重慶，從重慶到宜賓，從宜賓到李莊，戰時的郵路曲折而漫長。費正清和費慰梅的信經過三個月時間，終於到了他們手中。徽因、思成和老金喜悅地傳閱著。在這裡，每收到一封信，就像過節一樣令人高興。

徽因給費正清和費慰梅寫回信那天，大隊日本轟炸機正從李莊上空飛過。她寫道：

「……儘管我百分之百地肯定日本鬼子肯定不會往李莊這個邊遠小鎮扔炸彈，但是一個小時之前這二十七架從我們頭頂轟然飛過的飛機仍然使我毛骨悚然──有一種隨時都會被炸中的異樣的恐懼。它們飛向上游去炸什麼地方，可能是宜賓，現在又回來，仍然那麼狂妄地、帶著可怕的轟鳴和險惡的意圖飛過我們的頭頂。我剛要說這使我難受極了，可我忽然想到，我已經病得夠難受了，這只是一時讓我更加難受，溫度升高，心跳不舒服地加快……眼下，在中國的任何角落也沒有人能遠離戰爭。不管我們是不是在進行實際的戰鬥，也和它分不開了。

……我們很幸運，現在有了一個農村女傭，她人好，可靠，非常年輕而且好脾氣，唯一缺點是精力過剩。要是你全家五口只有七個枕套和相應的不同大小和質地的床單，而白布在市場上又和金箔一樣難得，你就會看到半數的床單和兩個枕套在一次認真地洗滌之後成了布條，還有襯衫一半的扣子脫了線，舊襯衫也被揉搓得走了形而大驚失色。這些襯衫的市價一件在四十美元以上。在這個女傭人手裡，各種家用器皿和食物的遭遇都是一樣的。當然我們盡可能用不會打碎的東西，但是看來沒有什麼是不會碎的，而且貴得要命或無可替換。

思成是個慢性子，願意一次只做一件事，最不善處理雜七雜八的家務。但雜七雜八的事卻像紐約中央車站任何時候都會到達的各線火車一樣衝他駛來。我也許仍是站長，但他卻是車站！我也許會被碾死，他卻永遠不會。老金（正在這裡休假）是那樣一種過客，他或是來送客，或是來接人，對交通略有干擾，卻總是使車站顯得更有趣，使站長更高興些。」

徽因寫好信，叫思成和老金過來看，問他們要不要給約翰（費正清）和維爾瑪（費慰梅）寫幾句話。

老金看了徽因的信，接著寫了幾行附言：

「當著站長和正在打字的車站，旅客除了眼看一列列火車通過外，竟茫然不知所云，也不知所措。我曾不知多少次經過紐約中央車站，卻從未見過那站長。而在這裡卻實實在在既見到了車站又見到了站長。要不然我很可能把他們兩個搞混。」

梁思成讀了徽因的信和老金的附言，在信的末尾寫道：

「現在輪到車站了：其主樑因構造不佳而嚴重傾斜，加以協和醫院設計和施工的醜陋的鋼板支架經過七年服務已經嚴重損耗⑫，從我下面經過的繁忙的戰時交通看來已經動搖了我的基礎。」

費正清和費慰梅在華盛頓收到了徽因的信，讀著信，費慰梅哽咽得說不出話來。她難過，不僅僅因爲信的內容，她覺得這封信所傳遞的資訊比信的字面所講述的要豐富得多。

信寫在不同質地、大小不一的信紙上，這些紙不僅薄，而且發黃發脆。費慰梅猜想，也許這些紙是包過肉和菜，從街上帶回來的。信紙上的每一小塊空間都充分利用了，沒有天頭，沒有地腳，甚至也不分段，字寫得小而密集。最後一張只有半頁，看得出，那餘下的半頁紙被裁下來留做別的用途了。這樣一封信，封面所貼的郵票卻貴得令人瞠目。可以想見，爲了寄這封信，一定用去了徽因家一大筆開支。

To be or not to be, that is the question.（活著還是死去，這是個問題）。

在莎士比亞的悲劇《哈姆雷特》中，這是憂鬱王子哈姆雷特一句著名的內心獨白，這也是內心激烈衝突的人類永恆的內心獨白。

林徽因從中央研究院史語所借到了幾張莎士比亞話劇的英語原版唱片，她聽了一遍又一遍，其中大段的臺詞她爛熟於心，偶爾，她會清晰而富於激情地背誦起來，這時，思成和一雙兒

---

⑫ 指梁思成因車禍脊椎受損，一直穿著協和醫院為他特製的鋼馬甲。

女就會高興地鼓起掌來。

徽因精神好一些的時候，喜歡讓女兒和兒子坐在床前，給他們背誦和講解古詩詞。她講杜甫的「可憐小兒女，未解憶長安」，講陸游的「王師北定中原日，家祭勿忘告乃翁」，講辛棄疾的「何處望神州，滿眼風光北固樓。千古興亡多少事，悠悠，不盡長江滾滾流。」而全家最喜歡的是杜甫的《聞官軍收河南河北》：「劍外忽傳收薊北，初聞涕淚滿衣裳……」這首詩無論誰起個頭，大家都會一齊接著背下去：「……白日放歌需縱酒，青春作伴好還鄉；即從巴峽穿巫峽，便下襄陽向洛陽。」背誦著這樣的詩句，他們期待著這樣的日子盡快到來，這是他們流亡歲月中從來不曾泯滅的希望。

徽因還給孩子們讀羅曼．羅蘭的《米開朗基羅傳》和《貝多芬傳》。她讀的是英文版，常常讀一章講一章。她特別詳細地講述米開朗基羅爲聖彼得教堂穹頂作畫時的艱辛。她和思成去過聖彼得教堂，當她講述這一切時，那鋪滿穹頂的「創世紀」彷彿又歷歷浮現在眼前。

讀《貝多芬傳》時，她對貝多芬耳聾致殘之後肉體和精神的痛苦感同身受：「……當我旁邊的人聽到遠處的笛聲而我聽不到時，或他聽見牧童歌唱而我一無所聞時眞是何等的屈辱！……是藝術，就只是藝術留住了我。啊！在我尚未把我感到的使命完成之前，我覺得不能離開這個世界。這樣我才挨延著這種悲慘的——實在是悲慘的生活。這個如此虛弱的身體，少許變化就會使健康變爲疾病的身體！……」

與其說林徽因是在讀給孩子聽，不如說是在讀給自己聽。這些傳記中的人物，他們生命的過程就是受難的過程，如同羅曼．羅蘭所說：他們「並非以思想或強力稱雄，而是只靠心靈而偉大的人」。「不幸的人啊，切勿過於怨歎，人類中最優秀的和你們同在。汲取他們的勇氣做我們的養料吧；倘若我們太弱，就把我們的頭枕在他們膝上休息一會吧。他們會安慰我們。在這些神聖的心靈中，有一股清明的力量和強烈的慈愛，像激流一般飛湧出來。」

徽因用自己的心靈去聆聽和感受這些偉大心靈發出的聲音，這是她精神的氧氣和維他命。

戰爭、災難、疾病、痛苦和死亡蠻橫地叩擊著命運之門。在李莊，在徽因身邊，死亡的消息接二連三地傳來。中央研究院陶孟和先生的妻子、徽因的朋友沈性仁因肺病去世了，她死在四川潮濕、陰冷的冬季。李濟先生的兩個女兒因肺病相繼死去，她們都尚未成年。徽因輾轉於病榻上，在痛苦的折磨中，一日日地挺了過來。

羅曼·羅蘭在《米開朗基羅傳》的前言中說：世界上只有一種眞正的英雄主義，那就是在認識生活的眞相之後還依然熱愛生活。

嘉陵江晝夜不停地奔湧，李莊後山的樹木榮榮枯枯。思成和徽因關於《中國建築史》的研究和寫作堅韌地進展著。

在一個飽受戰爭摧殘的國度裡，建築師和建築學者的創造力很難在建築方面有所表現，因爲建築需要和平，建築需要金錢。但是，思成他們在對古代建築藝術的研究中給自己的創造力找到了出路。儘管生活中充滿著窮困、痛苦和憂患，但他們的工作一直沒有停止。

徽因仍然靠在床上寫作。她長時期來，一直注視著英國和美國的現代住宅建築。她以一個建築師的眼光看到，抗戰勝利後，房屋將成爲人民生活中的重要問題。現代建築運動的先驅柯比意在第一次世界大戰後，看到德國人民居住著老舊破爛的住宅時說：「……那是我們的蝸牛殼，我們的住宅，每天跟它們接觸都會使我們感到壓抑。它們是腐敗的，它處處糟蹋家庭……使人們的道德墮落。」徽因與思成不止一次地談論這些思想。建築的本意，就是要爲孤獨地面對整個世界的人們提供庇護，提供人們休養生息的處所。人們提到「家」，首先想到的是自己家的房屋，是那房屋視窗的燈光，是那房屋門口倚門盼望的親人。這樣的「家」讓人們有安全感、歸宿感。經過長期戰亂、流離失所的人們，更需要擁有這樣的「家」，這樣的住宅。

作爲一個建築師，讓廣大老百姓擁有適合自己生活的居住空間，比建一百座宮殿大廈更有意義。擁有這些想法的林徽因在平時閱讀英美建築學期刊時，特別注意收集其中有關住宅方面的實驗設計。美國印第安那州實驗建造城市貧民住宅的全過程，英國的工業城市伯明罕的住宅調查，美國伊里諾州市關於「朝陽住宅」的設計——她對這些資料進行了分析，翻譯整理爲一篇四萬多字的論文——《現代住宅設計的參考》。

這篇文章刊載在李莊印行的《中國營造學社匯刊》第七卷二期上。

因爲《中國建築史》的繪圖任務量很大，營造學社透過招考，聘用了一位年輕人羅哲文，另外還有兩名中央大學建築系的畢業生——盧繩和葉仲璣也來到學社實習。年輕人的到來使營造學社不大的院落裡充滿了勃勃的生機。

學社院內有一棵大桂圓樹，碩大的樹冠在院子裡撐起了濃密的涼陰。思成讓人在桂圓樹上拴了一根粗粗的竹竿，他領著幾個年輕人每天練習爬竹竿，爲了將來有機會進行野外考察測繪時，不丟掉爬樑上柱的本領。

幾個年輕人中，羅哲文只有十八歲，臉圓圓的看上去像個稚氣未脫的孩子。沒事時，他愛和梁思成的兒子從誡和劉敦楨的兒子敘傑趴在地上打彈珠玩。大學生盧繩看到後就寫了一首打油詩貼在桂圓樹上：「早打珠，晚打珠，日日打珠，不讀書。」盧繩的同學葉仲璣很瘦，也寫了一張字條貼在樹上：「出賣老不胖半盒。」梁再冰看見了，覺得很好玩，因爲她常常感冒，就寫了「出賣傷風感冒」的條子貼在樹上。桂圓樹下，總是洋溢著笑聲。

在這樣艱難的歲月裡，營造學社不僅掙扎著生存了下來，而且在學術研究上有了新的進展。思成和全體同仁想辦法，在一些朋友的捐助支持下，恢復了營造學社匯刊的編輯發行。在李莊簡陋的條件下，他們自己動手，用藥水在紙上手寫石印。文字好寫，可相關建築的平面、立體和剖面墨線圖就要費很多工夫，特別是照片，也要用手繪圖代替。學社全體成員抄寫、繪圖、石印，家屬們幫助折頁、裝訂、包裝。營造學社匯刊第七卷一二兩期在抗戰最艱苦的年代裡印行了，每期各印兩百本。當然，這已經讓他們傾盡了全力。當思成、徽因和學社的同仁們看到裝訂完成的期刊時，他們的歡喜是無以言表的。

這些刊物在連天的炮火中從李莊寄到了全國、全世界的建築學界，全國、全世界建築學界都知道了這些中國同行們堅苦卓絕的努力以及他們最新的研究成果。

做這一切事情，徽因仍然斜靠在床上。她的床周圍堆滿了思成從史語所圖書室給她借來的大量文學及建築史方面的書籍，其中很多是外文原版書。她在給費慰梅的信中寫道：

「……順便說起，我讀的書種類繁多，包括《戰爭與和平》、《通往印度之路》、《迪斯雷利傳》、《維多利亞女王》、《元代宮室》（中文的）、《北京清代宮殿》、《宋代堤堰及墓室建築》、《洪氏年譜》、《安那托里・法蘭西斯外傳》、《卡薩諾瓦回憶錄》、莎士比亞、紀德、薩繆爾・巴特勒的《品牌品牌品牌》、梁思成的手稿、小弟的作文，和孩子們愛讀的《愛麗絲漫遊奇境記》的中譯本……」

看書時間長了，徽因頭暈得厲害。這時候，她會找出思成的襯衣、寶寶和小弟的破襪子來縫補。所有這些東西都舊得不成樣子了，可是他們沒有錢購買新的。孩子們除了冬天能穿上外婆做的布鞋，其餘的時間都是穿草鞋。爲了家人盡可能穿得像樣些，徽因窮盡了自己的想像力。儘管她很清楚，她並不擅長做這些事情，她覺得做一天這樣的事比讓她寫一章宋、遼、清的建築發展史還要費勁。在思成正在寫作的《中國建築史》中，她承擔了這些部分的寫作和繪圖工作。

天又陰了下來，會下雨嗎？孩子們還沒放學呢。徽因凝神望著窗外，外面傳來了山歌聲：「……夏天熱，冬天冷，這邊出太陽，那邊起灰塵，你說嘔人不嘔人……」四川的山歌高亢而淒涼，有川江號子的味道，聽著讓人想流淚。

孩子們放學回來了，院子裡響起了他們的腳步聲。徽因心裡像是射進了陽光，一下子明亮了起來。

讓徽因感到欣慰的是，儘管生活這樣艱苦，孩子們卻成長得健康、可愛。女兒再冰十四歲了，她的性格中既有思成的溫和，又有徽因的敏感。她每天要踩著長長的泥巴路去上學，中午還總是吃不飽，但她的學習成績卻十分出色，與同學們和周圍所有人都相處得友好而融洽。看到她明媚笑臉的時候，就是徽因、思成最快樂的時候。兒子從誡十一歲了，曬得黑黑的，赤腳穿著草鞋，和本地同學在一起時，說一口地道的四川話，猛一看，和李莊土生土長的孩子沒什麼兩樣。他又活潑又聰明，操心著媽媽的健康，喜歡自己動手製作各種有趣的小玩意兒，從不要大人爲他勞神。

這個時期，林徽因眞正地脫離了文學界，全身心投入到了對建築學的研究之中。而在抗戰之前，徽因對文學和建築學都難以割捨，可以說文學和建築學各占了她一半的精力和時間。抗戰爆發，時代的變化，導致個人命運、個人選擇發生變化。這之後林徽因仍然還寫詩，但這些詩作完全是內心痛苦的流露，而過去則多多少少還有些「爲賦新詩強說愁」。戰時「大後方」知識分子的生活，對國家民族命運的憂慮及個人的病痛，反映在她的詩作中；早期那種空靈、婉約、飄逸的風格轉變爲悲愴、沉鬱以至苦澀；詩的內容也不再局限於個人不可捉摸的心緒和情感，而代之以一種尖銳的內心衝突和社會性主題。

徽因放棄了她一直非常熱愛而且也表現出卓越才華的文學創作，固然是因爲長時間與文學界失去了聯繫，失去了交流與共鳴，也就失去了創作的興致和動力；更重要的原因，還是徽因自覺的選擇。

林徽因從事文學創作的時期，正是以「新月派」爲代表的「京派」文人在文壇十分活躍的時期。「新月」作家力求回避讓文學承擔更多的社會責任、政治責任和理性負笈，其創作較多地表現個人的性情修養和趣味，作品多流露出貴族、名士的氣息，屬於追求趣味、性靈的一派。

儘管林徽因從不認爲自己是新月派詩人，但她無論是早年經歷，還是後來的創作風格，都與這個團體的許多重要成員有相同之處。抗戰爆發後，她眞正走到了「窗子以外」，顚沛流離、貧病交加的生活經歷，使她「告別了創作的舊習慣」。她的藝術天賦、她的創作激情在對古建築藝術的研究中尋求到了庇護，她多方面的知識和才華在這個領域得到了展示——文藝和哲學、科學和工程技術、東方和西方、古代和現代——因此，即使在李莊這樣封閉、清苦的環境裡，她仍然還能保持精神世界的完整和豐滿。

思成又要去重慶了。

隔一段時間思成就要到重慶一趟，向行政院和教育部申請學社的經費。因爲學社是個民間學術團體，沒有正式的編制，所以向國家行政機關要錢很不容易。好不容易要來一點錢，也只能夠維持很短時間的開支。後來教育部與中央研究院等單位協商，將學社主要成員分別納入了中央研究院史語所和中央博物院籌備處的編制內。

長時間的伏案工作，思成的頸椎病更厲害了。頸部的疼痛折磨得他抬不起頭來，他在案上放個小花瓶，畫圖時用來支撐下巴。這次到重慶去，思成準備看看頸椎病，還要爲徽因弄點藥。

思成去重慶，一走就是半個多月，徽因覺得日子過得特別慢。外婆坐在院子裡慢慢地衲一隻鞋底，四周安靜得能聽見樹葉落下的聲音，能聽見寂寞在空氣中游走的聲音，結核病菌蠶食著徽因的體力和健康，孤獨憂鬱啃噬著她的心。春天是萬物復甦的日子，而對病人來說卻是乍暖還寒、最難將息的日子。思成走時，徽因怕他擔心，沒有告訴她這幾天覺得特別不適，胸悶氣促，幾乎整夜不能入睡，白天頭暈得厲害，看一會兒書就覺得累，眼前冒金星，耳鳴。

她厭惡這種整日躺在床上、一日日掙扎著活下來的狀態，這種狀態損傷了她的驕傲。

她靜靜地躺著，一動不動地望著窗櫺，陽光在上面變動著深淺不定的色澤，漫長的一天又從她的生命中溜走了。

一些詩句從心底浮了上來：

今天十二個鐘頭，
是我十二個客人，
每一個來了，又走了，
最後夕陽拖著影子也走了！
我沒有時間盤問我自己胸懷，
黃昏卻躡著腳，好奇地偷著進來！
我說，朋友，這次我可不對你訴說啊，
每次說了，傷我一點驕傲。
黃昏黯然，無言地走開，
孤單的，沉默的，我投入夜的懷抱。

——《一天》三十一年春李莊

這些詩行，如同從林徽因的哀愁中滋生出的花朵，淒清、惆悵，具有一種獨特的、寂靜的美。詩句從心中自然流出，毫無矯飾，簡單純淨。可是，假如讓林徽因選擇，假如她能夠選擇，她一定願意選擇健康，選擇在陽光下輕盈地行走，選擇自由自在地生活，哪怕讓她用自己的全部詩作、全部才華去換取。

這一天，徽因收到了一封信，信函封得嚴嚴實實，信封上漂亮的章草寫著「梁思成　林徽因親啓」，寄信人落款爲傅斯年[13]。

這是中央研究院歷史語言研究所所長傅斯年一九四二年四月十八日寫給教育部長朱家驊的一封信。信中談到梁思成、梁思永兄弟的身體狀況和生活狀況，談到思成、思永的家世和學問人品；請求朱家驊代表政府有關部門爲梁家兄弟撥款予以幫助。傅斯年把信的抄件寄給思成、徽因，以讓他們知道事情的緣由。

騮先[14]吾兄左右：

茲且一事與兄商之。梁思成、思永兄弟皆困在李莊。思成之困，是因為其夫人林徽因女士生了T.B[15]，臥床二年矣。思永是鬧了三年胃病，甚重之胃病，近

---

⑬ 傅斯年，字孟真，歷史學家。時為中央研究院歷史語言研究所所長。

⑭ 朱家驊，字騮先，時為重慶國民政府教育部長。

⑮ T.B為肺結核病的英文縮寫。

忽患氣管炎，一查，肺病甚重。梁任公家道清寒，兄必知之，他們二人萬里跋涉，到湘、到桂、到滇、到川，已弄得吃盡當光，又逢此等病，其勢不可終日，弟在此看著，實在難過，兄必有同感也。弟之看法，政府對於他們兄弟，似當給些補助，其理如下：

一、梁任公雖曾為國民黨之敵人，然其人於中國新教育及青年之愛國思想上大有影響啟明之作用，在清末大有可觀，其人一生未嘗做壞事，仍是讀書人，護國之役，立功甚大，此亦可謂功在民國者也。其長子、次子，皆愛國向學之士，與其他之家風不同。國民黨此時應該表示寬大。即如去年蔣先生賻蔡松坡[16]夫人之喪，弟以為甚得事體之正也。

二、思成之研究中國建築，並世無匹，營造學社，即彼一人耳（在君[17]語）。營造學社歷年之成績為日本人羨妒不置，此亦發揚中國文物之一大科目也。其夫人，今之女學士，才學至少在謝冰心輩之上。

三、思永為人，在敝所同事中最有公道心，安陽發掘，後來完全靠他，今後寫報告亦靠他。忠於其職任，雖在此窮困中，一切先公後私。

⑯ 即蔡鍔將軍。

⑰ 丁文江，字在君。著名地質學家，曾任中央研究院總幹事。

總之，二人皆今日難得之賢士，亦皆國際知名之中國學人。今日在此困難中，論其家世，論其為人，政府似皆宜有所體恤也。未知吾兄可否與陳布雷先生⑱一商此事，便中向介公⑲一言，說明梁任公之後嗣，人品學問，皆中國之第一流人物，國際知名，而病困至此，似乎可贈以二三萬元（此數雖大，然此等病症，所費當不止此也）。國家雖不能承認梁任公在政治上有何貢獻，然其在文化上之貢獻有不可沒者，而名人之後，如梁氏兄弟者，亦複甚少！二人所做皆發揚中國歷史上之文物，亦此時介公所提倡者也。

此事弟覺得在體統上不失為正。弟平日向不贊成此等事，今日國家如此，個人如此，為人謀應稍從權。此事看來，弟全是多事，弟於任公，本不佩服，然知其在文運上之貢獻有不可沒者，今日徘徊思永、思成二人之處境，恐無外邊幫助要出事，而此幫助似亦有其理由也。此事請兄談及時千萬勿說明是弟起意為感。如何？乞示及，至荷。專此

敬頌

道安

⑱ 陳布雷，蔣介石侍從室主任。

⑲ 指蔣介石

弟斯年謹上　四月十八日

弟寫此信，未告二梁，彼等不知。

因兄在病中，此寫了同樣信給泳霓[20]，泳霓與任公有故也。弟為人謀，故標準看得鬆。如何？

弟年又白[21]

徽因讀信後，禁不住百感交集。她早就聽說傅斯年在學界以性情無僞、敢於秉公直言著稱，沒想到他會將思成兄弟的情形直陳最高當局。思成一向不願以個人的事情求助於人，但傅斯年的確是一番好意。徽因本不想由自己來回這封信，但思成此時還在重慶，對此事一無所知。她擔心以思成的性情，如果在哪裡聽說了此事而又不知事情的原委，定會不知所措。

徽因從來沒有因爲回一封信而如此犯難。躊躇再三，她還是提筆寫了一封回信：

⑳ 翁文灝，字泳霓。時為重慶國民政府經濟部長兼資源委員會主任。

㉑ 本信來源：《朱家驊檔案》NO.73—936，文中重點符號皆信中原有。該檔案目前尚未正式出版，為臺灣王汎森先生提供。見《林徽因文集·文學卷》三九五頁。

孟真先生：

接到要件一束，大吃一驚，開函拜讀，則感與慚並，半天作奇異感！空言不能陳萬一，雅不欲循俗進謝，但得書不報，意又未安。躊躇了許久仍是臨書木訥，話不知從何說起！

今日里巷之士窮愁疾病、屯蹶顛沛者甚多。固為抗戰生活之一部，獨思成兄弟年來蒙你老兄種種幫忙，營救護理無所不至，一切醫藥未曾欠缺，在你方面固然是存天下之義，而無有所私，但在我們方面雖感到 lucky，終增愧悚，深覺抗戰中未有貢獻，自身先成朋友及社會上的累贅的可恥。

現在你又以成永兄弟危苦之情上聞介公，叢細之事累及泳霓先生，為擬長文說明工作之優異，侈譽過實，必使動聽，深知老兄苦心，但讀後慚汗滿背矣！

尤其是關於我的地方，一言之譽可使我疚心疾首，夙夜愁痛。日念平白吃了三十多年飯，始終是一張空頭支票難得兌現。好容易盼到孩子稍大，可以全力工作幾年，偏偏碰上大戰，轉入井臼柴米的陣地，五年大好光陰又失之交臂。近來更膠著於疾病處殘之階段，體衰智困，學問工作恐已無分，將來終負今日教勉之意，太難為情了。

素來厚惠可以言圖報，惟受同情，則感奮之餘反而緘默，此情想老兄伉儷皆能體諒，匆匆這幾行，自然書不盡意。思永已知此事否？思成平日謙謙怕見人，得電必苦不知所措。希望泳霓先生會將經過略告知之，俾引見訪謝時不至於茫然，此問

雙安！

隨著一九四三年的到來，抗日戰爭進入了第六個年頭。長時間蝸居一隅、封閉單調的生活，長時間貧困短缺而無望的日子，使居住在李莊的人們再也不能平靜地生活下去，在這裡避難的研究人員及他們的妻子像得了傳染病似的爭吵不休。這些受過高等教育、做著學術研究的人群在令人絕望的處境中，變得如困獸般的暴躁和易怒，雞毛蒜皮的小事就可以導致撕破臉皮的憤怒和謾罵。他們與當地老百姓的關係也十分緊張，爭執、衝突時有發生，他們的到來使物價高漲，當地農民對他們滿懷敵意。當中央研究院史語所把安陽出土的甲骨成箱裝運到李莊時，當地人都傳說這是一群吃人生番，拒絕把這些箱子挑上山去。

徽因家裡的日子也不太平。徽因的母親身體不好，家裡許多事情她做不了，可她又看不上請來的女傭。她總是在女傭做事時去干涉指責，爲此徽因常常和母親爭吵，吵過後又常常自責和後悔。她知道，母親很寂寞，母親在這裡唯一能交流的人只有自己。可自己既不能接受母親的觀念，又不能忍受母親的嘮叨，因此，她們之間只要開口說話，就會伴隨著爭執。

思成最近的心情也很不好。營造學社因經費短缺，又一次陷入了困境。思成的老友、學社

的骨幹劉敦楨為了全家的生計，決定離開學社到中央大學建築系任教。劉敦楨為人沉穩，責任心強，學社的許多事情思成都很倚重他。如今他要走了，思成的心很沉很沉。

夜涼如水，一燈如豆，在營造學社簡陋的工作室裡，思成與劉敦楨促膝長談，誰也不願意離去。自一九三二年共事以來，學社從默默無聞發展到今天，他們一同走過那麼多路，吃過那麼多苦，有過那麼多艱辛和歡悅的時刻，這一切點點滴滴記錄著他們的人生追求，十一年是他們最好的年華。說到傷心處，兩個男子漢忍不住失聲痛哭。

劉敦楨走後不久，另一位學社的同事陳明達也為生活所迫，告別了學社，到西南公路局就職。

一九四三年春天，李約瑟博士來到了李莊，他的造訪使單調枯寂的李莊生活短暫地興奮了幾天。

李約瑟是英國的生物化學家，以熱愛和研究中國古代科技史而聞名。抗戰期間，他是英國駐重慶大使館的科學參贊。他訪問了中央研究院歷史語言研究所、中央博物院和中國營造學社，這些機構的研究領域，都是他感興趣的領域，他到學社時，還去看望了徽因。在給費慰梅的信中，林徽因寫道：

「李約瑟教授剛來過這裡，吃夠了炸鴨子，已經走了。開始時人們打賭說李約瑟在李莊時根本不會笑。我承認李莊不是一個會讓人過分興奮的地方，但我們還是有理由期待一個在戰爭時期不辭勞苦地為了他所熱愛的中國早期科學而來到中國的人會笑一笑。終於在這位著名教授和梁先生及夫人（當時臥病在床）見面時露出了笑容。他說他非常高興，因為梁夫人的英語竟有愛爾蘭口音。而我從不知道英國人對愛爾蘭還有如此好感。據說最後一天下午，在中央博物院的院子裡受到茶點招待時他更為活躍。可見英國人愛茶之甚。」

在李約瑟博士到中央研究院作講演的會場上，梁思成以他一貫不動聲色的幽默風趣，成功地使平素有隙的中央研究院兩位著名學者陶孟和與傅斯年當眾握手言和。研究院的學者們開玩笑說，應該授予梁思成諾貝爾和平獎。

李約瑟透露，他離開李莊將前往昆明，代表英國有關機構幫助西南聯大的中國學者，商討中英科學家合作的有關項目。

國際社會關注著中國，西方各國在中國混亂的戰時都加緊了對中國的影響和滲透。

思成和徽因的老朋友費正清這時期也來到了中國，他以美國駐中國大使館特別助理的身分，到重慶的美國大使館任職。他在美國乘飛機經過大西洋中部的復活節島，穿過非洲和埃及到達印度，然後飛躍「駝峰」抵達昆明，在昆明短暫停留後，飛到了重慶。

在重慶上空，費正清看到，這座山城作爲戰時的陪都，在日本戰機的轟炸下，很多地方已完全變成了廢墟。

費正清在中央研究院招待所見到了梁思成。

中央研究院招待所位於重慶上清寺，這裡的條件十分簡陋。來這裡投宿的都是中國最高學術機構的專家，可幾間大房子裡一張挨一張地擺滿了帆布行軍床，房間的地上亂糟糟的扔著橘子皮，跑來跑去的孩子和各種喧鬧的聲響，使這裡看上去更像個難民營。

分別七八年後相見，又是在這樣的非常時期，兩位老朋友格外激動，他們緊緊地握著手，久久不肯鬆開。費正清這時已經是美國華盛頓政府裡具有一定影響力的中國問題專家，而梁思成儘管顯得很疲倦瘦弱，體重只有一百零二磅，但在費正清眼裡，他卻「具有在任何情況下都像貴族那樣的矜持和魅力」。

費正清想立即去李莊看望徽因和中央研究院的一些老朋友。

思成告訴他，從重慶到李莊乘船上水要走三天，回程下水要走兩天，沒有任何辦法可以縮短行船時間和改善交通方式，船也不按班期運行。如果費正清確定了到李莊的日期和船隻，可以先打電報通知一下，儘管說不準電報是在這之前收到還是之後收到。

費正清由社會學家陶孟和作伴到了李莊，他在路上患了感冒，到李莊的頭幾天一直躺在床上發燒，和徽因的病床隔著一間過廳。思成則在兩張病床之間忙著量體溫拿藥品。費正清目睹了梁家的困境，看到了失去了昔日美麗容顏的徽因仍然強撐著病體做各種事情，他更看到了思成和徽因的書案上、病榻前堆積如山的資料和文稿。他們在這樣近乎原始的生存環境中堅持從事學術研究，費正清被深深地打動。

他想起前些日子在昆明看到的情形：西南聯大校長梅貽琦博士顯得精疲力竭；金岳霖嚴重的

神經衰弱，視力銳減；張奚若、錢端升、陳岱蓀等人都處境不佳，而他們都是中國最優秀的知識分子。

回到重慶後，費正清立即著手進行美國政府援助中國學者的三年計畫。在給美國政府的報告中，他指出，清華的教授及曾經留學美國的中國學術界各領域人才，是中國學術界中的精華，是美國在中國的有形投資。但是，他們正經受著貧困和營養不良的折磨，國民黨政府腐蝕一切的道德低下和使社會喪失活力的通貨膨脹置他們於令人絕望的境地。所以，他籲請美國政府進行干預，幫助他們，他認為「這種干預是合乎政治和道德的雙重需要的」。㉒

此時，思成和徽因迫切需要費正清幫助的只有一件事，那就是把他們繪製的關於中國古代建築的八十幅圖紙做成微縮膠片。這樣，首先保證了出版之前這些正規的、耗費了他們大量心血的繪圖至少有一套複製品；其次，在這戰亂頻仍的年頭，微縮膠片便於攜帶和保管。他們可以隨身帶著它，期待著戰爭結束以後出版他們的著作。

這件事對費正清來說並不難做到。他當時在美國大使館協助執行中美文化交流計畫。由於當時飛機飛越駝峰限制重量，各種出版物的往來都必須以微縮膠片的形式運送，費正清專門從美國雇請了一個技術助手來完成這方面的工作。因此，他給徽因和思成回信，答應給他們全力支持。

在李莊營造學社簡陋的工作室裡，在夜晚昏黃的菜油燈光下，在半饑餓的狀態中，思成完成了《中國建築史》的寫作。在這部著作裡，營造學社十二年來對中國古建築的研究和考察得到了

㉒ 保羅・埃文斯《費正清看中國》八十七頁。

系統的歸納總結。全書共八章，梁思成把中國三千五百年的歷史分爲六個建築時代，並對每一個時代的建築遺存進行了清晰的介紹和論證。他認爲建築是文化的記錄，建築史並不是羅列和堆砌各時代的有關史料和建築遺存，而應該注意各個時期的建築思想、建築特徵及其演變、發展的條件和規律。通過建築史的研究，使後人增進對自己國家建築傳統的理解，「在傳統的血液中，另求新的發展。」

與此同時，思成受國立編譯館的委託用英語寫成了《圖像中國建築史》。這部著作以圖版和照片爲主，加以文字介紹說明。他寫這本書，是爲了向世界介紹中國的古代建築的成就，以完成自己開始建築學學習時就埋藏在心底的夙願。

思成所做的這一切，都融入了徽因的心血。徽因在測量、繪圖和系統整理資料方面缺乏思成的嚴謹、細緻和耐心，但在融會材料、描述史實的過程中能融入深邃的哲思和審美的啓示。思成的所有文字，大多經過她的加工潤色。這些文字集科學家的理性、史學家的清明、藝術家的激情於一體，常能見人所未見，發人所未發。梁思成在《圖像中國建築史》的前言中表達了對徽因的熱愛和敬重：

> 最後，我要感謝我的妻子、同事和舊日的同窗林徽因。二十多年來，她在我們共同的事業中不懈地貢獻著力量。從在大學建築系求學的時代起，我們就互相為對方「幹苦力活」，此後，在大部分的實地調查中，她又與我作伴，有過許

多重要的發現，並對眾多的建築物進行過實測和草繪。近年來，她雖罹重病，卻仍保其天賦的機敏與堅毅；在戰爭時期的艱難日子裡，營造學社的學術精神和士氣得以維持，主要應歸功於她。沒有她的合作與啟迪，無論是本書的撰寫，還是我對中國建築的任何一項研究工作，都是不能成功的。

在費正清的幫助下，中國建築史繪圖的微縮膠片完成了，看上去效果極好。思成在重慶欣喜地看到了膠片，這是對他和徽因的莫大慰藉。

一九四四年，世界範圍的反法西斯戰爭出現了重大轉折。在蘇聯戰場，德國侵略軍被阻擋在列寧格勒城下，開始了節節潰敗；在法國，英美聯軍成功登陸諾曼地，開闢了第二戰場；在太平洋地區，美國開始了對日本本土的大規模轟炸，中國的抗日戰爭由長期的戰略防禦轉爲戰略進攻。

這時期，梁思成被任命爲戰區文物保護委員會副主任。盛夏時節，他帶著營造學社年輕的工作人員羅哲文來到了重慶。

羅哲文到營造學社三年多了。他師從梁思成，從最基礎的繪圖技藝學起，如今已能熟練地勝任描圖繪圖工作。自從到學社工作，他從未離開過李莊一步，如今能跟著梁思成到大都市重慶去，他高興極了。

重慶號稱中國的三大「火爐」之一，夏天的日子最難過。羅哲文到了重慶，和梁思成住進了中央研究院。每天，他的工作就是把梁思成交給他的標有各種符號的圖紙繪製成正規的地圖。這些圖紙上繪製的大多是日本人佔領的區域，圖紙上的符號，標注出了這些區域中的古城、古鎮和古代文物建築。其中有一些是外國的城市，羅哲文特別注意到，這些城市包括日本的古城京都和奈良。

這時期，梁思成還負責組織編繪了一套淪陷區的文物建築資料。資料爲中英文對照並附有圖片，其中包括寺廟、寶塔、博物館等等，所有這些文物都在軍事地圖上註明了位置，以防止它們在戰略反攻中被毀。這套資料發給了奉命轟炸日軍基地的美國飛行員，還被送給了當時在重慶的周恩來。

羅哲文跟著梁思成在中央研究院待了一個多月。

此後，在以美國爲主的盟軍對日本本土的大規模轟炸中，日本的所有重要城市都遭到了毀滅性的打擊，只有京都、奈良這兩座古城奇跡般地毫髮未損。

梁思成對此內情緘口不言，年輕的羅哲文也從未把這事與自己的工作聯繫在一起。直到四十年後，在日本奈良召開的保護古代文物建築的國際學術會議上，梁思成超越國界保護人類文化財富的行爲被人稱頌。他被日本人民稱之爲「古都的恩人」。羅哲文這才明白當年在重慶那些揮汗如雨的日子的特殊意義。[23]

進行了七年的戰爭，把人們拖得奄奄一息。林徽因的病情在惡化，她時常感到膀胱部位一陣

㉓ 劉東平《文物保護專家羅哲文談恩師梁思成》，《人物》二〇〇一年第一期三十九—四十頁。

陣劇痛，這劇痛令她絕望。一九四四年，她寫了《憂鬱》一詩——

憂鬱自然不是你的朋友，
但也不是你的敵人，你對他不能冤屈！
他是你強硬的債主，你呢？是
把自己靈魂押給他的賭徒。

你曾那樣拿理想賭博，不幸
你輸了；放下精神最後保留的田產，
最有價值的衣裳，然後一切你都
賠上。連自己的情緒和信仰，那不是自然？

你的債權人他是，那麼，別盡問他臉貌
到底怎樣！呀天，你如果一定要看清
今晚這裡有盞小燈，燈下你無妨同他
面對面，你是這樣地絕望，他是這樣無情！

一九四五年夏天，費正清的妻子費慰梅作爲美國大使館的文化專員來到了重慶。思成在重慶見到了她，和她一起親歷了日本天皇宣布無條件投降那個難忘的狂歡之夜。

勝利消息傳來的時候，人們毫無心理準備。那是一九四五年八月十日晚上八點左右。重慶的仲夏夜熱極了，思成和費慰梅在美國大使館共進晚餐之後，坐在使館門前的小山上乘涼。江對岸沿山的建築一層層的燈亮了，璀璨的燈光倒映在江面上，恍惚中有一種天上人間的感覺。思成正對慰梅講述著老早以前泰戈爾訪問北京的事情，忽然間，四周一下子靜了下來。人們靜靜地諦聽，遠處傳來了經久不息的警報聲，不，這不是平常的防空警報，江上的汽笛長鳴了起來。人們一開始是壓抑地喊喊喳喳，接著有人在大街上跑，再接著是「勝利了！勝利了！」的歡呼聲、喊叫聲，轟然炸響的鞭炮響了起來，全城的人都跑到了大街上。

思成和慰梅也來到了大街上。到處都是歡笑著的人群，到處都是揮舞著的旗幟和 V 型手勢，焰火的紅光和探照燈的白光在夜空中交織成炫目的光帶，滿載歡慶人群的吉普車、大卡車和客車自發地形成了遊行的車隊。人們在車上互相握手共慶勝利。

當思成回到中央研究院招待所的時候，夜已深了，他看到聚集在那裡的學者們正在高興地笑啊、說啊，喝著一瓶存了許久的白酒慶祝勝利。

思成忽然覺得悵然若有所失，苦苦盼了八年，等了八年，可是當勝利來臨的時候他卻不在徽因身邊。

費慰梅理解思成的心情，在她的努力下，一位美軍飛行員答應駕駛一架 C-47 運輸機把思成和她送到宜賓，從那裡去李莊就近得多了。

徽因躺在床上，又蒼白又消瘦，她和費慰梅相擁而泣。她們相互訴說著離別十年來各自生活中的事情。艱辛的生活和長時期疾病的折磨使徽因的感情和思想深沉多了。費慰梅不由得感歎道：三十年代初，聚會在北總布胡同的那些知識分子到哪裡去了？當初，他們距離中國的現實差不多和外國人一樣遙遠，在經歷了這麼多年動盪艱難的生活之後，他們的變化多大呀！

第二天，徽因下床了。儘管她衰弱得厲害，但她決定和費慰梅一同到鎮上的茶館去慶祝抗戰勝利。徽因坐在一乘轎子上，她掀開轎簾，貪婪地呼吸著戶外的新鮮空氣，喜悅地看著外面的一切：藍天、田野和沿途清新的景色、陌生的面孔。

費慰梅給徽因帶來了治療肺病的藥品。她離開了李莊，和徽因相約在重慶見面。

徽因渴望離開李莊，到重慶去。她在給費慰梅的信中寫道：

「……我上星期日又坐轎子進城了，還坐了再冰的兩個朋友用篙撐的船，在一家飯館吃了麵，又在另一家茶館休息，在經過一個足球場回來的途中，從河邊的一座茶棚看了一場排球賽。

有一天我還去了再冰的學校，穿著一套休閒服，非常漂亮，並引起了轟動！但是現在那稀有的陽光明媚的日子消逝了和被忘卻了。從本週灰色多雨的天氣看，它們完全不像是真的。

如果太陽能再出來，而我又能恢復到那樣的健康狀況，我就會不管天氣冷不冷，哪怕就是為了玩玩也要冒險到重慶去。因為我已經把我的衣服整理好和縫補好準備走，當氣氛適合的時候我收拾行裝找你應該是沒有問題的。但天一直在下雨……而且也沒有船。顯然你從美國來到中國比我們從這裡去到重慶要容易得多。」

終於，徽因在思成的陪伴下到了重慶。這是五年來她第一次離開李莊。她的身體十分虛弱，到重慶後也不能到處走動，只能在中央研究院招待所裡待著。費慰梅有時候開著吉普車帶她去重慶郊外，去接在南開中學上學的兒子從誡，有時候帶她去大街上兜風。在大街上，徽因的目光就離不開那些五光十色的人流，離不開那些好看的衣物，五年了！她又重新回到了有現代氣息的生活中。

慰梅還帶徽因去了她和費正清在美國新聞處的宿舍。那是不大的兩間房子，外間有一個小小的壁爐，牆上掛著一幅美麗的唐馬拓片。慰梅把窄窄的帆布床靠牆擺放，上面蒙一條手工毛毯，就成了一張漂亮的長沙發。站在這房間裡，徽因深深地吸了一口氣說：「這簡直像走進了一本雜誌！」

那是個陰雨霏霏的日子，思成準備陪徽因外出看病，想等雨停了就走。這時，門口出現了一位年輕漂亮的女子，正在問詢梁思成和林徽因的住處。思成迎上前去接待了她。原來，這是中共駐重慶辦事處的新聞聯絡員龔澎。周恩來從費慰梅那裡得知了思成和徽因的情況，特地派龔澎前來看望。龔澎直言不諱地告訴思成和徽因，她是一個有多年黨齡的共產黨員。她說，共產黨願意結識各方面的專家學者，希望瞭解他們的想法，徵求他們對時局的看法和意見。

這是思成和徽因第一次近距離和共產黨人交談。這個共產黨人給他們夫婦留下了美好而深刻的印象。龔澎戰前畢業於燕京大學，能講一口流利的英語，衣著淡雅入時，微笑真誠動人，與以前他們從報紙上看到的對共產黨的描繪和宣傳完全不同。

後來，他們在美國大使館舉辦的招待會上又見到了龔澎和她的同事。徽因和思成注意到，許多美國記者和美國使館工作人員更喜歡和共產黨人而不是和國民黨政府的官員打交道。他們待人接物的友好熱忱、忘我的工作態度和對未來充滿美好希望的精神狀態具有極強的感染力和吸引力。費慰梅介紹說，這些人中有的是清華和燕京大學的畢業生，能說極好的英語並理解西方的思想。他們在一起的時候，規範地學習、生動地討論問題並進行自我批評，很像上世紀的一種宗教社團。㉔

爲了營造學社的事，思成回李莊了，徽因留在重慶治病和休息。

喬治・馬歇爾將軍訪華期間，在美國大使館戰後新聞處總部舉行了一次晚宴。國民黨、共產黨及蘇聯等各方在重慶的代表都得到了邀請。徽因帶著兒子從誡和費慰梅一起出席了晚宴。當晚宴進行到高潮、人們頻頻舉杯共慶勝利的時候，在座的蘇聯代表開始唱起歌來，一種非官方的輕鬆愉快的氣氛彌漫在夜空中。國民黨官員和共產黨人也互相祝起酒來，他們中的一些人，原來就

㉔ 保羅・埃文斯《費正清看中國》一〇四頁。

曾是黃埔軍校的同學。這時，鄰座的馮玉祥將軍看見了徽因身邊的從誡，他彎下高大魁偉的身軀逗著這個漂亮可愛的小男孩。林徽因只顧得禮節性地和他寒暄了幾句，她的全部注意力都被酒宴上熱烈友好的氣氛所吸引。她由衷地感到欣慰：經過這麼多苦難的日子，看來眞正的和平就要到來了。

星期天，從誡從南開中學來到中央研究院招待所陪伴徽因。母子聊著天，隨意而輕鬆。從誡提起了一九四四年日軍攻佔貴州都勻，直逼重慶，重慶城內人心惶惶的情形。從誡問道：「媽媽，如果當時日本人眞的打進了四川，你們打算怎麼辦？」徽因若有所思地說：「中國念書人總還有一條後路嘛，我們家門口不就是揚子江嗎？」從誡急了，禁不住追問：「我一個人在重慶上學，那你們就不管我啦？」徽因緊緊地握著兒子的手，彷彿道歉似的小聲說：「眞要到了那一步，恐怕就顧不上你了！」聽到媽媽的話，從誡的眼淚奪眶而出。他流淚不僅是因爲自己受了「委屈」，更重要的是，兒子被母親那種以最平淡的口吻所傳達出的凜然正氣所震動。在這一時刻，從誡覺得坐在他身邊的不再是媽媽，而變成了一個「別人」。

費正清和費慰梅的朋友李奧・埃婁塞爾博士是美國著名的胸外科專家，當時正在戰後重慶的中國善後救濟總署工作，他爲徽因做了檢查。他告訴費慰梅：林徽因的雙側肺部和一側腎均已被結核菌嚴重感染，根據他的診斷，徽因的生命最多還能維持五年。這個診斷結果，費慰梅沒有告訴林徽因。她說：「我沒有告訴她，她也沒有問。我想她全知道。」

徽因在重慶期間，回李莊的航道中斷了。

抗戰勝利後，長江航運局爲了治理長江的暗礁險灘，沿途正在施工爆破、清理河道，重慶到李莊之間的航班停運了。

金岳霖等老朋友知道了徽因的病情，想接徽因到昆明住一個時期，養養病。他們商量著，只要能讓徽因快樂，即使冒一下風險也值得。老金在張奚若家附近找到了一處房子，這房子有很大的窗戶，正對著雲南軍閥唐繼堯故居的大花園。花園裡有幾株高大挺拔的桉樹，婆娑的枝條隨風搖曳。老金住著其中的一間，徽因到昆明後可以住在這裡。

一九四六年二月，徽因和思成商定後，啓程飛往昆明。

飛行的疲勞，高海拔地區的不適，徽因到昆明就病倒了。但與朋友相聚的幸福感使身體的不適顯得微不足道。張奚若夫婦堅持讓徽因頭幾天住他們家裡。徽因在這裡見到了許多朋友，彼此都有劫後重逢、死而復生的感覺。徽因在給費慰梅的信中訴說了自己快樂興奮的心情：

「這次重逢所帶給我的由衷的喜悅，甚至超過了我一個人在李莊時最大的奢望。我們用了十一天，才把在昆明和在李莊這種特殊境遇下大家生活中的各種瑣碎的情況弄清楚，以便現在在我這裡相聚的朋友的談話能進行下去。但是那種使我們相互溝通的深切的愛和理解卻比所有人所預期的都更快地重建起來。兩天左右，我們就完全知道了每個人的感情和學術近況。我們自由地討論著對國家的政治形勢、家庭經濟、戰爭中沉浮的人物和團體，很容易理解彼此對那些事為什麼會有那樣的感覺和想法。即使談話漫無邊際，幾個人之間也情投意合，充溢著相互信任的暖流，在這個多事之秋的突然相聚，又使大家滿懷感激和興奮……

直到此時我才明白，當那些缺少旅行工具的唐宋時代的詩人們在遭貶謫的路上，突然在什麼小客棧或小船中或某處由和尚款待的廟裡和朋友不期而遇時的那種快樂，他們又會怎樣地在長談中推心置腹！

我們的時代也許和他們不同，可這次相聚卻很相似。我們都老了，都有過貧病交加的經歷，忍受了漫長的戰爭和音信的隔絕，現在又面對著偉大的民族奮起和艱難的未來。

此外，我們是在遠隔故土，在一個因形勢所迫而不得不住下來的地方相聚的。渴望回到我們曾度過一生中最快樂的時光的地方，就如同唐朝人思念長安、宋朝人思念汴京一樣。我們遍體鱗傷，經過慘痛的煎熬，使我們身上出現了或好或壞或別的什麼新品質。我們不僅體驗了生活，也受到了艱辛生活的考驗。我們的身體受到嚴重損傷，但我們的信念如故。現在我們深信，生活中的苦與樂其實是一回事。」

當徽因感覺身體好了一些的時候，她搬到了朋友們爲她安排的住處。

徽因十分喜歡守在窗前，望著那個美麗的花園，望著雲南特有的如洗碧空和遠處青翠的山巒。她覺得這一切很像早年在美國戈登・克雷教授的工作室學習舞臺設計時所熟悉的效果。午後的陽光明媚，窗外的樹影斑斑駁駁地映灑在天花板上，隨著陽光緩緩移動。

老金一如既往地對這一切視而不見。由於目疾，他即使在室內也總是戴著一頂遮陽帽，背對著光線，伏在一張小圓桌上專心寫作。他在重寫他的《知識論》。幾年前他去李莊時就在寫這部著作，回昆明後書稿已近完成。一次空襲警報響起，他帶著書稿跑到昆明北邊的山上躲空襲。把書稿放在地上，他坐在書稿上。這次空襲持續時間很長，待到警報解除，天已黑了下來，他又餓又睏，站起身就走，卻忘了地上的書稿。等他想起來再回去找時，書稿已不見了。數年的心血毀於一旦！一本六七十萬字的書是不可能完全記得住的，他只好再從頭寫起。在抗戰後期最艱苦的歲月裡，他幾乎一直不停地在趕寫這部著作。在西南聯大，金岳霖重寫《知識論》的事情一直傳爲美談。

林徽因和朋友們在一起，在昆明明媚的季候中，身體一點一點地有了好轉的跡象。

徽因靜靜地倚在窗前看書。天上鋪了一層烏雲，忽然就下起雨來。雨下得很急，伴著隆隆的雷聲，五月的雷雨中，有青蒿的氣息，有泥土發酵的氣息。徽因覺得有點涼，但她捨不得離開窗口，她被這一切所打動：「……昆明永遠那樣美，不論是晴天還是下雨。我窗外的景色在雷雨前後顯得特別動人。在雨中，房間裡有一種難以言狀的浪漫氛圍——天空和大地突然一起暗了下

來，一個人在一個外面有著寂靜的大花園的冷清的屋子裡。這是一個人一生也忘不了的。」㉕

徽因的狀態使思成感到寬慰和放心，他在李莊給費慰梅寫信表達自己的謝意：

「河道工程幾天以前才剛剛完成。但是只有很小的船才能從重慶上來。有艙的輪船要到五月下半月才能上來。所以徽因去昆明是唯一的解決辦法……在從昆明寫來的第一封信中，她談到知道內心的禱告實現了的幾近宗教的感覺。她為我們那些老朋友給她的歡迎而十分感動，並表示遺憾說她『得到』太多而『奉獻』太少。

你和費正清到李莊做客打破了她五年來在一個房間待著的單調生活，在你們走了很久以後她還能保持情緒高漲。而且，要是你們不來，她到重慶去就連想都不要想。心理的好效應是很大的。

儘管昆明的海拔高度對她的呼吸和脈搏會有某種不良影響，但她在那裡很快活。她周圍有好多老朋友給她做伴，借給她的書都看不完。老金和她待在一起（他真是非常豪爽），她還有一個很好的女僕，因此她得到了很好的照顧。我

㉕《林徽因致費慰梅》，《林徽因文集・文學卷》三八四—三八五頁。

沒有什麼可擔心的。」㉖

這時期，思成忙著和同事們把營造學社的書籍、各種圖片、圖紙、資料、手稿和工具裝箱打包，準備著一旦交通恢復正常就立即離開這裡。

終於盼到了北歸的消息，徽因回到重慶，和全家一起住在中央研究院招待所裡等待回北京。和他們一起等待的還有西南聯大和各研究所的幾十個家庭。八年過去，他們蒼老了許多，他們也堅韌了許多。尤其是那些教授太太，各個都成了持家過日子的好手。

他們還需要在重慶等待一段時間，因爲戰後的陪都有太多的機構、官員及其眷屬急於還鄉。所有飛機和船隻統一管理，爲了避免混亂，需要搬遷的機構都按順序編了號。高校和學術團體中，中央大學排在第一號，營造學社和中央博物館排在四十七號。他們只有等待，他們已經等待了八年，他們還要繼續等待。在等待中，他們逐漸失去了耐心。

這期間，在昆明、在重慶、在內地的許多城市，知識分子中彌漫著濃烈的幻滅和失意的情緒。國民黨官員在戰後大肆掠奪錢財，加速了政權的腐敗，不可遏制的通貨膨脹和持續的貧困使廣大老百姓和知識分子看不到希望。在昆明，西南聯大的學生和教職工上街遊行，抗議國民黨政府對民主運動的鎮壓。大批軍警、特務出動，造成四人死亡、二十餘人受傷的「一二・一」慘案。慘案發生後，學生罷課月餘，全國各地紛紛聲援。從此以後，學生運動在國統區此起彼伏，

㉖ 費慰梅《梁思成與林徽因——一對探索中國建築史的伴侶》一七八頁。

形成了燎原之勢。特別是聞一多先生被特務暗殺於昆明街頭，更激起了全國反獨裁、爭民主運動達到高潮。

無處不在的絕望、窮困和落後，無處不在的腐敗、無能和混亂，使得一貫堅持自由主義立場的知識分子們開始了對國民黨政權的否定和背棄。

費正清被華盛頓政府召回了美國，他在返回美國前後，經常與張奚若、錢端升、思成、徽因就一些有關中國的問題進行討論和爭論。

對於美國政府對中國的一些政策和做法，許多知識分子持一種批評的態度。他們認爲：中國有中國的傳統，中國人有自己的生活方式和行爲方式，美國政府沒有權力也沒有道理用西方的標準來判斷彼此的優劣。世界上各種不同的問題可以在完全不同的方式中得到解決。

費正清談到：他完全理解這種觀點，而且過去一段時間裡他自己也持這樣一種立場，因爲這是一種良好的自由主義知識分子的立場，非常適合於對過去的研究。但是，他認爲：現代世界無所不包，現代世界中的現代中國必須在所有方面與世界進行比較。將來不再會有與世界分離的中國的生活方式。由於中國人的早期文化有所不同，因此可以以不同的方式行事，但現代歷史學家必須把它們當作現代的事物來考慮，並用現代的標準去衡量……㉗

費正清分析著中國的情形，他說：「一般地說，人們試圖去尋找一種擺脫困境的辦法。就像得了一種病就有一種治癒的希望一樣，罪惡導致對美好的希望，首先是承認這些苦難事出有因。

㉗ 保羅・埃文斯《費正清看中國》一〇〇頁。

第二步，是尋找一種解除苦難的方法，即選擇治療的方法。

「變革是唯一的希望——不是對舊衣服的重新剪裁，也不是殘湯剩骨的再裝盤，而是一種能出現一些新東西的眞正的變革。」

他對那種「新東西」雖沒有清楚的把握和認識，但有一點是可以肯定的，這種變革確實不能由國民黨一黨來實現，因爲它的政權已經沒有能力帶領中國走向現代化。

類似的觀點和討論此前在愛德格・斯諾、阿洛尼絲・史沫特萊的著作和文章中已出現過，他們的這些觀點與中國自由主義知識分子的觀點有相通之處。各種傳媒中，有關共產黨人不拘禮儀、平等主義、個人美德、人道主義和社會民主改革的報導激發了知識分子們理想主義的嚮往，他們渴望著變革，渴望著過上和平安定的生活，他們盼這一天盼得太久了。㉘

林徽因在這時期寫給費慰梅的信中明確表達了對現實的失望和不滿：

「正因為中國是我的祖國，長期以來我看到它遭受這樣那樣的罹難，心如刀割。我也在同它一道受難。這些年來，我忍受了深重的苦難。一個人一生經歷了一場接一場的革命，一點也不輕鬆。正因為如此，每當我覺察有人把涉及千百萬人生死存亡的事等閒視之時，就無論如何也不能饒恕他……我作為一個

㉘ 保羅・埃文斯《費正清看中國》一〇二、一〇三、一一四頁。

『戰爭中受傷的人』，行動不能自如，心情有時很躁。我臥床等了四年，一心盼著這個『勝利日』。接下去是什麼樣，我可沒去想。我不敢多想。如今，勝利果然到來，卻又要打內戰，一場曠日持久的消耗戰。我很可能活不到和平的那一天了（也可以說，我依稀間一直在盼著它的到來）。我在疾病的折磨中就這樣焦躁煩躁地死去，真是太慘了。」

四 北歸清華園

一九四六年七月，林徽因、梁思成全家乘飛機北歸。

飛機飛臨北京上空時，機上的人們全都撲到了兩邊的舷窗旁，他們熱切地、貪婪地辨識著這座日思夜想的錦繡城池……香山、玉泉山、萬壽山、昆明湖……山坡上小院裡有人家圍坐著吃飯，有女眷驚呼起來，接著幾個女人就他們吃的什麼猜測起來。正是盛夏時節，肯定喝的是綠豆稀飯，就著切得細細的芥菜絲兒，還有燙手熱的芝麻醬燒餅……和平的生活多麼好哇！有人抹起了眼淚。

轉眼間，飛機到了西郊機場，陳岱孫先生早已在機場安排好了接人的車輛。陳岱孫是著名的經濟學家，同時還具管理才能，梅貽琦校長委派他提前回清華做學校北返的準備工作。梅先生的安排十分必要，日軍侵佔北平期間，軍隊駐紮在清華園，教師宿舍成了馬廄，「水木清華」的學府變成了一座軍營；陳岱孫先生回京後，迅速組織人員收拾校園，使學校盡可能地恢復了原貌。

徽因和思成一家由西郊機場乘車進城，這是思成青年時代在清華讀書時，星期天回家往返常走的路，二十多年的時間過去了，黃土道路兩旁的景物依舊，楊柳依依。他興奮地對徽因和孩子們一一指點著——這裡的餑餑鋪是老字型大小，各樣滿漢餑餑俱全，最有名的是「薄脆」和「破邊缸爐」餑餑；這是老式客店，白粉牆上描著大字「四合老店，安寓客商」；這裡是車馬店，院子很大，院子裡有很多餵牲口的食槽和拴馬樁……汽車漸漸駛進箭樓，進了甕城，然後進了西直門。徽因興奮地指點著讓思成看，西直門城門洞靠牆的石頭架上，那個古舊的大木樁依舊安然無恙地倚靠在那裡……

恍惚中，徽因覺得過去所經歷的一切彷彿是一場噩夢。可再定神看去，離開北京時稚氣可掬的一雙小兒女，倏忽間已長成了大姑娘和小夥子，思成的鬢邊已有了蒼蒼白髮，自己更是病骨支離。滿眼青山未得過，鏡中無那鬢絲何。無論如何，總算又回到了北京，這是離別十年，魂牽夢縈的北京啊！

回到北京，梁思成被聘任爲清華大學建築系主任。

在李莊時，思成和徽因就商量過戰後的工作。他們想，隨著抗戰的勝利，戰後重建的問題將會十分突出，作爲建築學者，應該使自己的工作走上更有生機的發展道路。

從一九三〇到一九四五年，徽因、思成主要從事中國古代建築藝術和中國建築史的研究。

十五年中，他們走遍中國十五個省，二百多個縣，測量、攝影、分析、研究的古建築和文物達二千餘處。他們認爲，雖然中國古建築還有很多課題有待深入研究，但是從建築發展史的角度看，他們已基本理清了各個時期的建築體系沿革、歷史源流，勾勒出了建築歷史發展的脈絡，所以對古建築的研究可以告一段落。而戰後國家重建更急需建設人才，特別是建築師，因此，在西南聯大北返之前，梁思成向梅貽琦先生建議在清華大學增設建築學院，首先在工學院開辦建築系。梅貽琦先生正有此意，他們可謂不謀而合。

北返後的清華大學從此有了自己的建築系。梁思成是第一任系主任。

梁思成對清華大學有特殊的感情。從少年時代起，他和弟弟思永就一起在這裡學習，那還是清華大學的前身——清華學堂。八年的時光，他熟悉這裡的每一處庭院、廳堂、小徑、荷塘，他深愛這裡幽靜的環境和蔥蘢向上的氣象。一九二〇年代初，父親開始在清華授課，後來又任清華國學研究院的導師。父親曾與思成兄弟談起，在與校園外的各界打交道時，他往往因不堪其混濁而感到憤懣抑鬱。但「一詣兹校，則常覽一線光明橫吾前，吾希望無涯涘也」。他還記得，父親授課時，他和思永總是坐在前排聽講。黑板上寫滿了，父親就會叫：「思成，擦擦黑板。」

如今，他又回到了清華。創辦建築系，工作千頭萬緒，責任和壓力都很大。

他爲建築系帶來了與他在營造學社共事多年的助手劉致平、莫宗江、羅哲文，又陸續聘請了吳良鏞、程應銓、汪國瑜、朱暢中、鄭孝燮、胡允敬，還有美術家李宗津、雕塑家高莊等。

他非常重視學術群體的優勢互補，這些教師在建築學、建築設計、外語、繪畫、歷史等方面各有專長，他選賢任能，不拘一格。別人向他推薦美術家高莊時說：高先生爲人耿直，業務水準

沒話說，可就是脾氣不大好。思成道：「只要水準高，脾氣不好，從我開始讓他三分。」㉙

一九四六年夏，清華大學工程院建築系招收了第一屆學生十五人。

也在這一年，思成、徽因全家搬進了清華園新林院八號，這是清華的教授樓，院落幽靜，住房寬敞。老金和幾個老朋友離得都很近。

一切尚未就緒，思成接到通知，教育部和清華大學委派他赴美國考察戰後美國的建築教育。同時，他收到了耶魯大學和普林斯頓大學的邀請函。耶魯大學邀請他作爲一九四六至一九四七學年的客座教授到紐黑文講授中國建築和藝術，普林斯頓大學則邀請他參加「遠東文化與社會」國際研討會。此間，他又被外交部推薦，出任聯合國大廈設計顧問團的中國代表。

臨出發前，思成交代系裡的年輕教師，有事可與林徽因商量。

徽因一九二〇年代在瀋陽與梁思成一起經歷了東北大學建築系白手起家的全過程。如今，雖然她沒有在清華擔任教職，但她視建築系的事情爲自己的事情，義不容辭地幫思成做了許多工作。在建築系成立和運轉的初期，她所做的這些工作，是別人不能替代的。

建築系剛成立，資料室的圖書資料不夠豐富，徽因把自己家裡的書推薦給年輕教師，由著他們挑選、借閱。梁家的藏書成了建築系的財富，無論是教師還是學生，誰都可以到梁家去借書看，那些珍貴的善本書、絕版書，整天在系裡傳閱。徽因很開心，她認爲這些書被充分利用了，總算體現了它們的價值。

㉙ 羅檢秋《新會梁氏——梁啟超家族的文化史》三八〇—三八一頁。

翻著梁先生和林先生的藏書，一位年輕的助教感歎如今他們的薪水勉強只夠糊口，連想也不要想用這點錢去購買外文原版的專業書。有人打斷他道：在如今的時局下，清華教師的待遇就算是不錯了，沒聽人說嗎？「北大老，師大窮，清華燕京可通融。」大家七嘴八舌地議論著，這些日子，又有北大、師大的年輕教師或者設法出國，或者設法往清華、燕京調動，哪怕捨棄原來所學的專業。

聽到這裡，徽因對他們說：「還有句話不知你們聽說過沒有？『北大大，清華清。』能在清華、北大做事，就值得珍惜。當然，前提是不能被餓死。」

徽因雖然足不出戶，但作爲家裡的主婦，她知道如今物價飛漲，時局維艱。大米由他們剛剛回到北京時的九百元一斤，漲到了兩千六百元一斤，常聽說有學生在食堂門口典當衣物。

徽因組織建築系一些人成立了工藝美術設計組，他們承接了外邊一些活兒。徽因用所得收入購買了顏料、紙張、文具，供建築系生活困難的學生使用。

建築系的年輕教師喜歡來林先生家，他們在這裡無論是請教教學中的問題，還是談生活、談藝術，都覺得精神上十分放鬆和自由。而且，和林先生談話是那麼有意思，在那一時刻會忘記現實世界的煩惱和喧囂，心裡感到純潔而安靜。

那天，幾個人來徽因家還書。一位年輕助教談起了他剛讀過的一本關於文物保護的著作，他說：「西方文化之所以從古至今發展得比較均衡，與他們從來就重視維護、保護古代藝術分不開。」

徽因擺擺手說：「其實這只是人們的想當然。十九世紀以前，西方古代藝術被毀壞是常事，倖存下來的多半是靠工料的堅固或命運的偶然。直到十九世紀中期以後，歐洲興起了藝術考古熱，保護古代文物包括古代建築的意識才由此而大興。聽說，這次遍及歐洲的戰場上，盟軍各部隊裡，都跟隨著文物建築方面的專家，以指導軍隊保護佔領區的文物建築。我國在這方面一直缺乏研究，歐洲也是近代以來開始重視的。」

「將來中國肯定會大量採用西洋現代建築材料與技術，」另一位年輕人說，「如何談得上保護和發揚我們民族建築藝術的特點呢？」

「一個東方國家的城市，如果在建築上完全失掉自己的個性，至少是文化衰落的表現。近幾十年來，幾個通商大埠如上海、天津、漢口等城市，在建築上大多模仿歐美的商業城市建築，這種建築看不出多少復興中國文化藝術的跡象。」

「藝術創造不能脫離以往的傳統，藝術上的發展創新也建立在繼承傳統的基礎上。即使接受外來藝術的影響，也仍然要表現出本國的精神。如南北朝的佛教雕刻、唐宋的寺塔，都是來源於印度，但由於融入了中國的傳統，就形成了中國的風格。如今，在接受現代科學技術材料的基礎上，怎樣發揚我們民族建築藝術的特點，的確值得當代建築師好好探討。哦，你們不知道，你們的梁公㉚多麼討厭那些不倫不類的建築。一次我們去江南，那裡是著名的風景區，可就在景區的一邊，蓋起了一幢火柴盒子式的大高樓。這位梁先生認爲它破壞了整個景觀，一直背對著那幢建築，不願意扭過頭去。」

㉚ 梁公：即梁思成。當時建築系對教師通稱某某公。

大家都笑了起來，林徽因也笑了。一口氣說了這麼多話，她有些氣促，她勾著頭，盡力平息著咳喘。年輕人這才意識到，林先生是身患重病的人。他們抱歉地道了再見，一一離去。

他們想不到，一旦他們走後，剛才還滔滔不絕的林徽因就會呻吟著躺下，渾身冒虛汗，半天喘不過氣來。即便如此，到下次家裡來了人，她依然如同沒事人一樣興致勃勃，談笑風生。她彷彿是以此作爲補償，爲自己無法挽留、所剩無多的生命歲月。

這樣的情形已經持續好長時間了。

每天夜裡，她在床上輾轉反側，一次次地劇烈咳嗽、咯痰、喝水、吃藥……她憋得氣喘吁吁，生怕吵醒了熟睡的親人。她常想，也許一口氣上不來就過去了，要是那樣倒也痛快。這樣長時間無望地掙扎，眞是太折磨人了。只有她自己知道，當肉體背叛著精神、當生命一點一點被凌遲的痛苦。

她眼睜睜看著窗戶一點一點發白，室內一點一點亮起來。女傭進廚房了，母親小聲地說著什麼，孩子們走動著，屋內充滿了清晨忙碌的聲音。這時，她昏昏沉沉地睡了過去。

上午九點多鐘，陽光照進了她的房間，橙黃的光鋪滿了窗前的寫字臺，文竹疏疏落落挺拔多姿的影子映在窗簾上。徽因醒了，四周一片寂靜，光線厤酥酥地枈著眼皮。她輕輕地眯起了眼睛，享受這寧靜的時刻。她覺得生活的渴望又重新回到了她的心中，生命的活力又漸漸地回到了她的身上。

在長時間臥病的日子裡，徽因對人生、對生與死已想過無數遍。

生命的意義難道是爲了承受無休止的苦難？如果忍受痛苦是生命不得不接受的事實，如果人度過了一重重磨難最後仍不得不面對那個黑暗的終點，那麼，這種承受和忍耐的意義何在？

可是，既然最終的結局已經寫好，既然到達那終點只是遲早的事情，那麼，何妨坦然地面對生命的每個過程，何妨一天天從容地走過。活著，就盡情流覽生命旅程中的「田野、山林、峰巒」，而一旦死去，就將這人生的負載交給「他人負擔」。

《人生》是她寫於這時期的詩，在這首詩中，她抒寫了自己對人生的眷戀和熱愛，以及平靜面對人生終點的坦然。

人生，
你是一支曲子，
我是歌唱者；

你是河流，我是條船，一片小白帆
我是個行旅者的時候
你，田野、山林、峰巒。

無論怎樣，
顛倒密切中牽連著

你和我，
我永從你中間經過；
我生存，
你是我生存的河道，
理由同力量。
你的存在
則是我胸前心跳裡
五色的絢彩
但我們彼此交錯，並未彼此留難。
…………
現在我死了，
你，——
我把你再給他人負擔。

徽因收到了思成從美國寫回的信。徽因很欣慰，思成的美國之行收穫頗多，心情不錯。

思成除了在耶魯講學，還參加了普林斯頓大學建校兩百周年的慶祝活動，那主要是一系列的學術活動。他在「遠東文化與社會」研討會上，作了「唐宋雕塑」與「建築發現」兩場學術報告。

普林斯頓大學因他在中國建築研究方面的貢獻，授予他榮譽文學博士學位。獲得這一學位的中國人還有清華大學哲學系的馮友蘭教授。

作爲聯合國大廈設計顧問團的中國代表，梁思成參與了工程方案的討論，提出了自己的意見。顧問團裡彙集了勒・柯布西埃、尼邁耶等當代建築學界的權威，思成在與他們的交流交往中，更清晰地把握了國際建築學界在建築學理論和建築實踐方面的探索和發展。建築的範疇，已從過去著眼於某一具體的建築物的建設，擴大到了對人們的居住「體形環境」的考慮。思成非常贊同這樣的觀點：作爲一個建築師，規劃、設計的目標是體現對人的關懷。

依照徽因的囑咐，思成在美國全面檢查了身體，重新爲傷病的脊椎定做了輕型材質的支撐架，更換了假牙。他還看望了美國的親友，抽空和費正清、費慰梅在一起待了幾天。

許多朋友勸他留在美國，中國內戰的消息令人不安。

「這時候別人都是往國外跑，你爲啥還要往回跑？你完全可以把家人接出來嘛。」朋友們十分不解。

思成說：「不管內戰結局如何，我和家人都想留在北京。」經過抗戰八年的顛沛流離，那麼多苦都吃了，如今好不容易剛剛安定下來，他們眞是不想再折騰了。

「教授，你聽說過這樣一個故事嗎？」美國友人勸說思成道：「當鐵達尼號的鍋爐爆炸時，一名船員被氣浪拋到了大海裡。他獲救後有人問他：『你怎麼離開那條船的？』這名船員回答說：『我從來沒有離開過船，是船離開了我。』」

思成的眼中閃過憂鬱的笑意：「謝謝你，我的朋友。謝謝你的好意。」

無論如何，思成的決心已下。長時期的專業生涯使他和徽因的政治興趣和經驗都很少。和許多知識分子一樣，他們很難相信事情還會變得更糟。他們認定，無論誰掌握政權，自己的專業都能派上用場。

思成離開北京一年了。

一九四七年夏，思成得知徽因病情加重，醫生建議她手術摘除被結核病菌感染的一側腎，他眞正著急了。眼下對他來說，盡快回到徽因身邊比一切事情都更為重要。好在他在美國的主要使命已基本完成。普林斯頓大學「遠東文化與社會」國際研討會已結束，耶魯大學的課也基本上結束，聯合國大廈諮詢委員會的會議還在繼續，但思成已做了自己該做的事，他贊同的尼邁耶設計方案正在獲得多數支持。給清華大學建築系選購的書籍資料也已經安排好了船運。他收拾整理著回國的行裝，購買了一些送給家人的小禮品，這些禮品大多是些美國家用小型電子產品。

徽因一直發著低燒，因為發燒，醫生建議手術時間延後。儘管建築系的諸多事物纏身，思成還是盡可能地抽出時間陪伴徽因。思成的歸來使徽因喜悅而心安，她感覺身體狀況好了一些。她發現，這麼多年來，她每次病情加重的時候，都是思成不在她身邊的時候。她把自己的這一發現告訴了思成，思成詼諧地笑道：「那當然，我是林小姐最好的私人護理和心理醫生嘛！」

初秋的天藍得純淨，陽光依然絢麗，但已消失了熱度。徽因有許多日子沒有出過門了，星期日，寶寶和小弟都在家，思成建議孩子們陪徽因出去走走。徽因和孩子們商定去頤和園後，思成給徽因雇了一乘負責往返的滑竿。

顫顫悠悠的滑竿一直把徽因抬到了頤和園的後山。

人們到頤和園一般喜歡逛前山，頤和園前山湖光山色，風景旖旎，湖岸上的排雲殿、長廊和佛香閣爭奇鬥巧，移步換景。但徽因嫌這些景致不脫俗氣，是皇家園林模仿「仙山蓬島」的格局而建造。她獨愛頤和園的後山，尤其愛萬壽山北坡和坡下的蘇州河。北坡上全都是蓊郁的松柏，土路旁盛開著野菊花，坡下面蘇州河曲曲折折，河水清澈，自然柔和。儘管這些景致多年疏於管理，有些荒涼零落，但石迴路轉間別有一種可愛的眞實和幽靜的美。

前天夜裡剛下過一場雨，空氣清爽而通透，四下裡可以望到很遠的地方。再冰和從誡一左一右護佑在徽因的滑竿旁，他們快樂的說笑聲感染著徽因。徽因好久沒這麼開心了，美好的景物和親人的愛讓她覺得自己像個大貴族一樣富有，她爲自己擁有這一切而心懷感激。她感激思成如此體貼，答應她做這些被大夫視做「不必要」的活動；還有老金，陪著思成看家，鼓勵她出來散心。她感激這晴朗的秋日和這動人的風物景致，使她暫且忘卻了纏人的病痛。她深情地眷戀著這一切，正是這一切，讓她感受到活著、生活著有多麼好！

「沒有這些我也許早就不在了，」徽因自己說，「像盞快要熄的油燈那樣，一眨、一閃，然後就滅了！」[31]

㉛《林徽因致費慰梅》，《林徽因文集‧文學卷》三八七頁。

從美國托運的行李終於到了，思成得意地向徽因和家人展示他精心挑選的禮物。

徽因在給費慰梅的信中調侃思成的禮物和這些禮物給她帶來的快樂：「……在一個莊嚴的場合，梁先生向我展示了他帶來的那些可以徹底拆、拼裝、卸的技術裝備。我坐在床上，有可以調整的帆布靠背，前面放著可以調節的讀寫小桌，外加一台經過變壓器插入普通電源的答錄機，一手拿著放大鏡。另一手拿著話筒，一副無憂無慮的現代女郎的架勢，頗像卓別林藉助一台精巧的機器在啃老玉米棒子。」

思成打開了那台答錄機，轉動的磁帶上，錄下了許多朋友們的問候。讓全家人感到十分有趣的是，播放出來的這些聲音全都失了真：「……我們確實聽到了錄在磁帶上的各種問候，但是全都不對頭了。思成聽起來像梅貽琦先生、慰梅像費正清，而費正清近乎保羅．羅伯遜。其中最精彩的是阿蘭的，這當然在意料之中。我非常自豪，能收藏一位專業藝術家的『廣播』錄音。不過迄今我還沒有按這機器應有的用途來做什麼，只是讓孩子們錄些鬧著玩的談話。我覺得好像乾隆皇帝在接受進貢的外國鐘錶。我敢說他準讓嬪妃們好好地玩了一陣子……」

一九四七年十月初。林徽因住進醫院進行手術前的全面檢查。在病房裡，她給費慰梅寫信：

「我應當告訴你我為什麼到醫院來。別緊張，我只是來做個全面體檢，做一點小修小補——用我們建築術語來說，也許只是補幾處漏頂和裝幾扇紗窗。昨天

> 下午，一整隊實習和住院大夫來徹底檢查我的病歷，就像研究兩次大戰史一樣。我們（就像費正清常做的那樣）擬定了一個日程，就我的眼睛、牙齒、肺、腎、飲食娛樂和哲學建立了不同的分委員會。巨細無遺，就像探討今日世界形勢的那些大型會議一樣，得出了一大堆結論。同時許多事情也在著手進行，看看都是些什麼地方出了毛病；用上了所有的現代手段和技術知識。如果結核菌現在不合作，它早晚也得合作。這就是其邏輯。
>
> ……這醫院是民國初年建的一座漂亮建築：一座『袁世凱式』、由外國承包商蓋的德國巴洛克式四層樓房！我的兩扇朝南的狹長的前窗正對著前庭，可以想像一九〇一年時那些汽車、馬車和民初的中國權貴們怎樣裝點著那水泥鋪成的巴洛克式的臺階和通道。」

徽因在信中表現出的心態是樂觀的、放鬆的。

而醫院的生活則是單調乏味的。每天照例的查房、檢查、量體溫、服藥。白色的病房、白色的走廊就是徽因活動的全部空間，這白色的空間讓日子變得單調而緩慢。再加上徽因的病情十分不穩定，時而發燒，時而又檢查出別的併發症，手術的時間一拖再拖。最後病情終於穩定了，天氣卻又冷了，還要等到醫院來暖氣才能決定手術時間。徽因感到極度的煩悶和焦躁，她希望無盡的折磨儘早有個結果，無論結果是好是壞。

她在詩中宣洩了自己的心情：

我病中，這樣纏著憂慮和煩擾，
好像西北冷風，從沙漠荒原吹起，
逐步吹入黃昏街頭巷尾的垃圾堆；
在黴腐的瑣屑裡尋求安慰，
自己在萬物消耗以後的殘骸中驚駭，
又一點一點給別人揚起可怕的塵埃！

吹散記憶正如陳舊的報紙飄在各處彷徨，
破碎支離的記錄只顛倒提示過去的騷亂。
多餘的理性還像一隻饑餓的野狗
那樣追著空罐和肉骨，自己寂寞的追著
咬嚼人類的感傷；生活是什麼還都說不上來，
擺在眼前的已是這許多渣滓！

我希望：風停了，今晚情緒能像一場小雪，
沉沒的白色輕輕降落地上；
雪花每片對自己和他人都帶一星耐性的仁慈，
一層一層把惡劣殘破和痛苦的一起掩藏；
在美麗明早的晨光下，焦心暫不必再有，——
絕望要來時，索性是雪後殘酷的寒流！

——《惡劣的心緒》

在這首詩的最後，林徽因寫上了時間：「三十六年十二月病中動手術前」。她的詩很少這樣鄭重其事地詳細註明寫作的時間。在這裡署上時間，實際是一個註釋，是爲自己的生命刻下的一個標誌。

這一年的十二月二十四日，林徽因做了一側腎切除手術。手術前，許多人來看望她，金岳霖、張奚若、沈從文、莫宗江、陳明達……他們之間的瞭解到了一個微笑、一個動作彼此都能心領神會。他們寬慰著徽因，囑咐著徽因，但又都揪著心：徽因的體質那麼弱，她能承受這樣的大手術嗎？

徽因卻顯得十分坦然，她像平日一樣和朋友們開著玩笑，關切地問詢著各種各樣的事情。

她用輕鬆的口吻向遠在美國的好友費慰梅訣別：「……再見，最親愛的慰梅。要是你能突然闖進我的房間，帶來一盆花和一大串廢話和笑聲該有多好。」

徽因的手術成功了。只是她的體質實在太差，術後傷口長時間不能癒合，讓醫生傷透了腦筋。

時間進入了一九四八年，北京的早春寒冷而凋零。商品奇缺，物價飛漲。學生把標語貼到了校門口的牆上：「餓死事大，讀書事小！」「向炮口要飯吃！」「反饑餓、反內戰！」的呼聲從校園到社會，越來越強烈。

思成惦記著建築系的工作，關心著動盪不安的時局，更操心著徽因的身體。

剛剛動過手術的徽因缺乏治療的藥品和補養的食品，思成常常開著車跑出北京城，到百里之外的郊縣去採購。運氣好的時候，花高價能買到一隻雞，運氣不好時，只得空手而歸。不得已，思成向費正清和費慰梅求援，請他們從美國寄些鏈黴素來。同時希望他們能寄一盒五百張的打字紙，因爲在北京買一張打字紙要一萬法幣，一盒打字紙需花去半月的薪水。

人們的不滿情緒在增長。徽因在給費慰梅的信中表達了自己對現實的看法：

「……右派愚蠢的思想控制和左派對思想的刻意操縱足可以讓人長時間地沉思和沉默。我們離你們國家所享有的那種自由主義還遠得很，而對那些有幸尚能溫飽的人來說，我們的經濟生活意味著一個人今天還腰纏萬貫，明天就會一貧如洗。當生活整個亂了套的時候，我在病榻上的日子更毫無意義……」

徽因住院期間，思成每天從清華到醫院跑得十分辛苦。手術後的低燒消退後，徽因就要求出院，回到了清華園自己的家中。

清華住宅區的房間高大寬敞，但是卻沒有暖氣。徽因體弱怕冷。室內溫度的高低冷暖關係到徽因的健康和術後恢復。思成在家裡生了三個約有半人高的大爐子，這些爐子很難伺候，收拾不好就容易熄火。添煤、清除煤渣，事情煩瑣細緻，思成怕傭人照顧不好誤了事，所以他總是親力親爲。他遵醫囑每天爲徽因配營養餐，爲徽因肌肉注射和靜脈注射，給徽因讀英文報刊。每次去系裡之前，他總是在徽因身邊和背後放上各種大大小小鬆軟的靠墊，讓徽因在床上躺得更舒服些。

思成從學校回來，喜歡講學校和系裡的各種事情，他知道這也是徽因渴望瞭解的。

在美國考察講學的時間裡，思成用很多時間和精力研究國外的建築教育。早期學院派的建築理論強調理性和規範，後來的現代主義建築思想尊重個性和自然，他反覆比較美國各大學建築系的教學計畫和課程設置，選擇、取捨與吸收，由此形成了他自己的建築思想。他認爲，現代建築教育的任務，不僅僅要培養設計建築物的建築師，更要造就依據建築美學思想規劃環境的人才。

根據這一教學體系的要求，他將建築系改名爲營建系，對教學計畫做了大幅度的修改，在營建系設置了「建築學」和「市鎮規劃」兩個專業。其中「市鎮規劃」是我國高校第一個城市規劃專業。

一九四八年，苦難的中國烽火連天，憂患連年。建築學家梁思成在構想著中國建築教育的未來，這是一個理想主義者的構想。

他想得很長遠。他設想著將來把營建系辦成營建學院，下設建築系、市鎮規劃系、造園系、工業技術學系。

「建築師的知識要廣博，」思成說，「要有哲學家的頭腦，社會學家的眼光，工程師的精確與實踐，心理學家的敏感，文學家的洞察力……但最本質的他應當是一個有文化修養的綜合藝術家。這就是我要培養的建築師。」

梁思成的教育理念和教學思想，得到了林徽因最忠實的擁護。徽因絕不是盲從，她平時和思成討論問題時，從來不保留自己的觀點，他們經常因不同的認識發生激烈的爭執。但對思成的建築教育構想，她卻給予了高度的肯定和支持。這是兩個理想主義者的和諧共鳴，思成感到了滿足和幸福。

理想主義的存在是這個世界最令人欣慰的存在，在它的光耀下，創造的激情奔湧不息，鮮花盛開；生命之樹常綠，鬱鬱蔥蔥。

一九四八年春節過去了。徽因的身體緩慢地恢復著，一天天有了起色。她能在房間裡活動了，開始整理抗戰時期一些詩作。老金支持鼓勵她把這些詩作送出去發表，「把它們放到適合的歷史場景中，這樣不管將來的批評標準是什麼，對它們就都不適用了。」

老金太瞭解徽因了，他對別的朋友談及徽因時說：「她倒用不著被取悅，但必須老是忙著。」

思成對徽因做這些事情則是既擔心又高興。他在給費慰梅的信中寫道：「她的精神活動也和體力一起恢復了，我作爲護士可不歡迎這一點。她忽然間詩興大發，最近她還從舊稿堆裡翻出幾首以前的詩來，寄到各家雜誌和報紙的文藝副刊去。幾天之內寄出了六首，就和從前一樣，這些詩都是非常好的。」

林徽因這些詩發表在一九四八年楊振聲主編的《經世日報·文藝週刊》和朱光潛主編的《文學雜誌》上。它們是《昆明即景》、《六點鐘在下午》、《年輕的歌》和《病中雜詩九首》。

新學期開始了，思成除了負責系裡工作，還要講授中國建築史和世界建築史，另外還有每週兩次的評圖課。

就思成的性情來說，他喜歡搞研究，而不太喜歡教書，尤其不喜歡那些煩瑣、龐雜的事務性工作。每當他擺脫了一切雜務，坐在書桌前，看自己想看的書，寫自己想寫的文章，他就感到寧靜而充實。但建築系的事情都需要他一件一件去做，而這些事情又永遠也做不完。每當他爲不能潛心學術研究而懊惱時，學生的成長和進步又會帶給他喜悅和安慰。

思成忙得不可開交時，金岳霖一聲不響地幫助著他和徽因。每天下午三點半，老金準時來到梁家，他爲徽因帶來了各種書刊，主要是新近出版的英文書刊。坐下來後，他就會挑選有關部分讀給徽因聽，其中有哲學、美學、城市規劃、建築理論，還有英文版的恩格斯著作。當女傭送上茶點，徽因會打斷老金的誦讀，就書刊中的觀點和他討論起來。

有時候張奚若、陳岱孫及建築系的一些朋友也會陸續來到。多年來，他們只要在一起，都保持著喝下午茶的習慣，而梁家是他們的茶會中心。

一天，徽因收到了一封來自福建的信，信中說老家一位叫林洙的姑娘想進入清華大學先修班學習，請徽因幫助她。

一個晴朗的秋日，林洙走進了梁家。她怎麼也沒有想到，十幾年後，她會成爲這個家庭的女主人。

林洙從小就知道林徽因，因爲老家人聊天時，總是會提到這位福建籍的才女。他們津津樂道她與梁思成的良緣。

當林洙站在梁家門前時，心情既興奮又忐忑不安。她一生都清晰地記得第一次邁進梁家的印象和感受：

「我來到清華的教師住宅區新林院八號梁家的門口，在院門口看見那兒豎著一個木牌子，上面寫著『這裡住著一個重病人，她需要休息，安靜，希望小朋友們不要在此玩耍嬉鬧。』我一下子怔住了，不知道是該進去，還是後退，終於我定下心來，走上前去，輕輕地叩了幾下門。開門的劉媽把我引進一個古色古香的起居室，這是一個長方形的房間，北半部作為餐廳，南半部為起居室。靠窗放一個大沙發，中間放一組小沙發。靠西牆有一個矮書櫃，上面擺著幾件大小不同的金石佛像，還有一個白色的小陶豬及馬頭。傢俱都是舊的，但窗簾和沙發面料卻很特別，是用織地毯的本色坯布做的，看起來很厚，質感很強。在窗簾的一角綴有咖啡色的圖案，沙發的扶手及靠背上都鋪著繡有黑線挑花的白土布，但也是舊的，我一眼就看出這些刺繡出自雲南苗族姑娘的手。在昆明、上海我都曾到過某些達官貴人的宅第，見過豪華精美的陳設。但是像這樣樸素而高雅的佈置，我卻從來沒有見過。」

林洙被書架上的一張照片吸引住了，那是林徽因和她父親的合影。當時的徽因只有十五六歲，眉若春山，睛似點漆，膚若凝脂，她依偎著父親，一隻胳膊輕輕地搭在父親的肩上，她的面容、神情、身姿眞是美極了，這種美是自自然然地流露、呈現出來的。

林洙正目不轉睛地看著，只聽臥室的門「嗒」地一聲開了，林徽因輕咳著走了出來。她微笑著握住林洙的手自嘲地說：「對不起，早上總要咳這麼一大陣子，等到喘息稍定才能見人，否則是見不得人的。」

林徽因的自然輕鬆使林洙緊張的情緒頓時鬆弛了下來。她後來描述道：

「我定睛看著她，天哪！我再也沒有見過比她更瘦的人了。這是和那張照片完全不同的一個人，她那雙深深陷入眼窩中的雙眼，放射著奇異的光彩，一下子就能把對方抓住。她穿一件淺黃色的羊絨衫，白襯衣的領子隨意地扣在毛衣上，襯衫的袖口也是很隨便地翻捲在毛衣外面。一條米色的褲子，腳上穿一雙駝色的絨便鞋……我承認一個人瘦到她那樣很難說是美人，但是即使到現在我仍然認為，她是我一生中見到的最美、最有風度的女子。她的一舉一動、一言一語都充滿了美感，充滿了生命，充滿了熱情。她是語言藝術的大師，我不能想像她那瘦小的身軀怎麼能迸發出這麼強的光和熱。她的眼睛裡又怎麼同時蘊藏著智慧、詼諧、關心、機智、熱情的光澤。真的，怎能包含這麼多的內容。當你和她接觸時，實體的林徽因便消失了，而感受到的則是她帶給你的美，和強大的生命力，她是這麼吸引我，我幾乎像戀人似的對她著迷……」

第一次到梁家，林洙不知不覺待了兩個多小時。徽因關切地詢問林洙報考大學的情況。林洙告訴她，自己認爲數學、化學、語文尙好對付，物理、地理不行，最頭疼的是英語。

徽因說：「你和我們家孩子相反，再冰、從誡都是怕數學，你爲什麼怕英語？」

「我怕文法，」林洙說，「我簡直搞不清那些文法。」

「英語並不可怕，再冰中學時在同濟附中，學的是德語，英語是在家裡學的，我只用了一個暑假來教她。學英語就是要多背，不必去管什麼文法。一個假期我只選了一本《木偶奇遇記》做她的讀本，她讀一段背一段，故事讀完了，英文也基本學會了，文法也就自然理解了。」

接下來的時間裡，徽因瞭解到林洙在住宿上有困難時，立即答應幫她解決。她還向林洙介紹清華的情況和北京的名勝。當林洙起身告辭時，她笑著說：「我也累了。每天下午四點我們喝茶，朋友們常來坐坐，歡迎你也來。」

在後來的日子裡，林徽因幫林洙安排了借宿的地方，林洙在清華選修了一些課程。她聽梁思成講授中國建築史和西方建築史，每週二、五下午到梁家上課，林徽因親自輔導她的英語學習。上完課，徽因總是邀請她一同喝下午茶。在這裡，林洙認識了清華園裡大名鼎鼎的金岳霖先生、陳岱孫先生、張奚若夫婦、周培源夫婦，還有常來梁家的一些北京大學的教授和營建系的教師們。

林洙注意到，梁家茶會的話題十分廣泛。各種有趣的人和事，政治風雲、學術思想、科學發現、藝術見解——這是一個溫暖的寄託心靈的場所，每個人在這裡都敞開了自己，他們熱愛這種純精神的交流。

徽因是茶會的中心，她對藝術的清澈見解，她對醜惡的徹底輕蔑，她自由凝靜的儀態，無一不具有強烈的吸引力。思成雖然話不多，但偶爾談起什麼來，卻十分詼諧幽默，富有情趣。

一天，林徽因談起了苗族的服裝藝術。她從苗族的挑花圖案，談到建築的裝飾花紋，聯想到中國古代裝飾圖案中卷草花紋的產生、流變。她認爲這些卷草花紋圖案來源於印度，而印度這些圖案最初則由亞歷山大東征傳入。她指著搭在沙發上的那幾塊挑花土布說，這是她花高價向一位苗族姑娘買來的，那姑娘本來是要把這幾塊挑花布做在嫁衣的袖頭和褲腳上的。

說到這裡，徽因的眼睛一亮，指著依在沙發上的思成說：「你們看思成，他正躺在苗族姑娘的褲腳上呢。」梁思成和大家一同笑著，講起了他到川滇地區調查古建築的趣聞。在雲南楚雄，他被一戶人家請去吃喜酒，看到新房門上貼著一副對聯，上聯是「握手互行平等禮」，下聯是「齊心同唱自由歌」；然後他拖長了聲音笑著說：「橫額是『愛——的——精——誠』。」

客人們都哈哈大笑起來。

還有一次，林徽因講起了當年她和思成逛太廟的故事。

徽因說：「那時我才十七八歲，第一次和思成出去玩，我擺出一副少女的矜持。想不到剛進太廟一會兒，他就不見了。忽然聽到有人叫我，抬頭一看，原來他爬到樹上去了，把我一個人丟在下面，眞把我氣壞了。」

梁思成挑起眉毛調皮地一笑說：「可是你還是嫁給了那個傻小子。」他深情地望著徽因，握著她的手輕輕地撫摸著。林徽因蒼白得幾乎透明的臉上泛起了一層紅暈。

林洙禁不住在心裡讚歎道：「他們是多麼恩愛的一對！」

費慰梅曾經這樣談到過林徽因：「她的談話同她的著作一樣充滿了創造性。話題從詼諧的逸事到敏銳的分析，從明智的忠告到突發的憤怒，從發狂的熱情到深刻的蔑視幾乎無所不包。」

但是，在這種幾乎無所不包的談話裡，林洙說：「我幾乎從沒有聽到過他們爲自己的病情或生活上的煩惱而訴苦。」

梁思成後來這樣談及他們聚會時海闊天空的聊天：

「不要輕視聊天，古人說，『與君一夕話，勝讀十年書』，從聊天中可學到許多東西。過去金岳霖等是我家的座上客。茶餘飯後，他、林徽因和我三人常常海闊天空地『神聊』。我從他那裡學到了不少思想，是平時不注意的。學術上的聊天可以擴大你的知識視野，養成一種較全面的文化氣質，啟發你學識上的思路。聊天與聽課或聽學術報告不同，常常是沒有正式發表的思想精華在交流，三言兩語，直接表達了十幾年的真實體會。許多科學上的新發現，最初的思想淵源是從聊天中得到的啟示，以後才逐漸醞釀出來的。英國劍橋七百年歷史出了那麼多大科學家，可能與他們保持非正規的聊天傳統有一定聯繫。不同學科的人常在一起喝酒、喝咖啡，自由地交換看法、想法。聊天之意不在求專精，而在求旁通。」[32]

清華園裡的生活一如既往，巨大的社會變革卻正在逼近。共產黨在東北戰場取得了決定性的勝利，對國民黨主力部隊的包抄和圍剿的大網在慢慢收緊。古老的北京城裡，觀望和期待的情緒如一股潛流，在人們的心頭湧動。

國民黨在軍事上節節潰敗，開始做南撤的準備。教育部派員到北大、清華傳達政府關於學校

㉜ 林洙《困惑的大匠——梁思成》一六二—一六三頁。

南遷的意見。

思成、徽因和他們的朋友張奚若、錢端升、金岳霖、陳岱孫、周培源等早已決定，哪裡也不去，就留在北京、留在學校裡，靜觀待變。對國民黨的統治他們由不滿到絕望，再也不願意相信這個政府的承諾。

他們認爲，新政權同樣需要懂技術、有專業的人。用梁思成的話說：「共產黨也要蓋房子。」更何況，他們所接觸的共產黨人曾給他們留下了很好的印象。他們的等待中有茫然、有不安，但更多的還是希望。

這一年，思成和徽因的老朋友費正清在美國出版了他的第一部著作——《美國與中國》。這本書被稱爲「最好的單卷本中國史」，經多次再版，成爲西方最暢銷的關於「中國問題」的著作。

思成和徽因很快收到了費正清寄來的贈書。一段時間裡，這本書成了梁家茶會的中心話題。書中涉及的一些問題，他們過去曾和費正清討論過，也是眼下他們所關注的。

《美國與中國》由三大部分結構而成。第一部分概述了十九世紀中期西方入侵之前中國的社會、政治特徵；第二部分考察了由這種入侵所產生的各種社會力量以及他們與中國傳統的互相影響；第三部分則思考了中美關係的發展過程。全書的論點基於這樣的看法：「今天的中國革命和國共兩黨的戰爭，是傳統中國社會結構的直接產物。」

費正清認爲，中國古代社會的核心就是由獨裁主義構成的。在獨裁的統治者們的共同作用下，中國社會始終處於兩極分化之中。宗法制度的權力、鄉紳對農民的控制、阻礙文化普及的繁難的文字，以及商人對官場的依賴，支配著這個社會並成爲這個社會的特徵。獨裁主義滲入到政府的體制，構成了嚴密的組織、控制和管理，形成了獨特的有組織的貪污和重用親戚的狀況。

西方入侵給延續了兩千多年的古老王朝以強烈的衝擊。當西方的制度和思想隨著炮艦進入通商口岸和中國內地的時候，中國和西方的條約關係取代了朝貢關係，中國社會的政黨政治取代了王朝政治，深層次的永久性變化取代了傳統的週期性變化。中國的近代史基本上是一部對西方的入侵做出反應的歷史。歷史的發展有其必然的趨勢，中國走向現代化的趨勢已不能被逆轉。它要求政黨、政治制度必須與這一趨勢相適應。

根據這一歷史觀，費正清對中國的幾大主要政治派別的綱領和前途做了評估。他認爲，雖然國民黨滿足了革命對民族主義政黨提出的要求，但它已證明沒有能力滿足繼之而來的在民生、民主方面提出的要求。國民黨之所以無能力這樣去做，有著根深蒂固的組織上、思想上的原因。中國社會是一個農業社會，農村中的苦難是中國社會制度、社會關係的產物。沒有土地所有制方面的眞正改革，貧困不可能被根除。而國民黨政權爲了自己政治集團的利益犧牲了人民大眾的利益，它已經失去了統治中國的資格。

他認爲，中國自由主義知識分子的政治前景同樣淒涼。在中國，自由主義面臨著一系列明顯的障礙，包括獨裁主義的政治傳統，他們本身的個人主義（這使得集體行動幾乎不可能），以及國民黨政府針對他們的嚴厲的鎮壓運動。在他看來，儘管自由主義作爲一種思想將在中國的政治生活中成爲一種重要而且持久的因素，但是作爲一種有組織的政治力量，它已經不起作用。

對於中國共產黨，他認爲，中國共產黨事實上已在這個國家中成功地贏得了農民和知識分子的廣泛支持。他分析道：民族主義和農民的生計是贏得這種擁戴的關鍵。生活問題，指導土地革命並提高生活水準的能力，是中國共產黨在農村得到廣泛支援的原因。包括透過諸如減租、建立合作社和組織政治團體等改善經濟的措施來喚起普通中國農民，由當地幹部樹立起公正的榜樣從而產生了道德威望。他對毛澤東的《新民主主義論》做了這樣的評論：「不管你喜歡不喜歡，我們不能否認它提出了一個前後連貫、適合中國國情的綱領。」他承認，中國共產黨人正是為老百姓著想，瞭解他們面臨的問題，才能把農民大軍動員起來，以食物供養自己，並以群眾性的支持使自己獲得勝利。㉝

林徽因就費正清的書專門寫了一封信，這是林徽因寫給費正清和費慰梅的最後一封信。之後不久，中國大陸與美國就中斷了任何往來。從這封信也可以看到，即使是談論一本政治歷史著作，林徽因所持的也是一個藝術家和詩人的眼光：

「謝謝你們寄來的書，費正清自己的傑作，多好的書啊！我們當然欣賞、欽佩、驚奇和進行了許多討論，大家都對這本書有非常非常深的印象。有時我們互相以熱情讚美的話說，費正清顯然是把握了我們華夏臣民的複雜心態，或知道我們對事物的不同感覺，所以，這不是那種洋鬼子的玩藝兒；張奚若熱情地

㉝ 保羅・埃文斯《費正清看中國》。

說，他喜歡費正清的書，『沒有一處是外人的誤解……他懂得的真不少』等等。老金說這是對我們的一個『合理而科學的』總結，費正清『對有些事情有著基本的理解，他和別的外國人真是不一樣』。而我和思成非常驚訝，它真的全然沒有外國人那種善意的誤解、一廂情願的期望或失望。我尤其欣賞費正清能夠在談到西方事物時使用西方辭彙，談中國事物用中國辭彙，而同一個西方語言卻既能讓美國讀者以自己的語彙來讀關於中國的事，又能讓中國讀者用另一種語彙來讀關於自己國家的事。我們對這一點都特別欣賞。

此外，我們還常常以最大的欽佩而且毫不感到羞恥地互相指出，有許多關於中國的事實我們竟是從他這裡才生平第一次知道（！）例如，有趣的是，我從不知道玉米和白薯是這麼晚才來到中國的；還有特別是那些關於中西方關係的事件。

換句話說，我們都極為讚賞費正清的這本得意之作。自從費慰梅重建武梁祠以來，梁氏夫婦還沒有這麼高興過呢。

我唯一的遺憾，如果說有的話，是在這本總結性的著作中沒有涉及中國藝術，儘管我也看不出藝術與國際關係何干。即便如此，藝術是我們生活中那樣重要的一部分。如果要一般地談論我們的話，藝術也是不可少的，那是我們潛意識中的一個組成部分。……當我提到藝術的時候，當然也指詩，但可能也指由我們的語言、我們特有的書法、構詞、文學和文化傳統所引發的情感和審美情趣。我們特殊的語言實際上由三部分組成：修辭、詩、只有一部分才是直截了當的言語！……我想說的也許是，正是這種內涵豐富的『語言——詩——藝術的綜合』造就了我們，使我們會這樣來思索、感覺和夢想……

簡言之，我認為藝術對我們精神的塑造和我們的飲食對我們的身體的塑造一樣重要。我深信，我們吃米飯和豆腐會不可避免地使我們同那些大塊吃牛排、大杯喝牛奶、外加奶油蛋糕或餡餅的人有所不同。同樣，坐在那裡研墨耐心畫一幅山水畫的人，肯定和熟悉其巴爾扎克風格或後印象主義畫派和晚期馬諦斯和畢卡索，住在巴黎拉丁區的叛逆青年（或專程到墨西哥去旅行以一睹墨西哥壁畫的年輕人）全然不是一個類型……

以上全是我私下裡的一點書評，不過是為了想爭論一下，而費正清對善意的爭論總是很來勁的。寄這封信得花我一大筆錢了！

說到政治觀點，我完全同意費正清。這意味著自從上次我們在重慶爭論以來我已經接近了他的觀點——或者說，因為兩年來追蹤每天問題的進展，我已經有所改變，而且覺得費正清是對的。我很高興能夠如此……

也許我們將很久不能見面——我們這裡事情將發生很大變化，雖然我們還不知道是什麼樣的變化，是明年還是下個月。但只要年輕一代有有意義的事可做，過得好、有工作，其他也就無所謂了。」

林徽因信中所說的「變化」，很快就到來了。

一九四八年十二月，北京城戰雲籠罩。

中國人民解放軍圍城月餘，傅作義部隊堅守城池，不戰不和。

清華園地處西郊，與城內交通隔絕。校園內流傳著各種消息，有人說城內的北大、城外的燕京已經停課多日，許多教授離京南遷。有人說，東單商場一帶改築機場，周圍房屋拆掉很多，北京飯店屋頂掀了一層。還有人說，清華將遷入城內，與北大合併上課。學生中各種反應都有，有些學生爲共軍的到來做著各種準備工作；大多數學生已不能安心上課。

國民黨政府擬就了北京各大學欲「搶救」的教授名單，梁思成也在被「搶救」之列。接他們的飛機停在南苑機場，胡適夫婦走了，梅貽琦走了，陳寅恪走了，但梁思成、林徽因留了下來，更多的人留了下來。

他們留下來，在自己熟悉的土地上，在自己熟悉的校園裡，他們充滿了期待。

物價飛漲，物質奇缺，金圓券貶值，教職員工生活無保障。校長梅貽琦南行後，學校事物由校務會議的一群人維持。清華園內，人們對代理校務的人員意見叢生。校務會議主席馮友蘭借清華人的一句老話發牢騷：「教授是神仙，學生是老虎，辦事人是狗。」沒有人管理的清華處於「無政府」狀態。

夜裡，徽因睡不著，只聽到平綏路上車輛聲隆隆不斷，那聲音自北向南，徹夜不停。思成說，那一定是國民黨軍隊在向南撤。

十二月十三日下午，清華園北邊炮聲響成一片。國民黨中央軍炮兵團開進了清華，在校園內的氣象臺安放了三尊大炮，學校體育館以西一帶戒嚴。

停電了。入夜，靜謐的夜空裡彌散著緊張不安的氣息。一些教職工攜兒帶女捲著鋪蓋住進了學校的圖書館。因爲圖書館的建築堅固，可防炮彈的轟炸。

這一夜月色如水，新林院的人們雖然安居如故，但卻憂心忡忡，徹夜難眠。

思成站在家門口，一邊聽著密集的槍炮聲，一邊自言自語道：「這下子完了，全都要完了！」他想起當年營造學社的創始人朱啓鈐先生說過的話：從歷史上看，歷代宮室，都難逃五百年一輪回的大劫之災。傳統建築的木結構是經不起兵燹炮擊的。

大戰將至，他和徽因爲北京城那些古建築而憂心如焚。

十二月十九日，國民黨空軍出動，轟炸北京西郊解放軍炮兵陣地。清華園多處中彈，燕大蔚秀園亦中彈。第二天，學校停課。在科學館召開的教授會通過了校園遭轟炸抗議書。

學校大門口貼出了中國人民解放軍十三兵團政治部的告示，稱中國人民解放軍將保護人民生命財產不受損失，保護學校寺院文物古跡不遭破壞。

這天早晨，女傭劉媽從自己的家裡回到梁家，頭兩天她因家中有事回了遠郊的成府村。

她一到梁家就講起了她早上遇到「八路軍」的事。

劉媽早上開門，看見村子裡到處都是穿著草綠色軍裝的隊伍。聽鄰居們說，隊伍是半夜開進村子裡的。可這麼多人居然連一條狗都沒有驚動，莫非眞是天兵天將麼？大冷的天，走在外邊連手都伸不出來，可他們就依著胡同的土牆睡了半宿。看上去，他們的人馬都很瘦。村裡人看著不忍心，請他們進家，沒人進，請他們喝粥，沒人喝。就連喝碗開水，也是謝了又謝才接過去。

劉媽興奮地對思成和徽因說：「我活了六十多了，可沒見過這樣的隊伍。人家都說八路好，往常我就是不相信，今兒個我算是親眼瞧見了。我出村兒的時候，瞅見一些城裡人正排著隊舉著旗子歡迎隊伍呢！」

徽因和思成興奮地聽著劉媽的講述，好奇地向她詢問有關這支軍隊的各樣事情。

那是一個讓人覺得要發生什麼事情的夜晚，空氣中流動著緊張和不安。張奚若領著兩位身穿灰色軍裝、頭戴皮帽子的軍人來到了梁家。他們向梁思成、林徽因行著標準的軍禮，自我介紹說：「梁教授，我們受解放軍攻城部隊的委託，來向先生請教，城裡哪些文物建築需要保護。請你在這張地圖上標示出來，以便我軍攻城的炮火能夠避開。」

梁思成和林徽因激動了，他們顧不上多說什麼，在兩位軍人帶來的那張軍事地圖上一一標出北京市重要的文物古跡和建築群落，那是他們視爲生命一般寶貴的文化遺存。他們珍愛和熟悉那一切，幾乎用不著多加思索和查閱資料，一處處需保護的文物古跡位置便被準確而詳細地標示了出來。

臨走時，一位軍人對他們說：「請你們放心，只要能保護文化古跡，我們就是流血犧牲也在所不惜！」

看著兩位不速之客匆匆的身影消失在夜色中，童年讀過的《孟子》章句在思成的腦海裡浮現了出來：「簞食壺漿，以迎王師。」他突然想起忘了詢問來人的姓名。

夜深了，他和徽因長時間不能入睡，兩位軍人帶給思成和徽因的感動長久地留在心裡。

這是一九四八年十二月。這一年，梁思成四十七歲，林徽因四十四歲。

萬古人間四月天

我們的雄雞從沒有以為
　　　　自己是首領
曉色裡他只揚起他的呼聲
　　　　這呼聲叫醒了別人
他經濟地保留這種叫喊
　　　（保留那規則）
於是便象徵了時間！

——林徽因《我們的雄雞》

一　時間開始了

一九四九年的新年到了，太陽暖暖地照著清華園。

工字廳回廊曲折，雕樑畫棟，是清華的教授們休息娛樂的地方。上午，教聯會的同仁照例在工字廳團拜。晚上，大禮堂照例是遊藝會。遊藝會上，教職員工演出了話劇，工友們表演了魔術。看上去，這個新年和往年一樣平靜而熱鬧。

但是，畢竟這個新年不同於往年。

一隊隊民工源源不斷地經過清華園，他們扛著雲梯、竹篙、水杉，從這裡運送給準備攻城的解放軍部隊。學校附近的商店裡，已開始使用解放區長城銀行的紙幣。商店雖然還正常營業，但東西既貴且少。

依據校曆，這個學期的課應該上到一月八日，然後是爲期一週的期末考試。可學生們都在籌備迎接改革的各種活動，學校已無法正常上課。校園裡腰鼓聲自由地敲響，體育館前學生們扭著秧歌代替了早操，中午和晚上，教室裡不是在練習合唱就是在排演話劇。

根據形勢，校務會議決定取消考試，即放寒假。通知發出後，幾乎沒有學生離校。

一月十日下午兩點，中共北京軍事管制委員會文化接管委員會和教育委員會正式接收清華大學。

大禮堂的樓上樓下，擠滿了學生和教職員工。校務會議主席、文學院院長馮友蘭教授宣佈：清華大學從今天起成爲人民政府的大學。大禮堂裡掌聲雷動，這掌聲持續了很長時間。

接著，是接收代表、文化接管委員會主任錢俊瑞講話。這個中年軍人看上去和藹、沉穩，有很好的口才。

他開頭先是宣講了新民主主義革命的方針：打倒帝國主義、封建主義、官僚資本主義，提倡民族主義、民主思想、科學精神。

接著，他講了共產黨接收大學後的工作意見：取消國民黨在學校的訓導制度，取消公開的或秘密的黨團活動；一切暫時維持原狀，教職員工的薪水仍按等級制；待北京政權眞正轉移後，再通盤籌畫高等教育的改進方案。①

再冰、從誡這些日子很少回家，他們各自在學校忙著迎接改革。再過幾天就要過春節了，可這個春節的氣氛與以往任何春節都不同。晚上，徽因和思成正在家裡說著話，忽然聽見外面學生的喊聲：「傅作義投降了！」他們趕緊打開收音機收聽廣播。爐子燒得很熱，徽因蒼白的臉頰浮上了一層紅暈。北京統治權和平地轉移了，再沒有比這更好的結局了，她和思成多麼欣慰！

這是一月二十二日，是中國人民解放軍攻城的最後期限。

一月三十一日中午十二點，中國人民解放軍由西直門列隊進入北京城。

四月二十一日，毛澤東、朱德發佈統一全中國的命令。中國大地上擺開了人類歷史上從未有過的巨大戰場，一處處文化遺跡星辰般散落在戰場的各個角落，在血腥的廝殺中，它們頃刻間便

① 浦江清《清華園日記 西行日記》二六八—二七五頁。

會化爲齏粉。

中國人民解放軍的代表又一次來到清華園，聽取梁思成的意見。梁思成迅速組織人員，在最短的時間內，編寫出了《全國重要文物建築簡目》。

在這本厚厚的手冊中，梁思成在故宮、敦煌、雲岡、龍門、孔廟等古建築的條目下加註了四個圈，大家戲稱之爲「四星將」，其次是三個圈的、兩個圈的、一個圈的。全冊總共四百五十多條，重點加圈的近二百條。每個條目下都附有該文物建築所在的詳細地點、文物性質、建造和重修年代以及意義和價值。

林徽因對全冊的條目一一審核，並在扉頁的說明中特別提示：「本簡目主要目的，在供人民解放軍作戰及接管保護文物之用。」

「簡目」發到全中國的廣大指戰員手中，和軍事地圖一起，成爲他們的作戰必備。這可以視爲中國共產黨最早的文物保護舉措，也是最早的有關文物保護知識的普及運動。

長年征戰南北、身披彈痕和征塵的軍人，第一次把自己指揮的戰鬥與文物、文化聯繫在了一起，他們作爲勝利者、征服者的自豪感油然而生。

許多年以後，他們中的一些人已身居高位，走遍萬水千山。可當他們回想起「金戈鐵馬，氣吞萬里如虎」的戰爭歲月時，還會深情地懷想起某個地方某一處在自己的炮口下保留下來的「古跡」。

後來，這本冊子經修訂成爲《全國重點文物保護目錄》，由國務院頒佈。它爲全國各地的文物建築調查、保護、研究工作提供了指導和依據。

一九四九年三月，林徽因被清華大學聘爲建築系一級教授。

一九四九年五月，梁思成被任命爲北京市都市計畫委員會副主任，林徽因被任命爲委員會委員。

一九四九年八月，梁思成被任命爲中共國旗、國徽評選審查委員會委員。

一九四九年九月，林徽因和清華大學的十位教師，接受了設計中共國徽的任務。

一九四九年九月三十日，中國人民政治協商會議通過了建造人民英雄紀念碑的提案，當天傍晚，毛澤東在天安門廣場舉行了紀念碑奠基儀式。梁思成、林徽因爲紀念碑建築委員會委員。

短短幾個月時間裡，社會生活的巨變讓人目不暇給。而在這幾個月裡，林徽因的生活也發生了重大變化。

她被聘爲清華大學的一級教授，主講《中國建築史》，並爲研究生開設《住宅概論》等專題課。她是北京市都市計畫委員會委員、中華人民共和國國徽設計小組成員、人民英雄紀念碑建築委員會委員。她還是北京市第一屆人民代表大會代表、全國文代會代表……這一切來的迅疾而不容分說，這些榮譽和「頭銜」出乎她的意料之外，但這又不能不讓她訝異而感動。在她熱情、活躍的天性中，本來就有傾向於行動的一面，而過去，這熱情只能在很小的圈子裡揮灑；如今，新政權賦予她新的使命，使她從客廳裡走了出來，從「梁思成太太」的稱謂中走了出來，她作爲獨立的個體得到了承認。「士爲知己者死」，她怎能不竭盡全力，鞠躬盡瘁！

徽因和思成欣喜地注視著，新政權的工作務實高效，令行禁止；短時間內，社會治安井然有序，生產交通迅速恢復，失業貧民得到了安置。

作爲建築師，徽因和思成特別欣慰的是，古老的北京變得從未有過的整潔和清新。城牆旁，護城河畔，堆積如山的垃圾被清除了，這些垃圾有的已堆積了幾十年、幾百年。污水橫流、惡臭撲鼻的龍鬚溝，爛泥塘被塡平了。街道、胡同平整一新，乾乾淨淨。

列寧說過：「工程師將透過自己那門學科所達到的成果來承認共產主義。」

徽因和思成透過自己所看到的一切認識了共產黨，承認了共產黨。這種承認是與國民黨相比較得出的，他們的擁護是眞誠的。徽因和思成的朋友，清華大學教授錢端升在改革後專門給費正清寫了一封信，他在信中說：

「關於總的形勢，我必須實事求是地說，這些新來者是地地道道的中國人，體現著中國人的所有美德，而且同時也是非常馬克思化的。你的政府越早以實事求是的方式和態度來看待我們的新政權，它就越容易能夠採取一種可行的而且彼此有益的政策。這是你面臨的任務。」

不停變化的熱烈的生活，是富於浪漫色彩的生活，浪漫的新生活對年輕人具有永恆的號召力。在這一年，徽因、思成的女兒梁再冰參加了解放軍南下工作團，和她一起參軍南下的還有張奚若的女兒張文英。兩個年輕的女孩頭戴軍帽，身穿縫製粗糙、寬大不合體的軍裝，腰裡束著軍用皮帶，在清華園裡和她們的家人告別。張奚若夫人一直默默地抹著眼淚，兩個女孩卻顧不上傷感。她們爲自己的人生選擇和這身嶄新的裝束而自豪，這是她們告別舊有的一切、邁向新生活的標誌。心中的依戀之情被躍躍欲試的嚮往所取代，對未來的憧憬沖淡了離別的憂傷。

從誠跑來跑去爲她們拍照。正是春天，園子裡滿眼新綠，生機盎然。年輕人臉上的微笑明淨而純潔。

這一年，從誠已是北京大學歷史系的學生。他原本報考的是清華大學營建系，這是他自己的願望，也是思成和徽因的願望。可是他的考試成績差一點不夠清華大學營建系的錄取分數，他被錄取到了北大。無論是梁思成還是林徽因，都沒有想過把從誠破例錄取到營建系。

一九四九年秋，新學年開學了。

這是梁思成實施新教學計畫的第二年，《文匯報》發表了他的《清華大學工程院營建系學制及學程計畫草案》。草案中體現了他的建築教育思想：尊重傳統，但不拘泥於傳統；學習西方，但不局限於西方。教學計畫中，現代與傳統、現實與歷史、工程與藝術、理工與人文各門課程結構合理，融會貫通。

一九五〇年四月，是和平後清華大學的第一個校慶，各院系有許多紀念慶祝活動。建築系當時在新水利館樓上，校慶期間展出了城市規劃課程設計，學生的雕塑作業和美術作業，還有高莊先生設計的工藝品、李宗津先生的油畫。參觀的人很多，林徽因也很想去看一看她的學生們的成績，可她卻沒力氣上樓梯。學生們爲了滿足她的心願，讓她坐在籐椅裡把她抬了上去。

林徽因在展出場地停留了很長時間，她細細地審讀學生的作業，高興地稱讚、點評著。城市規劃設計尤其讓她興奮，設計突出體現了人與自然和諧相處的指導思想，這既是對人的尊重，也是對自然的尊重。

出口處的桌子上，有攤開的意見本。許多人讚揚建築系的展覽讓人眼界大開，也有人寫道：「看了這個展覽，不明白建築系是幹什麼的」，「集空想之大成」。這些意見讓徽因生氣，她不快地說：「這些人根本不懂什麼是建築、什麼是建築藝術，他們大概認爲，建築就是蓋房子吧。」

清華大學營建系的建築教學和課程設置充滿活力，富於遠見，在當時全世界相同學科中處於領先地位。即使今天看來，也有其獨到的價值。可是，這個教學計畫在一九五二年終止了，那一年，中國的高等教育開始了向蘇聯的全面學習和借鑑。

聽說小同鄉林洙和系裡的年輕教師程應詮快結婚了，徽因把林洙叫到家裡，拿出一個存摺說：「這是早年營造學社的一筆專款，專門用來資助年輕人的生活學習的。」她讓林洙拿去，需要多少取多少。

徽因知道他們雙方的家都不在北京，個人又沒什麼積蓄。

林洙臉漲得通紅，不知說什麼好。徽因又說：「不要緊的，這錢你先借用，以後再還。」她把存摺交給了林洙。

當林洙去取錢時，發現存摺上是梁思成的名字。徽因解釋說：「學社的錢當然要用梁思成的名字啊！」

林洙說到還這筆錢時，林徽因卻說：「營造學社已經不存在了，你把錢還給誰呀？快別提這事兒了。」說著，林徽因又拿出一套自己珍藏的清代官窯青花茶具送給林洙作爲結婚賀禮。

其實，林徽因的謊撒得並不高明。稍微細想就會明白，以思成、徽因的爲人，怎麼可能拿營造學社的「專款」隨便送人？再說，營造學社當初就是因爲沒有經費才停辦的，哪裡又有什麼「專款」？

徽因不想讓林洙再談及這個話題，說起了前天晚上去大禮堂看演出的情形。

聽說解放軍文工團來清華演出大型秧歌劇《血淚仇》，徽因從未看過這種戲劇形式，她很想去看一看。晚上天氣冷，思成和朋友都勸她算了，可她堅持一定要去，思成只好拿條毛毯跟隨著她。可是，沒等走到大禮堂，她就咳喘得上不來氣。「得了，得了，」她說：「自己看不成倒也罷了，別影響周圍的人也看不好。」計畫了一天的行動只得作罷，說到這兒，她自嘲道：「你瞧瞧，多狼狽！」

林洙告訴徽因，昨晚的秧歌劇她去看了，感覺又像歌劇，又像話劇，演員演唱時載歌載舞，對話有些像傳統戲的念白。總的看來，這個戲重在教化，藝術性並不強。

徽因說：文藝作品當然要講藝術性，離開了表現形式根本就談不上文學藝術。革命文學不能因爲它的革命性就用大喊大叫的政治口號代替藝術性，如那位著名的詩人、學者，人民十分尊敬他，可他寫的詩卻是：「太陽啊！快快升起來吧！」說著，她咯咯地笑了起來：「這近乎叫喊，缺乏詩歌的美，是不是？」

談到作家作品，林洙說自己最喜歡沈從文的小說和曹禺的話劇。徽因聽了十分高興，她如數家珍般地向林洙推薦沈從文的作品：《邊城》、《湘行散記》、《丈夫》、《蕭蕭》……她斷言，作家趙樹理受沈從文的影響很深。

提起沈從文，林徽因的心頭有些發緊。

前些日子沈從文一直住在清華園，徽因和思成把他從城裡接出來，讓他脫離開城裡的環境，安心養病。

沈從文病得很重。

北京解放時，沈從文下決心留下來，一是爲了讓孩子們在安定的社會環境中受正常的教育，二是準備「好好地來寫一二十本小說」。可是，他沒有想到，他先是被北京大學解聘，離開了講臺；接著，他被稱之爲「反動作家」，被拒之於全國第一次「文代會」之外，郭沫若在文代會上指斥他爲「地主大資產階級的幫兇」。還有，他行伍出身的弟弟沈荃率部隊革命後，被錯誤地判處了死刑。他無法承受接連的突變和打擊，整夜整夜不能入睡，眼前出現幻象，耳朵出現重聽。極度痛苦中，他割腕自殺，救回來後，他的精神瀕臨崩潰。

每個人在社會生活中好像都是獨立的個體，可每個個體都依附於一定的社會關係而存在。當一個人突然被生活拋了出去，好像廢棄的垃圾般拋了出去，那種失重、失落、無所皈依的痛苦和孤獨、還有恐懼是足以使人發瘋的。

沈從文來到清華園，有時住在梁家，有時住在金（岳霖）家。雖然病情並沒有根本好轉，但情緒逐漸穩定了下來。

徽因很悲哀，她能夠體會從文的傷痛。

人生的痛苦有不同的形式，有時，它以狂暴的形式擄掠打擊人，如災難、疾病、貧窮；有時，它以隱秘的手段粉碎踐踏人的內心，如羞辱、背棄、不信任——無論哪種痛苦都同樣可怕，因爲人無法選擇自己所處的環境，無法選擇自己的命運。作爲從那個時代走過來的文化人，他們面對的是一個不熟悉的社會環境。在這個社會裡，一個人如果不能得到承認，就會被拋出去。誰願意被拋出去呢？眼看著過去的朋友有的戴上了耀眼的光環，有的跌落進黑暗的深淵，有的孤零零地被打入了另冊，這一切眞的就那麼有道理嗎？徽因無法勸解從文，因爲在別人眼裡，她正春風得意。她想用自己的行爲表明，無論這個世界發生了怎樣的變化，無論自己的社會身分發生了什麼變化，她相信有些東西是不可改變的。她相信友情，相信愛，相信除了愛和仁慈之外，這個世界上沒有任何優越的標誌。她感到悲傷的只是，只是從文的傷痛無藥可醫，也無人能夠分擔。她和思成表面上若無其事，內心卻懷著深深的憂慮，他們小心翼翼地迴避著那傷痛，只期望朋友們無限的溫情能拉著他，拽著他，幫助他一點一點從無邊的心靈苦難中掙扎出來。

梁思成、林徽因給張兆和的信：

三小姐②：

收到你的信，並且得知我們這次請二哥出來的確也是你所贊同的，至為欣慰。

這裡的氣氛與城裡完全兩樣，生活極為安定愉快。一群老朋友仍然照樣的打發

② 指張兆和，她在姊妹中排行第三。

日子，老鄧③、應詮④等就天天看字畫，而且人人都是樂觀的，懷著希望的照樣工作。二哥到此，至少可以減少大部分精神上的壓迫。

他住在老金家裡。早起八時半就同老金一起過來我家吃早飯；飯後聊天半小時他們又回去；老金仍照常伏案。

中午又來，飯後照例又聊半小時，各自去睡午覺。下午四時則到熟朋友家閑坐；吃吃茶或是（乃至）用點點心。六時又到我家，飯後聊到九時左右才散。這是我們這裡三年來的時程，二哥來此加入，極為順利。晚上我們為他預備了安眠藥，由老金臨睡時發給一粒。此外在睡前還強迫喝一杯牛奶，所以二哥的睡眠也漸漸的上了軌道了。

徽因續寫：

二哥第一天來時精神的確緊張，當晚顯然疲倦但心緒卻愈來愈開朗。第二天人更顯愉快但據說仍睡得不多，所以我又換了一種安眠藥交老金三粒（每晚代發

③ 指清華大學哲學系教授鄧以蟄。

④ 清華大學營建系講師程應詮。

一粒給二哥）且主張臨睡喝熱牛奶一杯。昨晚大家散得特別早。今早他來時精神極好。據說昨晚早睡，半夜「只醒一會兒」說是昨夜的藥比前夜的好，大約他是說實話不是哄我。看三天來的進步，請你放心他的一切。今晚或不再給藥了。我們熟友中的談話都是可以解除他那些幻想的，尤以熙公⑤的為最有力，所以在這方面他也同初來時不同了。近來因為我病，老金又老在我們這邊吃飯，所以我這裡沒有什麼客人，他那邊更少人去，清淨之極。今午二哥大約到念生⑥家午飯。嚕嚕嗦嗦寫了這大篇無非是要把確實情形告訴你放心，「語無倫次」一點，別笑話。

這裡這幾天天晴日美，郊外適於郊遊閑走，我們還要設法讓二哥走路——那是最可使他休息腦子，而晚上容易睡著的辦法，只不知他肯不肯，即問

思成、徽因同上

你自己可也要多多休息才好，如果家中能托人一家都來這邊，就把老金家給你們住，老金住我們書房也極方便。

⑤ 指清華大學教授張奚若。

⑥ 語言學家羅常培，字念生。

張兆和給沈從文的信：⑦

二哥：

王遜⑧來，帶來你的信和梁氏賢伉儷的信，我讀了信，心裡軟弱得很，難得人間還有這樣的友情。我一直很強健，覺得無論如何要堅強地扶持你度過這個困難（過年時不惜勉強打起笑語去到處拜年），我想我什麼困難、什麼恥辱，都能夠忍受。可是人家對我們好，無所取償的對我們好，感動得我心裡好難過！後來王遜提起另一個人，你一向認為是朋友而不把你當朋友的，想到這正是叫你心傷的地方，說到你人太老實，我忍不住就淌下眼淚來了。我第一次在客人面前落了淚，過後想想很難為情。王遜走後我哭了一陣，但心裡很舒暢。

聽說徽因自己也犯氣喘，很希望你能振作起精神，別把自己的憂慮再去增加朋友的憂慮，你的身體同神經能在他們家裡恢復健康，歡喜的當不止她一人……真正有許多朋友，擔心你會萎悴在自己幻想的困境中，如像老金、奚若先生、

⑦《從文家書——從文、兆和書信選》一五五頁。

⑧王遜，北京大學哲學系教師。

老楊⑨、王遜……怎麼才叫大家如釋重負啊，你信上給我說的話，你要兌現的。……

沈從文寫給張兆和：

「我的家表面上還是如過去一樣，完全一樣，兆和健康而正直，孩子們極知自重自愛，我依然守在書桌邊。可是，世界變了，一切失去了本來意義……世界在動，一切在動，我卻靜止而悲憫的望見一切，自己卻無份，凡事無份。我沒有瘋！可是，為什麼家庭還照舊，我卻如此孤立無援無助的存在。為什麼？究竟為什麼？

……我在毀滅自己。什麼是我？我在何處？我要什麼？我有什麼不愉快？我碰著了什麼事？想不清楚。……

夜靜得離奇。端午快來了，家鄉中一定是還有龍船下河。翠翠，翠翠，你是在一零四房間中酣睡，還是在杜鵑聲中想起我，在我死去以後還想我？翠翠，

⑨　指清華大學教授楊振聲。

三三，我難道又瘋狂了？我覺得害怕，因為一切十分沉默，這不是平常情形。難道我應當休息了？難道我……

我在搜尋喪失了的我。

很奇怪，為什麼夜中那麼靜。我想喊一聲，想笑一笑，想不出我是誰，原來那個我在什麼地方了呢？就是我手中的筆，為什麼一下子會光彩全失，每個字都若凍結到紙上，完全失去相互間關係，失去意義？」

沈從文經過很長一段時間的迷狂，開始向社會回歸。他被分配到故宮博物院寫文物的說明詞，他在文物研究中又找到了自我。他說：「人不易知人，我從半年中身受即可見出。但我卻從這個現實教育中，知道了更多『人』。大家說『向人民靠近』，從表面看，我似乎是個唯一游離分子，事實上倒像是唯一從人中很深刻地取得教育，也即從不同點上深深理解了人的不同和相似。」

「我樂意學一學群，明白群在如何變，如何改造自己，也如何改造社會——我在學做人，從在生長中的社會人群學習，要跑出午門灰撲撲的倉庫，向人多處走了。我已起始在動，一種完全自發的動。這第一步路自然還是並不容易邁步，因爲我心實在受了傷。……」

沈從文在改變著自己，林徽因、梁思成也在改變著自己。過去，如果說他們是獨立於各種政治力量之外的「智識者」的話，那麼，如今他們願意跟上時代的變化，「學一學群」，做一個隨同新生活一同前行的「自己人」。

林徽因像那些女幹部一樣，剪短了頭髮，用兩枚髮夾別在耳後。她還去做了一件月白色的列寧裝，穿上身人顯得很精幹。

週末的晚上，學校大禮堂有電影，徽因、思成沒有去。過去，徽因很愛看電影，特別愛看英國的故事片。現在，她幾乎不看電影了。身體不好當然是直接的原因，更主要的是，她看過的幾部電影讓她深深地失望。

孩子們不在家，家裡安靜極了。思成抽著菸，在臺燈下翻看一本雜誌。徽因打開了電唱機，隨手抽出一張唱片放了上去——是貝多芬的《田園交響曲》，這很符合徽因此刻的心境，她輕輕地靠在了沙發上。

多麼親切啊，夜鶯在歌唱，杜鵑在歌唱，天光，雲影——在《溪邊》一章中，貝多芬用音樂創造了水聲，鳥鳴聲。他是如此熱愛這些聲音，可他寫這首交響曲時，他的耳朵已經聾了好久了。貝多芬是在用自己的心傾聽大自然芬芳的和聲，在音樂創作中爲自己歌唱。曲終時，那委婉的餘音幽幽地響起，多麼像、多麼像一聲悠長的歎息。

思成早已停止了翻書，他靜靜地聽著音樂。待他回頭看徽因時，只見徽因已是淚光盈盈。

徽因忙起來了。自從接受了中共國徽設計任務後，她的生活就像上滿弦的鐘錶，每天的安排都以小時、分鐘計。思成作爲中共國旗、國徽審查委員會的委員，幾乎天天開會，從清華到城裡往返奔波。回到家，他和徽因談論的，也多是審查委員會的意見和建議。

緊緊張張地忙碌了兩個多月，清華送審的第一稿國徽設計方案卻未能通過。

這天，營建系國徽設計小組的人要來徽因家商議修改方案，徽因起得比平時早些。

她和思成一邊吃早餐一邊商量著。徽因身穿一件豆綠色的緞晨衣，越發襯得面容清臞而蒼白。

面前的桌子上，攤放著被否定的設計方案。方案以一個白色圓環狀的璧爲主體，白璧的上面，是國家的名稱——「中華人民共和國」；白璧的中心，是紅色的五角星；白璧的四周，嘉禾環抱、紅色的綬帶穿過齒輪在下方束結。

爲拿出理想的方案，林徽因查閱了大量古代典籍和外國資料。她借鑑漢鏡的形式，強調了「中國特徵」和「莊嚴富麗」的審美要求。以玉性溫和，象徵和平，以圓環象徵國家的統一，以齒輪和稻穗象徵工農聯盟的國體。但是，審查委員會認爲這個方案體現「政權特徵」不足。

該怎樣在國徽中張顯「政權特徵」呢？

另一個國徽設計小組由中央美院組成，張仃是這個小組的組長，他們在吸取清華方案的基礎上，提出去掉圓環的璧，增加天安門。

梁思成不同意在國徽中採用天安門圖案。他認爲，國徽上的圖案應是一個國家精神象徵的體現，怎麼能畫上一座古建築？再說，華表、天安門從來都是封建皇權的象徵，怎麼能成爲人民政權的象徵？

張仃被稱爲黨內第一設計專家，他的理由是，天安門是五四運動的策源地，標誌著新民主主義革命的開始；天安門又是舉行開國大典的地方，標誌著新民主主義革命的勝利。

張仃的意見得到了支持，周恩來明確表示：「國徽裡一定要有天安門。」

按周恩來和政協的要求，清華大學和中央美院兩個設計小組重新設計中共國徽方案。

要求明確了，林徽因和小組的人員開始了高速運轉。

就測繪、製圖這些基礎技術的實力來說，清華營建系顯然具有明顯的優勢。

梁思成早在一九三〇年代就測繪過天安門和故宮，他們找出了當年營造學社繪製的天安門平面圖、立面圖和剖面圖，這些圖紙分別按百分之一和二百分之一的比例繪製而成。

徽因建議：國徽中，天安門應採用立面圖將它程式化、圖案化，而不能像風景畫。她還建議把天安門前的兩個華表向左右方向拉開距離，這樣既增加了整體的開闊感，又使構圖比較穩定。

徽因和設計小組畫了無數張草圖，一起討論了無數次。最後他們放棄了在圖案中用飄帶作爲裝飾的設想，使圖案看上去沉穩莊重。他們還考慮到製作問題，太複雜的圖案和色彩在製作技術上存在困難，所以他們放棄了運用多種色彩的設想，只採用金紅兩色。這是中國千百年來象徵吉祥喜慶的顏色，採用這兩種顏色不僅富麗堂皇，莊嚴美觀，而且醒目大方，具有鮮明的民族特色。

思路越來越明確，方案越來越完善，每一個局部都是推敲了又推敲，每一處細節都是修改了再修改。他們對自己要求嚴苛，對方案要求完美。

國徽送審的日子越來越近了，徽因和思成一連數日通宵達旦地工作。他們家裡，到處都是圖紙，幾乎連下腳的地方都沒有。徽因靠在枕頭上，在床上的小杌上作圖，累得支持不住了，就躺下去喘息一陣，起來再接著畫。每逢家裡來人，她總是用自嘲和笑聲來掩飾病痛和不支。

小組的每個人都豁上了。在這一時刻，他們的國徽就是他們的信仰和生命。

國徽圖案製作好了，莊嚴美麗得逼人眼目。汽車把製作好的國徽模型拉走了，徽因和思成放心地病倒了。

周恩來和政協國徽審查委員的面前，擺放著清華大學和中央美術學院設計的兩種國徽圖案。

清華的國徽圖案中央，是金色浮雕的天安門立面圖，天安門上方是五顆金色浮雕的五角星，金色的五星襯在大紅的底色上，像是一面鋪天蓋地的五星紅旗；圖案的週邊環繞著金色稻穗和齒輪浮雕，稻穗和齒輪由大紅色的綬帶聯結在一起。整個圖案左右對稱，由金、紅兩種顏色組成。

中央美術學院的國徽圖案上，天安門的圖像有強烈的透視感，由近到遠地呈現出由小到大、由高到低的景象。遠處有藍色的天空、黃色的琉璃瓦和紅牆；近處有白色的華表和白色的金水橋。

面對兩組不同的國徽圖案，參加評審的委員們細細地比較著，小聲地評議著。周恩來請大家發表意見。田漢首先發言說：「我認爲中央美院的方案好，透視感強，色彩比較明朗。」

許多委員表示贊同田漢的意見。

清華設計小組的代表朱暢中坐在後排，他怎麼也控制不住心慌的感覺。

這時，張奚若站起來說：「我認爲清華的方案有民族特色，既美觀，又大方。」

也有許多委員表示贊同張奚若的意見。

周恩來注意到了坐在旁邊沙發上一直沉默不語的李四光，他走到李四光身邊，手扶著沙發問道：「李先生，你看怎樣？」

李四光又看了看兩個方案，他指著清華的方案說：「我看這個氣魄大，有民族特色。」

周恩來又認眞地比較打量後說：「那麼好吧，就這樣定了吧，大家看怎樣？」

這時，多數委員表示贊成清華的方案，認爲清華的方案完全符合政協徵求國徽圖案所提出的三項要求：既有「中國特徵」，又體現了「政權特徵」，還「形式莊嚴、富麗」。

周恩來笑著問：「清華的梁先生來了沒有？」

張奚若回答：「梁思成因病請假，派了助教來了。」

周恩來把朱暢中叫到清華的圖案前指點說：「圖中的稻穗能不能向上挺拔一些？」

朱暢中脫口回答：「稻穗下垂是表示豐收，向上挺拔，可以改進。」

周恩來說：「稻穗向上挺拔，可以表現時代的精神風貌嘛。一九四二年冬天，宋慶齡同志爲歡送董必武同志返延安，在她的寓所舉行茶話會，她的桌上就擺著幾串稻穗。有朋友讚美那稻穗像金子一樣，宋慶齡同志說：『它比金子還寶貴，中國人口之百分之八十都是農民，如果年年五穀豐登，人民便可以豐衣足食了。』當時我就說，等到全國改革，我們要把稻穗畫到國徽上去。」

朱暢中回到清華園，夜已深了。思成和徽因還在等候著消息。朱暢中詳細敘述了評選過程，他們久久地興奮著，病痛也彷彿減輕了許多。

一九五〇年六月二十三日，中南海懷仁堂。中共全國政協第一屆二次會議在這裡召開，林徽因被特邀出席會議。

大紅色的宮燈懸掛在主席臺上，孫中山和毛澤東的巨幅畫像擺放在主席臺的中央。

徽因覺得心慌、氣促。她知道，這不僅僅是因爲疾病所致，今天這個會上，新政權要正式確定中華人民共和國國徽，巨大的幸福感像潮水般地淹沒了她，她需要不時地深呼吸才能透過來氣。

一個以藝術爲生命的人，還有什麼比凝聚自己全部心血的作品成爲國家形象的代表而更令人激動呢？

會議開始了，在毛澤東的提議下，全體與會代表起立，以鼓掌的方式通過了中華人民共和國國徽。

一陣眩暈襲來，眼淚奪眶而出，林徽因虛弱得幾乎不能從坐椅上站立起來。

一九五〇年九月二十日，中華人民共和國中央人民政府主席毛澤東簽發主席令，公佈國徽圖案。

二　城與牆

連幾天陰雨下過，天頓時涼了下來。雖然已是仲秋時節，清華園裡草樹都還是綠的。

從蘇聯來的各行各業的專家到了北京，中國共產黨給予他們極高的禮遇。

清華大學和北京市建築設計院也來了蘇聯專家。蘇聯專家組組長第一次來到清華大學營建系，送給梁思成一套莫斯科大學建築系的教學計畫和教學大綱。梁思成勉強聽得懂他喉音很重的發音，得以用英語對話和交流。專家說，蘇聯建築理論的核心，是史達林提出的「民族的形式，社會主義的內容」。當談到新中國的建築時，專家強調，一定要體現中國的民族形式。這與梁思成一貫主張的尊重傳統、注重建築的體形環境的思想是相通的，思成聽了當然高興，專家也十分高興，提筆在面前的筆記本上畫了個飛簷翹角的大屋頂。直到握手告別時，思成才弄清楚，原來這位專家組組長並不是建築學專家。

接著，蘇聯建築科學院阿謝普可夫院士到清華講學。當時梁思成和林徽因承擔了人民英雄紀念碑的建築設計任務，經常要到城裡去開會，但他們還是盡可能地去聽阿謝普可夫院士的課。

徽因和思成對許多問題感到困惑。

首先，莫斯科大學建築系的教學計畫和教學大綱完全是沿襲巴黎美術學院的教學模式，與梁思成、林徽因一九二〇年代在美國賓夕法尼亞大學建築系學習時的課程設置和教學內容幾乎完全一樣，這不能不使他們感到吃驚。清華大學營建系的教學計畫依據的是一九四〇年代梁思成在美國考察研究的國際建築學和建築教育理論的最新成果。如今，蘇聯的一切都被奉爲社會主義的、先進的。在一切向「老大哥」學習的形勢下，清華大學營建系的教學計畫和教學大綱做了重大調整。

另外，什麼樣的建築稱得上是「民族的形式，社會主義的內容」的建築？這是讓思成和徽因百思不得其解的問題。他們想，他們長時間研究的那些古代建築應該體現了中國的民族形式，可是什麼是「社會主義的內容」呢？社會主義的內容和資本主義的內容應該怎樣識別和區分呢？具體到一個建築物，哪一部分是形式，哪一部分是內容呢？

至於阿謝普可夫院士在講學中把建築藝術提高到階級鬥爭和黨性的高度來認識，更是讓他們感到無法理解。

但他們的思考終止在當時的政治需要面前。他們的結論是：要建設一個全新的社會主義國家，向世界社會主義陣營的「老大哥」學習是完全必要的；自己之所以弄不清什麼是「社會主義的內容」，是因為自己還缺乏社會主義的思想。而且，由於中國長期戰亂頻仍、民生凋敝，根本沒有安定地從事建設和建築的時期，所以無論建築的「形式」還是「內容」，都沒有機會去進行探索和實踐。他們真誠地相信，在先進的社會主義制度下，人民在建築方面的美好理想也應該能夠實現。

同時，在與蘇聯專家的接觸中，他們熱情奔放的性格和扎實認真的工作態度也贏得了徽因和思成的好感和好評，儘管一些朋友在梁家聊天時偶爾也會對蘇聯專家的學問和給他們的待遇提出質疑。

林徽因前一段忙著國徽設計，系裡的課落下了許多。她的身體已不能較長時間支撐在講臺上，只好讓學生們到家裡來上課。

當時營建系的學生加起來有三十多人，在一個大教室上課，師生關係非常融洽。林徽因給一年級講建築史，總共有十來個學生，來家裡上課，擠一擠還坐得下。

林徽因上課從不局限於教科書，她往往從一個問題生發開來，古今中外，旁徵博引，彷彿帶領學生曲折穿行於建築藝術的歷史長廊。

這一天，她給學生講起了北京城的建築歷史。

北京城的建築已有兩千多年的歷史。周朝，這裡是燕國的都邑，稱做薊。唐代，這裡是幽州城，爲節度使的幕府所在。在五代宋遼金時期，北京是遼國的南京，亦稱做燕京，金滅遼後，北京又成爲金的中都。到了元朝，城的位置東移，建設一新的大都成爲全國的政治中心，奠定了今天北京的基礎。最難得的是，元明交替，明清更迭，兩次改朝換代，北京都未經太大的破壞，在舊基礎上修建拓展，一直到了今天。

從地圖上看北京城，是一個整齊的凸字形，那是當初的城市設計者爲了象徵「天傾西北，地陷東南」而故意缺了兩個角。在這個凸字形裡，紫禁城是它的中心。除了城牆的西北角略退進一個小角外，全城佈局基本上左右對稱。它自北而南，有一條縱貫全城的中軸線，北起鐘鼓樓，過景山，穿神武門直達紫禁城的中心三大殿，然後出午門、天安門、正陽門直至永定門，全長八千公尺。內城的所有高大建築物都佈置在中軸線上，前後左右相呼應。這種全城佈局的整體感和穩定感，引起了西方建築家和學者的無限讚歎，稱爲世界奇觀。

北京城的建築是經過認眞規劃的。全城幾乎完全是根據《周禮・考工記》中「匠人營國，方九里，旁三門，國中九經九緯，經塗九軌，左祖右社，面朝後市」的規劃思想建設起來的。

「左祖右社」是對皇宮而言，「左祖」指皇宮的左邊是祭祖的太廟（現在的民族文化宮）；「右社」指皇宮右邊的社稷壇（現在的中山公園）。「旁三門」是指東西南北四面城牆各有三個城門。不過北京只有南面有三個城門，東西北三面各有兩個城門。日壇在城東，月壇在城西，南面是天壇，北面是地壇。「九經九緯」是指城的南北向和東西向各有九條主要街道，「經塗九軌」是說南北的主要街道同時能並列九輛馬車。北京的街道原來是很寬的，清末以來被民房逐漸侵佔才變得越來越窄。

「你們可以想像當年馬可・波羅來到北京，就像鄉巴佬進城一樣嚇懵了，當時的歐洲人哪裡見過這麼偉大氣魄的城市！」

同學們都笑了，林徽因深深地吸了一口氣，接著講：

「面朝後市」也是對皇宮而言。皇宮前面是朝廷的行政機構，所以皇宮要面對朝廷。「市」是指商業區，中國傳統輕視工商業，所以商業區放在皇宮的後面。現在的王府井大街是民國以後繁榮起來的。過去，地安門大街和鼓樓大街是爲貴族服務的最繁華的商業區。東西單牌樓、東西四牌樓是四個熱鬧的都市中心，這些牌樓也是主要街道上的街景。坐落在街巷路口大大小小的牌坊，處處記載著北京城的歷史，它們還有豐富街市景觀的作用，略有些像巴黎和羅馬許許多多的凱旋門。前門外的商業區原來是在北京城外，因爲遼代與金代的首都在現在北京城的西南。元代的大都建在今天北京城的位置，當然和金的舊都有聯繫，那時從舊都來做買賣的商人，必須繞到城北的商業區去，所以乾脆就在城外集市。北京前門外有好幾條斜街，就是人們在新舊兩城之間走出來的道路。開始在路旁搭起棚戶，慢慢地發展成爲固定的建築和街道。過去一有戰爭，城外的人就往城裡跑，到了明朝嘉靖年間，爲了加強京城的防衛才建了外城。

經過林徽因清晰直觀的勾勒，一幅宏大的北京城區圖呈現在同學們的面前。她繼續講道：

北京是中國、也是全世界文物建築最多的城市，元、明、清歷代的宮苑、壇廟、塔寺分布在全城。北京特有的優點就在它有計劃的城市整體，北京建築的整個體系是全世界保存得最完好而且最有傳統活力的、最特殊、最珍貴的藝術傑作。

北京的建築都不是單座的建築，而往往是若干建築組合而成的整體，是極爲寶貴的藝術創造；小到一個四合院、一片胡同結構的街區；大到金碧輝煌、巍巍大觀的故宮，都是顯著的實例。其他如壇廟、園苑、府第，無一不是整組的文物建築。

京劇《梅龍鎭》裡，明朝的正德皇帝比喻他的住所是大圈圈套著一個小圈圈，小圈圈又套著一個小圈圈。所謂大圈圈，就是北京外城凸字的下半部分；所謂小圈圈，就是北京內城凸字的上半部分。那個內城中心的小圈圈，就是紫禁城。從前門箭樓到正陽門是一個由城牆圍成的巨大甕城；北京內城九門都是由箭樓和城門樓構成的雙重城樓的巍峨建築。門樓爲三簷雙層的巨大樓閣或殿堂，加上外城和皇城的城門城樓，箭樓，角樓，共有四十七處之多。

早在一九二〇年代，瑞典美術史專家喜仁龍曾用了幾個月時間環繞北京城牆周邊步行，並以此爲課題進行專門研究，寫出了《北京的城牆和城門》一書。

講到這裡，徽因打開手邊的一本書，對學生們讀了起來：

……無論從哪個方向觀看，西直門都顯得氣象不凡。沿通往城門的寬闊街道接近城門時，遠遠就可以看到聳立於一片樣式相同的低矮建築之上的巍峨門樓……從城外接近此門時，但見方形甕城和箭樓在四周赤裸的地面上拔地而起，頗具城堡氣概，給人留下深刻印象……乘著飛馳的汽車經由此門前往頤和園和西山參觀的遊人，到了這裡會不由自主地降低車速，慢慢駛過這個脆弱易逝的古老門面。因為，這些城門比起頤和園和臥佛寺來畢竟能夠提供關於古老中國日常生活更為真切的印象。

從西側，全部建築一覽無餘，你可以看到永定門最美麗、最完整的形象。寬闊的護城河邊，蘆葦挺立，垂柳婆娑。城樓和弧形甕城帶有雉堞的牆，突兀高聳，在晴空的映襯下顯出黑色的輪廓。城牆和甕城的輪廓線一直延續到門樓，在雄厚的城牆和城台之上，門樓那如翼的寬大飛簷，似乎使它直插雲霄，凌空欲飛。這些建築在水中的側影也像實物一樣清晰。每當清風從柔軟的柳枝中流過時，城樓的飛簷就開始顫動，垛牆就開始晃動並破碎……

讀到這裡，林徽因長久地沉默著，同學們也都靜默著。他們除了被老師的講述深深打動外，還因爲不想驚擾老師，想讓她歇一會兒。

學生們不知道，他們尊敬的林先生心中有波翻浪湧。

徽因和思成深愛北京，他們不是愛北京的某一殿、一樓、一塔，而是愛北京的全部。他們愛北京金碧輝煌的宮殿，也愛北京氣勢巍峨的城牆城門，他們愛北京和平寧靜的四合院，也愛北京建築群落上開闊醇和的天際線。怎樣使北京固有的風貌不受損失，又承擔起新時代首都的使命？徽因和思成被任命爲北京都市計畫委員會的委員和副主任後，他們爲此殫精竭慮。

他們想，私有制國家土地私有，城市建設只能聽從有產者和房地產商的意志。而社會主義國家的建築活動，完全可以做到統一規劃，合理佈局。爲了向共黨中央、國務院和北京市委完整陳述他們對北京城市建設總體規劃的設想，梁思成與南京的建築學家陳占祥一起，共同擬定了《關於中央人民政府行政中心區位置的建議》（後來被稱爲「梁陳方案」）。

方案的核心是建議將中央行政中心設在月壇以西、公主墳以東的位置，從而完整保留北京舊城的古建築。

他們提出選擇舊城西南郊公主墳以東、月壇以西的適中地點，開闢爲首都的中心區域。這一區域西南連接已有基礎的新市區，建造各級行政人員的住宅；東南由四條東西幹道連接舊城的文化風景區、博物館區、天安門慶典中心、商業區及市政府等。新行政中心南北開展，形成新的南北中軸線，其南面是將來的鐵路總站。

方案認爲北京是歷史名城，許多古老的建築已成爲具有紀念性的文物，它們不僅形體美麗，而且有秩序的佈局和整個文物環境形成了這個城市的壯美特色。對北京的建築群落，不應隨意拆除或摻雜不協調的建築形體加以破壞。

那是一次大型的慶典活動，在天安門城樓上，北京市的領導告訴梁思成，中央一位負責人曾說過，將來從這裡望出去，要看到處處都是煙囪。梁思成十分吃驚，他不能想像處處都是煙囪的北京會是什麼樣子。在他的構想中，北京應該像羅馬、雅典和巴黎那樣成爲世人仰慕的旅遊城、文化名城。

方案認爲，現代的政府機構不是封建帝王的三省六部，而是一個組織繁複的現代機構，這些機構約需要十幾平方公里土地的面積，而市內已沒有足夠的空地。北京市民所擁有的園林綠化遊憩面積已經太少，如果再將中央政府的機構分散錯雜在全城，顯然是不合適的。以北京現在的格局，政府機構夾雜進來，必將破壞北京城原有的佈局。

方案還談到了城市建設的工程技術問題，北京市的人口問題，土地使用的分區問題……方案認爲，如果將政府行政區設在舊城以外，不但保護了舊城的格局，同時還贏得了時間考慮舊城的詳細規劃與改建。

方案全面分析了北京古城的歷史文化價值和審美價值，提出了對北京整體環境加以保護的思想，這是最早、最科學的保護北京、建設北京的思想。

但是，「梁陳方案」被否定了。

方案被否定，表面上看是因爲經濟原因。新中國剛剛成立，中央人民政府拿不出錢來建設一個新區，剛剛進城的共產黨不能爲自己大興土木。當然，方案被否定有著更爲重要的政治原因。決策者們認爲以天安門作爲北京的中心具有重大的政治意義。它從前是皇帝舉行「頒詔」儀式的地方，如今是宣告新中國成立的場所，它向來具有濃烈的政治色彩，理應成爲新中國的行政中心。另外，蘇聯專家對方案也持反對意見。毛澤東在《論人民民主專政》中說：「中國人民不是倒向帝國主義一邊，就是倒向社會主義一邊，絕無例外。騎牆是不行的，第三條路線是沒有的。」這一論述在初期被稱之爲向蘇聯「一邊倒」的國策。蘇聯專家認爲北京應該發展成一個工業城市，要提高北京市工人階級的百分比，建議中央政府的中心設在天安門廣場及東西長安街上。

「梁陳方案」被認爲與蘇聯專家「分庭抗禮」，與毛澤東的「一邊倒」國策背道而馳。陳占祥於一九五七年被劃爲「右派」，梁思成在彭眞的保護下得以倖免。

梁思成、林徽因窮盡自己的想像，也不會想到，中國的建築學家爲中國古建築的命運憂心忡忡是與蘇聯專家「分庭抗禮」。梁思成仍然堅守著自己的立場，他對有關領導說：「……我要對你進行長期的說服……」他沒有想到，自己所說的一切會遭到無情否定，還有比否定更令人傷心的不屑，他禁不住痛心疾首：「五十年後，有人會後悔的！」

眼看著那些他們視爲珍寶的古建築即將灰飛煙滅、毀於一旦，梁思成在四處籲請時，禁不住聲淚俱下。他一次次給周恩來總理寫信，談建設工作的計畫性問題，談長安街的規劃問題，談北京各處古建築的歷史和價值。

周恩來約見了梁思成，他深知梁思成在建築學界的影響，希望梁思成能夠改變自己的觀點。他的態度和藹、親切，問詢著梁思成的工作、生活。

梁思成終於有了向周恩來面陳意見和建議的機會，並相信他能理解自己，相信自己所做的一切是正確的。

他向總理講起了北京現存布局的合理，講起了他所做的關於北京交通問題的調查及解決辦法。爲了能表述得更清楚，梁思成一邊說，一邊在筆記本上飛快地畫著示意圖：

北京城內的街道系統，用現代都市計畫的原則來分析，是一個極其合理、完全適合現代化使用的系統。這是任何一個古代城市所沒有的。

這個系統的主要特徵在大街與小巷。大街大致分佈成幾層合乎現代所採用的「環道」，由「環道」又四向伸出的「輻道」。

所謂幾層的環道，最內環是緊繞宮城的東西長安街、南北池子、南北長街、景山前大街。第二環是王府井、府右街，南北兩面仍是長安街和景山前大街。第三環以東西交民巷、東單東四，經過鐵獅子胡同、後門、北海後門、太平倉、西四、西單而完成。這樣還可更向南延長，經宣武門、菜市口、珠市口、瓷器口而入崇文門。近年來又逐步地開闢了第四環，就是東城的南北小街、西城的南北溝沿、北面的北新橋大街、鼓樓東大街，以達新街口。但鼓樓與新街口之間因有什刹海的梗阻，要多少費點事。南面尚未成環——也許可與東交民巷銜接。這幾環中，雖然有一些尚待拓寬、有一些段落未完全打通，但極易完成。

歐美許多城市都在努力計畫開闢環道，以適應大量汽車流通的迫切需要。我們北京卻可應用六百年前建立的規模，只需稍加拓寬整理，便可成爲最理想的街道系統。

至於北京的胡同，有許多人不滿意胡同這種街道系統。其實胡同的缺點不在其小，而在其泥濘和缺乏小型空地與樹木。但胡同是安靜的住宅區，有一定的優良作用，使道路系統的分配保持了一定的秩序。

這一切便是發展建設的良好基礎，在這個基礎上既可以對北京的街道進行改進和提高，又不必毀損古建築。

由街道說起了北京街道的牌樓，思成希望城建中能保留下牌樓這一中國獨有的古老而優雅的街道景觀。

北京的街道牌樓起源於古代城市里坊的坊門，當時它除了作爲里坊出入口的裝飾性標誌外，還常被用來張貼表揚里坊的好人善行，有著教化的作用。前門大街上的大柵欄就是一座里坊門。

北京遍佈九城的牌樓，曾經數以百計，是最具古都特徵的建築。一直到一九二〇年代初，北京的街道牌樓還有三十五座。民國十二年，北京開通有軌電車，因爲電車要從東、西四牌樓下面通過，結果將原來的牌樓加高，把原來牌樓的木柱換成了鋼筋水泥立柱。

牌樓是古代建築中極爲重要的一種樣式。它不僅具有歷史價值和藝術價值，而且裝飾點綴了城市街道，襯托了建築組群。在外國的唐人街，牌樓已成爲華夏建築文化的符號。

周恩來雙臂抱在胸前，一直面帶微笑聽著梁思成的講述，這使梁思成備受鼓舞。他極富詩意地向總理描繪帝王廟牌樓在太陽漸漸沉沒西山時的美麗畫面。兩個小時的時間過去了，周恩來沒有正面發表意見，只是意味深長地吟誦了一句李商隱的詩：「夕陽無限好，只是近黃昏。」[⑩]

北京市人民政府公告

一、崇文門拆除甕城工程，定於五月二十六日全部展開工作，爲避免發生危險及便利工程進行，自同日起，崇文門全部交通暫行斷絕，所有車輛行人，一律改道通行。

二、在崇文門施工期間，其附近街巷交通秩序，暫行變更，其辦法列後。

---

⑩ 林洙《困惑的大匠——梁思成》二二九頁。

三、以上辦法係臨時性質，俟工程完竣後，即恢復經常交通秩序。希車輛行人，本協助政府順利完成市政建設之精神，切實遵行爲要！

市　長　聶榮臻
副市長　張友漁
副市長　吳　晗
一九五〇年五月二十四日⑪

崇文門甕城妨礙交通
拆除工程開始進行

（京市新聞處訊）崇文門拆除甕城及開砌門洞工程於二十六日開始進行。參加施工的是部隊的指戰員，共約一千二百人。全部工程共計約土磚五萬立方公尺，約需十二萬個工時，預計三個半月可全部完工。

…………

⑪《人民日報》一九五〇年五月二十四日第一版。

崇文門附近居民聽到要拆除崇文門甕城並要斷絕交通的消息後，都說：斷絕交通雖然暫時不方便，但將來修好就大大方便了。⑫

梁思成、林徽因的聲音在摧毀舊世界、建設新世界一瀉千里的浩大聲勢中，如浪花被巨浪吞沒。

徽因和思成反省著自己。他們覺得前一段太忙亂了，很長時間沒有坐下來把思想形成文字，他們希望透過文字的影響力來喚起人們、尤其是決策者們的建築文化意識。從一九五一到一九五二年，他們集中寫作和譯介了一批這方面的文章。

一九五一年四月，梁思成、林徽因在《新觀察》發表了《北京——都市計畫的無比傑作》。

七月，他們組織清華大學建築系編譯組譯注了《城市計畫大綱》。這是國際現代建築學會（簡稱 CIAM）一九三三年八月在希臘雅典擬定的關於城市計畫的綱領性文件，後來通稱爲《雅典憲章》。梁思成、林徽因爲譯本寫了序：

……這「大綱」的技術原則是正確的，它的內容是從人民大眾的幸福出發的，

⑫《人民日報》一九五〇年五月二十七日第三版。

它的目標也是要建立適宜於廣大人民全體的形體環境。但是那些會員先生們卻沒有瞭解，本來就是資本主義的政治經濟制度使他們的城市得了嚴重病症，此後也還是這個資本主義的政治經濟制度使這「大綱」無法實行，因此也治不好他們城市的病症。唯有在社會主義新民主主義的政治經濟制度下這種大綱才能實行……

新中國正在開始由農業社會向工業社會大踏步地邁進。這偉大的轉變要在全國城鄉的體形上表現出來。在今後數十年間，全國的舊城市都將獲得改建。……在這偉大的轉變中，假使城鄉體形方面未能預先做出妥善正確的計畫，則將因工廠、房屋、鐵路、公路之大量興建，城市與鄉村間人口之大量移動，農業與工業人口比例之改變，因而城市中的房屋即將不敷激增的人口的分配……城市的體形環境將交錯雜亂，而作盲目無秩序的發展，使城市環境不適宜一切工業、商業、居住、遊息、交通之用，完全失去了城市所應有的功能。今日歐美無數市鎮因在工業化過程中任其自流發展所形成的紊亂醜惡的體形，正是我們的前車之鑒。

一九五一年夏天，徽因是在寫作和翻譯中度過的。學校放暑假了，清華園裡空曠而安靜。她感到累了，就靠在沙發上歇一會兒，屋子裡陰涼宜人，窗外傳來不停歇的蟬鳴，愈顯得四周一片寧靜。當她寫作和翻譯時，心裡也感到一片寧靜。

她在《談北京的幾個文物建築》裡，介紹了天安門廣場和千步廊、團城、北海白塔的歷史和藝術價值，她提醒人們意識到：

「從今以後，一切美好的藝術果實就都屬於人民自己，而我們必盡我們的力量永遠加以保護。」

這篇文章發表在一九五一年八月的《新觀察》雜誌上。

她和梁思成一起，翻譯了蘇聯N．沃羅寧教授的著作《蘇聯衛國戰爭被毀地區之重建》。徽因欣喜地看到了這本書的英文版。她和思成商議，在向蘇聯老大哥學習的時候，翻譯這本有關蘇聯戰後重建的書，也許能對中國的建設提供借鑑。全書共十二章，徽因和思成分了工，暑假快結束時，譯完了全書。

林徽因在《譯者的體會》中寫道：

第一，它讓我們看到了蘇聯在一切建設和工作中的高度計劃性和組織性。

第二，從這本小書中我們體會到了蘇聯重建的計畫在立體市容上，對於美觀方面的重視。

第三，讓我們看到了蘇聯建築師在一切重建和新建的工作中，對於當地民族文化藝術傳統和風俗習慣以及自然環境之尊重。

林徽因列舉了書中的事例，提出「建築師對於歷史和後代都是負有巨大責任的。」

我們看到蘇聯的建築師們在重建一個市鎮時如何小心翼翼地從原有基礎上發展，同時又有遠見地將原有不合理的、錯誤的加以改正和「現代化」。在各地區的建築形式方面，蘇聯的建築師們慎重考慮到各地區不同的傳統，甚至如顏色與環境的配合都是仔細地計畫過的。他們對於建築傳統的愛護尊重簡直令人心折地佩服。如……建築院院士魯德涅夫不只是一位建築師，他同時也是一位熱愛古代藝術的美術家；他是傾向於在古文物的處理上「特別小心溫柔的」。

「特別小心溫柔的」是林徽因和梁思成對待古代建築一以貫之的方式，她多麼希望更多的人懂得這樣做的必要性。

一九五二年一至六月，林徽因以《我們的首都》爲總題目，寫了十一篇文章，向人們介紹中山堂、北京市勞動人民文化宮、故宮三大殿、北海公園、天壇、頤和園、天寧寺塔、北京近郊的三座金剛寶座塔、鼓樓、鐘樓和什刹海、雍和宮、故宮，這些關於古代建築「科普」性質的文章，連載於《新觀察》一至十一期。

這一年的五月三日，梁思成、林徽因還在《人民日報》上發表了《達文西——具有偉大遠見的建築工程師》。這篇文章裡，他們耐人尋味地寫道：「都市計畫和區域計畫都是達文西去世四百多年以後，二十世紀的人們才提出的建築問題，他的計畫就是現在也只有在社會主義國家裡才有力量認眞實行和發展的。在十五、十六世紀的年代裡，他的一切建築工程計畫或不被採用，或因得不到足夠和普遍的支持，半途而廢，是可以理解的。但達文西一生並不因計畫受挫、或沒有實行，而失掉追求眞理和不斷理智策劃的勇氣。」

九月十六日，梁思成、林徽因在《新觀察》上發表了《祖國的建設傳統與當前的建設問題》。

梁思成和林徽因意識到，北京城作爲一個整體，無論如何也不可能完整地保存下來了。他們希望退而求其次，保住北京的城牆和城樓。

他們在《北京——都市計畫的無比傑作》一文中深情地寫道：

> 偉大的北京城牆，它的產生，它的變化，它的平面形成凸字形的沿革，充滿了歷史意義。它的樸實雄厚的壁壘，宏麗嶙峋的城門樓、箭樓、角樓，也正是北京體形環境中不可分離的藝術構成部分。

他們在文中特意以當時的「老大哥」蘇聯爲榜樣，以「爲人民服務」的口號來作爲自己論述的支撐：

蘇聯人民稱斯摩林斯克的城牆為蘇聯的項鏈，我們北京的城牆，加上那些美麗的城樓，更應稱為一串光彩耀目的中華人民的瓔珞了。……北京峋峙著許多壯觀的城樓角樓，站在上面俯瞰城郊，遠覽風景，可以供人娛心悅目，舒暢胸襟。但在過去封建時代裡，因人民不得登臨，事實上是等於放棄了它的一個可貴的作用。今後我們必須好好利用它為廣大人民服務。

他們假設了這樣美好的可能：

城牆上面，平均寬度約十公尺以上，可以砌花池，栽植丁香、薔薇一類的灌木，或鋪些草地，種植花草，再安放些公園椅。夏季黃昏，可供十萬人納涼遊息。秋高氣爽的時節，登高遠眺，俯視全城，西北蒼蒼的西山，東南無際的平原，居住於城市的人民可以這樣接近大自然，壯闊胸襟。還有城樓角樓等可以辟為陳列館、閱覽室、茶點鋪。這樣一帶環城的文娛圈，環城立體公園，是全世界獨一無二的……古老的城牆正在等候著負起新的任務，它很方便地在城的四周，等候著為人民服務，休息他們的疲勞筋骨，培養他們的優美情緒，以民族文物及自然景色來豐富他們的生活。

它將是世界上最特殊的公園之一——一個全長達三十九點七五公里的立體環城公園！

他們用抒情詩般的語言來描述古老城牆的遠景，宣傳城牆在現實生活中可以發揮的作用，還用科學家的理性細細地算了一筆賬，讓數字說話，來駁斥那些認爲拆下的舊城牆磚可以用於其他建設的看法，來證明拆毀城牆是多麼勞民傷財、得不償失的做法：

> 城磚固然可以完整地拆下很多，以整個北京城來計算，那數目也的確不小。但北京的城牆，除去內外各有約一公尺的磚皮外，內心全是灰土，就是石灰黃土的混凝土。這些三四百及至五六百年的灰土堅硬如同岩石；據約略估計，約有一千一百萬噸。假使能把它清除，用由二十八節十八噸的車皮組成的列車每日運送一次，要八十三年才能運完！廢物體積如十一二個景山，安放何處？

林徽因和梁思成深知，城牆也好，城樓也好，一旦被拆毀，就永遠也不能恢復了。他們懇請決策者從長計議，爲國家爲後代留下這珍貴的歷史遺存。

然而，他們卻被稱爲「城牆派」。主張毀牆的人中，也有建築師，也有懂科學、會寫文章的人。他們說，城牆是古代的防禦工事，是封建帝王為鎮壓農民起義而修建的，是封建帝王統治的遺跡，是套在社會主義首都脖子上的「鎖鏈」，理應拆除。

梁思成反駁道：「那麼，故宮不是帝王的宮殿嗎？天安門不是皇宮的大門嗎？這些建築遺物雖然曾為帝王服務，被統治者專用，但它們都是古代勞動人民創造的傑作，今天已屬於人民大眾，成為民族的紀念性文物了。」

毀城論者又說，城牆限制和妨礙城市發展。

梁思成說服道：「現代城市為防止過度密集和擁擠，採取用園林地帶分隔大城市為小城區的辦法。城牆正可負起新的任務，充當現代大城市的區間隔離物。而當國防上需要時，城牆上還可利用為良好的高射炮陣地，古代的防禦工事到現代還能再盡歷史義務。重要的是打破心理上的城牆，舊時代政治、經濟上的阻礙早已消除，我們不能再為心理上的一道城牆所限制，所迷惑。」

毀牆論者還說，城牆阻礙交通。

梁思成則說：「只要選擇適當地點，多開城門即可解決。同時在城市道路系統設計上，控制車流，引導其彙集在幾條主幹道上，正可利用適當的城門位置導向。」

無論梁思成、林徽因如何竭盡全力，毀城運動仍勢不可擋地進行著。⑬

在布局嚴謹、街道筆直、主要建築物都左右對稱的北京城，北海居於城市的心臟地帶，那裡水闊天曠，風景如畫。走過橫跨北海和中海的金鼇玉蝀橋，瓊華島上的白塔與碧水林間的團城相

⑬ 鄧琮琮、張建偉《第十二座雕像——梁思成和北京城》，《當代散文精選一九九八》。

呼應，縹緲幽靜，美麗奇幻如仙境。團城在當年是皇帝的觀景台。登上團城，中海、北海、南海三海景色盡收眼底。這一景觀已保持了數百年，可在北京城的改造重建中，一些人提出團城阻礙交通，力主拆除。爲了保護團城，梁思成又開始了新一輪苦口婆心的說服。

自古以來中國宮城建築就有修築高臺的傳統。如秦朝的鴻臺、兩漢時期的神明臺、通天臺、魏晉時期曹操的銅雀臺，這些古代著名的臺都湮滅在歷史的長河中。北海的團城是全國尚存無幾的臺之一，它在建築史上的地位不言自明。

梁思成說服了蘇聯專家，說服了許多人，但負責城建的領導人還是堅持團城必拆。一向謙和幽默、紳士風度十足的梁思成被激怒了，他站起來指著對方的鼻子說：「照你這麼說，乾脆推倒團城，填平三海，修一條筆直的馬路通過去好了，還討論什麼？」

他拂袖而去，心急如焚，拉著國家文物局局長鄭振鐸要求面見周恩來，因爲鄭振鐸和他的意見一致。

周總理聽後親往團城查勘，覺得團城拆除確實太可惜。要修的道路在這裡拐了個彎，團城被保護了下來。⑭

天安門南面東西兩側有三座城門，爲了擴建天安門廣場，決定拆除這三座城門。在拆除之前，先召開了群眾大會，由幾百名人力車、三輪車工人、汽車司機控訴三座門給他們帶來的災難。群眾大會列舉了在三座門前發生的一件件交通事故，梁思成要保護城門，一下子就被推到了

---

⑭　林洙《困惑的大匠——梁思成》二三〇頁。

勞動人民的對立面。作爲建築師的他怎能不知道，一切建築都應以人爲本，都是爲了讓人生活得更好。但作爲建築史學家的他更知道，這些古建築之所以珍貴，是因爲它們活生生地反映了一個地區、一個民族的生活風貌，其歷史文化價值遠遠超出了現實的功利考慮。這樣珍貴的歷史建築怎麼可以說拆就拆呢？

他堅持自己的意見。他向有關人士解釋說：天安門是紫禁城的正門，在正門的建築構想處理上，自然給予了最充分的重視與強調。三座門的設置使得天安門更加雄偉壯麗，有陪襯天安門的作用。天安門建築群和午門建築群，給人精神上的威嚴、神聖、崇高感，比紫禁城內三大殿還要強烈。這樣的建築藝術，無疑顯示了古代帝王至高無上的統治權威。三座門的拆除會使天安門顯得大而無當，破壞了紫禁城統一的封閉格局。一個完整的紫禁城，是一個統一的藝術整體，是不應當有所破壞的。

問題被提交到了北京市人民代表大會上。

在保護古代建築、維護古都風貌的所有問題上，林徽因都是梁思成的最有力的支持者。當北京市人大代表爲拆除三座城門開會表決時，她強支病體出席了會議。她向與會代表耐心地說服道：交通問題固然重要，但也不能爲了交通而捨棄別的一切。她甚至以中南海懷仁堂的人行道爲例說，每當懷仁堂開會時，進出的人很多，交通也會出現擁擠，但懷仁堂並沒有因此而設計一排座位一行通道，整個懷仁堂也只有兩行通道。交通問題可以想其他方法解決，而城門一旦拆除，就再也無法彌補。

林徽因雖然是人民代表，但她的呼聲卻沒有得到回應，會議通過了拆除三座城門的決議。

他們難過極了。

林徽因絕望地問道：爲什麼經歷了幾百年的戰亂和滄桑，在改革前夕還能從炮口下搶救出來的古城，反而在新中國的和平建設中要被毀棄呢？爲什麼我們在博物館的玻璃櫥裡精心保存幾塊殘磚碎瓦，同時卻把保存完好的世界上獨一無二的古建築拆得片瓦不留呢？

梁思成痛苦地說：「拆掉一座城樓，就像割掉我的一塊肉；扒掉一段城牆，就像剝掉我的一層皮！」

許多年過去後，梁思成還在爲被拆除的三座城門而惋惜。他深深地自責道：「三座門拆了我非常難受，實在是把一個寶貝給毀了，太難過了。但是我並非沒有錯誤，我的錯誤在於沒有想出一個辦法來解決交通問題。如果我當時能想出更好的辦法，就有可能把三座城門保存下來，我就是沒有辦法，因爲的確存在交通死人的問題，我不能不顧人民的死活。現在看來，城市既然可以重新規劃，爲什麼不可以把東西長安街向南推出一個小彎，繞過三座門。金水橋的水不是也繞了一個小彎嗎？我們的馬路就不能像金水橋似的繞一個彎？這樣三座門就成了路邊的點綴而不影響交通了。」

當然，這只是梁思成一廂情願的天真想法。在當時的形勢下，無論他和林徽因想通想不通，無論他能否提出解決交通問題的更好的方法，他們的奔走和努力都是徒勞的。

一九四九年，當毛澤東在中國人民政治協商會議上向全世界宣告「占人類總數四分之一的中國人民從此站起來了」時，贏得了山呼海嘯般的掌聲和歡呼聲。他揮動著手掌，抒發著一個革命家、政治家兼詩人的浪漫豪壯的激情：「我們有一個共同的感覺，這就是我們的工作，將寫在人類的歷史上。」

當領袖率領著億萬人民，要在「一張白紙」上畫「最新最美的圖畫」，寫「最新最美的文章」時，怎麼會在意那些前人留下的「罎罎罐罐」？

一九五三年，毛澤東在《反對黨內的資產階級思想》中曾談到了「拆城牆」的問題：

進城以來，分散主義有發展。為了解決這個矛盾，一切主要的和重要的問題，都要先由黨委討論決定，再由政府執行。比如，在天安門建立人民英雄紀念碑，拆除北京城牆這些大問題，都是經過中央決定，由政府執行的。

在一次會議上，一位北京市負責人說：「誰要是再反對拆城牆，是黨員的就開除他的黨籍！」當時共產黨對黨外知名人士還算客氣，但梁思成聽了心裡已很不是滋味。他把這話告訴了徽因，二人都感到一種無形的壓力，心裡十分沉重。

當時清華建築系的一些青年學生、年輕教師——其中有的是黨員教師——曾聯名給北京市委市政府寫信，表示支持梁思成、林徽因保護古建築的意見。北京市領導見信後大怒，一天晚上，系裡的黨員被全部叫到市委，市領導質問他們：是跟著共產黨走，還是跟著資產階級學者梁思成走？是否要做梁思成的「衛道士」？問題提到了這樣的政治高度，還能說什麼呢？即使說了，又有什麼作用呢？

在這樣的背景下，梁思成和林徽因爲保護古老的北京和北京的古建築所做的一切努力，更顯得具有宿命般的悲劇色彩。

當年，梁思成在痛感自己無力保護古老的北京城時，曾沉痛地說過：「五十年後，你們會後悔的！」

五十年過去了，如今北京城市發展的事實，已經回答了當年的爭論。

梁思成、林徽因當年的同事、今天的中國工程院院士、清華大學建築系教授吳良鏞先生用十六個字概括這些年的拆和建：「好的拆了，濫的更濫，古城損毀，新建凌亂。」

吳教授指出：「北京的城市輪廓線東起高碑店，西至石景山，南抵大紅門，北達清河鎮，方圓約六百平方公里，已經是老北京城面積的十倍。換而言之，我們已經建設了相當於十個北京城，而那個世界上獨一無二、具有高度歷史文化價值的北京明清古城，卻終於在我們眼前日新月異地消失了。……五十年代確立的以舊城改建、擴建爲中心的思路一直沿續至今。對二環路以內舊城的超強度開發，致使人流、物流、車流向內城過度集中，造成嚴重的住房壓力、交通堵塞、空氣污染等問題……」如今，站立在乾燥、擁擠的北京街頭，高聳入雲的玻璃幕牆建築遮擋割裂了天際線，春季的沙塵暴從大西北呼嘯而來，嚴重乾旱缺水的危機使人們開始討論遷都問題。⑮

人們想起了當年梁思成、林徽因的聲音。

早在二十世紀三〇年代，梁思成、林徽因風塵僕僕、風餐露宿地踏勘、考察古建築後，曾在

⑮ 楊東平《對城市建築的文化閱讀》，《天涯》二〇〇〇年第五期。

調查報告中提出了保護古建築的三點意見：

第一，「保護之法，首需引起社會注意，使知建築在文化上之價值……是為保護之治本之法。」

廣大人民群眾能夠認識古建築的價值是古建築保護的治本之法。

第二，「古建築保護法，尤須從速制定，頒布、施行……」

政府應當切實負起保護古建築的責任，古建築保護要立法。

第三，主持古建築的修葺及保護「尤須有專門知識、在美術、歷史、工程各方面皆精通博學，方可勝任」。

古建築保護工作要有訓練有素的專家參與和主持。

二十世紀六〇年代，在古老的水城威尼斯，通過了世界保護文物建築的權威性文件——《威尼斯憲章》。當初梁思成、林徽因提出的觀點——宣傳、教育群眾，立法，專家負責，作為《威尼斯憲章》的基本思想，已被國際文物保護界所普遍接受。

二十世紀末的中國，市場法則取代了意識型態的統領地位，房地產開發商的意志引導著新一輪的城市規劃和改造。在大拆大建、萬丈紅塵的滾滾聲浪中，回望歷史，梁思成、林徽因的聲音至今仍彷彿在警醒著人們。

三 不息的變幻

一葉凋零，秋之將至。季節如此，風尚亦然。

一九五一年底至一九五二年，中共中央決定在黨和國家機關中開展「三反」、「五反」運動。

清華大學建築系辦公室裡，幾個人正在議論社會上的運動。有人問：「聽說外面正在『三反』，都反誰？」有人答道：「一反官僚主義，二反貪污，三反浪費。」

「哦！」有人恍然大悟道：「全都和咱們沒關係。咱不是官，官僚自然談不上；掙工資養家，去哪裡貪污？節省還怕節省不下來呢，還敢浪費？」

很快，運動就進入了校園。中共中央決定，對舊社會過來的知識分子開展思想改造運動，主要解決他們爲人民服務的立場和態度問題。

運動的聲勢很大，周恩來親自做了知識分子思想改造的動員報告。報告主要講知識分子的立場問題。他講知識分子首先要有民族立場，但光有民族立場是不夠的，還要進入人民立場。但從革命的徹底性講，人民立場仍然不夠，還要進入工人階級立場。

周恩來兩個多小時的報告，對台下聽報告的那些經歷不同時代的知識分子有很大的觸動。一是他們親眼看到了共產黨的高層領導人是這樣的溫文爾雅、平易和藹。周恩來整整齊齊的裝束，乾乾淨淨的衣著和斯斯文文的談吐給他們留下了良好的印象。二是他們親耳聽到周恩來在報告中進行了自我批評。他檢討自己曾經犯過的錯誤，他說他自己的錯誤把他暴露在上海的大馬路上。一個國家的總理當著大庭廣眾公開承認自己的錯誤，這一舉動使知識分子們深爲感動的同時，也促使他們在運動中主動地進行自我檢討。

思想改造運動開始被各個文化、教育部門的工農領導幹部稱之爲「脫褲子、割尾巴」運動。「割尾巴」，即割去封建階級和資產階級思想立場的「尾巴」，這個說法知識分子們還可以接受，但他們無論如何也聽不慣、說不慣「脫褲子」這個詞語。因此，「脫褲子」改稱爲「洗澡」，相當於西方宗教用語「洗腦筋」。

大學裡的「洗澡」分爲三級。職位高的校長、院長「洗大盆」，職位低的「洗小盆」，職位不大不小的「洗中盆」。全體大會是「大盆」，人多就是水多，「澡盆」當然就大。所謂「洗大盆」就是在全體大會上做自我檢查，接受群眾的意見和批評。其他以此類推。

林徽因、梁思成和其他從舊社會過來的知識分子都洗了澡。林徽因做了一個自我檢查報告，梁思成的自我檢查後來發表在一九五二年十二月二日的《人民日報》上，標題爲《蘇聯專家幫助我們端正了建築設計的思想》。

這是林徽因和梁思成經歷的第一次群眾運動。因爲這個運動「人人過關」的性質，也因爲梁、林當時承擔了中共國徽和人民英雄紀念碑這樣光榮而神聖的設計任務，還因爲他們在建築學界具有的威望和影響，這次運動對他們並沒有什麼實質性的衝擊。但是運動對他們的思想仍有一定的觸動，這表現在他們以後的文章和言談書信中，增加了「思想改造」的意識，好像在隨時留神不要露出資產階級思想的「尾巴」。

儘管梁思成、林徽因在城市規劃建設方面與政府的決策者們意見相左，但令他們欣慰的是，政府在重大建築的設計、施工問題上，還是倚重他們的。例如，像人民英雄紀念碑這樣意義重大的建築，他們都是建築委員會委員，梁思成還是建築設計組組長。

人民英雄紀念碑從一九四九年九月三十日毛澤東破土奠基，到一九五六年七月建成，經歷了七年時間。林徽因生前沒有看到紀念碑的落成，但她生命的最後幾年一直與這項工作緊密相聯。

參與和主持這項工作的有共產黨和國家領導人，有建築學家、工程專家、雕塑家、美術家、歷史學家，因此，設計理念很長時間得不到統一。有人主張以巨型雕塑體現英雄形象，有人主張建成歐洲古典的「紀念柱」或埃及的「方尖碑」樣式，還有人主張建成一座「小天安門」：下面是大平臺，平臺上立碑，平臺側面開門，裡面有展廳、展室及廁所等設施。徽因和思成非常擔心天安門前建築群的和諧感會被這樣的一座建築所破壞。

儘管他們起初也不清楚人民英雄紀念碑究竟應該是什麼樣子，但他們清楚地知道不能建成什麼樣子。梁思成在給北京市市長彭真的信中表達了自己的意見：

「天安門是廣場上最主要的建築物，但是人民英雄紀念碑卻是一座新的、同等重要的建築，他們兩個都是中華人民共和國第一重要的象徵性建築物。因此兩者絕不宜用任何類似的形體，又像是重複，而又沒有相互襯托的作用。……總之，人民英雄紀念碑是不宜放在高臺上的，而高臺之下尤不宜開洞。至於碑身……我認為做成碑形不合適，而應該是老老實實的多塊砌成的一種紀念性建築物的形體。……英雄碑本身之重要和它所占地之重要都非同小可。我以對國家、對人民無限的忠心，對英雄們的無限崇敬，不能不汗流浹背、戰戰兢兢地要它千妥萬帖才敢喘氣放膽做去。」

梁思成和林徽因收集了古今中外許多紀念性建築的資料，反覆比較、討論，繪製了一張又一張草圖。最後形成了他們自己比較滿意的設計方案。

一九五二年夏天，鄭振鐸主持召開會議，決定碑身採用梁思成的設計方案，對碑頂暫作保留；因爲有人堅持要在碑頂上放置英雄群像雕塑，梁思成堅決不同意。

一九五四年十一月，北京市人民政府開會，彭眞市長拍板，碑頂採用梁思成的建議，建成我們現在看到的「建築頂」。同時決定放棄碑頂的雕塑，因爲碑高四十公尺，上面放置群雕，無論遠近都看不清楚；而且主題混淆，互相衝突。

當梁思成忙於紀念碑整體的設計時，林徽因則忙於紀念碑基座上的花圈、花環等雕飾圖案的設計。

她對世界各地區的花草圖案進行了反覆對照、研究，描繪出成百上千種花卉的圖案，有時是一朵花，有時是一片葉，還有靈感來時匆匆勾出的草圖，就像一個樂句，幾個音符。枕畔、床頭、書桌前、沙發旁，到處都是一疊疊圖紙。

她對自己的工作挑剔到嚴苛的地步，連素以認眞著稱的梁思成也有些不忍。他揀起林徽因廢棄在一邊的大堆圖紙看著，那些或細膩凝重、或精緻華美的圖案吸引著他。徽因筆下靈動的畫稿如同她筆下那些靈動的詩句一樣，讓思成愛不釋手。他知道徽因性急，哪天嫌這些畫稿礙事，她就會讓女傭燒掉了事。思成認定這些畫稿是有價值的，他找來一個紙箱，在徽因廢棄的畫稿堆中挑了一些裝進箱裡保存了起來。這些草圖後來毀於「文革」浩劫中。

在成百上千種圖案中，徽因和思成最後選定了以橄欖枝爲主體的花環圖案，還有牡丹、荷花、菊花組成的花卉圖案，用以象徵革命烈士高貴、純潔和堅韌的品格精神。這些圖案後來雕刻在人民英雄紀念碑的碑座上。那是一組華美而渾厚、輕盈而奔放的藝術音符，鐫刻在巨大的碑座四側，譜成了紀念人民英雄的雄渾樂章。

一個生命究竟蘊涵著多少可能？一個人究竟能創造什麼奇跡？如果有醫學專家研究林徽因的病歷，一定會驚歎不已。一九四五年，在重慶中央研究院招待所嘈雜的客房裡，美國著名的胸外科專家裡奧・埃婁塞爾就曾斷言，林徽因最多還能活五年。

如今，已經是一九五二年的夏天，林徽因正忙著爲即將在北京召開的亞太地區和平會議的各國代表們準備禮物。

她的雙肺已被結核病菌深度吞噬，她的腎臟已被切除了一側，她每天吃得很少，夜裡全靠安眠藥才能睡四五個小時。每當她倒在床上，都有可能永遠不能起來；可每當她起來後，就又重新煥發出生機勃勃的創造活力。

亞太地區和平會議籌備組決定，要給每位代表送上一份既有鮮明中國特色，又精緻典雅的禮物。根據不同民族、不同性別代表的習慣愛好，決定製作四類禮品：第一類是絲織品，眞絲彩印頭巾和刺繡「平金」的女子坎肩；第二類是手工藝品，如景泰藍、鑲嵌漆器、「花絲」銀飾物及象牙雕刻、挑花手絹等；第三類是精印的畫冊，包括年畫集、民間剪紙窗花、敦煌壁畫的畫冊；第四類是文學名著，主要是中國作家中獲得「史達林文學獎」的作品。籌備組將第一、二類禮物的設計和準備工作交給林徽因負責。

林徽因從小就喜愛美麗的手工藝品，她很快就對這項工作著迷了。她跑了一家又一家生產手工藝品的工廠，彷彿忘記了自己的病痛。她發現這類所謂的工廠，其實只是些小手工作坊。製作景泰藍那幾家作坊的破敗零落，更令她格外地吃驚。她瞭解到，連年戰亂，這些東西無人顧及；戰後，這些被視爲生產奢侈品的作坊也得不到扶持，只是顧慮到作坊工人的失業問題才勉強讓它們存活下來。景泰藍的製作工藝複雜，生產成本高，這些作坊處於倒閉的邊緣。

林徽因和思成商議，在清華建築系成立了一個美術組，她想藉這次製作和平禮物的機會，搶救這一瀕於滅絕的中國獨有手工藝品。

美術小組的成員除了營造學社多年的夥伴莫宗江外，還有兩個年輕的女學生：常莎娜和錢美華。林徽因和他們一起，到作坊裡去瞭解景泰藍的生產工藝，觀看工人的操作過程。她對每個工序都有興趣，經常要動手試一試。掐絲、點藍、燒藍……神話般的，毫不起眼的坯胎變成了絢麗的藝術品。

她端詳著那些製成品，不滿足的情緒湧上心頭。景泰藍長時期僅有那幾種圖案，不外乎牡丹、荷花、如意……這些帶有濃郁宮廷色彩的富貴吉祥的圖案雖說也挺好看，可幾百年來缺少變化也未免過於單調。她和美術小組的人一起設計繪製了一批新的圖案，其中祥雲火珠的圖案簡潔、明快，敦煌飛天的形象浪漫動人。他們把這些新圖案拿到作坊中去，徽因就守在作坊裡看著工人師傅們操作。當樣品成功地燒製出來後，她高興得像個得到禮物的孩子。

外面世界的變化日新月異，目不暇給，林徽因沉浸在景泰藍的一花、一葉、一枝這種難度極高而又極富挑戰性的工藝品創作中。如同撼天動地的震響中，靜靜地奏起一支輕靈美妙的樂曲，給緊張的心靈以慰藉，給紛紛擾擾的生活以神韻……

學生們注意到，瘦弱的林徽因對藝術有種宗教般的熱情。如果這時候看見她那雙專注而有神采的眼睛，誰都不會相信這是個身患重病、非常清楚自己將不久於人世的人。

亞太地區和平會議在北京順利召開，和平禮物送到了亞太各國代表的手中。蘇聯著名芭蕾舞演員烏蘭諾娃得到了飛天圖案的景泰藍，這位「天鵝公主」喜歡極了：「這是代表中國的禮物，眞是太美了！」

林徽因的兩位女學生，後來都在中國的工藝美術領域卓有成就。常沙娜後來是北京工藝美術學院院長，錢美華後來成爲景泰藍設計專家、北京琺瑯廠總設計師。

星期天，梁家來了位年輕的老熟人——羅哲文。

當年在四川李莊，羅哲文是營造學社最後招收的學員。那時他才十七八歲，一副稚氣未褪的模樣。他師從梁思成，從繪圖板、丁字尺、鴨嘴筆的使用，到削鉛筆、用橡皮這樣的小事，梁思成都一點一點地耐心講授和示範。後來，他掌握了一手紮實的繪圖技術。他的名字也是梁思成重新給他起的，他原名叫羅自福，與當時的美國總統羅斯福諧音，人們都戲稱他「羅總統」。梁思成徵得他的同意，給他改名爲羅哲文。

如今，羅哲文已經是國家文物局的工作人員，他的到來讓思成、徽因分外高興。

羅哲文來清華，有事情向老師請教。

中共政務院副總理兼文教委員會主任郭沫若向中央人民政府提出了維修長城、向國內外開放的建議，國家文物局局長鄭振鐸把維修長城勘察規劃的任務交給了羅哲文。

羅哲文首選的勘察點是居庸關八達嶺長城。當時的八達嶺，山勢陡峭，道路不通。羅哲文就像當年營造學社的前輩師長一樣，吃自帶的乾糧，住山中的小屋，上下攀爬，幾經往返，繪出了八達嶺長城維修的草圖。

草圖繪就後，羅哲文覺得事關重大，他帶著圖紙來看望思成和徽因，想請老師予以指導。

梁思成細細地看過了圖紙，詢問著每一處景觀遺存的具體情形。他在圖紙上做了審定簽名，並一一道出了自己的意見。

他強調維修過後的長城要有古意，要「整舊如舊」，不要全部換成新磚新石，更不要用水泥。個別殘斷的地方，只要沒有危險，不危及遊人的安全就不必全修，「故壘斜陽」更有味道。

另外，他建議長城旁供遊客休息的桌凳也要講究藝術性。不要在古長城下搞「排排坐，吃果果」的佈局；要有野趣，講究自然。

談到長城邊種樹的問題時，梁思成提議，千萬不要種植高大的喬木，以免影響觀看長城；還有，高大的樹木根系發達，不利於長城的保護。⑯

在以後的歲月裡，羅哲文成了全國有名的文物建築保護專家，梁思成關於維修長城的意見，一直指導著他的工作。梁思成的點化教誨，潛移默化地影響著他的人生。

一九五三年二月，梁思成作爲中國科學院代表團成員訪問蘇聯。行前，金岳霖、張奚若來到梁家給思成送行。

天氣很冷，金岳霖頭上戴著羅宋帽，穿著長長的棉袍，棉褲的褲腳處用帶子紮著。徽因和思成迎了出去，一見面就開玩笑地問：「總也見不著面，金主任一向可好？」

老金有好長時間沒來了。前一年全國高校院系調整，清華大學哲學系合併到北京大學，他被任命爲北大哲學系主任。金岳霖爲人天真浪漫、率性而動，他認爲自己不善於處理行政事務，不是做系主任的材料，可是推脫不掉，只得就任。朋友們見了面，少不得拿這事兒和他打趣。

談話中，金岳霖忍不住向老朋友訴說起當系主任的滋味來。他說前些日子因爲一件什麼小事，系裡一個人當著大家的面和他大吵大鬧。「這樣的事，在過去不是開除他，就是我辭職。」他苦笑了一下，說：「可是現在是新社會，這樣的事在新社會怎麼辦呢？我不知道。結果他不走，我也不辭。事也辦不了，更談不上辦好辦壞。」說到這裡，他又強調說：「有人說，知識分子不能辦事，我自己就是不能辦事。早先在清華，我比馮友蘭先生去得早，可是，馮先生能把行政事務管好，我就不行。在學校這麼多年，我沒有做過官，唯一的例外是做過一次評議員。」

---

⑯ 劉東平《文物建築保護專家羅哲文談恩師梁思成》，《人物》二〇〇一年第一期。

想到老金的難堪，朋友們不禁又是同情，又是好笑。徽因提到她在《新建設》雜誌上看到了老金寫的學習毛澤東《實踐論》的文章，題目記不起來了。老金笑道：「不提這事也罷。這篇文章的題目是《瞭解〈實踐論〉的條件——自我批評之一》，文中有一句是『學習新思想的涓涓之水可成江河』，可《新建設》把『涓涓之水』印成了『渭渭之水』。什麼是『渭渭之水』呢？讓人心裡彆扭。」

張奚若笑道：「說到《實踐論》，我是從《人民日報》上讀到的。還真得承認，毛主席談的有道理。我就是經過實踐才認識老金的。年輕時，我曾經認爲老金是個很有辦法的人。記得在美國讀書的時候，我請裁縫給我做了一身西裝，做好一穿，有些不合身，那美國裁縫說什麼也不給改。那天是老金和我一起去的，他半天沒說話，最後說了一句：『不要和他們說了，找我們的律師去。』就這麼一句話，裁縫鋪裡馬上就有人走了過來，說：『哪裡不合身，讓我看看。』當時我就認定老金是個有辦法的人。不過，這個看法經過實踐又有了改變。」

這時，思成問起老金「洗澡」過關是否順利。老金說：「『洗澡』時，我自我檢查認爲自己的民族立場毫無問題，我還舉例說，在日本人占領北京之前，我有一次碰到錢稻孫，他那時是清華的圖書館館長，我們談起了當時的局勢，我認爲非抗日不可；他說萬萬抗不得，抗起來不是亡國，就是滅種。我聽了很想打他。我說了之後，馬上就有人質問我：『你有什麼民族立場，蔣介石讓美國船在長江自由航行，你一句反對話都沒有說過。』提到這件事，我不得不承認，在這一點上，我確實喪失了民族立場。我說，群眾的眼睛是雪亮的，希望能向我多提批評意見，幫助我改造思想，轉變立場。」

提到群眾運動的場面，大家不由得一陣沉默。還是老金轉換了話題，談起前幾天他見到了沈從文。林徽因關切地向他詢問沈從文現在的情況。老金說：「從文的家搬到了北新橋大頭條，這個地方看來也住不長。一進他的家，滿屋的書本畫冊，地上、床上到處都是，一些好像是做索引用的紙條黏在牆上。沈從文現在的工作是在歷史博物館爲展品寫標籤說明。家裡的保姆叫石媽，姓石倒是眞合適，她天天讓從文吃冷饅頭夾豬頭肉，還對所有的人說從文就愛吃這個。兆和還是那麼忙，這個家虧得有了她，才始終讓家庭生活平穩運轉。」

老金又講，沈從文還是那樣經常做些出人意外的事。例如組織讓他參加改造思想的學習，一天他不知爲什麼事高興了，就帶一套精緻的茶具去請人喝茶，結果受到了嚴厲批評……

聽著金岳霖的講述，林徽因輕聲說道：「還是從文自己說得好，『美，總不免有時叫人傷心』。」

在座的人沉默了很長時間……

梁思成到莫斯科去了。

一九五三年三月十二日，紀念碑設計小組的工作會議在梁家的客廳裡召開。林徽因的身體狀況再也不允許她承擔很多具體工作了，她更多地是協調設計小組成員之間的分工合作關係，有時和他們在一起討論一些技術性的問題，如雲紋裝飾的草圖、碑頂部的結構等，還有的時候研究如何向上級反映一些意見和建議。這些技術性問題不能確定下來，廣場上紀念碑的施工就不能正常進行。

思成從莫斯科給徽因來信，說他放心不下的就兩件事，一是徽因的身體，二是紀念碑工程的進展情況。信中殷殷囑咐徽因要好好養病，不要一幹活兒就忘了自己是個病人。徽因回信告訴思成，她現在就是把養病作爲必須完成的任務來要求自己。她對思成說，她的胃口可以得九十分，睡眠可以得八十分；雖然氣管不大好，有些影響呼吸和心跳，但是她勸思成一切勿念。她還詳盡地向思成敘述了紀念碑設計小組的工作進展情況，告訴思成，女兒和兒子都曾回家，母親也好。信的最後，她特意加了一句：「昨李崇津由廣西回來，還不知道你到莫斯科呢。」

李崇津是當時清華大學建築系的美術教授、油畫家。林徽因寫上這句話，含有很多潛臺詞。到莫斯科去，尤其是以中國科學家代表的身分去訪問莫斯科，在當時是一件十分榮耀、十分令人羨慕的事情，是被黨和政府器重和信任的一種標誌。儘管在北京的舊城改造和城牆的廢存問題上，梁思成和決策者們意見不一致，爲此思成受過批評和委屈，外界也有各種各樣的傳言。可是，作爲中國政府的科學家代表，思成到莫斯科去參觀訪問了，這就說明了一切。徽因好像是無意加上的這句話，卻十分傳神地表達了她由此而感到的欣慰和滿足。

信寫好第二天就寄出去了。徽因在心裡算著，信要九天後才能到莫斯科，那已是三月下旬了。

思成不在身邊，徽因覺得日子過得特別慢。上封信才寄出三天，她就忍不住又想寫信了。給思成寫信就像和思成說話，信一開頭就收不住。平日裡，他們各忙各的事，思成有時到城裡開會很晚才回來，可無論多忙，他們總是每天要在一起說說話，這是多年來他們的生活習慣。他們結婚已經二十五年了，可好像還和當初一樣，總有說不完的話。說些什麼並不重要，重要的是他們向對方訴說時那種心靈毫無保留的開放和精神的徹底放鬆，是那種彼此之間的信賴和珍惜。

徽因在信中對思成娓娓地甚至有些絮絮地談著，像所有夫妻一樣，她對思成談家常，談兒女，談身體，談讀書……但在這聊天似的家信中卻有一種東西讓人感動，那是一種相知多年的和諧默契，那是內心向上、向善、向美願望的喁喁細語，那是情意深深的依戀和牽掛。當然信裡也留下了那個時代的痕跡：學習蘇聯的榜樣，否定自我，思想改造。但即使是這些話語，仍然流動著讓人感動的真誠。

思成：

今天是十六日，此刻黃昏六時電燈沒有來，房很黑又不能看書做事，勉強寫這封信已快看不見了。十二日發一信後仍然忙於碑的事。今天小吳、老莫⑰都到城中開會去，我只能等聽他們的傳達報告了。討論內容為何，幾方面情緒如何，決議了什麼具體辦法，現在也無法知道。昨天是星期天，老金不到十點鐘就來了，剛進門再冰也回來，接著小弟來了，此外無他人。談得正好，卻又從無線電中傳來捷克總統逝世的消息。這種消息來在那樣沉痛的史達林同志的殯儀之後，令人發愣發呆，不能相信不幸的事可以這樣的連著發生。大家心境又黯然了。……

⑰ 指吳良鏞和莫宗江。

中飯後老金、小弟都走了。再冰留到下午六時，她又不在三月結婚了，想改到國慶，理由是於中幹⑱說他希望在廣州舉行（婚禮），那邊他們倆人的熟人多，條件好，再冰可以玩一趟。這次他來時間不夠也沒有充分心理準備，六月又太熱。我是什麼都贊成。反正孩子高興就好。

我的身體方面，吃得那麼多，睡得也不錯，而不見胖。還是愛氣促和鬧清痰打「呼嚕出泡聲」，血脈不好好迴圈，冷熱不正常等等，所以療養還要徹底。病狀比從前深點，新陳代謝太壞，恢復的現象極不顯著，也實在慢。今天我本應打電話問校醫室血沉率和痰化驗結果的，今晚便可以報告，但因害怕結果不完滿因而不愛去問！

學習方面可以報告的除了報上主要政治文章和理論文章外，我連著看了四本書，都是小說式傳記，都是英雄的真人真事。（一）《建設伏爾加——頓河運河的人們》，短篇的，幾篇都好；（二）是《普通一兵》，記馬特洛索夫的事蹟；（三）是《斯特漢諾工人的筆記》；（四）是《安格林娜自傳》（第一個女拖拉機手）。這些人和事都深深地教育了我，提高了我對共產主義制度的瞭

⑱ 梁思成、林徽因的女兒梁再冰的丈夫。

解和感性認識，不只是一種理論在我腦子裡，而是形象化了的事實。這些精神養料太豐富了，現在只是它們如何結合到我生活中來的問題了。這樣地薰陶下去，新意識和新意志必會在我的血液裡產生出來的。我也會蛻變成為新時代裡可靠的人，穩穩當當、踏踏實實地不斷做好工作。也許就因為我懂得如何去做好每一件平凡的工作，我會成為有價值的人。一反過去那樣想做有價值的事，反而是無價值、無成績的人。

還要和你談什麼呢？又已經到了晚飯時候，該吃飯了，只好停下來（下午一人甚悶時關肇業來坐一會兒很好，太悶著看書覺得暈昏）（十六日晚寫）

十七日續　我最不放心的是你的健康問題，我想你的工作一定很重，你又容易疲倦，一邊又吃Rimifom[19]，不知是否更易累和睏，我的心裡總惦著，我希望你停Rimifom吧，已經滿兩個半月了。蘇聯冷，千萬注意呼吸器官的病。

昨晚老莫回來報告，大約把大台[20]改低是人人同意，至於具體草圖什麼時候可以畫出並決定是真真傷腦筋的事，尤其是碑頂仍然意見分歧。

徽因匆匆寫完　三月十七午

⑲ 一種防治結核病的藥。
⑳ 指人民英雄紀念碑的基座。

又是一個星期天，從誡從學校回到家中。父親去莫斯科兩個月了，他格外惦記病弱的母親。

徽因正在桌邊寫著什麼，見了兒子，高興地招呼了一聲，就又俯向了稿紙。外婆早已迎了出來，外孫和外孫女回家的時候是她最高興的時候。每到星期天，她總是忙前忙後地招呼劉媽做些孩子們愛吃的菜，而平時她是輕易不去廚房的。

從誡湊到母親身邊，隨手拿起桌上的稿子翻看。看著看著他突然叫了起來：「媽，你怎麼把我的畫兒給毀啦！」徽因直起身來，看到從誡畫的一張水彩畫，那是京郊農村的景物寫生，可是畫的背面，被她又寫又畫又塗抹，密密麻麻的一片。「哎呀，糟了！」徽因也叫了起來。原來前些天人民美術出版社送來了一份書稿，那是北京文物整理委員會編的《中國建築彩畫圖案》，他們請徽因審稿後作序。

徽因早年學過舞臺設計，後來研究古建築，對那些建築裝飾藝術格外留心和喜愛。莊嚴的殿堂中，那些楹柱上、瓦簷下和闌額枋檁間靛青翠綠的色彩、貼金的線紋、絢麗的花朵與整座建築的石欄柱礎、碧瓦丹楹、朱門金釘互相映襯，具有既輝煌典麗，又活潑明朗的韻致。那是中國古代建築中獨有的美。

可是，這本《中國建築彩畫圖案》卻讓徽因很不滿意。她一眼看出，這些彩畫圖案在繪製時走了樣，與原作有 很大的差別，可謂「差之毫釐，謬之千里。」

她找出了一張由東京帝國大學建築專家測繪的故宮太和門中梁上的彩畫與手中的畫稿相對照，差別實在太明顯了。畫稿的色彩讓她不滿意，梁上色彩的組合中，青綠的變調和色彩的改動，把對比給攪亂了。而原稿上青綠和朱色的對比則是清清楚楚，一點也不亂。畫稿上的花紋更讓她不滿意，原來的紋樣細密如錦，給人的感覺是非常安靜，不像畫稿上的那樣渾圓粗大，金色和白色攪得熱鬧嘈雜。原來細緻如少數民族的「和墨椀花結帶」邊飾織紋，在這本圖案中描畫放大得走了樣，變得「五彩繽紛，賓主不分；八仙過海，各顯其能；聒噪喧騰，一片熱鬧而不知所云。」從藝術效果上說，這本彩畫圖案確實是很失敗的。

當時，徽因一邊看著送審的書稿，一邊抓起了一張紙，連寫帶畫，把自己對這部書的意見飛快地記了下來。沒想到，卻寫在了兒子的畫稿上。

「對不起，我沒注意到是你的畫，」徽因抱歉地對兒子說。

從誡笑了：「你寫的比我畫的好看多了。」

很長一段時間以來，從誡回家總看見母親在這樣忙著。前兩年是爲國徽的設計，這兩年是爲了紀念碑。從誡愛母親，心疼母親。他曾這樣評價母親：

在現代中國的文化界裡，母親也許可以算得上一位多少帶有一些「文藝復興色彩」的人，即把多方面的知識與才能——文藝的和科學的、人文學科和工程技術的、東方的和西方的、古代的和現代的——彙集於一身，並且不限於通常人們所說的「修養」，而是在許多領域都能達到一般專業者難以企及的高度。同時，所有這些在她那裡都已自然地融會貫通，被她嫻熟自如地運用於解決各式各樣的問題，得心應手而絕無矯揉的痕跡。不少瞭解她的同行們，不論是建築界、美術界還是文學界的，包括一些外國朋友，在這一點上對她都是欽佩不已的……[21]

五月的陽光澄澈而明亮，清華園的槐花發出陣陣清香。思成從蘇聯回來了。他依然瘦削，但氣色、精神很好。

思成帶回了許多蘇聯的風景明信片，講起去過的那些地方，他深有感受。這次去蘇聯，他印象最深的是這個國家的藝術和建築。無論是如今的蘇維埃還是過去的俄羅斯，不變的是它的博大深厚與凝重壯麗。和西方的藝術相比，這種藝術有著嚴肅的表情，有著悲天憫人的使命感，呈現出足夠的底氣，蘊涵著對自己民族歷史的無限深情。思成告訴徽因，正是這種東西深深地打動了自己。

在蘇聯，思成接觸了四十多位蘇聯建築界、美術界、理論界、哲學界的學術權威，與蘇聯建築科學院院長莫爾德維諾夫討論了各種有關建築設計思想的問題。思成問他，什麼是建築的「社會主義的內容」？這位有著漂亮鬍子和栗色頭髮的院長說：「社會主義的內容，就是關心勞動人民的幸福，關心他們物質和精神上不斷提高的需要，在設計中去滿足它。」思成原來把「社會主

---

[21] 梁從誠《倏忽人間四月天》，《林徽因文集．文學卷》四四七頁。

義的內容」想得很高深，聽莫爾德維諾夫這麼一講，他有一種如獲知己、如釋重負的感覺，原來如此！

眞正讓思成信服的是莫斯科和列寧格勒的城市建築。那些帝俄時代的巍峨宮殿和蘇聯的新興建築都具有沉鬱雄渾的風格，這是古典俄羅斯的風格。這種風格與這個國家遼闊的國土、無邊的森林、嚴寒的氣候、堅強而樂觀的民族氣質是那麼協調、那麼完美地起到了相互襯托的作用。

思成告訴徽因，他覺得莫斯科的克里姆林宮很像北京的紫禁城，裡面樓殿、教堂參差有序，周圍林木蔥郁，花草茂盛。「克里姆林」是內城的意思，蜿蜒的雉堞朱牆伸展到莫斯科河畔，二十多座形狀各異的塔樓分布在宮牆的周圍。伊凡雷帝大鐘樓是宮內最高的建築，在藍色天空下發散出威嚴神秘的氣息。紅場四周的建築群起伏有致地配合著這一基調，呈現出勻稱、和諧的古典主義精神。

列寧格勒即原來的帝都聖彼得堡，這座城市處處顯示出獨特的歷史文化個性。它的主要建築依涅瓦河而建，寬闊的林陰路旁，精美的雕塑和燈光噴泉具有鮮明的巴洛克風格。那裡有占地九萬平方公尺的冬宮，氣勢恢弘的海軍大廈優雅而凝重，反映出彼得大帝時期的俄羅斯日益強盛、走向世界的氣魄。

思成還和蘇聯同行們交換了對於建築的「國際主義」風潮的看法。在這方面思成和他們的看法完全一致。莫爾德維諾夫院長說：「建築上的國際主義就是要蓋同一式樣的玻璃方匣子，蓋在美國，蓋在英國，蓋在蘇聯，蓋在中國。對於這樣的主義，蘇聯是根本反對的。」

思成想起一九四〇年代他在美國講學時，哈佛大學建築系的著名教授格羅烏彼斯曾預言建築上的「國際主義」將遍及全世界，並說這個預言在許多國家已被證實。作爲一個建築師，思成當時就想：希望中國能避免這個預言的實現。

他對徽因說，與美國許多城市千篇一律、簡單粗俗的建築相比，他更喜歡蘇聯高貴、優雅的古典建築和新時代建築完美和諧地相互依存；蘇聯之行堅定了他的決心：堅持「民族的形式，社會主義的內容」，就是要很好地利用自己民族在不同時代遺留下來的建築遺產，創造設計出體現中國的「民族形式」的新建築，來爲中國人民服務，爲新時代服務。

一九五三年九月，全國文學藝術工作者第二次代表大會在北京召開。徽因被邀請參加了大會。

在會議的開幕式上，蕭乾遠遠地看到了徽因，他走過來輕聲問候：「林小姐，您來了！」徽因的臉紅了：「還小姐呢，都成老太婆了！」

大會期間，全國美術家協會負責人江豐做了工作報告。林徽因帶領清華美術小組爲搶救傳統的景泰藍藝術所進行的努力被寫進了工作報告。

一九五三年，一場遍及全國的運動正在深入展開。

《文藝報》在二三期上連續發表了林默涵、何其芳的文章：《胡風的反馬克思主義的文藝思想》、《現實主義的路，還是反現實主義的路？》。運動由一開始的文藝思想批判變成了政治運動，到後來挖出了「胡風反革命集團」，導致了接踵而至的全國範圍的肅反運動。雖說運動對自然科學界衝擊較小，但所有的知識分子都見識了群眾運動、政治運動的浩大聲勢，都不同程度地受到了震動。

一九五四年，中國建築學會成立，梁思成被推選爲學會副主任，林徽因被推選爲理事。理事會商議，作爲一個全國性的學術團體，建築學會應該有一份進行學術交流的會刊，於是就有了《建築學報》的創刊。梁思成任學報的編委會主任兼主編，林徽因是編委之一。

爲了籌辦《建築學報》，徽因、思成忙碌的生活中又增添了許多事務性工作。但他們的心情是興奮的，這令他們想起創辦《中國營造學社匯刊》的那些日子。

十二月，《建築學報》創刊號問世。創刊號的重頭文章，是梁思成、林徽因、莫宗江合著的長篇論文《中國建築發展的歷史階段》。

對中國古代建築及建築史，思成、徽因進行了長時間的考察和研究，在一九四四年完成了專著《中國建築史》。由於抗戰期間顛沛流離，抗戰後內戰又起，政府用於學術研究的財力物力少得可憐；加上這部專業著作中圖片、繪畫很多，對印製有較高的要求，所以出版的事只能暫時擱置起來。

戰後，建築專業教材奇缺，高教出版社會準備出版這部專著。但梁思成認爲，這部書寫於一九四九年前，如果用於教學，有必要用歷史唯物主義的觀點，重新對全書進行審讀修改。因此，他不同意立即出版。爲了應急，他表示可以油印五十冊，以供各高校相關課程的教師作爲教學參考。㉒

他不同意立即出版的更重要原因是，這部著作凝聚了他和徽因的半生心血，那裡面有他們踏

㉒ 梁思成《中國建築史》後記。

遍山山水水考察古建築的艱辛行程，有他們在離亂中含辛茹苦數載著述的嘔心瀝血，還有那一次次重要發現的快樂與歡欣。他們珍視這部著作，所以希望它盡可能完美，希望它問世後不留或少留遺憾，所以他們不願意將它匆忙付梓。

發表在《建築學報》創刊號上的《中國建築發展的歷史階段》，是思成、徽因在經過一系列的政治教育後，力圖用歷史唯物主義的觀點認識中國建築發展歷史的一次嘗試。他們希望在這種嘗試取得成功的基礎上，來重新修改《中國建築史》。

在這篇文章中，他們寫道：

建築是隨著整個社會的發展而發展的……它隨著各個時代政治、經濟的發展也就是隨著不同時代的生產力和生產關係產生了不同的特點，但是同時還反映出這特點所產生的當時的社會思想意識，占統治地位的世界觀。生產力的發展直接影響到建築的工程技術，但建築藝術卻是直接受到當時思想意識的影響，只是間接地受到生產力和生產關係的影響。

林徽因、梁思成的出身、經歷，決定了他們的思想方式和生活方式。從一九二〇年代中期留學歸國以後，他們基本上保持著無黨無派的自由主義知識分子的立場。不介入政治，甚至也不眞正關心政治，這種狀態使他們獲得了相對獨立的精神空間和學術研究的空間。即使在抗戰期間生活極端困厄的情況下，他們的精神和心靈仍與外部世界的種種紛擾保持著一定的距離，使他們得以全身心地沉浸在自己所熱愛的建築藝術研究中，在這一領域取得了很高的成就。

戰後，社會生活發生了巨大的變化。新政權對他們的器重令他們感動，使他們心甘情願把全部智慧和精力奉獻出來。即使對一些問題他們有不同看法，他們的牢騷和意見也是單純的。他們希望自己不斷進步，「蛻變成爲新時代裡可靠的人」；他們眞誠地相信，只要改變自己的思想，就能有助於改造好這個國家。

在這篇《中國建築發展的歷史階段》中，他們使用了許多原本不屬於他們的話語和名詞：「政治、經濟」、「生產力和生產關係」、「思想、意識」等等。他們一定認眞研讀過一些政治理論讀物，一定爲在論文中貫穿這些新認識做了不少努力。不管他們對這些名詞和概念的運用是否恰當和嫻熟，但我們可以看出他們嚴肅而眞誠的努力，並且不能不爲他們的嚴肅和眞誠所感動。

即使如此，他們仍然有些擔心和顧慮。在這篇論文的「作者校對後記」中，他們寫道：

> 我們不斷地發現我們對偉大祖國的藝術遺產的研究還有待提高；由於受到理論水準的限制，距全面的、正確的認識總還有一段距離。例如對我們所掌握的各歷史時期的資料，還不能做出很好的分析，從科學的觀點指出各時代勞動人民在創造上的成就……此稿付印以後……覺得這稿子應加以提高的地方很多。但

是已在排印中，不可能做大量的修改，只好在下一篇《中國建築各時代舉例》一文的分析中來彌補或矯正本文中沒有足夠認識和不明確的地方。

他們在這期創刊號上預告了下一期的內容，那是梁思成的一篇力作——《中國建築的優秀實例》。

可是，他們卻不能預測和預告自己的命運……

三　最後的日子

一九五四年秋冬之際，林徽因病倒了。這一年的秋天來得特別早。幾場秋雨下過，清華園中就有了幾分蕭瑟的秋意。樹黃了，草枯了，夜半風起時，風捲著塵沙，呼嘯著撲向家家戶戶緊閉的門窗，撲向夜不能寐的人們。

天氣一天冷似一天，徽因的身體也一日差似一日。她這次是真正躺倒了。有關紀念碑的花環裝飾圖案的圖紙堆放在她床邊的小櫃上，她已沒有一絲力氣再去構思和描畫。《中國建築彩畫圖案》序文的校樣出版社已送來好幾天了，她卻虛弱得看不了幾行眼前就一片昏花，冷汗從後背和前額沁出。她整夜艱難地咳喘著，幾乎不能有片刻的安睡。她的眼窩深深地陷了下去，臉上沒有一絲血色。

思成也病了，但他還是盡全力照顧徽因。從清華進一次城很不容易，每次到北京城內的醫院去做檢查和治療對他們都是一種考驗。爲了徽因治療方便，思成計畫著在城裡租房子住。可還沒待他安排妥當，他就病倒了。

思成得病初期是感冒症狀，胸悶、咳嗽、發燒，繼而高燒不退。檢查結果出來後，證明了醫生最初的推測，肺結核復發，必須住院治療。

徽因、思成都住進了同仁醫院。他們的病房緊挨著，雖然從這間病房到那間病房只要兩分鐘時間，可倆人卻病得躺在床上不能走動。

又一場運動爆發了，這是一場遍及全國各學術領域「反對胡適派資產階級唯心論」的運動。

運動的起因是兩個年輕人——李希凡和藍翎所寫的關於《紅樓夢》研究的兩篇文章：《關於〈紅樓夢簡論〉及其他》、《評〈紅樓夢研究〉》。這兩篇文章分別發表在山東大學校刊《文史哲》和《光明日報》的「文學遺產」專欄上。

毛澤東寫信給中央政治局，認爲兩個年輕人的文章是「三十多年以來向所謂《紅樓夢》研究權威作家的錯誤觀點的第一次認眞的開火」，並由此提出在全國開展「反對胡適派資產階級唯心論的鬥爭」。

對於胡適的批判並不僅僅限於文學研究領域，中國科學院和中國作家協會聯合組織了九個批判小組，分別從政治、哲學、歷史、文學、教育、自然科學等方面對胡適思想開展了總清算。

這一時期，每天打開報紙，都可以看到國內著名的專家、學者、作家、教授所寫的關於胡適思想批判的文章。他們中的不少人曾是胡適的親密朋友和得意門生，就連胡適留在內地的小兒子胡思杜也公開發表了與父親決裂的文章。

這些批判文章，有的就事論事，有的上綱上線，有的言辭激烈，有的言不由衷，但涉及有影響的知識分子人數之眾多，來勢之兇猛，則是第一次。

胡思杜在北京圖書館工作，他的文章是《對我父親——胡適的批判》：「……他對反動派的赤膽忠心，終於挽救不了人民公敵的頹運，全國勝利來臨時，他離開了北京，離開了中國，做了『白華』，他還盛讚『白俄居留棄土精神之可佩』。今天，我受了革命的教育，我再不怕那座歷史上的『大山』，敢於認識它，也敢於推倒它，也敢於以歷史唯物主義的天平來衡量他對人民的作用。從階級分析上，我明確了他是反動階級的忠臣，人民的敵人。在政治上他是沒有什麼進步性的。一九三〇年做北大文學院長以後，更積極地參加鞏固加強匪幫的工作，成爲反動政權的忠實走狗。這次出走，並在美國進行第三黨活動，替美國國務院掌管維持中國留學生的款項（企圖培養大批民主個人主義者、忠實於美帝的信徒）。這一系列的反人民的罪惡和他的有限的（動機在於在中國開闢資本主義道路的）反封建的進步作用相比，後者是太卑微不足道的。」㉓

據說胡適在美國看到了這篇文章，他不相信這是自己兒子的文字，而認爲是共產黨的政治宣

㉓ 孫郁《胡適影集》一三〇——一三四頁。

傳。㉔

身處國內政治環境中的林徽因、梁思成，當然相信這是胡適兒子的文字。在這場廣泛參與的政治思想批判運動中，他們保持著沉默。他們與胡適是多年的朋友，早年又都曾留學美國，聽著不絕於耳的對「美帝國主義走狗」胡適的斥罵，他們的內心該有怎樣的波瀾呢？

這個冬天，是個寒冷的冬天。在這寒冷的冬天裡，批判運動則熱火朝天地進行著。

一九五五年的春節，徽因和思成是在醫院裡度過的。

春節期間的醫院特別冷清，病人大多回家過年了，長長的病房走廊空蕩蕩的。每天上午查房的時候，是病房最熱鬧的時候，主治醫生、病房醫生和護士把病房擠得滿滿當當。他們詢問著病人的感覺，查看著各項記錄，簡單下一些醫囑，然後就走向另一個房間，白色的大褂在他們的身後撲打著小腿，像是白色的羽翼在撲扇。

在醫院規定的探視時間裡，再冰和從誡會來看望父母。他們從父親的病房到母親的病房，給父母講述著社會上、學校裡的種種事情。他們的到來，是徽因和思成最快樂的時候。他們離去後，徽因和思成憔悴的面容上還久久地停留著微笑。

徽因、思成的一些老朋友和清華建築系的師生也不時前來探望。他們大多住在學校，進城一趟很不容易，徽因、思成總是勸他們不要再跑了。

醫院的日子是千篇一律的日子，每天照例是打針、吃藥、量體溫、測脈搏……護士們都很喜

㉔ 同上，一三四頁。

歡徽因和思成，她們在一起有時會充滿敬意和好奇地談論起這一對「大知識分子」夫妻。這對夫妻得的是一樣的病，但那位林先生病得更重。每次查房出來，只聽見大夫們嚴肅地商議著，但誰也拿不出更好的治療方案，最後的結論都是「盡量維持吧」。這對夫妻是多好的人哪！待人那麼謙和，一點大知識分子的架子都沒有，病到這種程度也不願意給別人增加一丁點兒麻煩。彼此都那麼關心對方，總是打聽著對方的情況，問得那麼細——體溫多少？脈搏正常嗎？早上喝牛奶沒有？午飯吃的什麼？吃多少？打點滴的時候沒忘記灌個熱水袋暖著胳膊吧？有時，那位梁先生從報紙上、期刊上看到了什麼好文章，就會請護士帶過去讀給林先生聽，說她聽到一定會高興的。

春節過後，思成的病情稍有好轉，醫生允許他輕微地活動活動。他每天待醫生查了房，護士打完針，就來到徽因的病房陪伴徽因。他坐在病床邊的一把椅子上，一隻手輕輕地握住徽因的手，像在家裡一樣，和徽因小聲地聊著。因為徽因氣力不支，更多的是思成說，徽因聽，而思成也總是有那麼多讓徽因愛聽的話題。

思成告訴徽因，他們的女兒再冰已經寫了入黨申請書，正在積極爭取入黨。思成說，這是再冰的秘密，也是再冰為媽媽準備的一份禮物，所以再冰要求父親和她一起對媽媽保守這個秘密。徽因聽著，眼睛裡閃過思成熟悉的喜悅而調皮的光彩。她點點頭，答應思成嚴守秘密。

有時，思成會對徽因講起他小時候在日本的一些事情。這些事情徽因有的聽過，有的是第一次聽思成講起。但無論聽沒聽過，她同樣聽得入神。思成擔心時間長了徽因勞神，說上一陣子後，就會讓徽因閉目休息，他或者回到自己的病房，或者就靜靜地守在徽因身邊。

眼看著徽因一天天地衰竭，他心如刀絞，卻無能為力。他唯一能夠做的就是這樣守著徽因，拉著她的手，期待著像從前一樣，幫助徽因挨過這個關口，讓生命重新出現奇跡。

就在這時候，全國建築界開始了對「以梁思成爲代表的資產階級唯美主義的復古主義思想」的批判。

一九五五年二月，建築工程部召開了「建築與設計工作會議」，會議披露了建國以來基本建設中的浪費情況，認爲是建築設計中的「復古主義」、「形式主義」傾向導致了浪費現象的產生。會議批評的復古主義和形式主義主要是指建國後全國各地出現的一批模仿中國古代建築設計出的「大屋頂」式建築。

在頤和園暢觀堂，一個批判梁思成的寫作班子組成了。

批判文章趕寫出來了，批判的聲勢造得很足。各種報紙上陸續刊載有關建築中的浪費現象的文章。浪費的原因千篇一律地指向建築設計中的「復古主義」和「形式主義」。

一九五〇年代曾在中宣部理論教育處任副處長的于光遠，幾十年後回憶當時的情形說：「對梁思成的批判，上面是彭眞負責管，我做具體事……我按彭眞的意見，在頤和園的暢觀堂組織人寫批判文章……彭眞拿到這批文章後，並沒有發表，而是交給梁思成看。彭眞說，梁思成原來認爲自己是這方面的權威，沒有人能批評他，一下看到這麼多篇文章批評他，覺得自己錯了。彭眞對他說，如果你不放棄你的意見，我們就一篇一篇地發表這些批判文章。梁思成這時就承認自己有不對的地方。其實我想也還有另外一個原因，就是這些文章若都公開發表了，他當然也受

不了。……」㉕

這一批文章也有發表的。何祚庥自己把文章送了出去，發表在《學習》雜誌上。文章的題目是《論梁思成對建築問題的若干錯誤見解》。他認爲梁思成有三大錯誤：不適當地、片面地強調建築的藝術性，顚倒了建築學中美觀與適用、經濟的正確關係；梁思成提倡的「民族形式」實際上就是復古主義，不能反映社會主義的精神面貌；梁思成總結的建築學「文法」、「辭彙」論乃是一種形式主義的理論。文章斷定，梁思成的錯誤源於「資產階級唯心主義根源」。㉖

《建築學報》一九五五年第一期如期印行，可因爲這一期上刊載了梁思成的《中國建築的優秀實例》一文而被下令全部銷毀。梁思成作爲《建築學報》的主編被撤職，學報創刊號上《中國建築發展的歷史階段》一文被定爲「宣揚復古主義的代表作」而受到激烈批判。

這一切，使梁思成由震驚、不理解到痛苦地思考。他反思自己戰後的所作所爲，認爲自己一直在努力實踐「民族的形式，社會主義的內容」這一建築思想。他想，要設計出代表一個國家形象的新建築需要有一個摸索與創造的過程，這個過程不可能一下子就很完美和成熟。在這個過程中，使用一些傳統的建築藝術語言，例如「大屋頂」，也是可以理解的。更何況，作爲一個有影響的建築師，他個人並沒有設計過一座大屋頂建築。可是，可是這一切去向誰解釋呢？

梁思成感受到了巨大的壓力。他在一九五七年檢討這一時期的思想時說：

㉕ 鄧琮琮、張建偉《第十二座雕像——梁思成和北京城》。

㉖ 羅檢秋《新會梁氏——梁啟超家族的文化史》三七〇頁。

「……過去我在工作中有沒有煩惱呢？有，而且不少也不小。我的煩惱是『黨什麼都好，就是可惜不懂建築。』『人之患在好為人師』，我就開始犯錯誤了。我一個人單槍匹馬地想搞一個在建築領域裡的反黨運動。我寫文章，做報告，系統地做學術講演，並且以我的理論教育清華大學建築系的青年教師和學生。為了反對美國式的玻璃方匣子[27]，我有意識地搬用了毛主席的話，矯枉必須過正。所以為了矯方匣子之枉，必須過正地去搞復古主義。我想搞成一個學派，以群眾的壓力來「教育」黨的領導。我的錯誤理論在全國範圍內影響了不少建築師，造成了巨大浪費。正如一位領導後來告訴我說：連許多共產黨員都被我『俘虜』了。

正在我暗暗高興的時候，我發現自己突然成了全國性的批判物件，使我大吃一驚。我心情非常沉重。但是，我同黨並沒有抵觸情緒。我想：這樣『整』我，一定是因為我的建築理論是不利於祖國建設的。我的痛苦是一個受到母親譴責的孩子的痛苦。為什麼？因為我信任我們黨像我小時候信任我的媽媽一樣。我思想沒有搞通以前真是痛苦萬分，但是黨卻是那樣耐心地同我講道理。我

---

[27] 指美國式的高層建築。

搞通了，從心底下服氣了。我低頭，我承認錯誤。後來我知道了《人民日報》和《北京日報》曾收到了將近一百篇批判我的文章，而黨沒有發表。為的是不要讓群眾把我同當時正在受批判的胡適、胡風、梁漱溟等同起來。因為我的是一個學術思想問題，若是兩個姓胡的，兩個姓梁的相提並論，就可以一棍子把我打死。我才知道黨對我的這種無微不至的愛護，我只有從心眼最深處感激感動。」㉘

而當時的梁思成則經常是沉默的。

過去，他有什麼話都可以和徽因說，他們在交談中溝通心靈，排遣鬱積和不快。可是，如今徽因在重病中，思成不願意給徽因增加任何煩惱和心理負擔。於是，他在徽因面前就不由自主地多了些沉默。

這一切怎能瞞過徽因。她從報紙上接二連三關於建築施工的批評性報導中，從來探視的朋友、師生欲言又止的話語中，從思成的沉默中，已經感知了一切。而這一切對她的打擊是致命的。

㉘　梁思成在第一屆全國人民代表大會第四次會議上的發言，見一九五七年七月十四日《人民日報》第二版。

長時間以來，徽因飽受疾病的折磨，承受了太多來自生命本身的痛苦。可是與生命過程相伴隨的除了痛苦，還有她看得比生命還重的藝術與感情。正是藝術與感情使她體會到了生命的價值與美好。她所癡迷的藝術，她所從事的研究，她所熱愛的親人和友人給了她生存的支點。她的所有快樂、歡悅、幸福的體驗都與之緊密相連。

如今，當她和思成終生尊奉的學術信念和美學原則被批得一文不值、遭到粗暴否定的時候，她病弱的生命之樹，像驟遇寒流一般，在風霜中迅速地凋零。

三月的北京，乍暖還寒，來自長城以北的大風捲起陣陣塵沙，遊走在北京的大街小巷，天地間一片昏黃。林徽因一連數日處於半昏迷狀態。她艱難地呼吸著，氣若遊絲。醫護人員腳步匆匆，進進出出，用上了所有的辦法進行搶救。

一個星期過去了，林徽因又甦醒了過來。但她連一絲說話的氣力都沒有，每天只能咽下一點點護士餵食的葡萄糖水。

醫生禁止外人探視徽因，即使思成，也只允許他進病房看望，而要求他盡量不要和病人說話，因爲徽因實在太虛弱了。

天氣一天比一天暖和了起來，窗外楊樹光禿禿的枝幹上綴滿了褚石色的芽苞，從芽苞中抽出了嫩綠的新葉。那新葉小小的，背面有一層柔嫩的乳白色的茸毛。空氣中瀰散著一股讓人喉嚨發癢的青草氣息。

這是一九五五年三月的最後一天。病房裡的時間像一條黏滯的河流，在淤塞的、險象環生的河道中緩緩地向前伸馳，流向混沌，流向無始無終、一片虛空漆黑的去處。徽因的生命疲憊不堪地跋涉在河道中，已經進入了昏暗的地段，就像黃昏時分的影子，模模糊糊地躊躇徘徊著，很快就要融入前面那無邊無際的黑暗。

徽因多想快點兒消失在這夜色裡啊，河道中實在是太難行進了。每邁一步都像陷入泥潭般難以拔腿。胸口悶得透不過氣來，全身都不聽使喚，喉嚨像被扼著似的不能呼吸。

隱隱約約，河那邊飄來一縷流螢般閃爍的小提琴聲，如泣如訴，如怨如慕……就這樣睡去吧，再不要醒來，就這樣消失在夜色裡，消失在琴聲裡，消失在青草的氣息裡……

遠遠地、遠遠地傳來聲聲呼喚，悠長、悠長又深情……呼喚來自她身後的河岸……那是思成的聲音，是寶寶和小弟的聲音，是母親的聲音，是老金和朋友們的聲音，還有許許多多的聲音……她慢慢地轉過身來，河岸上明亮異常，令她目眩，令她不能睜開眼睛。是陽光？是燈光？是……

是誰在哭？啊，是母親！母親流著淚絮絮地訴說著，那訴說被哭聲淹沒了，徽因聽不大真切。母親，您怎麼穿著夾襖就出來了？天冷，您會受涼的……母親，都怪我不好，平時您叫我當心身子我總不耐煩您的嘮叨……母親，我累了，我想睡了——好在有思成！思成會照料您的，您回吧，我要睡了……

是誰從後面拉住了衣襟？是從誡！從誡不是上大四了嗎，怎麼還是小學生模樣？赤腳穿著一雙草鞋，滿頭滿臉的汗水。啊，從誡做成了一隻小輪船，在門口的小池塘裡試航。這不是李莊嗎？塘裡還有母親喂的鴨子。從誡真是鬼靈精，把舊熱水袋鉸了做小輪船螺旋槳的輪帶，小輪船居然在水塘裡駛了一陣子。水光、天光，在池塘裡晃動。頭暈得厲害，我要躺下了……

啊！寶寶，你在問什麼？對了，寶寶如今是大人了，要喊大名。再冰，我的好女兒，我有志氣的孩子……哦，媽聽見了，再冰，你要媽媽努力，你說你不僅要爭取入黨，你還要做一名共產黨員的女兒。你說的媽都懂，媽媽懂得女兒的心。媽媽一直在努力，在努力向前走，可是，媽媽實在太累了……好女兒，讓媽媽爲你祝福……

思成……思成，是你在喚我？我聽見了，聽見了。無論多少人，無論多少聲音，只有這是我離不開的聲音……思成，我要到河對岸去了，河對岸有迷人的青草氣息，有流螢般的小提琴聲，可是那裡沒有我熟悉的聲音……思成，你背著的手裡，藏著什麼？你讓我猜那是什麼寶貝？……

……寶貝？思成，你有什麼寶貝我都知道。你說過，全國各地的古建築全都是你的寶貝。你說過，我們有這麼多寶貝，我們是世界上最富有的人。

……哦？不對，你說什麼？這是一件送給我的寶貝？還讓我猜？哦，我想起來了，你送我的銅鏡，我一直視爲寶貝。「徽因自鑒之用思成自鐫並鑄喻其晶瑩不玦也」。那是民國十六年，那時我們多年輕啊！思成，從那以後，我們一起走了多少路，看了多少寶貝啊……

什麼？思成，你怕我累，讓我多休息。……

思成，我要休息了。我要去河那邊休息了……河那邊有提琴聲，那琴聲眞迷人……可是我還有話要對你說，還有一句最重要的話要對你說，可我這會兒怎麼就想不起來了呢？……

什麼？你說你知道？你說你全都知道。你讓我看你手上的東西？是一首詩？哦，是泰戈爾的詩——

⋯⋯⋯⋯

海水呀，你說的是什麼？

是永恆的疑問。

天空啊，你回答的是什麼？

是永恆的沉默。

⋯⋯⋯⋯

思成，我想起來了，我想起來要對你說什麼了，那是我們在美國讀書時爹爹寫信告誡我們的話：

永遠不要灰心，永遠不要讓消沉、頹廢的情緒控制我們。失望沮喪，是我們生命中最可怖之敵，我們需終身不許他侵入。

⋯⋯⋯⋯

一九五五年三月三十一日深夜，北京同仁醫院住院部。

「思成!思成!」徽因覺得自己拼盡了全身的力氣，可她只發出了極其微弱的聲音。

護士走了過來，俯身問徽因需要什麼。

「我想見一見思成，」徽因的聲音極其微弱，但十分清晰，「我有話要對他說。」

「夜深了，有什麼話明天再說吧。」護士說。

徽因沒有等到「明天」。

當夜色一點點褪盡，曙光一點點透進病房時，當清新的曉風拂過白楊，純潔的晨光照徹天宇時，她永遠離開了這個世界。

這是一九五五年四月一日清晨六點。

這一年，林徽因五十一歲。

林徽因五十一歲離開這個世界，是命運女神對她的眷顧和厚愛嗎？

她的一生如同一首詩，眞摯、雋永而有激情。

對於愛美愛藝術勝過愛自己生命的林徽因來說，五十一歲告別這個世界並沒有太多遺憾。她在自己的生命過程中釋放了全部的愛與熱情。

她的生命中有病痛，但沒有陰暗；有貧困，但沒有卑微；有悲愴，但沒有鄙俗。

以她細膩敏感的心靈，怎樣承受一九五七年的狂暴風雨？

以她高傲純正的天性，怎能面對一九六六年的濁浪排空？

相對於以後的歲月，一九五五年，還只是「風乍起，吹皺一池春水」的光景。

她走了，在這一年四月春日的清晨。

儘管晨光熹微，白露如霜，但人們都記得，她走於一天最清新的時刻。

儘管這個春天乍暖還寒、風沙撲面，但人們都記得，她的生命定格於美好的人間四月天。

後記

一九五五年四月二日，《北京日報》刊登了林徽因逝世的訃告。林徽因治喪委員會由張奚若、周培源、錢端升、錢偉長、金岳霖等十三人組成。四月三日，林徽因追悼會在北京市金魚胡同賢良寺舉行。北京市市長彭眞送了花圈。在許多挽聯中，金岳霖教授和鄧以蟄教授題寫的挽聯格外引人注目：

一身詩意千尋瀑

萬古人間四月天

北京市人民政府決定，林徽因生前設計國徽和人民英雄紀念碑有特殊貢獻，遺體安葬在八寶山革命公墓。

林徽因墓由梁思成設計。墓體簡潔、樸實、莊重。

人民英雄紀念碑建築委員會決定：把林徽因親手設計的一方漢白玉花圈刻樣移做她的墓碑。墓碑上鐫刻著：

建築師林徽因之墓

「文革」中，這一行大字被清華大學紅衛兵砸毀。（編者註：此字樣已於二〇〇三年重新修復，但保留了破損的痕跡。）

一九七二年一月九日，梁思成在飽受「文革」的折磨後，病逝於北京。「文革」後，梁思成的骨灰安放在八寶山革命公墓骨灰堂，與林徽因的墓地相鄰。

國家圖書館出版品預行編目資料

遇見林徽因 / 愛 · 建築 · 文學的一生 / 張清平著 . -- 二版 --
臺北市：五南，2019.08
面；公分

ISBN 978-957-763-408-5（平裝）

1. 林徽因 2. 傳記

782.886 108006557

大家身影 004

遇見林徽因——
愛 · 建築 · 文學的一生

作　　者 —— 張清平
發 行 人 —— 楊榮川
總 經 理 —— 楊士清
總 編 輯 —— 楊秀麗
主　　編 —— 王正華
責任編輯 —— 金明芬
封面設計 —— 王麗娟
出 版 者 —— **五南圖書出版股份有限公司**
地　　址：台北市大安區 106 和平東路二段 339 號 4 樓
電　　話：02-27055066（代表號）
傳　　真：02-27066100
劃撥帳號：01068953
戶　　名：五南圖書出版股份有限公司
網　　址：http://www.wunan.com.tw
電子郵件：wunan@wunan.com.tw
法律顧問 —— 林勝安律師事務所　林勝安律師
出版日期 —— 2013 年 8 月初版一刷
2015 年 1 月初版二刷
2019 年 8 月二版一刷
定　　價 —— 480 元